聖經

新約 舊約

國·漢文 聖句 選集

이은순 選抄

이화문화출판사

생명의 말씀을 삼가 選集으로 엮어내면서

이 책은 생명의 말씀인 聖經 66권 즉 全卷에서 작품하기에 좋다고 생각되는 은혜로운 말씀들을 뽑아서 차례대로 한글과 한문을 倂記하여 옮겨놓은 選集이다. 여기에 참고한 底本으로, 한글성경은 國 · 漢文으로 된 『貫珠聖經全書』(1964년 대한성서공회 발행)를 옮겨 놓았고, 漢文성경은 『舊 · 新約 聖經』(1912년 上海大美國聖經會 發行)을 옮겨 놓았다. 특히 한글성경과 똑 같이 장절을 표기하여 한문 해석이 용이하고, 장절을 찾기에 편리하도록 편집했다.

현재 개역되어 나온 성경들은 거의 다 한글로만 번역되어 있다. 그것은 아마도 현대인들의 취약한 한자실력을 감안한 것 같다. 그러다 보니 말씀의 뜻을 보다 더 자세히 알 수 없는 것이 늘 아쉬웠다. 또한 본고가 옮겨 쓴 관주성경은 한자가 표기되어있지만 너무 어려운 한자가 많아 사용하기에 불편한 점이 많았다. 때문에 그러한 단점을 보완하여 이해하기 쉽도록 한글에 한자를 병기하여 독자의 편의를 도모하였다.

많은 사람들이 그동안 크고 작은 전시회를 통해 내놓은 작품들을 보면 주로 유교경전이나 채근담 등 일반적 교훈의 말들을 뽑아 써놓은 것들이 주류를 이루고 있다. 여기에는 본 필자도 마찬가지였다. 왜냐하면 전공분야가 한문서예이기 때문이다. 또한 한문성경 말씀이 심오하기 때문에 선문하기가 쉽지 않았다. 필자가 붓을 잡은 것은 36 여 년 전이며, 신앙생활의 연수도 오래되었건만 聖徒로서 하나님 말씀으로 된 작품들을 보다 더 많이 내지 못함이 늘 안타깝고 죄송스러웠다.

필자가 이 책을 출판하게 된 계기는 성경말씀으로만 된 작품으로 개인전을 갖기 위해 選文하게 되었다. 그런데 뽑아 놓은 성구들이 너무나도 은혜롭고 복된 말씀들이었기 때문에 작품화 했으면 하는 욕심이 생겼다. 그러나 전시장 공간과 제반 경비를 생각해서 120여 聖句만을 작품화하였다. 각 권에서 2~3작품만 해도 전시장을 채울 수 있기에 더 이상의 작품을 한다는 것은 무리였다. 때문에 뽑아 놓은 귀한 말씀들을 다 작품화 하지 못하는 것이 너무나도 아쉬웠다. 그래서 고민 끝에 선문해 놓은 귀한 말씀들을 책으로 펴내면 보배로운 말씀들이 다 작품화 될 수 있을 것이라 생각되었다. 필자 혼자만으로는 감당하기 어렵지만, 이 책을 교본으로 서예를 하는 분들이 선집으로 엮어놓은 성구들을 작품화 한다면 붓으로 펼치는 복음의 말씀들이 온 세상에 널리 전파되리라고 생각되었다. 마침 개인전을 하기 위해 대관 신청을 했는데, 1차 신청에서 허락되지 않아 작품전시가 1년 더 미루어지게 되었다. 때문에 그동안 준비해 놓았던 작품들을 책으로 펴낼 수 있었다. 뿐만 아니라 개인전에 전시될 작품을 할 수 있는 시간적인 여유까지 확보하게 되었다. 한마디로 모든 것이 합력하여 선을 이룬 것이다.

이 선집은 信・不信者들을 막론하고 누구든지 좀 더 쉽게 접근할 수 있을 것으로 생각된다. 개인전에 전시될 작품을 다시 준비하는 과정에서 필자가 선집한 원고들이 참으로 유용했듯이 성경말씀을 작품화하기를 원하는 분들에게도 도움이 되었으면 하는 바램이다. 원하기는 이것이 토대가 되어 보다 더 나은 책들이 많이 출판되었으면 하는 기대를 갖는다.

이 책을 내기까지 모든 지혜를 주신 하나님께 감사하고 또한 많은 기도로 후원해 주신 담임 목사님과 교우들에게 감사드린다. 그리고 추천과 격려로 힘을 주신 분들과 책 제목을 선정해 주신 徐坰遙 교수님과 李明洙 교수님, 그리고 책 표제 글을 써주신 蔡舜鴻박사님께 감사드린다. 뿐만 아니라 출판해주신 이화출판사 사장님께 감사드리며 편집을 도와주신 디자인일공공 백정길 실장님께 깊이 감사드린다. 끝으로 오늘이 있기까지 묵묵히 외조해준 사랑하는 남편에게 감사의 마음을 갖는다.

말미에 부록으로 첫 개인전 〈임마누엘 서화전〉의 격려말씀과 서평 등을 참고삼아 실어두기로 한다.

主后 2014년 3월 18일

天興堂 書室에서 이은순 적다.

이은순 박사의 '聖句選集' 發刊을 축하 하며

선린교회 권사인 이은순 박사는 무엇보다도 아름답고 순수한 신앙인격을 가지고 있다. 이 박사는 365일 새벽예배에 하루도 빠짐없이 참석하는 열심 있는 신앙인이다. 또한 일인 오역의 일을 감당하는 바쁜 일정 속에서도 성가대원으로서의 사명을 철저하게 감당하고 있다. 그리고 하나님의 은혜를 간절히 사모하고 아멘 하는 예배의 자세는 모든 이들의 귀감이 되고 있다. 뿐만 아니라 서로의 다름을 이해하고 품으며 사랑으로 화해의 조정을 이루어 가는 신앙인격은 참으로 아름답다. 한마디로 이 박사는 하나님의 사랑과 뭇사람들의 흠모함을 한 몸에 지닌 자랑스러운 신앙인이다.

특별히 이 박사는 결혼 이후에 학업을 본격적으로 시작한 만학도이다. 홀시아버지를 모시고 살아야 하는 며느리요, 공무원인 남편의 뒷바라지를 해야 하는 아내이며, 어린 자식들을 키워야 하는 엄마로서 나이 어린 학생들과 함께 공부해야 하는 수고로움은 이 세상의 그 누구도 이해 할 수 없을 것이다. 그동안 그는 다른 사람이 상상할 수 없는 고뇌와 만감이 수없이 교차했을 것이다. 그러나 그는 한 번도 자신의 삶을 힘들어 하거나 낙심하지 않고 불굴의 집념으로 자신이 원하던 전문분야에서 박사학위를 취득했다. 이 박사는 오늘이 있기까지 어느 다른 사람들과 같이 마음적으로나 시간적으로 여유를 갖지 못하고 늘 쫓기는 각박한 삶을 살았으리라 생각된다.

또한 지금도 서예학원의 경영자로 대학에서 후학들을 가르치는 교수로, 국전 작가로, 심사위원으로 자신의 사역에 대한 소명감을 가지고 왕성한 활동을 하고 있다. 참으로 대단한 인간승리가 아닐 수 없다.

그런데 이 박사가 이번에 자신의 신앙고백이자 생의 결정체인 '붓으로 펼치는 목자의 음성' 인 '임마누엘 서화전' 과 더불어 '聖句 選集' 을 편찬하게 되었다. 이 서화전이나 성구선집은 창세기에서부터 요한계시록까지 성경 66권의 말씀 중에서 보석과 같은 말씀들을 엄선하여 '서화' 로 표현한 작품이다. 그는 그 동안 자신이 수고해온 것에 대한 인간적인 이해나 위로는 물론 그 어떠한 물질적인 보상도 기대하지 않는다. 오직 자신의 재능과 사역을 통해 '하나님의 사랑' 을 온 누리에 전하려는 사명감뿐이다. 그는 오늘에 만족하지 않고 이 분야에서 세계의 최고가 되기 위해 지금 이 시간에도 쉼 없이 분투노력하고 있다.

끝으로 이은순 박사의 작품집인 '임마누엘 서화집' 과 '聖句選集' 을 통해서 지구촌의 많은 사람들이 하나님의 사랑을 체험할 수 있기를 간절히 소망한다.

선린교회 담임 김 요 셉 목사

추천사

'聖句選集'은 살아 있는 하나님의 말씀입니다

지금 현재 세계 기독교인 수는 약 22억 명으로 세계 전체 인구의 32%정도이다. 그러나 우리들이 한 가지 생각해야 할 것은 그 중에서 과연 중생한 그리스도인이 몇 명이나 될 것인가이다. 그런데 우리 성도들 중에 경건한 신앙으로 존경받는 이은순 박사와 같은 영성이 깊은 예술학자가 있다고 하는 것은 세계 기독교계의 큰 자산이요, 자랑거리이다. 참으로 자부심을 느낀다.

또한 '붓으로 펼치는 목자의 음성' 인 '임마누엘 서화전' 과 '聖句選集' 을 보면 하나님의 말씀에 대한 이 박사의 열정과 경건함을 헤아려 볼 수 있다. 이 박사는 신구약 성경 66권 중에서 보석과 같은 말씀을 선정하였다. 그리고 그 글들을 자신의 필치로 아름답게 그려내어 목자의 음성을 발하여 방황하는 이 세상 사람들에게 들려주고 있다. 뿐만 아니라 바쁜 현대인들이 누구나 손쉽게 접하여 은혜 받을 수 있도록 귀한 말씀들을 선집하여 책으로 출판했다. 다시 말하면 '聖句選集' 은 이 세상 사람들에게 더 없이 귀하고 값진 큰 선물이다. 방대한 밑 작업의 수고를 거쳐 책으로 출판한 이 박사의 수고와 헌신에 한없는 박수갈채를 보낸다.

나는 이 박사가 준비한 것을 한 장 한 장 뒤집어보면서 나 자신이 숙연해지고 경건해짐을 느끼게 되었다. 한마디로 이 박사의 글은 흥분되리만큼 감동적이다. 오늘날 영성문제는 많이 대두되지만 그 대안을 시원하게 제시한 사람을 없다. 왜냐하면 이러한 문제는 말만 가지고서는 쉽게 되는 것이 아니기 때문이다. 이러한 때에 이렇게 귀한 책이 출판되게 된 것은 실로 다행한 일이 아닐 수 없다. 이 책의 한글, 한문의 성구들을 보면 얼마나 큰 감동을 주는지 모른다. 그 작품 속에는 이 박사의 깊은 신앙심과 열정적인 복음전파의 사명감이 깊이 배여 있다고 생각된다.

나는 이 책의 출판으로 인해 이 세상의 많은 사람들이 생명의 길을 찾는 데에 이정표가 될 것을 확신하고 자신 있게 추천하는 바이다. 이 책을 접하는 모든 이들이 은혜 받고 변화 받을 것을 기대하면서 기쁜 마음으로 방지일이 한마디 해본다.

한국교회 원로 방 지 일 목사

新約 舊約

聖經

國·漢文 聖句 選集

서 문 2

축 사 4

추천사 5

구약

01 창세기 10
創世記 Genesis

02 출애굽기 20
出伊及記 Exodus

03 레위기 30
利未記 Leviticus

04 민수기 37
民數記 Numbers

05 신명기 40
申命記 Deuteronomy

06 여호수아 59
約書亞 Joshua

07 사사기 62
士師 Judges

08 룻기 65
路得 Ruth

09 사무엘상 67
撒母耳上 1 Samuel

10 사무엘하 72
撒母耳下 2 Samuel

11 열왕기상 78
列王上 1 Kings

12 열왕기하 81
列王下 2 Kings

13 역대상 84
歷代上 1 Chronicles

14 역대하 88
歷代下 2 Chronicles

15 에스라 91
以斯拉 Ezra

16 느헤미야 92
尼希米 Nehemiah

17 에스더 95
以斯帖 Esther

18 욥기 97
約伯 Job

19 시편 101
詩篇 Psalms

20 잠언 124
箴言 Proverbs

21 전도서 141
傳道 Ecclesiastes

22 아가 146
所羅門歌 Song of Songs

23 이사야 151
以賽亞 Isaiah

24 예레미야 164
耶利米 Jeremia

25 예레미야애가 167
耶利米哀歌 Lamentations

26 에스겔 169
以西結 Ezekiel

27 다니엘 171
但以理 Daniel

28 호세아 173
何西阿 Hosea

29 요엘 175
約珥 Joel

30 아모스 177
阿摩司 Amos

31 오바댜 178
俄巴底亞 Obadiah

32 요나 179
約拿 Jonah

33 미가 178
彌迦 Micah

34 나훔 183
那鴻 Nahum

35 하박국 184
哈巴谷 Habakkuk

36 스바냐 186
西番雅 Zephaniah

37 학개 187
哈該 Haggai

38 스가랴 189
撒加利亞 Zechariah

39 말라기 191
瑪拉基 Malachi

신약

01 마태복음 194
瑪太福音 Matthew

02 마가복음 210
瑪可福音 Mark

03 누가복음 215
路加福音 Luke

04 요한복음 226
約翰福音 John

05 사도행전 237
使徒行傳 Acts

06 로마서 240
達羅瑪人書 Romans

07 고린도전서 249
達哥林多人前書 1 Corinthians

08 고린도후서 256
達哥林多人後書 2 Corinthians

09 갈라디아서 259
達迦拉太人書 Galatians

10 에베소서 262
達以弗所人書 Ephesians

11 빌립보서 267
達腓立比人書 Philippians

12 골로새서 270
達哥羅西人書 Colossians

13 데살로니가전서 274
達帖撒羅尼迦人前書 1 Thessalonians

14 데살로니가후서 276
達帖撒羅尼迦人後書 2 Thessalonians

15 디모데전서 278
達提摩太前書 1 Timothy

16 디모데후서 281
達提摩太後書 2 Timothy

17 디도서 284
達提多書 Titus

18 빌레몬서 285
達腓利們書 Philemon

19 히브리서 287
達希伯來人書 Hebrews

20 야고보서 291
雅各書 James

21 베드로전서 294
彼得前書 1 Peter

22 베드로후서 299
彼得後書 2 Peter

23 요한일서 203
約翰第壹書 1 John

24 요한이서 206
約翰第貳書 2 John

25 요한삼서 307
約翰第參書 3 John

26 유다서 308
猶大書 Jude

27 요한계시록 310
默示錄 Revelation

격려사 314

서 평 316

舊約

창세기 創世記 Genesis 10 출애굽기 出伊及記 Exodus 20 레위기 利未記 Leviticus 30 민수기 民數記 Numbers 37 신명기申命記 Deuteronomy 40 여호수아 約書亞 Joshua 59 사사기 士師 Judges 62 룻기 路得 Ruth 65 사무엘상 撒母耳上 1 Samuel 67 사무엘하 撒母耳下 2 Samuel 72 열왕기상 列王上 1 Kings 78 열왕기하 列王下 2 Kings 81 역대상 歷代上 1 Chronicles 84 역대하 歷代下 2 Chronicles 88 에스라以斯拉 Ezra 91 느헤미야 尼希米 Nehemiah 92 에스더 以斯帖 Esther 95 욥기 約伯 Job 97 시편 詩篇 Psalms 101 잠언 箴言 Proverbs 124 전도서 傳道 Ecclesiastes 141

아가 所羅門歌 Song of Songs 146 이사야 以賽亞 Isaiah 151 예레미야 耶利米 Jeremia 164 예레미아애가 耶利米哀歌 Lamentations 167 에스겔 以西結 Ezekiel 169 다니엘 但以理 Daniel 171 호세아 何西阿 Hosea 173 요엘 約珥 Joel 175 아모스 阿摩司 Amos 177 오바댜 俄巴底亞 Obadiah 178 요나 約拿 Jonah 179 미가 彌迦 Micah 178 나훔 那鴻 Nahum 183 하박국 哈巴谷 Habakkuk 184 스바냐 西番雅 Zephaniah 186 학개 哈該 Haggai 187 스가랴 撒加利亞 Zechariah 189 말라기 瑪拉基 Malachi 191

01 창세기 創世記 Genesis

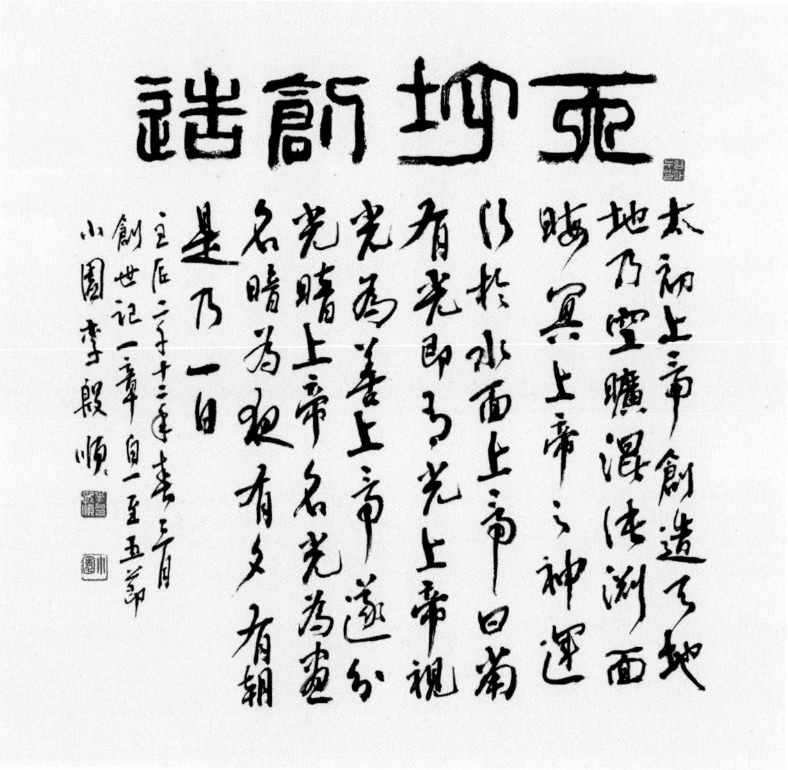

天地創造 65×65cm

[창 1:1] 태초太初에 하나님이 천지天地를 창조創造하시니라.

[창 1:2] 땅이 혼돈混沌하고 공허空虛하며 흑암黑暗이 깊음 위에 있고 하나님의 신神은 수면水面에 운행運行하시니라.

[창 1:3] 하나님이 가라사대 빛이 있으라 하시매 빛이 있었고

[창 1:4] 그 빛이 하나님의 보시기에 좋았더라. 하나님이 빛과 어두움을 나누사

[창 1:4] 빛을 낮이라 칭稱하시고 어두움을 밤이라 칭稱하시니라. 저녁이 되며 아침이 되니 이는 첫째 날이니라.

[創1-1] 太初上帝創造天地、

[創1-2] 地乃空曠混沌、淵面晦冥、上帝之神、運行於水面、

[創1-3] 上帝曰、當有光、卽有光、

[創1-4] 上帝視光爲善、上帝遂分光暗、

[創1-5] 上帝名光爲晝、名暗爲夜、有夕有朝、是乃一日.

[창 1:6] 하나님이 가라사대 물 가운데 궁창穹蒼이 있어 물과 물로 나뉘게 하리라 하시고

[창 1:7] 하나님이 궁창穹蒼을 만드사 궁창穹蒼 아래의 물과 궁창穹蒼위의 물로 나뉘게 하시매 그대로 되니라.

[창 1:8] 하나님이 궁창穹蒼을 하늘이라 칭稱하시니라 저녁이 되며 아침이되니 이는 둘째 날이니라.

[창 1:9] 하나님이 가라사대 천하天下의 물이 한 곳으로 모이고 뭍이 드러나라 하시매 그대로되니라

[창 1:10] 하나님이 뭍을 땅이라 칭稱하시고 모인 물을 바다라 칭稱하시니라 하나님의 보시기에 좋았더라.

[창 1:11] 하나님이 가라사대 땅은 풀과 씨 맺는 채소菜蔬와 각기各其 종류種類대로 씨 가진 열매 맺는 과목果木을 내라 하시매 그대로 되어

[창 1:12] 땅이 풀과 각기各其 종류種類대로 씨 맺는 채소菜蔬와 각기各其 종류種類대로 씨가진 열매 맺는 나무를 내니 하나님의 보시기에 좋았더라.

[창 1:13] 저녁이 되며 아침이 되니 이는 셋째 날이니라.

[창 1:14] 하나님이 가라사대 하늘의 궁창穹蒼에 광명光明이 있어 주야晝夜를 나뉘게 하라 또 그 광명光明으로 하여 징조徵兆와 사시四時와 자日字와 연한年限이 이루라.

[창 1:15] 또 그 광명光明이 하늘의 궁창穹蒼에 있어 땅에 비취라 하시고 그대로 되니라

[창 1:16] 하나님이 두 큰 광명光明을 만드사 큰 광명光明으로 낮을 주관主管 하게 하시고 작은 광명光明으로 밤을 주관主管하게 하시며 또 별들을 만드시고

[창 1:17] 하나님이 그것들을 하늘의 궁창穹蒼에 두어 땅에 비취게 하시며

[창 1:18] 주야晝夜를 주관主管하게 하시며 빛과 어두움을 나뉘게 하시니라 하나님의 보시기에 좋았더라.

[창 1:19] 저녁이 되며 아침이 되니 이는 넷째 날이니라.

[창 1:20] 하나님이 가라사대 물들은 생물生物로 번성蕃盛케 하라 땅위 하늘의 궁창穹蒼에는 새가 날으라 하시고

[창 1:21] 하나님이 큰 물고기와 물에서 번성蕃盛하여 움직이는 모든 생물生物을 그 종류種類대로, 날개 있는 모든 새를 그 종류種類대로 창조創造하시니 하나님의 보시기에 좋았더라.

[창 1:22] 하나님이 그들에게 복福을 주어 가라사대 생육生育하고 번성蕃盛하여 여러 바다 물에 충만充滿하라 새들도 땅에 번성蕃盛하라 하시니라.

[창 1:23] 저녁이 되며 아침이 되니 이는 다섯째 날이니라.

[창 1:24] 하나님이 가라사대 땅은 생물生物을 그 종류種類대로 내되 육축六畜과 기는 것과 땅의 짐승을 종류種類대로 내라 하시고 그대로 되니

[창 1:25] 하나님이 땅의 짐승을 그 종류種類대로, 육축六畜을 그 종류種類대로, 땅에 기는 모든 것을 그 종류種類대로 만드시니 하나님의 보시기에 좋았더라.

[창 1:26] 하나님이 가라사대 우리의 형상形像을 따라 우리의 모양貌樣대로 우리가 사람을 만들고 그로 바다의 고기와 공중空中의 새와 육축六畜과 온 땅과 땅에 기는 모든 것을 다스리게 하자 하시고

[창 1:27] 하나님이 자기自己 형상形像 곧 하나님의 형상形像대로 사람을 창조創造하시되 남자男子와 여자女子를 창조創造하시고

[창 1:28] 하나님이 그들에게 복福을 주시며 그들에게 이르시되 생육生育하고 번성蕃盛하여 땅에 충만充滿하라 땅을 정복征服하라 바다의 고기와 공중空中의 새와 땅에 움직이는 모든 생물生物을 다스리라 하시니라.

[창 1:29] 하나님이 가라사대 내가 온 지면地面의 씨 맺는 모든 채소菜蔬와 씨 가진 열매 맺는 모든 나무를 너희에게 주노니 너희 식물食物이 되리라.

[창 1:30] 또 땅의 모든 짐승과 공중空中의 모든 새와 생명生命이 있어 땅에 기는 모든 것에게는 내가 모든 푸른 풀을 식물食物로 주노라 하시니 그대로 되니라.

[창 1:31] 하나님이 그 지으신 모든 것을 보시니 보시기에 심甚히 좋았더라 저녁이 되며 아침이 되니 이는 여섯째 날이니라.

[創1 - 6] 上帝曰、水中當有空氣、以分上下之水、

[創1 - 7] 上帝遂作空氣、使空氣以上之水、與空氣以下之水、截然中分、有如此也、

[創1 - 8] 上帝名空氣爲天、有夕有朝、是乃二日、

[創1 - 9] 上帝曰、天下諸水、當滙一區、使現陸地、有如此也、

[創1 - 10] 上帝名陸地爲地、名水滙之區爲海、上帝視之爲善、

[創1 - 11] 上帝曰、地當生結子之草與蔬、及生果之樹、果懷核、各從其類於地、有如此也、

[創1 - 12] 地遂生結子之草與蔬、各從其類、及生果之樹、果懷核、各從其類、上帝視之爲善、

[創1 - 13] 有夕有朝、是乃三日、

[創1 - 14] 上帝曰、天上當有發光之體、俾分晝夜、以爲記號、可定四時日期年歲、

[創1 - 15] 且發光於天、普照於地、有如此也、

[創1 - 16] 上帝造二巨光、大者司晝、小者司夜、又造衆星、

[創1 - 17] 上帝置之於天、普照於地、

[創1 - 18] 以司晝夜、以分光暗、上帝視之爲善、

[創1 - 19] 有夕有朝、是乃四日、

[創1 - 20] 上帝曰、水當滋生有生之動物、又有鳥飛於地、上戾空中、

[創1 - 21] 上帝乃造巨魚、與水所滋生有生之動物、各從其類、及諸飛鳥、各從其類、上帝視之爲善、

[創1 - 22] 上帝許之以福曰、生育衆多、充滿於海、禽鳥亦蕃衍於地、

[創1 - 23] 有夕有朝、是乃五日、

[創1 - 24] 上帝曰、地當滋生生物、各從其類、牲畜昆蟲野獸、各從其類、有如此也、

[創1 - 25] 上帝遂造野獸、各從其類、牲畜各從其類、地上昆蟲各從其類、上帝視之爲善、

[創1 - 26] 上帝曰、我儕當造人、肖我儕之像、以治海魚飛鳥牲畜、
及凡動於地之昆蟲、亦治全地、

[創1 - 27] 上帝遂按己像造人、造之乃肖上帝像、造男亦造女、

[創1 - 28] 上帝許之以福、謂之曰、生育衆多、充盈於地、地爲爾所治、
並治海魚飛鳥、及地上諸生物、

[創1 - 29] 上帝曰、遍地結子之菜蔬、與凡樹所生懷核之果、我俱賜爾以爲食、

[創1 - 30] 至於地上走獸、空中飛鳥、及動於地之諸生物、我賜以青草爲食、有如此也、

[創1 - 31] 上帝視所造者甚善、有夕有朝、是乃六日.

(2:1 - 8:22절) 생략

[창 9:1] 하나님이 노아와 그 아들들에게 복福을 주시며 그들에게 이르시되 생육生育하고 번성蕃盛하여 땅에 충만充滿하라.

[창 9:2] 땅의 모든 짐승과 공중空中의 모든 새와 땅에 기는 모든 것과 바다의 모든 고기가 너희를 두려워하며 너희를 무서워하리니 이들은 너희 손에 붙이웠음이라.

[창 9:3] 무릇 산 동물動物은 너희의 식물食物이 될지라. 채소菜蔬같이 내가 이것을 다 너희에게 주노라

[創9 - 1] 上帝許福於挪亞及其諸子曰、生育衆多、遍滿於地、

[創9 - 2] 地上走獸、空中飛鳥、地上各類動物、及海之諸魚、必畏懼爾、皆付爾手、

[創9-3] 凡有生之動物、皆賜爾爲食、我賜爾一切、猶賜爾以菜蔬.

(9:4 - 9:6절) 생략

[창 9:7] 너희는 생육生育하고 번성蕃盛하며 땅에 편만遍滿하여 그 중中에서 번성蕃盛하라.

[創9-7] 爾曹生育衆多、昌熾蕃衍於地.

[창 9:8] 하나님이 노아와 그와 함께한 아들들에게 일러 가라사대

[창 9:9] 내가 내 언약言約을 너희와 너희 후손後孫과

[창 9:10] 너희와 함께한 모든 생물生物 곧 너희와 함께한 새와 육축六畜과 땅의 모든 생물生物에게 세우리니 방주方舟에서 나온 모든 것 곧 땅의 모든 짐승에게니라.

[창 9:11] 내가 너희와 언약言約을 세우리니 다시는 모든 생물生物을 홍수洪水로멸滅하지 아니할 것이라 땅을 침몰沈沒할 홍수洪水가 다시 있지 아니하리라.

[창 9:12] 하나님이 가라사대 내가 나와 너희와 및 너희와 함께 하는 모든 생물生物사이에 영세永世까지 세우는 언약言約의 증거證據는 이것이라.

[창 9:13] 내가 내 무지개를 구름 속에 두었나니 이것이 나의 세상世上과의 언약言約의 증거證據니라.

[創9-8] 上帝又諭挪亞及其諸子曰、

[創9-9] 我與爾曹及爾後裔立約、

[創9-10] 偕爾一切生物、卽飛鳥牲畜走獸、凡出舟在地之諸生物、亦與之立約、

[創9-11] 我與爾衆立約、不復以洪水滅凡有血氣者、亦不復有洪水湮地

[創9-12] 上帝曰、我與爾並偕爾之諸生物、立永世之約、有可爲徵、

[創9-13] 我置虹於雲間、卽爲我與世立約之徵.

(9:14 - 12:1절) 생략

[창]12:2] 내가 너로 큰 민족民族을 이루고 네게 복福을 주어 네 이름을 창대昌大케 하리니 너는 복福의 근원根源이 될지라.

[창]12:3] 너를 축복祝福하는 자者에게는 내가 복福을 내리고 너를 저주詛呪하는 자者에게는 내가 저주詛呪하리니 땅의 모든 족속族屬이 너를인因하여 복福을 얻을 것이니라.

[創12-2] 我將使爾成爲大族、賜福於爾、使爾名大揚、俾爾恆享厚福、

[創12-3] 爲爾祝福者、我必降之以福、詛爾者我必降之以禍、天下萬族、必因爾獲福.

(12:4 - 13:13절) 생략

[창 13:14] 롯이 아브람을 떠난 후後에 여호와께서 아브람에게 이르시되 너는 눈을 들어 너 있는 곳에서 동서남북東西南北을 바라보라.

[창 13:15] 보이는 땅을 내가 너와 네 자손子孫에게 주리니 영원永遠히 이르리라.

[창 13:16] 내가 네 자손子孫으로 땅의 티끌 같게 하리니 사람이 땅의 티끌을 능能히 셀 수 있을진대 네 자손子孫도 세리라

[창 13:17] 너는 일어나 그 땅을 종縱과 횡橫으로 행行하여 보라 내가 그것을 네게 주리라.

[創13 - 14] 羅得離亞伯蘭後、主諭亞伯蘭曰、爾由所在之處、擧目觀東西南北、

[創13 - 15] 凡所見之地、我必賜爾及爾苗裔至於永遠

[創13 - 16] 我必使爾苗裔多如地之塵沙然、若人能核數地之塵沙、
則爾之苗裔亦可核數、

[創13 - 17] 爾起縱橫徧行此地、我必以之賜爾.

(13:18 - 22:15절) 생략

[창 22:16] 가라사대 여호와께서 이르시기를 내가 나를 가리켜 맹세盟誓하노니 네가 이같이 행行하여 네 아들 네 독자獨子를 아끼지 아니하였은즉

[창 22:17] 내가 네게 큰 복福을 주고 네 씨로 크게 성盛하여 하늘의 별과 같고 바닷가의 모래와 같게 하리니 네 씨가 그 대적對敵의 문門을 얻으리라.

[창 22:18] 또 네 씨로 말미암아 천하天下 만민萬民이 복福을 얻으리니 이는 네가 나의 말을 준행遵行하였음이니라.

[創22 - 16] 主云、爾旣行是、不惜爾獨子、我故指己而誓、

[創22 - 17] 必賜福於爾、使爾後裔衆多、如天上之星、如海濱之沙、
爾後裔必得敵之城爲業、

[創22 - 18] 緣爾遵行我命、天下萬民、將藉爾後裔得福.

(22:19 - 26:3절) 생략

[창 26:4] 네 자손子孫을 하늘의 별과 같이 번성蕃盛케 하며 이 모든 땅을 네 자손子孫에게 주리니 네 자손子孫을 인因하여 천하天下 만민萬民이 복福을 받으리라.

[창 26:5] 이는 아브라함이 내 말을 순종順從하고 내 명령命令과 내 계명誡命과 내율례律例와 내 법도法度를 지켰음이니라.

[創26 - 4] 我必蕃衍爾後裔、如天星之衆多、以此列邦、賜爾後裔、
天下萬國、必因爾後裔蒙福、

[創26 - 5]　因亞伯拉罕聽我言、守我所命當守者、卽我之誡命律例法度.

(26:6 - 27:27절) 생략

[창 27:28]　하나님은 하늘의 이슬과 땅의 기름짐이며 풍성豊盛한 곡식穀食과 포도주葡萄酒로 네게 주시기를 원願하노라.

[창 27:29]　만민萬民이 너를 섬기고 열국列國이 네게 굴복屈服하리니 네가 형제兄弟들의 주主가 되고 네 어미의 아들들이 네게 굴복屈服하며 네게 저주詛呪하는 자者는 저주詛呪를 받고 네게 축복祝福하는 자者는 복福을 받기를 원願하노라.

[創27 - 28]　惟願上帝賜爾天之甘露、地之肥壤、穀與酒旣豊且盛、

[創27 - 29]　列國服事爾、萬族拜跪爾、兄弟尊爾爲主、與爾同母者、拜跪爾、詛爾者見詛、祝爾者見祝.

(27:30 - 28:2절) 생략

[창 28:3]　전능全能하신 하나님이 네게 복福을 주어 너로 생육生育하고 번성蕃盛게 하사 너로 여러 족속族屬을 이루게 하시고

[창 28:4]　아브라함에게 허락許諾하신 복福을 네게 주시되 너와 너와 함께 네 자손子孫에게 주사 너로 하나님이 아브라함에게 주신 땅 곧 너의 우거寓居하는 땅을 유업遺業으로 받게 하시기를 원願하노라.

[創28 - 3]　願全能之上帝賜福於爾、使爾蕃衍昌熾、爲多族之祖、

[創28 - 4]　以所許亞伯拉罕之福、賜爾及爾後裔、以所賜亞伯拉罕之地、卽爾所寄居之地、賜爾爲業.

(28:5 - 28:14절) 생략

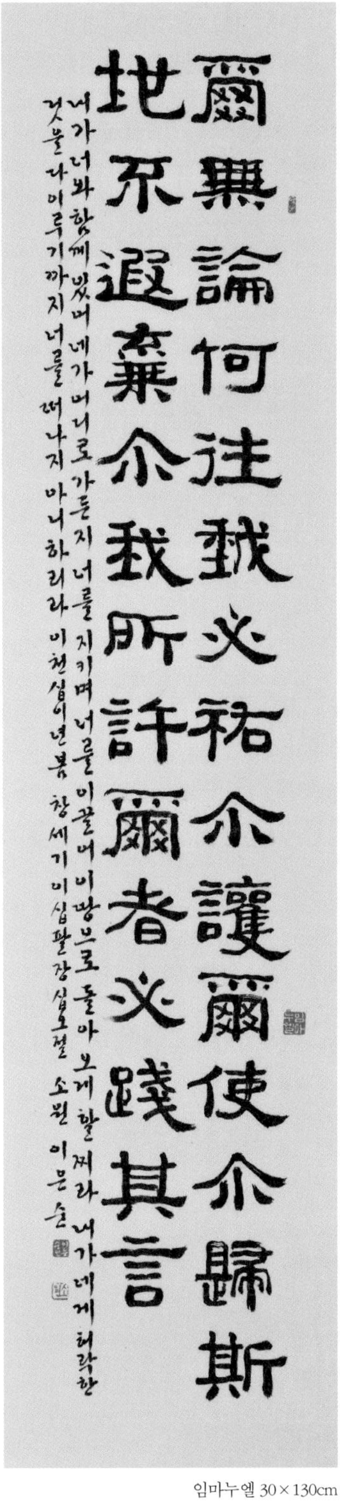

임마누엘 30×130cm

[창 28:15] 내가 너와 함께 있어 네가 어디로 가든지 너를 지키며 너를 이끌어 이 땅으로 돌아오게 할찌라 내가 네게 허락許諾한 것을 다 이루기까지 너를 떠나지 아니하리라.

[創28 - 15] 爾無論何往、我必祐爾護爾、使爾歸斯地、不遐棄爾、我所許爾者、必踐其言.

(28:16 - 35:10절) 생략

[창 35:11] 그에게 이르시되 나는 전능全能한 하나님이니라. 생육生育하며 번성蕃盛하라 국민國民과 많은 국민國民이 네게서 나고 왕王들이 네 허리에서 나오리라.

[창 35:12] 내가 아브라함과 이삭에게 준 땅을 네게 주고 내가 네 후손後孫에게도 그 땅을 주리라.

[創35 - 11] 上帝又諭之曰、我乃全能之上帝、使爾生育衆多、爾後裔必成一族、以至羣族、列王皆由爾出、

[創35 - 12] 我所賜亞伯拉罕及以撒之地、我將賜爾及爾後裔.

(35:13 - 37:8절) 생략

[창 37:9] 요셉이 다시 꿈을 꾸고 그 형兄들에게 고告하여 가로되 내가 또 꿈을 꾼 즉 해와 달과 열 한 별이 내게 절하더이다.

[創37 - 9] 約瑟復夢、以述於諸兄曰、我又得一夢、見日月與十一星皆拜我.

(37:10 - 48:14절) 생략

[창 48:15] 그가 요셉을 위爲하여 축복祝福하여 가로되 내 조부祖父 아브라함과 아버지 이삭의 섬기던 하나님, 나의 남으로부터 지금至今까지 나를 기르신 하나님

[창 48:16] 나를 모든 환난患難에서 건지신 사자使者께서 이 아이에게 복福을 주시오며 이들로 내 이름과 내 조부祖父 아브라함과 아버지 이삭의 이름으로 칭稱하게 하시오며 이들로 세상世上에서 번식繁殖되게 하시기를 원願하나이다.

[創48 - 15] 以色列爲約瑟祝福曰、惟願我祖父亞伯拉罕以撒所崇事之上帝、自我生至今牧我之上帝、

[創48 - 16] 救贖我脫於一切患難之使者、賜福於二童子、可歸我名下、與我祖父亞伯拉罕以撒之名下、願其在世昌熾蕃衍.

(48:17 - 49:21절) 생략

[창 49:22] 요셉은 무성茂盛한 가지 곧 샘 곁의 무성茂盛한 가지라 그 가지가 담을 넘었도다.

[창 49:23] 활쏘는 자者가 그를 학대虐待하며 그를 쏘며 그를 군박窘迫하였으나

[창 49:24] 요셉의 활이 도리어 견강堅剛하며 그의 팔이 힘이 있으니 야곱의 전능자全能者의 손을 힘입음이라 그로부터 이스라엘의 반석磐石인 목자牧者가 나도다.

[창 49:25] 네 아비의 하나님께로 말미암나니 그가 너를 도우실 것이요 전능자全能者로 말미암나니 그가 네게 복福을 주실 것이라 위로 하늘의 복福과 아래로 원천源泉의 복福과 젖먹이는 복福과 胎태의 복福이리로다.

[創49 - 22] 約瑟如茂枝、茂枝栽於泉旁、枝條蔓延、踰於牆垣、

[創49 - 23] 射者困苦之、攻擊之、恨惡之、

[創49 - 24] 惟賴雅各全能之上帝、其弓堅勁、手臂强捷、由此爲牧、爲以色列所倚之磐、

[創49 - 25] 惟願爾父之上帝輔助爾、全能上帝、賜福於爾、
上自天所降之福、下自淵所出之福、賜爾産育乳哺之福.

(49:26 - 50:26절) 생략

02 출애굽기 出伊及記 Exodus

(1:1 - 3:14절) 생략

[출 3:15] 하나님이 또 모세에게 이르시되 너는 이스라엘 자손子孫에게 이같이 이르기를 나를 너희에게 보내신 이는 너희 조상祖上의 하나님 곧 아브라함의 하나님 이삭의 하나님 야곱의 하나님 여호와라 하라 이는 나의 영원永遠한 이름이요 대대代代로 기억記憶할 나의 표호票號니라.

[出3 - 15] 上帝又謂摩西曰、當如是告以色列人云、遣我就爾者乃主、爾列祖之上帝、亞伯拉罕之上帝、以撒之上帝、雅各之上帝、此乃我恆久之名、歷世之稱.

(3:16 - 6:5절) 생략

[출 6:6] 그러므로 이스라엘 자손子孫에게 말하기를 나는 여호와라 내가 애굽 사람의 무거운 짐 밑에서 너희를 빼어내며 그 고역苦役에서 너희를 건지며 편 팔과 큰 재앙災殃으로 너희를 구속救贖하여

[출 6:7] 너희로 내 백성百姓을 삼고 나는 너희 하나님이 되리니 나는 애굽 사람의 무거운 짐 밑에서 너희를 빼어낸 너희 하나님 여호와인 줄 너희가 알지라.

[출 6:8] 내가 아브라함과 이삭과 야곱에게 주기로 맹세盟誓한 땅으로 너희를 인도引導하고 그 땅을 너희에게 주어 기업基業을 삼게 하리라 나는 여호와로라 하셨다 하라.

[出6 - 6] 緣此爾當告以色列人曰、我乃主、我必拯爾脫伊及人所加爾之重負、救爾離其苦役、施展大能、降重災於伊及人、救贖爾曹、

[出6 - 7] 我必以爾爲我民、而我將爲爾上帝、使爾知我乃主爾之上帝、救爾脫伊及人所加爾之重負、

[出6 - 8] 我昔誓賜亞伯拉罕以撒雅各之地、我必導爾至彼、賜爾爲業、我乃主.

(6:9 - 12:10절) 생략

[출 12:11] 너희는 그것을 이렇게 먹을지니 허리에 띠를 띠고 발에 신을 신고 손에 지팡이를 잡고 급急히 먹으라 이것이 여호와의 유월절逾越節이니라.

[출 12:12] 내가 그 밤에 애굽 땅에 두루 다니며 사람과 짐승을 무론無論하고 애굽 나라 가운

데 처음 난 것을 다 치고 애굽의 모든 신神에게 벌罰을 내리리라 나는 여호와로라.

[출 12:13] 내가 애굽 땅을 칠 때에 그 피가 너희의 거居하는 집에 있어서 너희를 위爲하여 표적表蹟이 될지라. 내가 피를 볼 때에 너희를 넘어가리니 재앙災殃이 너희에게 내려 멸滅하지 아니하리라.

[출 12:14] 너희는 이 날을 기념記念하여 여호와의 절기節期를 삼아 영원永遠한 규례規例로 대대代代에 지킬지니라.

[出12 - 11] 食之時、當腰束帶、足納履、手持杖、急速而食、
是乃主所命逾越節之羔、

[出12 - 12] 當是夕、我必巡行伊及地、擊伊及地諸長子、與牲畜所首生者、
亦毁伊及人所拜之羣神、我乃主也、

[出12 - 13] 血塗於爾居之室、爲爾作徵、我一見此血、卽逾越爾曹、
我在伊及地行擊時、災不及爾身以滅爾、

[出12 - 14] 爾曹當記憶此日、定爲節期、於主前謹守、歷代守之永爲定例.

(12:15 - 12:26절) 생략

[출 12:27] 너희는 이르기를 이는 여호와의 유월절逾越節 제사祭祀라 여호와께서 애굽 사람을 치실 때에 애굽에 있는 이스라엘 자손子孫의 집을 넘으사 우리의 집을 구원救援하셨느니라 하라 하매 백성百姓이 머리 숙여 경배敬拜하니라.

[出12 - 27] 爾則曰、是乃逾越節祭主之禮、因主擊伊及人時、
逾越以色列人之室、救我各家、於是民俱俯首而拜.

(12:28 - 13:20절) 생략

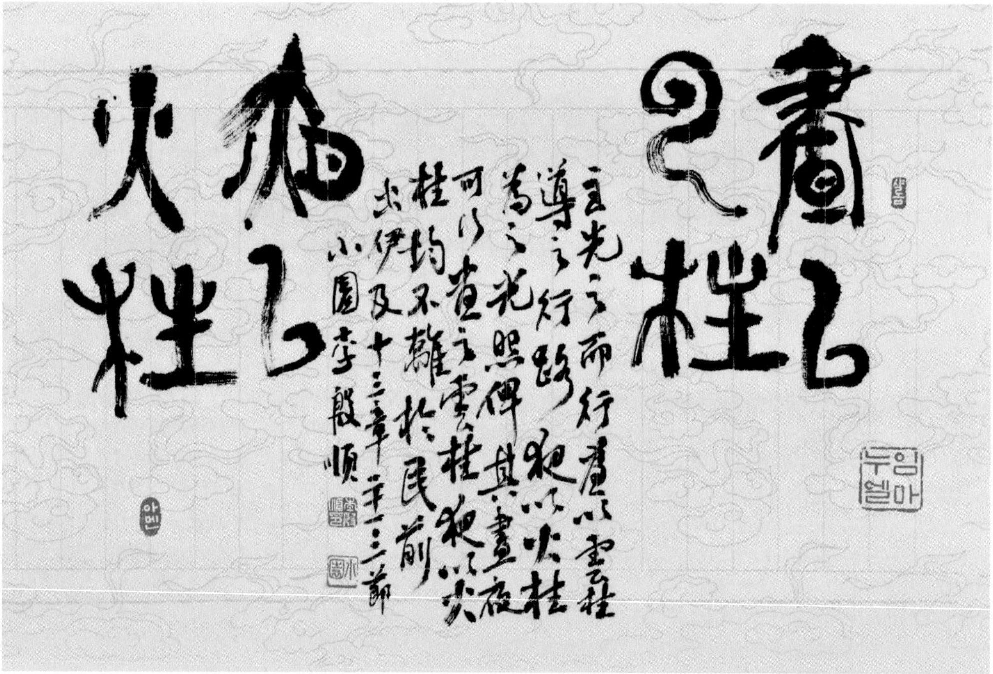

主의 引導하심 따라서 60×32cm

[출 13:21] 여호와께서 그들 앞에 행行하사 낮에는 구름 기둥으로 그들의 길을 인도引導하시고 밤에는 불 기둥으로 그들에게 비춰사 주야晝夜로 진행進行하게 하시니

[출 13:22] 낮에는 구름 기둥, 밤에는 불 기둥이 백성百姓 앞에서 떠나지 아니하니라.

[出13 - 21] 主先之而行、晝以雲柱、導之行路、夜以火柱、爲之光照、
俾其晝夜可行、

[出13 - 22] 晝之雲柱、夜之火柱均不離於民前.

(14:1 - 14:20절) 생략

[출 14:21] 모세가 바다 위로 손을 내어민대 여호와께서 큰 동풍東風으로 밤새도록 바닷물을 물러가게 하시니 물이 갈라져 바다가 마른 땅이 된지라

[출 14:22] 이스라엘 자손子孫이 바다 가운데 육지陸地로 행行하고 물은 그들의 좌우左右에 벽壁이 되니

[출 14:23] 애굽 사람들과 바로의 말들, 병거兵車들과 그 마병馬兵들이 다 그 뒤를 좇아 바다 가운데로 들어오는지라

[출 14:24] 새벽에 여호와께서 불 구름기둥 가운데서 애굽 군대軍隊를 보시고 그 군대軍隊를 어지럽게 하시며

[출 14:25] 그 병거兵車 바퀴를 벗겨서 달리기에 극난極難하게 하시니 애굽 사람들이 가로되 이스라엘 앞에서 우리가 도망逃亡하자 여호와가 그들을 위爲하여 싸워 애굽 사람들을 치는 도다.

[출 14:26] 여호와께서 모세에게 이르시되 네 손을 바다 위로 내어밀어 물이 애굽 사람들과 그 병거兵車들과 마병馬兵들 위에 다시 흐르게 하라 하시니

[출 14:27] 모세가 곧 손을 바다 위로 내어밀매 새벽에 미쳐 바다의 그 세력勢力이 회복回復된지라 애굽 사람들이 물을 거스려 도망逃亡하나 여호와께서 애굽 사람들을 바다 가운데 엎으시니

[출 14:28] 물이 다시 흘러 병거兵車들과 기병騎兵들을 덮되 그들의 뒤를 좇아 바다에 들어간 바로의 군대軍隊를 다 덮고 하나도 남기지 아니하였더라.

[출 14:29] 그러나 이스라엘 자손子孫은 바다 가운데 육지陸地로 행行하였고 물이 좌우左右에 벽壁이 되었었더라.

[出14 - 21] 於是摩西伸手於海上、主使東風大吹、飄揚終夜、使海水退、海中如陸地而水分析、

[出14 - 22] 以色列人行於海中、如行陸地、水壁立其左右、

[出14 - 23] 伊及人法老一切車馬軍騎、皆追之入海、

[出14 - 24] 天將旦時、主自雲柱火柱中、俯視伊及軍、亂其隊伍、

[出14 - 25] 脫其車輪、使之難行、伊及人曰、主代以色列人攻我儕、不如避之而遁、

[出14 - 26] 主諭摩西曰、爾伸手於海上、使海水復合、淹沒伊及人與其車馬軍騎、

[出14 - 27] 摩西卽伸手於海上、旣旦、海復飜騰、伊及人迎水奔馳、主乃投伊及人於海中、

[出14 - 28] 海水回流、淹沒追以色列人入海之法老車馬全軍、靡有孑遺、

[出14 - 29] 以色列人行於海中、如行陸地、水壁立其左右.

(14:30 - 14:31절) 생략

[출 15:1] 이 때에 모세와 이스라엘 자손子孫이 이 노래로 여호와께 노래하니 일렀으되 내가 여호와를 찬송讚頌하리니 그는 높고 영화榮華로우심이요 말과 그 탄 자者를 바다에 던지셨음이로다.

[출 15:2] 여호와는 나의 힘이요 노래시며 나의 구원救援이시로다 그는 나의 하나님이시니 내가 그를 찬송讚頌할 것이요 내 아비의 하나님이시니 내가 그를 높이리로다.

[출 15:3] 여호와는 용사勇士시니 여호와는 그의 이름이시로다

[출 15:4] 그가 바로의 병거兵車와 그 군대軍隊를 바다에 던지시니 그 택擇한 장관長官이 홍해紅海에 잠겼고

[출 15:5] 큰 물이 그들을 덮으니 그들이 돌처럼 깊음에 내렸도다.

[출 15:6] 여호와여 主주의 오른손이 권능權能으로 영광榮光을 나타내시니이다. 여호와여 주主의 오른손이 원수怨讐를 부수시니이다.

[출 15:7] 주主께서 주主의 큰 위엄威嚴으로 주主를 거스리는 자者를 엎으시니이다. 주主께서 진노震怒를 발發하시니 그 진노震怒가 그들을 초개草芥같이 사르니이다.

[출 15:8] 주主의 콧김에 물이 쌓이되 파도波濤가 언덕같이 일어서고 큰 물이 바다 가운데 엉기니이다.

[출 15:9] 대적對敵의 말이 내가 좇아 미쳐 탈취물奪取物을 나누리라 내가 그들로 인因하여 내 마음을 채우리라 내가 내 칼을 빼리니 내 손이 그들을 멸滅하리라 하였으나

[출 15:10] 주主께서 주主의 바람을 일으키시매 바다가 그들을 덮으니 그들이 흉용洶湧한 물에 납鑞같이 잠겼나이다.

[출 15:11] 여호와여 신神 중中에 주主와 같은 자者 누구니이까 주主와 같이 거룩함에 영광榮光스러우며 찬송讚頌할만한 위엄威嚴이 있으며 기이奇異한 일을 행行하는 자者 누구니이까.

[출 15:12] 주主께서 오른손을 드신즉 땅이 그들을 삼켰나이다.

[출 15:13] 주主께서 그 구속救贖하신 백성百姓을 은혜恩惠로 인도引導하시되 주主의 힘으로 그들을 주主의 성결聖潔한 처소處所에 들어가게 하시나이다.

[출 15:14] 열방列邦이 듣고 떨며 블레셋 거민居民이 두려움에 잡히며

[출 15:15] 에돔 방백方伯이 놀라고 모압 영웅英雄이 떨림에 잡히며 가나안 거민居民이 다 낙담落膽하나이다.

[출 15:16] 놀람과 두려움이 그들에게 미치매 주主의 팔이 큼을 인因하여 그들이 돌같이 고요하였사오되 여호와여 주主의 백성百姓이 통과通過하기까지 곧 주主의 사신 백성百姓이 통과通過하기까지였나이다.

[출 15:17] 주主께서 백성百姓을 인도引導하사 그들을 주主의 기업基業의 산山에 심으시리이다. 여호와여 이는 주主의 처소處所를 삼으시려고 예비豫備하신 것이라 주主여 이것이 주主의 손으로 세우신 성소聖所로소이다.

[출 15:18] 여호와의 다스리심이 영원무궁永遠無窮하시도다.

[出15 - 1] 維時摩西與以色列人作歌頌主、曰、我欲歌頌主、緣主大顯威嚴、以馬與乘者投於海、

[出15-2] 我賴主得力、我惟謳歌頌揚、拯我者惟主、爲我之上帝、
我則頌美、爲我父之上帝、我則尊崇、
[出15-3] 爭戰爲主所轄、其名稱主、
[出15-4] 法老之車與軍、俱投於海、法老特簡之將帥溺於紅海、
[出15-5] 大水淹之、如石沈於深淵、
[出15-6] 主之右手、施力顯榮、主之右手、擊破仇敵、
[出15-7] 主大顯威嚴、攻滅叛逆主者、主大發震怒、焚之如草芥、
[出15-8] 主以鼻息聚集波濤、水立如堆、大水凝於海中、
[出15-9] 仇敵曾言我將追之、追而及、分得擄物、遂我心願、拔出我刃、以手翦滅、
[出15-10] 主使風吹噓、海遂淹之、乃如鉛沈於洪水、
[出15-11] 主歟、諸神之中、誰可比主、誰能似主至聖極榮、可畏可頌、施行奇蹟、
[出15-12] 主擧右手、地卽吞之、
[出15-13] 主贖斯民、以恩引之、施展大能、導入聖居、
[出15-14] 列邦聞之、無不恐懼、非利士居民、亦俱戰慄、
[出15-15] 以東侯伯、俱已驚惶、摩押英雄、無不悚惕、迦南居民、盡皆喪膽、
[出15-16] 驚駭恐懼臨及其身、主顯大能、彼衆如石寂然不動、
待主之民經行、大主所選之民經行、
[出15-17] 維彼聖山、乃主恒業、主導使民進之、使居於彼、主歟、
卽主所備爲駐蹕之處、主歟、卽主手所建之聖所、
[出15-18] 主爲王至於永遠.

(15:19 - 19:25절) 생략

[출 20:1] 하나님이 이 모든 말씀으로 일러 가라사대
[출 20:2] 나는 너를 애굽 땅, 종 되었던 집에서 인도引導하여 낸 너의 하나님 여호와로라.
[출 20:3] 너는 나 외外에는 다른 신神들을 네게 있게 말지니라.
[출 20:4] 너를 위爲하여 새긴 우상偶像을 만들지 말고 또 위로 하늘에 있는것이나 아래로 땅
에 있는 것이나 땅 아래 물 속에 있는 것의 아무 형상形像이든지 만들지 말며
[출 20:5] 그것들에게 절하지 말며 그것들을 섬기지 말라 나 여호와 너의 하나님은 질투嫉妬
하는 하나님인즉 나를 미워하는 자者의 죄罪를 갚되 아비로부터 아들에게로 삼三
사대四代까지 이르게 하거니와
[출 20:6] 나를 사랑하고 내 계명誡命을 지키는 자者에게는 천대千代까지 은혜恩惠를 베푸느니라.

[出20 - 1] 上帝諭此諸誡曰、

[出20 - 2] 我乃主爾之上帝、曾導爾出伊及爾爲奴之地、

[出20 - 3] 我之外毋敬別神、

[出20 - 4] 毋爲己作偶像、上天下地、與地下水中百物、毋作其像、

[出20 - 5] 毋跪拜、毋崇事、蓋我卽主爾之上帝、乃忌邪之上帝、惡我者、
我必討其罪、以及子孫、至三四代、

[出20 - 6] 愛我者、守我誡者、我賜之恩、至千代.

(20:7 - 20:11절) 생략

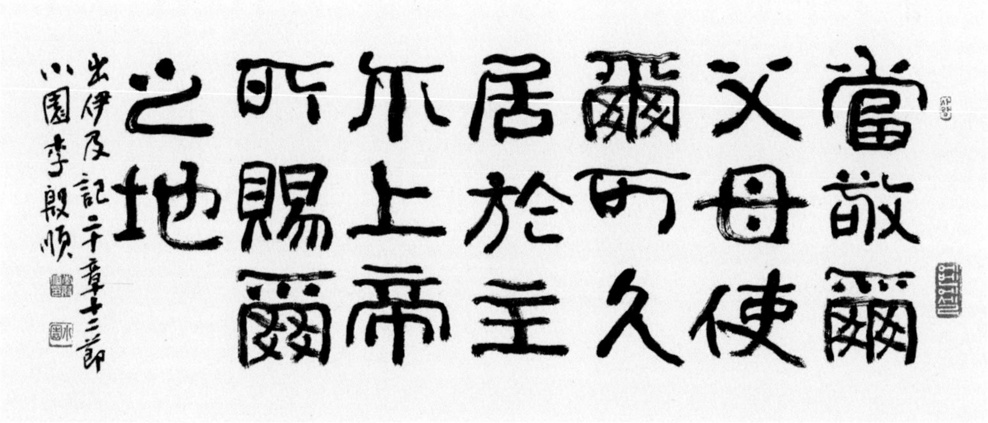

孝 65×28cm

[출 20:12] 네 부모父母를 공경恭敬하라 그리하면 너의 하나님 나 여호와가 네게 준 땅에서 네
생명生命이 길리라.

[出20 - 12] 當敬爾父母、使爾可久居於主爾上帝所賜爾之地.

[출 20:13] 살인殺人하지 말지니라.

[출 20:14] 간음姦淫하지 말지니라.

[출 20:15] 도적盜賊질하지 말지니라.

[출 20:16] 네 이웃에 대對하여 거짓 증거證據하지 말지니라.

[출 20:17] 네 이웃의 집을 탐貪내지 말지니라 네 이웃의 아내나 그의 남男종이나 그의 여女종

이나 그의 소나 그의 나귀나 무릇 네 이웃의 소유所有를 탐貪내지 말지니라.

[出20 - 13] 毋殺人、

[出20 - 14] 毋姦淫、

[出20 - 15] 毋偸竊、

[出20 - 16] 毋妄證以陷人、

[出20 - 17] 毋貪人之宅、毋貪人之妻、與奴婢牛驢、及其凡所有者.

(20:18 - 22:31절) 생략

[출 23:1] 너는 허망虛妄한 풍설風說을 전파傳播하지 말며 악인惡人과 연합聯合하여 무함誣陷하는 증인證人이 되지 말며

[출 23:2] 다수多數를 따라 악惡을 행行하지 말며 송사訟事에 다수多數를 따라 부정당不正當한 증거證據를 하지 말며

[출 23:3] 가난한 자者의 송사訟事라고 편벽偏僻되이 두호斗護하지 말지니라.

[出23 - 1] 毋佈浮言、毋助惡人、以爲妄證、

[出23 - 2] 毋隨衆爲惡、有爭訟、毋徇衆爲證、以枉直、

[出23 - 3] 貧者有訟、無偏護.

(23:4 - 23:7절) 생략

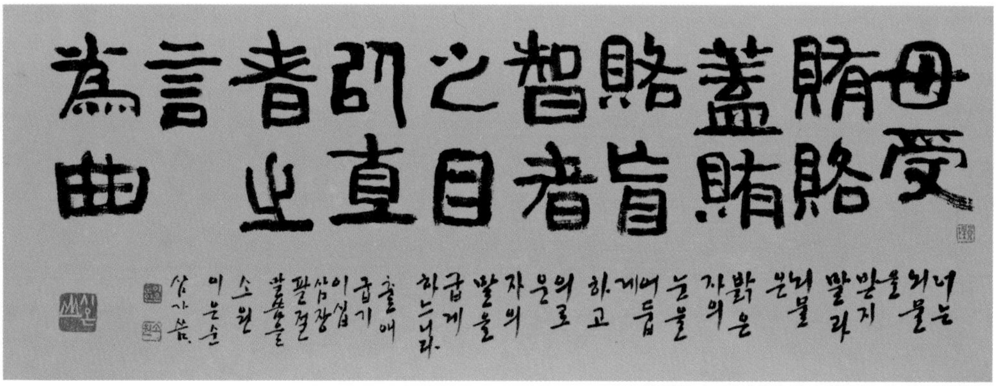

賄賂 80×30cm

[출 23:8] 너는 뇌물賂物을 받지 말라 뇌물賂物은 밝은 자者의 눈을 어둡게 하고 의義로운 자者 의 말을 굽게 하느니라.

[出23 - 8] 毋受賄賂、蓋賄賂盲智者之目、以直者之言爲曲.

(23:9 - 23:23절) 생략

[출 23:24] 너는 그들의 신神을 숭배崇拜하지 말며 섬기지 말며 그들의 소위所爲를 본本받지 말고 그것들을 다 훼파毁破하며 그 주상柱像을 타파打破하고

[출 23:25] 너의 하나님 여호와를 섬기라 그리하면 여호와가 너희의 양식糧食과 물에 복福을 내리고 너희 중中에 병病을 제除하리니

[출 23:26] 네 나라에 낙태落胎하는 자者가 없고 잉태孕胎치 못하는 자者가 없을 것이라 내가 너의 날 수數를 채우리라.

[出23 - 24] 毋跪拜崇事其神、不可效其所爲、必盡滅之、悉毁其偶像、

[出23 - 25] 必崇事主爾之上帝、則降福於爾、使爾飮食充足、除疾病於爾中、

[出23 - 26] 必使爾境內無墮胎者、無不孕者、亦使爾俱享遐齡.

(23:27 - 31:12절) 생략

[출 31:13] 너는 이스라엘 자손子孫에게 고告하여 이르기를 너희는 나의 안식일安息日을 지키라 이는 나와 너희 사이에 너희 대대代代의 표징表徵이니 나는 너희를 거룩하게 하는 여호와인 줄 너희로 알게 함이라.

[出31 - 13] 告以色列人云、爾曹當守我安息日、此安息日、

於我與爾曹間歷代爲證、俾爾知我乃主使爾成聖者.

(31:14 - 34:5절) 생략

[출 34:6] 여호와께서 그의 앞으로 지나시며 반포頒布하시되 여호와로라 여호와로라 자비慈悲롭고 은혜恩惠롭고 노怒하기를 더디하고 인자仁慈와 진실眞實이 많은 하나님이로라.

[출 34:7] 인자仁慈를 천대千代까지 베풀며 악惡과 과실過失과 죄罪를 용서容恕하나 형벌刑罰 받을 자者는 결단決斷코 면죄免罪하지 않고 아비의 악惡을 자여손子與孫 삼三 사대四代까지 보응報應하리라.

[出34 - 6] 主經行摩西前宣告曰、主乃自有之主、乃矜憐慈愛容忍、大施恩惠、大有誠實之上帝、

[出34 - 7] 施恩於人、直至千世、赦宥尤過失罪惡、惟罪當罰者、斷無不罰、
爲父之罪、罰子孫至三四代.

(34:8 - 40:38절) 생략

03 레위기 利未記 Leviticus

(1:1절) 생략

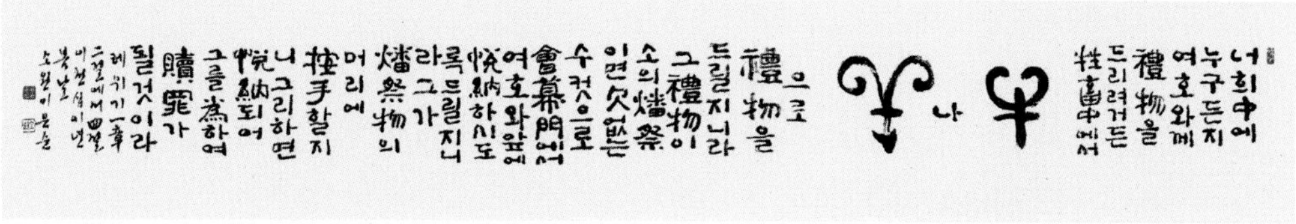

贖罪物126×16cm

[레 1:2] 이스라엘 자손子孫에게 고告하여 이르라 너희 중中에 누구든지 여호와께 예물禮物을 드리려거든 생축牲畜 중中에서 소나 양羊으로 예물禮物을 드릴지니라.

[레 1:3] 그 예물禮物이 소의 번제燔祭이면 흠欠없는 수컷으로 회막會幕문門에서 여호와 앞에 열납悅納하시도록 드릴지니라.

[레 1:4] 그가 번제물燔祭物의 머리에 안수按手할지니 그리하면 열납悅納되어 그를 위爲하여 속죄贖罪가 될 것이라.

[利1 - 2] 爾告以色列人云、爾中若有人以牲畜獻於主爲祭、衹可用牛羊以獻、

[利1 - 3] 若用牛以獻火焚祭、必用無疵之牡者、牽於會幕門前、獻於主前以蒙悅納、

[利1 - 4] 按手於火焚祭牲之首、可蒙悅納、可冀罪贖.

(1:5 - 19:8절) 생략

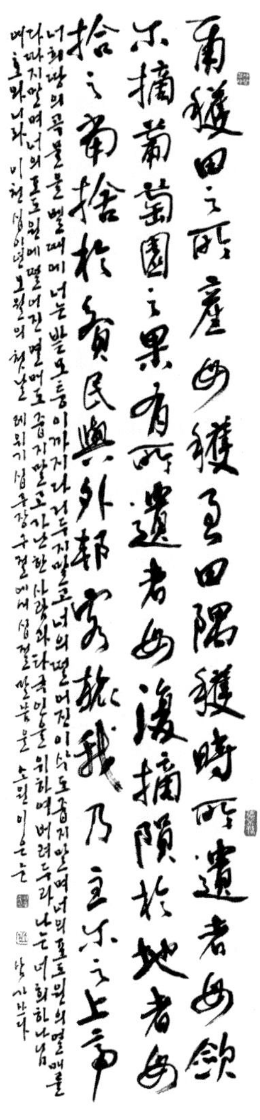

愛民 33×132cm

[레 19:9] 너희 땅의 곡물穀物을 벨 때에 너는 밭모퉁이까지 다 거두지 말고 너의 떨어진 이삭도 줍지 말며

[레 19:10] 너의 포도원葡萄園의 열매를 다 따지 말며 너의 포도원葡萄園에 떨어진 열매도 줍지 말고 가난한 사람과 타국인他國人을 위爲하여 버려두라 나는 너희 하나님 여호와니라.

[利19 - 9] 爾穫田之所産、毋穫至田隅、穫時所遺者毋歛、

[利19-10] 爾摘葡萄園之果、有所遺者毋復摘、隕於地者毋拾之、
當捨於貧民與客旅、我乃主爾之上帝.

[레 19:11] 너희는 도적盜賊질하지 말며 속이지 말며 서로 거짓말하지 말며
[레 19:12] 너희는 내 이름으로 거짓 맹세盟誓함으로 네 하나님의 이름을 욕辱되게 하지 말라
나는 여호와니라 .
[利19-11] 毋竊、毋詐、毋相僞爲、
[利19-12] 毋指我名妄誓、致褻瀆爾上帝之名、我乃主.

[레 19:13] 너는 네 이웃을 압제壓制하지 말며 늑탈勒奪하지 말며 품꾼의 삯을 아침까지 밤새도
록 네게 두지 말며
[레 19:14] 너는 귀먹은 자者를 저주詛呪하지 말며 소경 앞에 장애물障碍物을 놓지 말고 네 하나
님을 경외敬畏하라 나는 여호와니라.
[레 19:15] 너희는 재판裁判할 때에 불의不義를 행行치 말며 가난한 자者의 편便을 들지 말며 세
력勢力있는 자者라고 두호斗護하지 말고 공의公義로 사람을 재판裁判할지며
[레 19:16] 너는 네 백성百姓 중中으로 돌아다니며 사람을 논단論斷하지 말며 네 이웃을 대적對
敵하여 죽을 지경地境에 이르게 하지 말라 나는 여호와니라.
[利19-13] 毋欺人、毋强據、傭人之値、毋留至明晨、
[利19-14] 毋詛聾者、毋置窒礙於瞽者前、當敬畏爾之上帝、我乃主、
[利19-15] 聽訟之時、毋行非義、毋偏護貧人、毋徇庇有勢者、惟秉公以鞫人、
[利19-16] 毋於爾民間往來讒毁人、毋圖謀害人、我乃主.

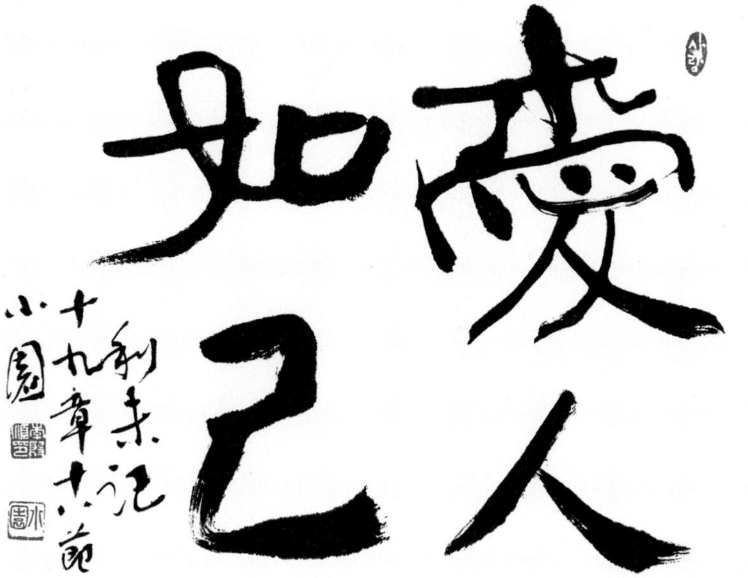

愛人如己 34×34cm

[레 19:17] 너는 네 형제兄弟를 마음으로 미워하지 말며 이웃을 인因하여 죄罪를 당當치 않도록 그를 반드시 책선責善하라.

[레 19:18] 원수怨讐를 갚지 말며 동포同胞를 원망怨望하지 말며 이웃 사랑하기를 네 몸과 같이 하라 나는 여호와니라.

[利19 - 17] 毋心中憎爾同族、當責同人、免因之負罪、

[利19 - 18] 毋復仇、毋怨憾本國之人、當愛人如己、我乃主.

(19:19 - 19:34절) 생략

[레 19:35] 너희는 재판裁判에든지 도량형度量衡에든지 불의不義를 행行치 말고

[레 19:36] 공평公平한 저울과 공평公平한 추錘와 공평公平한 에바와 공평公平한 힌을 사용使用하라 나는 너희를 인도引導하여 애굽 땅에서 나오게 한 너희 하나님 여호와니라.

[利19 - 35] 聽訟之時、毋行非義、尺丈權衡升斗悉當公平、

[利19-36] 用公平之權衡、公平之伊法、公平之欣、我乃主爾之上帝、
曾導爾出伊及地.

(19:37 - 22:17절) 생략

[레 22:18] 아론과 그 아들들과 이스라엘 온 족속族屬에게 고告하여 이르라 이스라엘 자손子孫이나 그 중中에 우거寓居하는 자者가 서원제誓願祭나 낙헌제樂獻祭로 번제燔祭를 여호와께 예물禮物로 드리려거든

[레 22:19] 열납悅納되도록 소나 羊양이나 염소의 흠欠 없는 수컷으로 드릴지니

[레 22:20] 무릇 흠欠 있는 것을 너희는 드리지 말 것은 그것이 열납悅納되지 못할 것임이니라.

[레 22:21] 무릇 서원誓願한 것을 갚으려든지 자의自意로 예물禮物을 드리려 든지 하여 소나양羊으로 화목제和睦祭 희생犧牲을 여호와께 드리는 자者는 열납悅納되도록 아무 흠欠이 없는 온전穩全한 것으로 할지니

[레 22:22] 눈먼 것이나 상傷한 것이나 지체肢體에 베임을 당當한 것이나 종기腫氣 있는 것이나 괴혈병壞血病 있는 것이나 비루먹은 것을 너희는 여호와께 드리지 말며 단壇위에 화제火祭로 여호와께 드리지 말라.

[利22-18] 爾告亞倫與其諸子、並以色列衆人云、凡以色列族之人、
或寄居其中之客旅、若獻祭於主、爲火焚祭、無論爲償願、爲樂意而獻、

[利22-19] 所獻或牛、或綿羊、或山羊、皆當用無疵之牡者、以蒙悅納、

[利22-20] 凡有殘疾者毋獻、若獻之不蒙悅納、

[利22-21] 若獻平安祭於主、或償願、或樂意而獻、所獻者、無論牛羊、當純全無疵、以蒙悅納、

[利22-22] 若瞽者、毀傷者、肢體殘缺者、生瘰癧者、生瘡痍者、生癬疥者、
毋獻於主、毋獻於祭臺、爲祀主之火祭.

(22:23 - 22:31절) 생략

[레 22:32] 너희는 나의 성호聖號를 욕辱되게 말라 나는 이스라엘 자손子孫 중中에서 거룩하게 함을 받을 것이니라. 나는 너희를 거룩하게 하는 여호와요

[레 22:33] 너희 하나님이 되려고 너희를 애굽 땅에서 인도引導하여 낸 자者니 나는 여호와니라.

[利22-32] 毋瀆我之聖名、我欲於以色列中顯爲聖、我乃主蓋使爾曹成聖、

[利22-33] 亦導爾出伊及國、欲爲爾之上帝、我乃主.

(23:1절) 생략

[레 23:2] 이스라엘 자손子孫에게 고告하여 이르라 너희가 공포公布하여 성회聖會를 삼을 여호와의 절기節期는 이러하니라.

[레 23:3] 엿새 동안은 일할 것이요 일곱째 날은 쉴 안식일安息日이니 성회聖會라 너희는 무슨 일이든지 하지 말라 이는 너희 거居하는 각처各에서 지킬 여호와의 안식일安息日이니라.

[利23 - 2] 爾告以色列人云、主之節期、卽爾所當宣告爲聖會者我之節期乃此、

[利23 - 3] 六日間、可操作、至第七日、乃大安息日、當有聖會、無論何工、
悉毋作、在爾所居之各處、皆當守是日爲主之安息日.

(23:4 - 23:21절) 생략

[레 23:22] 너희 땅의 곡물穀物을 벨 때에 밭모퉁이까지 다 베지 말며 떨어진 것을 줍지 말고 너는 그것을 가난한 자者와 객客을 위爲하여 버려 두라 나는 너희 하나님 여호와니라.

[利23 - 22] 爾穫地之所産、毋穫至田隅、穫時所遺者毋斂、當捨於貧民與客旅、我乃主爾之上帝.

(23:23 - 25:16절) 생략

[레 25:17] 너희는 서로 속이지 말고 너희의 하나님을 경외敬畏하라 나는 너희 하나님 여호와니라.

[레 25:18] 너희는 내 법도法度를 행行하며 내 규례規例를 지켜 행行하라 그리하면 너희가 그 땅에 안전安全히 거居할 것이라.

[利25 - 17] 毋相欺、當畏爾上帝、我乃主爾之上帝、

[利25 - 18] 當遵我律例、守我法度、如此必安居斯地.

(25:19 - 25:55절) 생략

[레 26:1] 너희는 자기自己를 위爲하여 우상偶像을 만들지 말찌니 목상木像이나 주상柱像을 세우지 말며 너희 땅에 조각彫刻한 석상石像을 세우고 그에게 경배敬拜하지 말라 나는 너희 하나님 여호와임이니라.

[利26 - 1] 爾於爾地、毋作偶像、毋立雕刻之偶像與柱像、毋勒像於石、
設而拜之、我乃主爾之上帝.

(26:2절) 생략

[레 26:3] 너희가 나의 규례規例와 계명誡命을 준행遵行하면

[레 26:4] 내가 너희 비를 그 시후時候에 주리니 땅은 그 산물産物을 내고 밭의 수목樹木은 열매

를 맺을지라.

[레 26:5] 너희의 타작打作은 포도葡萄 딸 때까지 미치며 너희의 포도葡萄 따는 것은 파종播種할 때까지 미치리니 너희가 음식飮食을 배불리 먹고 너희 땅에 안전安全히 居거하리라.

[利26-3] 爾若遵我律例、守我誡命而行之、

[利26-4] 我必降時雨、使地產物、使田園之樹結果、

[利26-5] 使爾打穀直至摘葡萄時、摘葡萄直至播種時、使爾得飽食、安居爾地.

[레 26:6] 내가 그 땅에 평화平和를 줄 것인즉 너희가 누우나 너희를 두렵게 할자者가 없을 것이며 내가 사나운 짐승을 그 땅에서 제除할 것이요 칼이 너희 땅에 두루 행行하지 아니할 것이며

[레 26:7] 너희가 대적對敵을 쫓으리니 그들이 너희 앞에서 칼에 엎드러질 것이라.

[利26-6] 我賜境內平康、爾必安寢、無人令爾驚懼、我於爾地必翦滅猛獸、不使兵刃經爾地、

[利26-7] 爾必追襲敵人、敵人必殞於刃在爾前.

[레 26:8] 너희 다섯이 백百을 쫓고 너희 백百이 만萬을 쫓으리니 너희 대적對敵들이 너희 앞에서 칼에 엎드러질 것이며

[레 26:9] 내가 너희를 권고眷顧하여 나의 너희와 세운 언약言約을 이행履行하여 너희로 번성繁盛케 하고 너희로 창대昌大케 할 것이며

[레 26:10] 너희는 오래 두었던 묵은 곡식穀食을 먹다가 새 곡식穀食을 인因하여 묵은 곡식穀食을 치우게 될 것이며

[레 26:11] 내가 내 장막帳幕을 너희 中중에 세우리니 내 마음이 너희를 싫어하지 아니할 것이며

[레 26:12] 나는 너희 중中에 행行하여 너희 하나님이 되고 너희는 나의 백성百姓이 될 것이니라.

[利26-8] 爾中五人逐敵一百、百人逐敵一萬、敵人必殞於刃在爾前、

[利26-9] 我必眷顧爾使爾昌熾繁庶、我與爾所立之約必踐之、

[利26-10] 爾食舊穀、因新而移其舊、

[利26-11] 我將立我居所於爾間、我心不厭爾、

[利26-12] 我將行於爾間、我爲爾之上帝、爾爲我之民.

(26:13 - 27:34절) 생략

04 민수기 民數記 Numbers

(1:1 - 6:23절) 생략

祝福 15×135cm×6

[민 6:24] 여호와는 네게 복福을 주시고 너를 지키시기를 원願하며

[민 6:25] 여호와는 그 얼굴로 네게 비취사 은혜恩惠 베푸시기를 원願하며

[민 6:26] 여호와는 그 얼굴을 네게로 향向하여 드사 평강平康 주시기를 원願하노라.

[民6 - 24] 惟願主降福於爾、護祐爾、

[民6 - 25] 願主以主面之榮光照爾、賜恩於爾、

[民6 - 26] 願主眷顧爾、賜爾平康.

(6:27 - 14:6절) 생략

[민 14:7] 이스라엘 자손子孫의 온 회중會衆에게 일러 가로되 우리가 두루 다니며 탐지探知한 땅은 심甚히 아름다운 땅이라.

[민 14:8] 여호와께서 우리를 기뻐하시면 우리를 그 땅으로 인도引導하여 들이시고 그 땅을 우리에게 주시리라 이는 과연果然 젖과 꿀이 흐르는땅이니라.

[민 14:9] 오직 여호와를 거역拒逆하지 말라 또 그 땅 백성百姓을 두려워하지말라 그들은 우리 밥이라 그들의 보호자保護者는 그들에게서 떠났고 여호와는 우리와 함께 하시느니라 그들을 두려워 말라.

[民14-7] 告以色列會衆曰、我所經行窺探之地、乃甚美之地、

[民14-8] 主若悅我、必導我至其地、以之賜我、是地流乳與蜜、

[民14-9] 惟毋叛主、毋懼其地之居民、我必滅之易如呑餠、彼無護衛、我儕蒙主庇祐毋懼之.

(14:10 - 14:17절) 생략

[민 14:18] 여호와는 노怒하기를 더디하고 인자仁慈가 많아 죄악罪惡과 과실過失을 사赦하나 형벌刑罰받을 자者는 결단決斷코 사赦하지 아니하고 아비의 죄악罪惡을 자식子息에게 갚아 삼三 사대四代까지 이르게 하리라 하셨나이다.

[민 14:19] 구求하옵나니 주主의 인자仁慈의 광대廣大하심을 따라 이 백성百姓의 죄악罪惡을 사赦하시되 애굽에서부터 지금至今까지 이 백성百姓을 사赦하신 것 같이 사赦하옵소서.

[民14-18] 主曾云、我卽主乃忍怒大施恩惠、赦宥愆尤罪過、惟罪當罰、
斷無不罰、罰父之罪、以及子孫、至於三四代、

[民14-19] 主自導此民出伊及以來、常赦宥之、今求主循主大恩、赦其罪愆.

(14:20 - 14:23절) 생략

[민 14:24] 오직 내 종 갈렙은 그 마음이 그들과 달라서 나를 온전穩全히 좇았은즉 그의 갔던 땅으로 내가 그를 인도引導하여 들이리니 그 자손子孫이 그 땅을 차지하리라.

[民14-24] 惟我僕迦勒緣聽從我、不與衆同心、我必使其得入所往之地、使其後裔得以爲業.

(14:25 - 14:27절) 생략

[민 14:28] 그들에게 이르기를 여호와의 말씀에 나의 삶을 가리켜 맹세盟誓하노라 너희 말이 내 귀에 들린 대로 내가 너희에게 행行하리니

[民14-28] 爾當告之曰、主云、我指己永生而誓、我所聞爾之言、必循之以待爾.

(14:29 - 23:18절) 생략

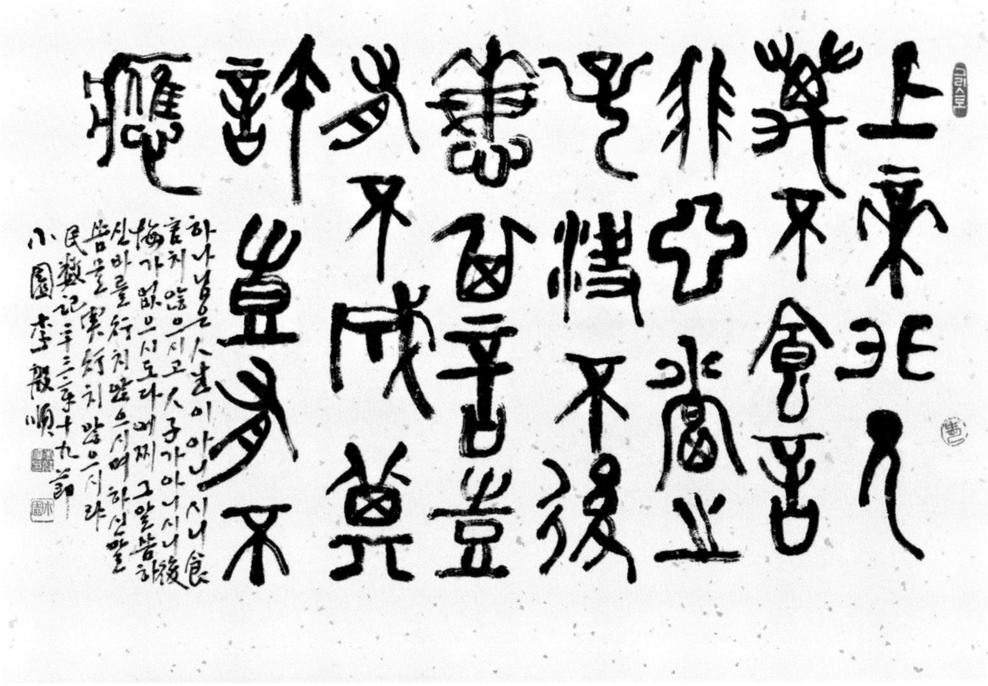

하나님67×39cm

[민 23:19] 하나님은 인생人生이 아니시니 식언食言치 않으시고 인자人子가 아니시니 후회後悔가 없으시도다. 어찌 그 말씀하신 바를 행行치 않으시며 하신 말씀을 실행實行치 않으시랴

[民23 - 19] 上帝非人、萬不食言、非亞當之子、决不後悔、其言豈有不成、其許豈有不應.

(23:20 - 24:7절) 생략

[민 24:8] 하나님이 그를 애굽에서 인도引導하여 내셨으니 그 힘이 들소와 같도다. 그 적국敵國을 삼키고 그들의 뼈를 꺾으며 화살로 쏘아 꿰뚫으리로다.

[민 24:9] 꿇어앉고 누움이 수사자獅子와 같고 암사자獅子와도 같으니 일으킬 자者누구이랴 너를 축복祝福하는 자者마다 복福을 받을 것이요 너를 저주詛呪하는 자者마다 저주詛呪를 받을지로다.

[民24 - 8] 上帝導之出伊及、使之力强、可比野牛、必呑食敵國、
折仇人之骨、刺之以箭、

[民24 - 9] 蹲如牡獅、臥如牝獅、孰敢攖之、祝爾者必見祝、詛爾者必被詛. (24:10 - 36:13절) 생략

05 신명기 申命記 Deuteronomy

(1:1 - 1:16절) 생략

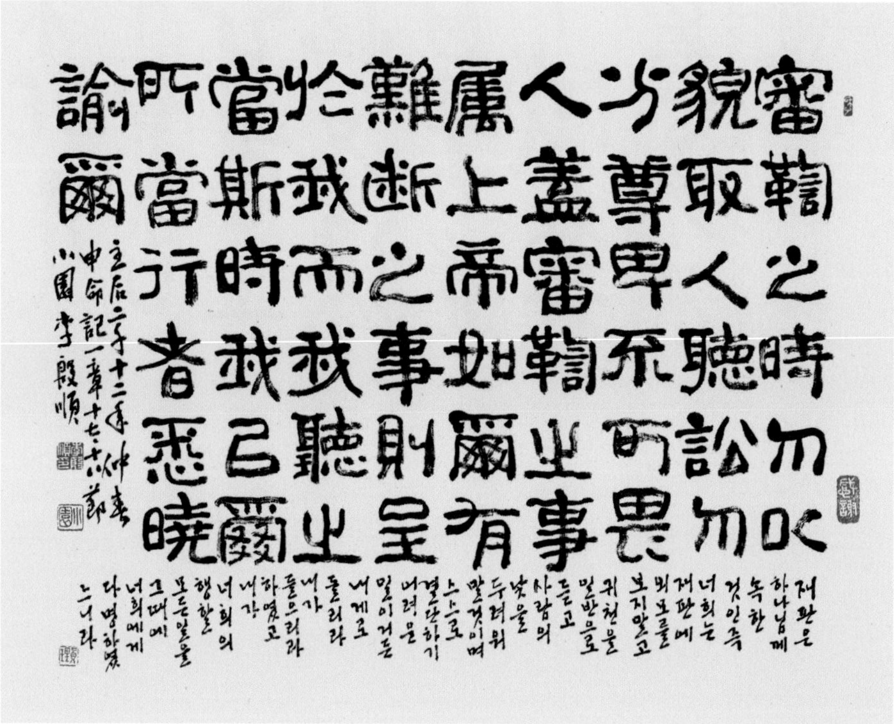

公正한 裁判 67×52cm

[신 1:17] 재판裁判은 하나님께 속屬한 것인즉 너희는 재판裁判에 외모外貌를 보지 말고 귀천貴賤을 일반一般으로 듣고 사람의 낯을 두려워 말 것이며 스스로 결단決斷하기 어려운 일이거든 내게로 돌리라 내가 들으리라 하였고

[신 1:18] 내가 너희의 행行할 모든 일을 그 때에 너희에게 다 명命하였느니라.

[申1 - 17] 審鞫之時、勿以貌取人、聽訟勿分尊卑、不可畏人、
蓋審鞫之事屬上帝、如爾有難斷之事、則呈於我、而我聽之、

[申1 - 18] 當斯時我以爾所當行者悉曉諭爾.

(1:19 - 5:15절) 생략

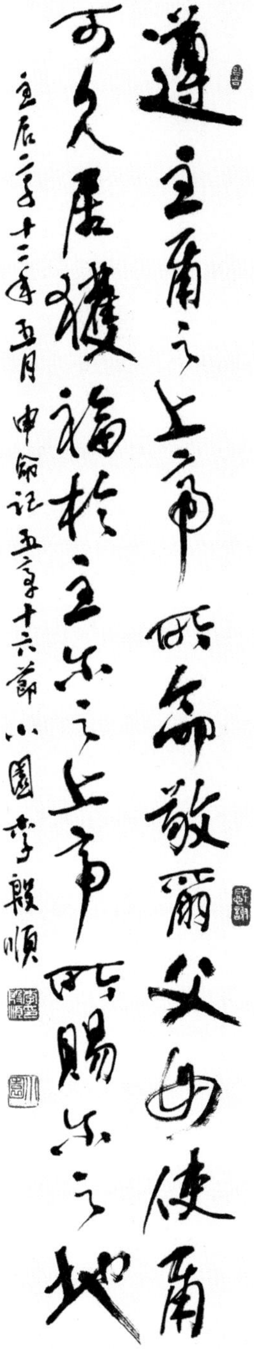

父母恭敬 32×134cm

[신 5:16]　너는 너의 하나님 여호와의 명命한대로 네 부모父母를 공경恭敬하라 그리하면 너의 하나님 여호와가 네게 준 땅에서 네가 생명生命이 길고 복福을 누리리라.

[申5 - 16]　遵主爾之上帝所命、敬爾父母、使爾可久居獲福於主爾之上帝所賜爾之地.

(5:17 - 5:31절) 생략

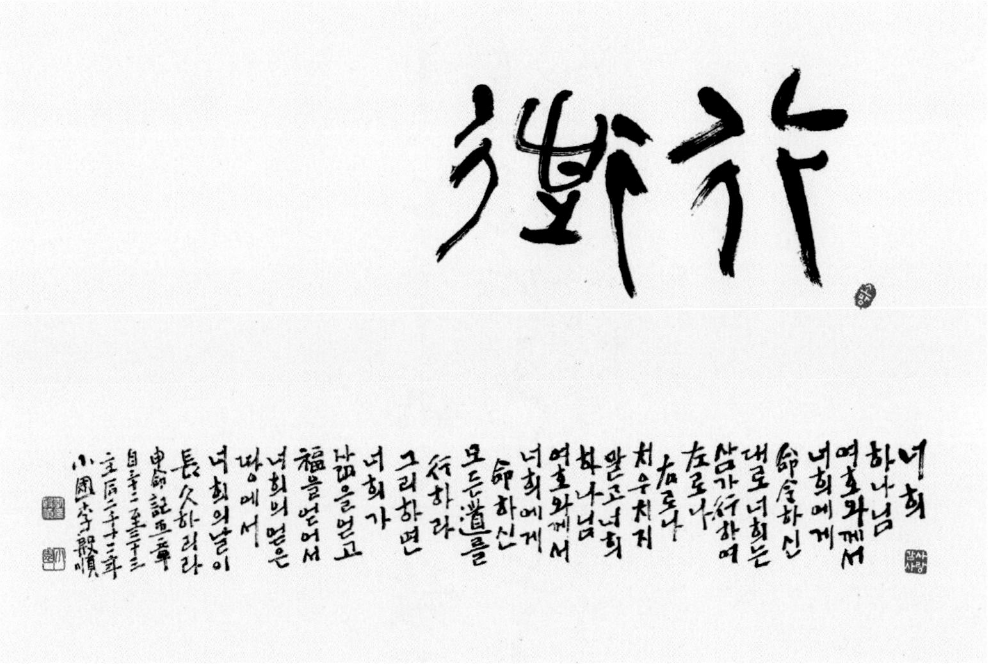

行道 66×45cm

[신 5:32]　그런즉 너희 하나님 여호와께서 너희에게 명령命令하신 대로 너희는 삼가 행行하여 좌左로나 우右로나 치우치지 말고

[신 5:33]　너희 하나님 여호와께서 너희에게 명命하신 모든 도道를 행行하라 그리하면 너희가 삶을 얻고 복福을 얻어서 너희의 얻은 땅에서 너희의 날이 장구長久하리라.

[申5 - 32]　故主爾之上帝所命爾者、爾當謹守遵行、不偏於左、不偏於右、

[申5 - 33]　惟行主爾上帝所命爾之道、則可保生獲福、亦可長居於爾將得之地.

(6:1 - 6:4절) 생략

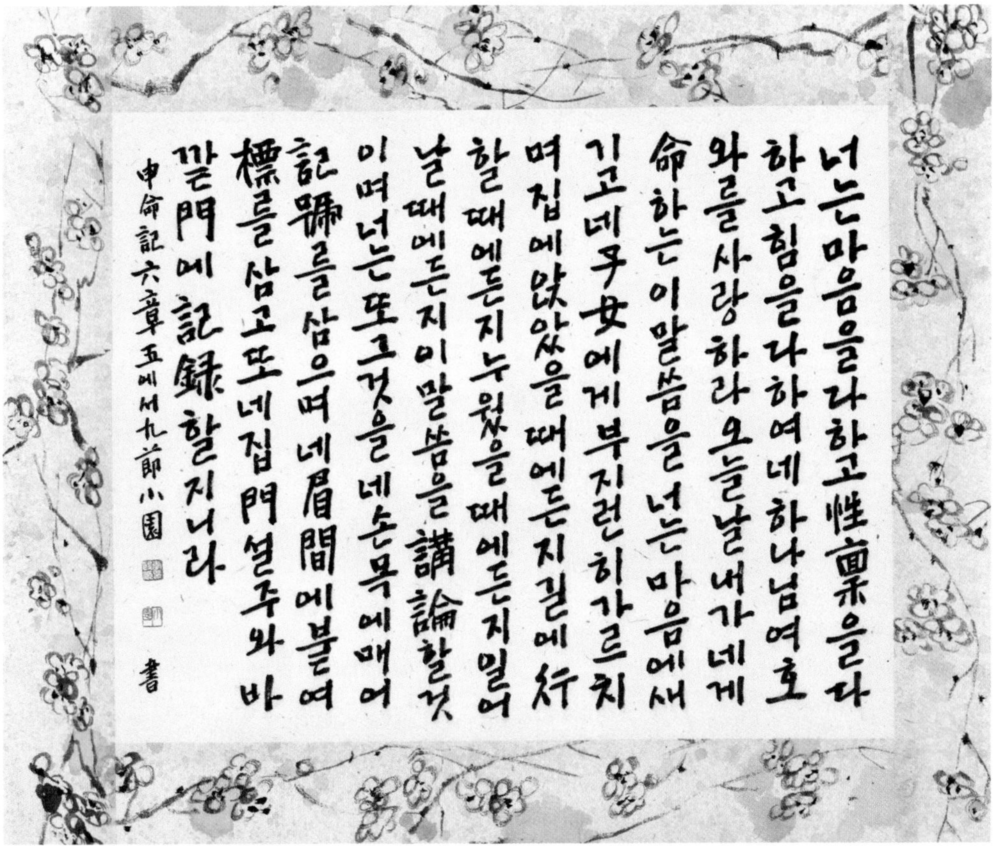

服命 68×58cm

[신 6:5] 너는 마음을 다하고 성품性稟을 다하고 힘을 다하여 네 하나님 여호와를 사랑하라.

[신 6:6] 오늘날 내가 네게 명命하는 이 말씀을 너는 마음에 새기고

[신 6:7] 네 자녀子女에게 부지런히 가르치며 집에 앉았을 때에든지 길에 행行할 때에든지 누웠을 때에든지 일어날 때에든지 이 말씀을 강론講論할 것이며

[신 6:8] 너는 또 그것을 네 손목에 매어 기호記號를 삼으며 네 미간眉間에 붙여 표標를 삼고

[신 6:9] 또 네 집 문門설주와 바깥 문門에 기록記錄할지니라.

[申6-5] 爾當盡心盡意盡力、愛主爾之上帝、

[申6-6] 我今日所命爾斯言、當存於心、

[申6-7] 當勤誨爾子、或坐於室、或行於路、或寢或興、恆以此爲訓、

[申6-8] 繫於臂爲記、戴於額爲飾、

[申6-9] 書於室之門柱及邑門.

[신 6:10] 네 하나님 여호와께서 네 열조列祖 아브라함과 이삭과 야곱을 향向하여 네게 주리라 맹세盟誓하신 땅으로 너로 들어가게 하시고 네가 건축建築하지 아니한 크고 아름다운 성읍城邑을 얻게 하시며

[신 6:11] 네가 채우지 아니한 아름다운 물건物件이 가득한 집을 얻게 하시며 네가 파지 아니한 우물을 얻게 하시며 네가 심지 아니한 포도원葡萄園과 감람橄欖나무를 얻게 하사 너로 배불리 먹게 하실 때에

[신 6:12] 너는 조심操心하여 너를 애굽 땅 종 되었던 집에서 인도引導하여 내신 여호와를 잊지 말고

[신 6:13] 네 하나님 여호와를 경외敬畏하며 섬기며 그 이름으로 맹세盟誓할것이니라.

[신 6:14] 너희는 다른 신神들 곧 네 사면四面에 있는 백성百姓의 신神들을 좇지 말라.

[申6 - 10] 昔主爾之上帝誓於爾祖亞伯拉罕以撒雅各、賜爾以地、旣導爾入、
使爾得非爾所建廣大且美之城邑、

[申6 - 11] 非爾所充充以嘉物之宅第、非爾所鑿已鑿之井、非爾所植之葡萄園、油果樹、爾食之而飽、

[申6 - 12] 則當謹愼、勿忘主曾導爾出伊及、卽爾爲奴之地、

[申6 - 13] 當畏主爾之上帝而奉事之、指其名而發誓、

[申6 - 14] 勿從他神、卽爾四周各國之神.

(6:15 - 7:8절) 생략

[신 7:9] 그런즉 너는 알라 오직 네 하나님 여호와는 하나님이시요 신실信하신 하나님이시라 그를 사랑하고 그 계명誡命을 지키는 자者에게는 천대千代까지 그 언약言約을 이행履行하시며 인애仁愛를 베푸시되

[신 7:10] 그를 미워하는 자者에게는 당장當場에 보응報應하여 멸滅하시나니 여호와는 자기自己를 미워하는 자者에게 지체遲滯하지 아니하시고 당장當場에 그에게 보응報應하시느니라.

[申7 - 9] 爾當知惟主爾之上帝爲上帝、爲可信之上帝、愛主守其誡者、
主爲之踐約施恩、至於千代、

[申7 - 10] 惟惡主者、主必施報其身、加以殲滅、凡惡主者、主必施報其身、決不遲延.

(7:11절) 생략

[신 7:12] 너희가 이 모든 법도法度를 듣고 지켜 행行하면 네 하나님 여호와께서 네 열조列祖에게 맹세盟誓하신 언약言約을 지켜 네게 인애仁愛를 베푸실 것이라.

[신 7:13] 곧 너를 사랑하시고 복福을 주사 너로 번성蕃盛케 하시되 네게 주리라고 네 열조列祖에게 맹세盟誓하신 땅에서 네 소생所生에게 은혜恩惠를 베푸시며 네 토지土地 소산所産과 곡식穀食과 포도주葡萄酒와 기름을 풍성豊盛케 하시고 네 소와 양羊을 번식蕃殖케 하시리니

[신 7:14] 네가 복福을 받음이 만민萬民보다 우승優勝하여 너희 중中의 남녀男女와 너희 짐승의 암수에 생육生育하지 못함이 없을 것이며

[신 7:15] 여호와께서 또 모든 질병疾病을 네게서 멀리하사 너희가 아는바 그 애굽의 악질惡疾이 네게 임臨하지 않게 하시고 너를 미워하는 모든자者에게 임臨하게 하실 것이라.

[申7 - 12] 爾若聽從此諸法度、謹守遵行、則主爾之上帝、
必循其向爾祖所發之誓、爲爾踐約施恩、

[申7 - 13] 於所誓爾祖欲賜爾之地、將眷愛爾、賜福於爾、使爾昌熾、
使爾子女衆多、土産茂盛、五穀酒油豐美、牛羣羊羣蕃衍、

[申7 - 14] 爾蒙賜福勝於萬民、爾中必無不能生育之男女、爾羣畜亦無不能生者、

[申7 - 15] 主於爾中除諸疾病、伊及人所患之惡疾、爾所識者、必不加爾、乃加爾諸敵.

(7:16 - 11:7절) 생략

[신 11:8] 그러므로 너희는 내가 오늘날 너희에게 명命하는 모든 명령命令을 지키라 그리하면 너희가 강성强盛할 것이요 너희가 건너가서 얻을 땅에 들어가서 그것을 얻을 것이며

[신 11:9] 또 여호와께서 너희의 열조列祖에게 맹세盟誓하사 그와 그 후손後孫에게 주리라고 하신 땅 곧 젖과 꿀이 흐르는 땅에서 너희의 날이 장구長久하리라.

[申11 - 8] 故我今日所諭爾一切誡命、爾當遵守、如此可强盛、入而得所往欲得之地、

[申11 - 9] 亦可久居於主所誓賜爾祖及其後裔之地、卽流蜜與乳之地.

時雨 60×45cm

[신 11:10] 네가 들어가 얻으려 하는 땅은 네가 나온 애굽 땅과 같지 아니하니 거기서는 너희가 파종播種한 후後에 발로 물 대기를 채소菜蔬밭에 댐과 같이 하였거니와

[신 11:11] 너희가 건너가서 얻을 땅은 산山과 골짜기가 있어서 하늘에서 내리는 비를 흡수吸收하는 땅이요.

[신 11:12] 네 하나님 여호와께서 권고眷顧하시는 땅이라 세초歲初부터 세말歲末까지 네 하나님 여호와의 눈이 항상恒常 그 위에 있느니라.

[신 11:13] 내가 오늘날 너희에게 명命하는 나의 명령命令을 너희가 만일萬一 청종聽從하고 너희의 하나님 여호와를 사랑하여 마음을 다하고 성품性稟을 다하여 섬기면

[신 11:14] 여호와께서 너희 땅에 이른 비 늦은 비를 적당適當한 때에 내리시리니 너희가 곡식穀食과 포도주葡萄酒와 기름을 얻을 것이요.

[신 11:15] 또 육축六畜을 위爲하여 들에 풀이 나게 하시리니 네가 먹고 배부를 것이라.

[申11-10] 爾所往欲得之地、不似爾所出之伊及地、在伊及地播種後、必費足力以灌之、如灌蔬圃、

[申11-11] 爾所往欲得之地、乃有山岡平原、得天雨浸灌之地、

[申11-12] 爲主爾之上帝眷念之地、自歲首至歲終常蒙主爾之上帝垂顧、

[申11 - 13] 爾若聽從我今日所諭爾之誡命、盡心盡意愛主爾之上帝而奉事之、

[申11 - 14:15] 則主必賜及時之雨、春雨秋雨、降於爾地、使爾可收穫穀酒與油、得食而飽、
亦使爾郊野有草萊、爾牲畜得食.

(11:16 - 11:17절) 생략

[신 11:18] 이러므로 너희는 나의 이 말을 너희 마음과 뜻에 두고 또 그것으로 너희 손목에 매어 기호記號를 삼고 너희 미간眉間에 붙여 표標를 삼으며

[신 11:19] 또 그것을 너희의 자녀子女에게 가르치며 집에 앉았을 때에든지 길에 행行할 때에든지 누웠을 때에든지 일어날 때에든지 이 말씀을 강론講論하고

[신 11:20] 또 네 집 문설주門楔柱와 바깥문門에 기록記錄하라.

[신 11:21] 그리하면 여호와께서 너희 열조列祖에게 주리라고 맹세盟誓하신 땅에서 너희의 날과 너희 자녀子女의 날이 많아서 하늘이 땅을 덮는 날의 장구長久함 같으리라.

[申11 - 18] 爾必以我此言藏於心、存於意、繫於臂爲記、戴於額爲飾、

[申11 - 19] 誨爾子女、或坐於室、或行於路、或寢或興、恆以此爲訓、

[申11 - 20] 書於室之門楔與邑門、

[申11 - 21] 俾爾曹及子孫久居於主所誓賜爾祖之地、如天覆地之久.

[신 11:22] 너희가 만일 내가 너희에게 명命하는 이 모든 명령命令을 잘 지켜 행行하여 너희 하나님 여호와를 사랑하고 그 모든 도道를 행行하여 그에게 부종附從하면

[신 11:23] 여호와께서 그 모든 나라 백성百姓을 너희 앞에서 다 쫓아내실 것이라 너희가 너희보다 강대强大한 나라들을 얻을 것인즉

[신 11:24] 너희의 발바닥으로 밟는 곳은 다 너희 소유所有가 되리니 너희의 경계境界는 곧 광야曠野에서부터 레바논까지와 유브라데 하수河水라하는 하수河水에서 서해西海까지라.

[신 11:25] 너희 하나님 여호와께서 너희에게 말씀하신 대로 너희 밟는 모든 땅 사람들로 너희를 두려워하고 무서워하게 하시리니 너희를 능能히 당當할 사람이 없으리라.

[申11 - 22] 爾若謹守我所諭爾行之一切誡命、愛主爾之上帝、遵行其道而親慕之、

[申11 - 23] 則主必驅逐此諸國之民於爾前、較爾强大之國、必使爾據有其地、

[申11 - 24] 凡爾足所履之地、必歸於爾、自曠野至利巴嫩、自伯拉河至西海、悉爲爾境、

[申11 - 25] 必無人能禦爾、爾所至之各地、主爾之上帝必使其居民因爾驚懼悚惶、以應所許爾之言.

[신 11:26] 내가 오늘날 복福과 저주詛呪를 너희 앞에 두나니

[신 11:27] 너희가 만일 내가 오늘날 너희에게 명命하는 너희 하나님 여호와의 명령命令을 들으면 복福이 될 것이요.

[신 11:28] 너희가 만일 내가 오늘날 너희에게 명命하는 도道에서 돌이켜 떠나 너희 하나님 여호와의 명령命令을 듣지 아니하고 본래本來알지 못하던 다른 신神들을 좇으면 저주詛呪를 받으리라.

[申11-26] 今日我以福與禍、置於爾前、

[申11-27] 如遵主爾上帝之誡命、我今日所諭爾者、則必受福、

[申11-28] 如不遵主爾上帝之誡命、離我今日所諭爾之道、從異邦之神、爾所未識者、則必受禍.

(11:29 - 15:3절) 생략

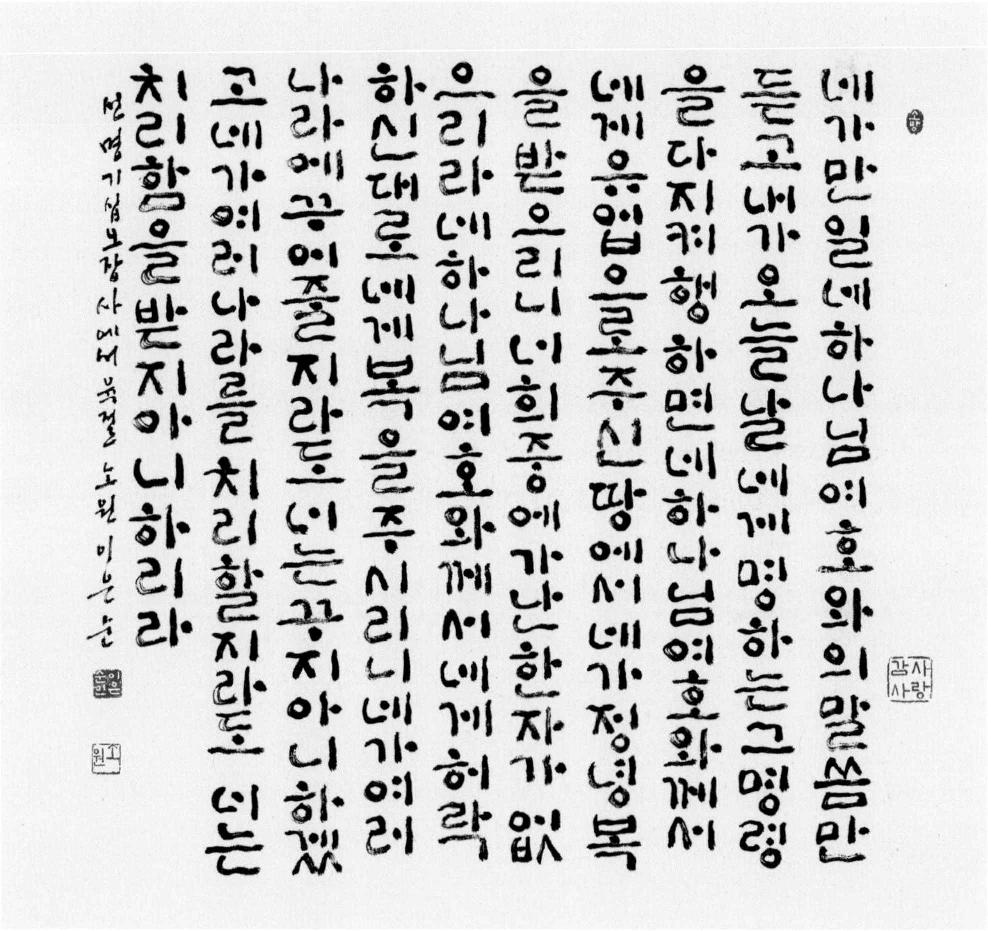

축복 67×67cm

[신 15:4 - 5] 네가 만일 네 하나님 여호와의 말씀만 듣고 내가 오늘날 네게 명命하는 그 명령命令을 다 지켜 행行하면 네 하나님 여호와께서 네게 유업遺業으로 주신 땅에서 네가 정녕丁寧 복福을 받으리니 너희 중中에 가난한 자者가 없으리라.

[신 15:6] 네 하나님 여호와께서 네게 허락許諾하신 대로 네게 복福을 주시리니 네가 여러 나라에 꾸어 줄지라도 너는 꾸지 아니하겠고 네가 여러나라를 치리治理할지라도 너는 치리治理함을 받지 아니하리라.

[申15 - 4:5] 若爾中無貧乏者、方可無此例、則主爾之上帝必於所賜爾爲業之地、賜福於爾、如爾聽從主爾上帝之命、謹守遵行我今日所諭爾一切誡命、

[申15 - 6] 則主爾之上帝、循其所許爾之言賜福於爾、爾將貸金於諸國之民、惟爾不致貸人之金、爾將轄制諸國、彼不得轄制爾.

[신 15:7] 네 하나님 여호와께서 네게 주신 땅 어느 성읍城邑에서든지 가난한 형제兄弟가 너와 함께 거居하거든 그 가난한 형제兄弟에게 네 마음을 강퍅剛愎히 하지 말며 네 손을 움켜쥐지 말고

[신 15:8] 반드시 네 손을 그에게 펴서 그 요구要求하는 대로 쓸 것을 넉넉히 꾸어 주라.

[申15 - 7] 主爾上帝所賜爾之地、無論何邑爾兄弟中有人窮乏、毋剛愎爾心、毋固執爾手而不濟之、

[申15 - 8] 乃必開展爾手、循其所乏者以貸之.

(15:9 - 16:18절) 생략

[신 16:19] 너는 굽게 판단判斷하지 말며 사람을 외모外貌로 보지 말며 또 뇌물賂物을 받지 말라 뇌물賂物은 지혜자智慧者의 눈을 어둡게 하고 의인義人의 말을 굽게 하느니라.

[신 16:20] 너는 마땅히 공의公義만 좇으라 그리하면 네가 살겠고 네 하나님 여호와께서 네게 주시는 땅을 얻으리라.

[申16 - 19] 無偏斷、毋以貌取人、毋受賄賂、因賄賂蒙智者之目、以直者之言爲曲、

[申16 - 20] 必循公平則可生存、以得主爾上帝所賜爾之地.

(16:21 - 17:15절) 생략

[신 17:16] 왕王된 자者는 말을 많이 두지 말 것이요 말을 많이 얻으려고 그 백성百姓을 애굽으로 돌아가게 말 것이니 이는 여호와께서 너희에게이르시기를 너희가 이 후後에는 그 길로 다시 돌아가지 말 것이라 하셨음이며

[신 17:17] 아내를 많이 두어서 그 마음이 미혹迷惑되게 말 것이며 은금銀金을 자기自己를 위爲하

여 많이 쌓지 말 것이니라.

[신 17:18] 그가 왕위王位에 오르거든 레위 사람 제사장祭司長 앞에 보관保管한 이 율법서律法書를 등사謄寫하여

[신 17:19] 평생平生에 자기自己 옆에 두고 읽어서 그 하나님 여호와 경외敬畏하기를 배우며 이 율법律法의 모든 말과 이 규례規例를 지켜 행行할 것이라.

[신 17:20] 그리하면 그의 마음이 그 형제兄弟 위에 교만驕慢하지 아니하고 이 명령命令에서 떠나 좌左로나 우右로나 치우치지 아니하리니 이스라엘 중中에서 그와 그의 자손子孫의 왕위王位에 있는 날이 장구長久 하리라.

[申17 - 16] 惟王者不可多馬、恐因欲得多馬、使民歸於伊及、而主曾諭爾曰、不可復往此途、

[申17 - 17] 不可多有妃嬪、恐其心偏邪、亦不可廣積金銀、

[申17 - 18] 旣登王位、當由祭司利未人所守此律法之書、抄錄一卷、

[申17 - 19] 存於其所、畢生誦之、則可知畏主其上帝、恪守此律法一切言、遵行此諸律例、

[申17 - 20] 俾不心驕藐視同族人、不向左不向右偏離誡命、

則可在以色列人中久居王位、爰及其子孫.

(18:1 - 20:2절) 생략

[신 20:3] 그들에게 이르기를 이스라엘아 들으라 너희가 오늘날 너희의 대적對敵과 싸우려고 나아왔으니 마음에 겁怯내지 말며 두려워 말며 떨지 말며 그들로 인因하여 놀라지 말라.

[신 20:4] 너희 하나님 여호와는 너희와 함께 행行하시며 너희를 위爲하여 너희 대적對敵을 치고 너희를 구원救援하시는 자者니라.

[申20 - 3] 以色列人聽之哉、爾今日攻敵、臨戰毋怯心、毋畏懼、毋驚恐、毋因敵而戰慄、

[申20 - 4] 因主爾之上帝與爾偕往、爲爾攻敵以拯救爾.

(20:5 - 24:13절) 생략

[신 24:14] 곤궁困窮하고 빈한貧寒한 품꾼은 너의 형제兄弟든지 네 땅 성문城門 안에 우거寓居하는 객客이든지 그를 학대虐待하지 말며

[신 24:15] 그 품삯을 당일當日에 주고 해진 후後까지 끌지 말라 이는 그가 빈궁貧窮하므로 마음에 품삯을 사모思慕함이라 두렵건대 그가 너를 여호와께 호소呼訴하면 죄罪가 네게로 돌아갈까 하노라.

[申24 - 14] 傭人貧乏、無論同族及旅於爾地、寄居於爾邑之客旅、不可欺之、

[申24 - 15]　當日必給似値、勿待至日沒、因其貧乏、心慕其値、恐彼爲爾故呼籲於主而罪歸爾.

[신 24:16]　아비는 그 자식子息들을 인因하여 죽임을 당當치 않을 것이요 자식子息들은 그 아비를 인因하여 죽임을 당當치 않을 것이라 각各 사람은 자기自己 죄罪에 죽임을 당當할 것이니라.

[申24 - 16]　不可因子殺父、因父殺子、人有犯罪、祇殺其人.

(24:17 - 25:12절) 생략

[신 25:13]　너는 주머니에 같지 않은 저울추錘 곧 큰 것과 작은 것을 넣지 말 것이며

[신 25:14]　네 집에 같지 않은 되 곧 큰 것과 작은 것을 두지 말 것이요.

[신 25:15]　오직 십분十分 공정公正한 저울추錘를 두며 십분十分 공정公正한 되를 둘 것이라 그리하면 네 하나님 여호와께서 네게 주시는 땅에서 네 날이 장구長久하리라.

[申25 - 13]　爾囊中不可有異制之權衡、一大一小、

[申25 - 14]　爾家中不可有異制之量器、一大一小、

[申25 - 15]　當用較準公平之權衡、較準公平之量器、則可長居於主之上帝所賜爾之地.

(25:16 - 26:15절) 생략

[신 26:16]　오늘날 네 하나님 여호와께서 이 규례規例와 법도法度를 행行하라고 네게 명命하시나니 그런즉 너는 마음을 다하고 성품性稟을 다하여 지켜 행行하라.

[신 26:17]　네가 오늘날 여호와를 네 하나님으로 인정認定하고 또 그 도道를 행行하고 그 규례規例와 명령命令과 법도法度를 지키며 그 소리를 들으리라 확언確言하였고

[신 26:18]　여호와께서도 네게 말씀하신 대로 오늘날 너를 자기自己의 보배로운 백성百姓으로 인정認定하시고 또 그 모든 명령命令을 지키게 하리라 확언確言하셨은즉

[신 26:19]　여호와께서 너의 칭찬稱讚과 명예名譽와 영광榮光으로 그 지으신 모든 민족民族위 에 뛰어나게 하시고 그 말씀하신 대로 너로 네 하나님 여호와의 성민聖民이 되게 하시리라.

[申26 - 16]　主爾之上帝今日命爾行此律例法度、爾當盡心盡意謹守遵行、

[申26 - 17]　今日爾認主爲爾之上帝、則必行其道、守其律例誡命法度、聽從主之言、

[申26 - 18]　主今日認爾爲己之民、循其所許爾、欲爾守其一切誡命、

[申26 - 19]　使爾得聲名尊貴榮耀、超乎所造萬民之上、使爾爲聖民於主爾之上帝前、循其所許.

(27:1 - 27:26절) 생략

[신 28:1] 네가 네 하나님 여호와의 말씀을 삼가 듣고 내가 오늘날 네게 명命하는 그 모든 명령命令을 지켜 행行하면 네 하나님 여호와께서 너를 세계世界 모든 민족民族 위에 뛰어나게 하실 것이라.

[신 28:2] 네가 네 하나님 여호와의 말씀을 순종順從하면 이 모든 복福이 네게 임臨하며 네게 미치리니

[신 28:3] 성읍城邑에서도 복福을 받고 들에서도 복福을 받을 것이며

[신 28:4] 네 몸의 소생所生과 네 토지土地의 소산所産과 네 짐승의 새끼와 네 우양牛羊의 새끼가 복福을 받을 것이며

[신 28:5] 네 광주리와 떡반죽 그릇이 복福을 받을 것이며

[신 28:6] 네가 들어와도 복福을 받고 나가도 복福을 받을 것이니라.

[申28-1] 如爾聽從主爾上帝之言、謹守遵行其諸誡命、卽我今日所諭爾者、則主爾之上帝必使爾超乎天下萬國之上、

[申28-2] 如爾聽主爾上帝之命、則必受祝、此諸福必降於爾、臨及爾身、

[申28-3] 在邑得福、在田得福、

[申28-4] 身之所生、土之所產、畜之所出、得福、牛羣羊羣得福、

[申28-5] 爾筐與摶麪之器得福、

[申28-6] 爾出得福、爾入得福.

[신 28:7] 네 대적對敵들이 일어나 너를 치려하면 여호와께서 그들을 네 앞에서 패敗하게 하시리니 그들이 한 길로 너를 치러 들어왔으나 네 앞에서 일곱 길로 도망逃亡하리라.

[申28-7] 敵來攻爾、主必使之爲爾所敗、彼由一途來攻爾、必由七途逃於爾前.

[신 28:8] 여호와께서 명命하사 네 창고倉庫와 네 손으로 하는 모든 일에 복福을 내리시고 네 하나님 여호와께서 네게 주시는 땅에서 네게 복福을 주실 것이며

[신 28:9] 네가 네 하나님 여호와의 명령命令을 지켜 그 길로 행行하면 여호와께서 네게 맹세盟誓하신 대로 너를 세워 자기自己의 성민聖民이 되게 하시리니

[신 28:10] 너를 여호와의 이름으로 일컬음을 세계世界 만민萬民이 보고 너를 두려워하리라.

[신 28:11] 여호와께서 네게 주리라고 네 열조列祖에게 맹세盟誓하신 땅에서 네게 복福을 주사 네 몸의 소생所生과 육축六畜의 새끼와 토지土地의 소산所産으로 많게 하시며

[신 28:12] 여호와께서 너를 위爲하여 하늘의 아름다운 보고寶庫를 열으사 네 땅에 때를 따라 비를 내리시고 네 손으로 하는 모든 일에 복福을 주시리니 네가 많은 민족民族에게

꾸어 줄지라도 너는 꾸지 아니할 것이요.

[신 28:13] 여호와께서 너로 머리가 되고 꼬리가 되지 않게 하시며 위에만 있고 아래에 있지 않게 하시리니 오직 너는 내가 오늘날 네게 명命하는 네 하나님 여호와의 명령命令을 듣고 지켜 행行하며

[신 28:14] 내가 오늘날 너희에게 명命하는 그 말씀을 떠나 좌左로나 우右로나 치우치지 아니하고 다른 신神을 따라 섬기지 아니하면 이와 같으리라.

[申28 - 8] 主必使福降於爾倉廩、降於爾所爲之事、爾在主爾上帝所賜爾之地、必蒙主賜福、

[申28 - 9] 如爾謹守主爾上帝之誡命、遵行其道、則主必循其所誓於爾、立爾爲其聖民、

[申28 - 10] 天下萬民、將知爾得稱爲主之選民、則畏懼爾、

[申28 - 11] 主將賜爾福有貨財、爾身之所生、畜之所出、土之所産、倶使蕃衍豐裕、在主爾上帝所誓於爾祖欲賜爾之地、

[申28 - 12] 主必爲爾啓其寶藏、使天隨時降雨於爾土、於凡爾所作者賜福於爾、諸邦之人、必稱貸於爾、而爾無庸稱貸、

[申28 - 13] 主必使爾爲首、不使爾爲尾、使爾獨居上、不居下、如爾聽從主爾上帝之誡命、

[申28 - 14] 卽我今日所諭爾者、謹守遵行、不違我今日所諭爾之諸言、不偏於左、不偏於右、不從異邦之神而崇事之.

(28:15 - 30:8절) 생략

[신 30:9 - 10] 네가 네 하나님 여호와의 말씀을 순종順從하여 이 율법律法 책冊에 기록記錄된 그 명령命令과 규례規例를 지키고 네 마음을 다하며 성품性稟을 다하여 여호와 네 하나님께 돌아오면 네 하나님 여호와께서 네 손으로 하는 모든 일과 네 몸의 소생所生과 네 육축六畜의 새끼와 네 토지土地 소산所産을 많게 하시고 네게 복福을 주시되 곧 여호와께서 네 열조列祖를 기뻐하신 것과 같이 너를 다시 기뻐하사 네게 복福을 주 시리라.

[申30 - 9:10] 主爾之上帝必賜福於凡爾手所作、爾身之所生、畜之所出、土之所産、倶使蕃衍豐裕、主將復悅爾、賜福於爾、如昔悅爾祖然、爾若聽從主爾上帝之言、守此律法書所載主之誡命律例、盡心盡意歸主爾之上帝.

(30:11 - 30:14절) 생략

[신 30:15] 보라 내가 오늘날 생명生命과 복福과 사망死亡과 화禍를 네 앞에 두었나니

[신 30:16] 곧 내가 오늘날 너를 명命하여 네 하나님 여호와를 사랑하고 그 모든 길로 행行하며 그 명령命令과 규례規例와 법도法度를 지키라 하는 것이라. 그리하면 네가 생존生

存하며 번성蕃盛할 것이요 또 네 하나님 여호와께서 네가 가서 얻을 땅에서 네게 복福을 주실 것임이니라.

[申30 - 15] 我今日以生與福死與禍、置於爾前、

[申30 - 16] 我今日諭爾愛主爾之上帝、遵行其道、守其誡命律例法度、
則可得生、且可昌熾、主爾上帝必在爾所往得之地、賜福於爾.

(30:17 - 31:5절) 생략

[신 31:6] 너는 마음을 강强하게 하고 담대膽大히 하라 그들을 두려워 말라 그들 앞에서 떨지 말라 이는 네 하나님 여호와 그가 너와 함께 행行하실 것임이라 반드시 너를 떠나지 아니하시며 버리지 아니하시리라 하고

[신 31:7] 모세가 여호수아를 불러 온 이스라엘 목전目前에서 그에게 이르되 너는 마음을 강强하게 하고 담대膽大히 하라 너는 이 백성百姓을 거느리고 여호와께서 그들의 열조列祖에게 주리라고 맹세盟誓하신 땅에 들어가서 그들로 그 땅을 얻게 하라.

[신 31:8] 여호와 그가 네 앞서 행行하시며 너와 함께 하사 너를 떠나지 아니하시며 버리지 아니하시리니 너는 두려워 말라 놀라지 말라.

[申31 - 6] 爾當强爾心壯爾志、勿畏葸、勿懼之、因主爾之上帝與爾偕往、必不離爾、不棄爾、

[申31 - 7] 摩西召約書亞、在以色列衆前告之曰、爾當强爾心壯爾志、
爾必與民偕往、入主所誓於其祖欲賜之之地、爾必使民得之爲業、

[申31 - 8] 主必導於爾前、庇祐爾、不棄爾、勿恐懼、勿畏葸.

(31:9 - 31:30절) 생략

[신 32:1] 하늘이여 귀를 기울이라 내가 말하리라 땅은 내 입의 말을 들을지어다.

[신 32:2] 나의 교훈教訓은 내리는 비요 나의 말은 맺히는 이슬이요 연軟한 풀위에 가는 비요 채소菜蔬 위에 단비로다.

[신 32:3] 내가 여호와의 이름을 전파傳播하리니 너희는 위엄威嚴을 우리 하나님께 돌릴지어다.

[신 32:4] 그는 반석磐石이시니 그 공덕功德이 완전完全하고 그 모든 길이 공평公平하며 진실무망眞實無妄하신 하나님이시니 공의公義로우시고 정직正直하시도다.

[신 32:5] 그들이 여호와를 향向하여 악惡을 행行하니 하나님의 자녀子女가 아니요 흠欠이 있는 사곡邪曲한 종류種類로다.

[신 32:6] 우매무지愚昧無知한 백성百姓아 여호와께 이같이 보답報答하느냐 그는 너를 얻으신 너의 아버지가 아니시냐 너를 지으시고 세우셨도다.

[신 32:7] 옛날을 기억記憶하라 역대歷代의 연대年代를 생각하라 네 아비에게 물으라 그가 네게 설명說明할 것이요 네 어른들에게 물으라 그들이 네게 이르리로다.

[신 32:8] 지극至極히 높으신 자者가 열국列國의 기업基業을 주실 때 인종人種을 분정分定하실 때에 이스라엘 자손子孫의 수효數爻대로 민족民族들의 경계境界를 정定하셨도다.

[신 32:9] 여호와의 분分깃은 자기自己 백성百姓이라 야곱은 그 택擇하신 기업基業이로다.

[신 32:10] 여호와께서 그를 황무지荒蕪地에서 짐승의 부르짖는 광야曠野에서 만나시고 호위護衛하시며 보호保護하시며 자기自己 눈동자瞳子같이 지키셨도다.

[신 32:11] 마치 독수리가 그 보금자리를 어지럽게 하며 그 새끼 위에 너풀거리며 그 날개를 펴서 새끼를 받으며 그 날개 위에 그것을 업는것 같이

[신 32:12] 여호와께서 홀로 그들을 인도引導하셨고 함께한 다른 신神이 없었도다.

[신 32:13] 여호와께서 그로 땅의 높은 곳을 타고 다니게 하시며 밭의 소산所產을 먹게 하시며 반석磐石에서 꿀을, 굳은 반석磐石에서 기름을 빨게하시며

[신 32:14] 소의 젖기름과 양羊의 젖과 어린양羊의 기름과 바산 소산所產의 수양羊과 염소와 지극至極히 아름다운 밀을 먹이시며 또 포도즙葡萄汁의 붉은 술을 마시우셨도다.

[신 32:15] 그러한데 여수룬이 살지매 발로 찼도다 네가 살지고 부대富大하고 윤택潤澤하매 자기自己를 지으신 하나님을 버리며 자기自己를 구원救援하신 반석磐石을 경홀輕忽히 여겼도다.

[신 32:16] 그들이 다른 신神으로 그의 질투嫉妬를 일으키며 가증可憎한 것으로 그의 진노震怒를 격발激發하였도다.

[신 32:17] 그들은 하나님께 제사祭祀하지 아니하고 마귀魔鬼에게 하였으니 곧 그들의 알지 못하던 신神 근래近來에 일어난 새신神 너희 열조列祖의 두려워하지 않던 것들이로다.

[신 32:18] 너를 낳은 반석磐石은 네가 상관相關치 아니하고 너를 내신 하나님은 네가 잊었도다.

[신 32:19] 여호와께서 보시고 미워하셨으니 그 자녀子女가 그를 격노激怒케 한 연고緣故로다.

[신 32:20] 여호와의 말씀에 내가 내 얼굴을 숨겨 그들에게 보이지 않게 하고 그들의 종말終末의 어떠함을 보리니 그들은 심甚히 패역悖逆한 종류種類요 무신無信한 자녀子女임이로다.

[신 32:21] 그들이 하나님이 아닌 자者로 나의 질투嫉妬를 일으키며 그들의 허무虛無한 것으로 나의 진노震怒를 격발激發하였으니 나도 백성百姓이 되지 아니한 자者로 그들의 시기猜忌가 나게 하며 우준愚蠢한 민족民族으로 그들의 분노忿怒를 격발激發하리로다.

[신 32:22] 내 분노忿怒의 불이 일어나서 음부陰部 깊은 곳까지 사르며 땅의 그 소산所產을 삼키며 산山들의 터도 붙게 하는도다.

[신 32:23] 내가 재앙災殃을 그들의 위에 쌓으며 나의 살을 다하여 그들을 쏘리로다.

[신 32:24] 그들이 주리므로 파리하며 불같은 더위와 독毒한 파멸破滅에게 삼키울 것이라 내가 들짐승의 이와 티끌에 기는 것의 독毒을 그들에게 보내리로다.

[신 32:25] 밖으로는 칼에, 방房안에서는 놀람에 멸망滅亡하리니 청년靑年 남자男子와 처녀處女와 젖 먹는 아이와 백발白髮 노인老人까지리로다.

[신 32:26] 내가 그들을 흩어서 인간人間에서 그 기억記憶이 끊어지게 하리라 하였다마는

[신 32:27] 대적對敵을 격동激動할까 염려念慮라 원수怨讐가 오해誤解하고 말하기를 우리 수단手段이 높음이요 여호와의 행行함이 아니라 할까 염려念慮라 하시도다.

[신 32:28] 그들은 모략謀略이 없는 국민國民이라 그 중中에 지식知識이 없도다.

[신 32:29] 그들이 지혜智慧가 있어서 이것을 깨닫고 자기自己의 종말終末을 생각하였으면

[신 32:30] 그들의 반석磐石이 그들을 팔지 아니하였고 여호와께서 그들을 내어 주지 아니하셨더면 어찌 한 사람이 천千을 쫓으며 두 사람이 만萬을 도망逃亡케 하였을까

[신 32:31] 대적對敵의 반석磐石이 우리의 반석磐石과 같지 못하니 대적對敵도 스스로 판단判斷하도다.

[신 32:32] 그들의 포도葡萄나무는 소돔의 포도葡萄나무요 고모라의 밭의 소산所産이라 그들의 포도葡萄는 쓸개 포도葡萄니 그 송이는 쓰며

[신 32:33] 그들의 포도주葡萄酒는 뱀의 독毒이요 독사毒蛇의 악독惡毒이라.

[신 32:34] 이것이 내게 쌓이고 내 고간庫間에 봉封하여 있지 아니한가

[신 32:35] 보수報讐는 내 것이라 그들의 실족失足할 그 때에 갚으리로다. 그들의 환난患難의 날이 가까우니 당當할 그 일이 속히 임臨하리로다.

[신 32:36] 여호와께서 자기自己 백성百姓을 판단判斷하시고 그 종들을 인因하여 후회後悔하시리니 곧 그들의 무력無力함과 갇힌 자者나 놓인 자者가 없음을 보시는 때에로다.

[신 32:37] 여호와의 말씀에 그들의 신神들이 어디 있으며 그들의 피避하던 반석磐石이 어디 있느냐

[신 32:38] 그들의 희생犧牲의 고기를 먹던 것들 전제奠祭의 술을 마시던 것들로 일어나서 너희를 돕게 하라 너희의 보장保障이 되게 하라.

[신 32:39] 이제는 나 곧 내가 그인 줄 알라 나와 함께 하는 신神이 없도다. 내가죽이기도 하며 살리기도 하며 상傷하게도 하며 낫게도 하나니 내 손에서 능能히 건질 자者 없도다.

[신 32:40] 내가 하늘을 향向하여 내 손을 들고 말하노라 나의 영원永遠히 삶을 두고 맹세盟誓하노니

[신 32:41] 나의 번쩍이는 칼을 갈며 내 손에 심판審判을 잡고 나의 대적對敵에게 보수報讐하며

나를 미워하는 자者에게 보응報應할 것이라.

[신 32:42] 나의 화살로 피에 취醉하게 하고 나의 칼로 그 고기를 삼키게 하리니 곧 피살자被殺者와 포로捕虜된 자者의 피요 대적對敵의 장관長官의 머리로다 하시도다.

[신 32:43] 너희 열방列邦은 주主의 백성百姓과 즐거워하라 주主께서 그 종들의 피를 갚으사 그 대적對敵에게 보수報讐하시고 자기自己 땅과 백성百姓을 위爲하여 속죄贖罪하시리로다.

[申32-1] 天乎側耳我將有言、地其傾聽我口中語、

[申32-2] 我教淋漓若雨、我言猶如露滴、如時雨之降以潤草萊、如甘霖之下以灌菜蔬、

[申32-3] 我贊揚主之名、爾以大威歸我上帝、

[申32-4] 上帝爲磐石其工純全、其一切道大公無私、乃誠實無妄之上帝、至義至正、

[申32-5] 斯代之人、頑梗邪僻、敗懷於主前、弗爲其子、自暴自棄、

[申32-6] 維爾斯民愚昧無知、報答主恩豈可如是、主豈非爲爾父爾主、造爾建爾豈非主乎、

[申32-7] 爾當追憶往古之日、亦當思念歷代之年、當問爾父彼必示爾、問爾長者彼必告爾、

[申32-8] 至高之主賜業萬族、俾亞當苗裔散處世間、則立定異邦之疆界、按以色列子孫之數、

[申32-9] 主以己民視爲己業、特選雅各爲其邦畿、

[申32-10] 主遇之於野、在獸嗷嗷荒墟之地、護之誨之保如眸子、

[申32-11] 譬彼鵰鷹向巢喚雛、飛於其上翩翩往來、展舒其翼以雛接之、以翼負之載飛載揚、

[申32-12] 如是主獨引導斯民、並無別神偕主相助、

[申32-13] 使其得登地之高嶺、使其得食所產於田、使由巖穴得蜜吸飲、使由堅磐得油以用、

[申32-14] 牛酥羊乳羔羊之脂、巴珊所出綿山牡羊、至嘉麥麪賜之以食、以葡萄汁爲醴得飲、

[申32-15] 耶書崙胖奔踶不馴、其身肥腯爲脂所蒙、遂違棄造之之上帝、救之之主彼竟藐視、

[申32-16] 奉事別神動主忿心、行可憎事干主震怒、

[申32-17] 不祭上帝反祭鬼魔、卽素未識之神、乃新造者、出自隣國、爾之祖宗未嘗敬畏、

[申32-18] 爾敢違棄生爾之主、竟遺忘造爾之上帝、

[申32-19] 主見之卽甚憎惡、蓋其子女激其忿懥、

[申32-20] 卽云我將掩面不顧之、觀其終境又將如何、彼乃乖戾違拗之類、雖爲子女俱無誠信、

[申32-21] 叩拜非神動我忿心、崇事虛無干我震怒、我使賤族動其忿恨、必使頑民激其惱怒、

[申32-22] 我怒甚烈若燃烈火、直焚至地下示阿勒、將地與地所產盡燒、又將山基炎炎焚燬、

[申32-23] 我將積災加諸其身、射盡我矢以擊之、

[申32-24] 使其受饑而體瘦、見消於熱疫毒癘使野獸之齒害之、腹行者之毒傷之、

[申32-25] 少男幼女、嬰孩老叟、外遭鋒刃、內受驚惶、

[申32-26] 我云將彼散之四方、使其名號滅於人間、

[申32-27] 第恐仇人使我忿懥、恐其敵人不認根由、恐敵自謂已手力大、謂此諸事非主所行、

[申32-28] 斯民失謀、毫無聰明、

[申32-29] 願其有智以明此、預思厥終、

[申32-30] 非其上帝鬻之、非主付之、一人焉能驅千、二人焉能敗萬、

[申32-31] 彼所敬之神、不如我上帝、我敵亦能決其爲然、

[申32-32] 其葡萄樹屬所多瑪、由俄摩拉田園所産、其葡萄乃毒葡萄、纍然而垂者甚苦、

[申32-33] 其酒乃龍之毒漦、乃死毒當受之報吐自蝮蛇、

[申32-34] 此藏於我心、封於我庫、

[申32-35] 懲罰在我我必報復、其足躓蹶必有其時、彼之受禍其日伊邇、速臨其身、

[申32-36] 主見己民無力可恃、自主及僕俱已消亡、則必爲民伸寃、亦復矜恤其僕、

[申32-37] 時必曰、彼所敬之神安在、彼所恃之神安在、

[申32-38] 素饗其犧牲之脂、又飮其所奠之酒、何不起而拯救、何不護衛爾曹、

[申32-39] 爾曹當知我之爲我、在我之外別無上帝、殺戮者我、生存者我、
傷損者我、痊愈者我、無能救出我手、

[申32-40] 我擧手指天發誓而言、我乃永生、

[申32-41] 我磨礪我刀利刃閃爍、我秉公義於我手中、必報復我敵、施報憾我之人、

[申32-42] 我使我矢飮血沈醉、使我之刀得肉餐食、飮見擄被殺者之血、食敵軍元帥頭之肉、

[申32-43] 列族主民皆當歡樂、主爲其僕見殺復仇、必報復其敵、矜恤其地與民.

(32:44 - 34:12절) 생략

06 여호수아 約書亞 Joshua

(1:1 - 1:4절) 생략

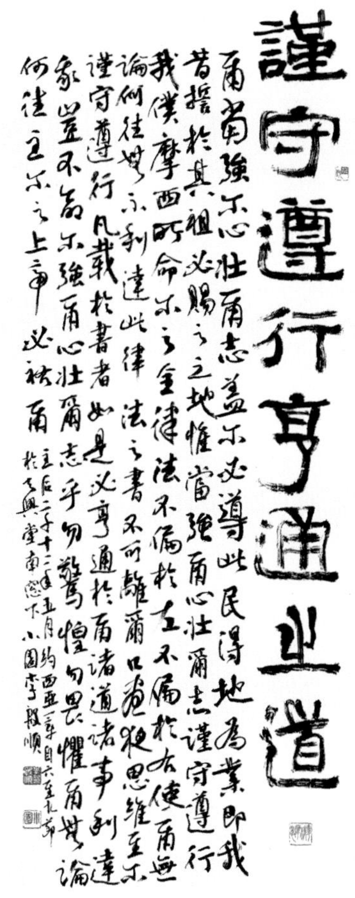

亨通之道 51×132cm

[수 1:5]	너의 평생平生에 너를 능能히 당當할 자者 없으리니 내가 모세와 함께 있던 것같이
너와 함께 있을 것임이라 내가 너를 떠나지 아니하며 버리지 아니하리니
[수 1:6]	마음을 강强하게 하라 담대膽大히 하라 너는 이 백성百姓으로 내가 그 조상祖上에게

맹세盟誓하여 주리라 한 땅을 얻게 하리라.

[수 1:7] 오직 너는 마음을 강强하게 하고 극極히 담대膽大히 하여 나의 종 모세가 네게 명命한 율법律法을 다 지켜 행行하고 좌左로나 우右로나 치우치지 말라 그리하면 어디로 가든지 형통亨通하리니

[수 1:8] 이 율법책律法册을 네 입에서 떠나지 말게 하며 주야晝夜로 그것을 묵상黙想하여 그 가운데 기록記錄한 대로 다 지켜 행行하라 그리하면 네 길이 평탄平坦하게 될 것이라 네가 형통亨通하리라.

[수 1:9] 내가 네게 명命한 것이 아니냐 마음을 강强하게 하고 담대膽大히 하라 두려워 말며 놀라지 말라 네가 어디로 가든지 네 하나님 나 여호와가 너와 함께 하느니라 하시니라

[書1-5] 爾畢生無人能禦爾、我必祐爾、如昔祐摩西然、我不離爾、不棄爾、

[書1-6] 爾當强爾心、壯爾志、蓋爾必導此民得地爲業、卽我昔誓於其祖必賜之之地、

[書1-7] 惟當强爾心、壯爾志、謹守遵行、我僕摩西所命爾之全律法、不偏於左、不偏於右、
使爾無論何往、無不利達、

[書1-8] 此律法之書、不可離爾口、晝夜思維、至爾謹守遵行凡載於書者、
如是必亨通於爾諸道、諸事利達、

[書1-9] 我豈不命爾强爾心、壯爾志乎、勿驚惶、勿畏懼、爾無論何往、主爾之上帝必祐爾.

(1:10 - 14:11절) 생략

[수 14:12] 그 날에 여호와께서 말씀하신 이 산지山地를 내게 주소서 당신當身도 그 날에 들으셨거니와 그 곳에는 아낙 사람이 있고 그 성읍城邑들은 크고 견고堅固할찌라도 여호와께서 혹시或時 나와 함께 하시면 내가 필경畢竟 여호와의 말씀하신 대로 그들을 쫓아내리이다.

[書14-12] 今求以主當時許我之山、賜我爲業、其時爾聞在彼有亞衲族人、
其城垣高大鞏固、若蒙主祐我、則可逐之、如主所許.

(14:13 - 24:12절) 생략

[수 24:13] 내가 또 너희의 수고受苦하지 아니한 땅과 너희가 건축建築지 아니한 성읍城邑을 너희에게 주었더니 너희가 그 가운데 거居하며 너희가 또 자기自己의 심지 아니한 포도원葡萄園과 감람원橄欖園의 과실果實을 먹는다 하셨느니라.

[書24-13] 爾未勞之土地、我賜於爾、未建之城邑、爾得居其中、未植之葡萄園、油果樹園、爾食其果.

(24:14절) 생략

여호와만 섬기는 우리 집 70×34cm

[수 24:15] 만일 여호와를 섬기는 것이 너희에게 좋지 않게 보이거든 너희 열조列祖가 강江 저편便에서 섬기던 신神이든지 혹或 너희의 거居하는 땅 아모리 사람의 신神이든지 너희 섬길 자者를 오늘날 택擇하라 오직 나와 내 집은 여호와를 섬기겠노라.

[書24 - 15] 如爾以事主爲不善、今日可擇所欲事者、或爾祖在河東所事之神乎、或爾居其地亞摩利人之神乎、至於我及我家、必崇事主.

(24:16 - 24:33절) 생략

07 사사기 士師 Judges

(1:1 - 5:11절) 생략

[삿 5:12] 깰지어다 깰지어다 드보라여 깰지어다 깰지어다 너는 노래할지어다 일어날지어다 바락이여 아비노암의 아들이여 네 사로잡은 자者를 끌고 갈지어다.

[士5 - 12] 底波拉歟、興哉興哉、興哉興哉而謳歌、巴拉歟、爾起、亞比挪菴子起而擄敵.

(5:13 - 5:30절) 생략

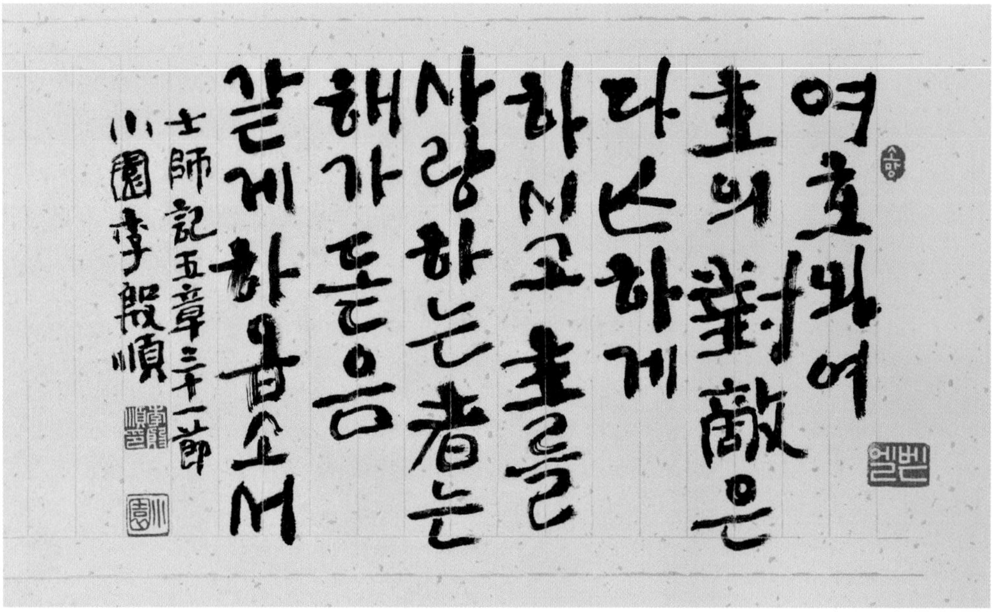

主의 權能47×31cm

[삿 5:31] 여호와여 주主의 대적對敵은 다 이와 같이 망亡하게 하시고 주主를 사랑하는 자者는 해가 힘 있게 돋음 같게 하시옵소서. 하니라 그 땅이 사십년四十年 동안 태평泰平하였더라.

[士5 - 31] 願主之諸敵、如是滅亡、願愛主者如日方昇、光輝烈烈、此後斯地太平、歷四十年.

(6:1 - 9:7절) 생략

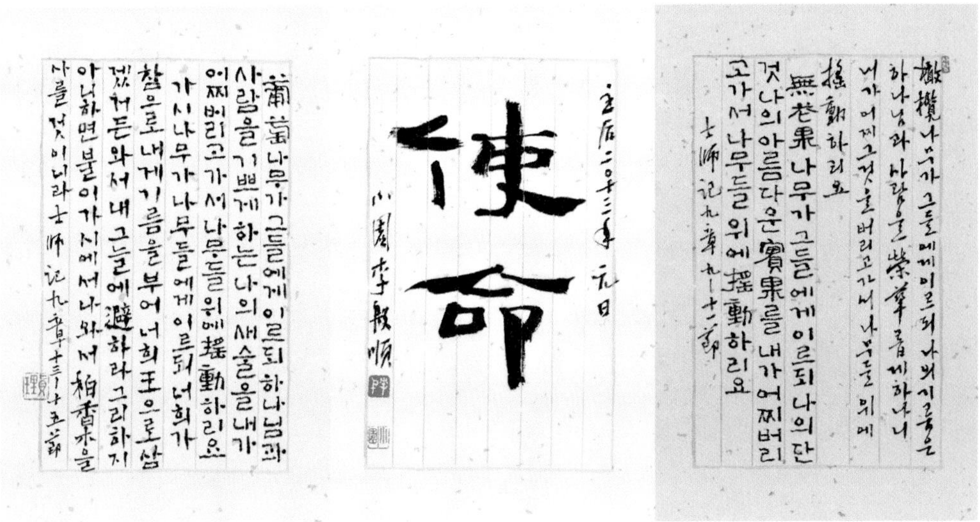

使命 58×28cm

[삿 9:8] 하루는 나무들이 나가서 기름을 부어 왕王을 삼으려 하여 감람橄欖 나무에게 이르되 너는 우리 왕王이 되라 하매

[삿 9:9] 감람橄欖나무가 그들에게 이르되 나의 기름은 하나님과 사람을 영화榮華롭게 하나니 내가 어찌 그것을 버리고 가서 나무들 위에 요동搖動하리요 한지라.

[삿 9:10] 나무들이 또 무화과無花果나무에게 이르되 너는 와서 우리의 왕王이 되라 하매

[삿 9:11] 무화과無花果나무가 그들에게 이르되 나의 단 것 나의 아름다운 실과實果를 내가 어찌 버리고 가서 나무들 위에 요동搖動하리요 한지라.

[삿 9:12] 나무들이 또 포도葡萄나무에게 이르되 너는 와서 우리의 왕王이 되라 하매

[삿 9:13] 포도葡萄나무가 그들에게 이르되 하나님과 사람을 기쁘게 하는 나의 새 술을 내가 어찌 버리고 가서 나무들 위에 요동搖動하리요 한지라.

[삿 9:14] 이에 모든 나무가 가시나무에게 이르되 너는 와서 우리의 왕王이 되라 하매

[삿 9:15] 가시나무가 나무들에게 이르되 너희가 참으로 내게 기름을 부어 너희 왕王을 삼겠거든 와서 내 그늘에 피避하라 그리하지 아니하면 불이 가시나무에서 나와서 레바논의 백향목柏香木을 사를 것이니라 하였느니라.

[삿 9:16] 이제 너희가 아비멜렉을 세워 왕王을 삼았으니 너희 행行한 것이 과연果然 진실眞實하고 의義로우냐 이것이 여룹바알과 그 집을 선대善待함이냐 이것이 그 행行한 대로 그에게 보답報答함이냐

[士9-8] 一日諸樹欲爲己立王、謂油果樹曰、請爾爲我之王、

[士9-9] 油果樹對曰、我之美膏、神與人所譽者、我豈能舍之、而往轄樹乎、

[士9-10] 諸樹謂無花果樹曰、請爾爲我之王、

[士9-11] 無花果樹對曰、我至甘之佳果、我豈能舍之、而往轄樹乎、

[士9-12] 諸樹謂葡萄樹曰、請爾爲我之王、

[士9-13] 葡萄樹對曰、我之旨汁悅神與人者、我豈能舍之、而往轄樹乎、

[士9-14] 諸樹謂棘曰、請爾爲我之王、

[士9-15] 棘對曰、如爾誠膏我、立我爲王、則來、在我蔭下得庇、不然、
火必自棘出、燬利巴嫩之柏香木、

[士9-16] 今爾立亞比米勒爲王、爾之所爲、果誠且義乎、
是善待耶路巴力與其家乎、是循其所行以報答之乎.

(9:17 - 21:25절) 생략

08 룻기 路得 Ruth

(1:1 - 1:15절) 생략

[룻 1:16] 룻이 가로되 나로 어머니를 떠나며 어머니를 따르지 말고 돌아가라 강권强勸하지 마옵소서 어머니께서 가시는 곳에 나도 가고 어머니께서 유숙留宿하시는 곳에서 나도 유숙留宿하겠나이다. 어머니의 백성百姓이 나의 백성百姓이 되고 어머니의 하나님이 나의 하나님이 되시리니

[룻 1:17] 어머니께서 죽으시는 곳에서 나도 죽어 거기 장사葬事될 것이라 만 일 내가 죽는 일 외外에 어머니와 떠나면 여호와께서 내게 벌罰을 내리시고 더 내리시기를 원願하나이다.

[得1 - 16] 路得曰、莫迫我離爾、歸而不從爾、爾往何所、我亦往、爾宿何所、我亦宿、爾民卽我民、爾上帝卽我上帝、

[得1 - 17] 爾死於何處、我亦死於彼、葬於彼、惟有一死、能使我離爾、不然、願主從重降禍於我.

(1:18 - 2:3절) 생략

[룻 2:4] 마침 보아스가 베들레헴에서부터 와서 베는 자者들에게 이르되 여호와께서 너희와 함께 하시기를 원願하노라 그들이 대답對答하되 여호와께서 당신에게 복福 주시기를 원願하나이다.

[得2 - 4] 波阿斯適自伯利恆來、謂刈者曰、願主與爾偕、對曰、願主賜福於爾.

(2:5 - 2:10절) 생략

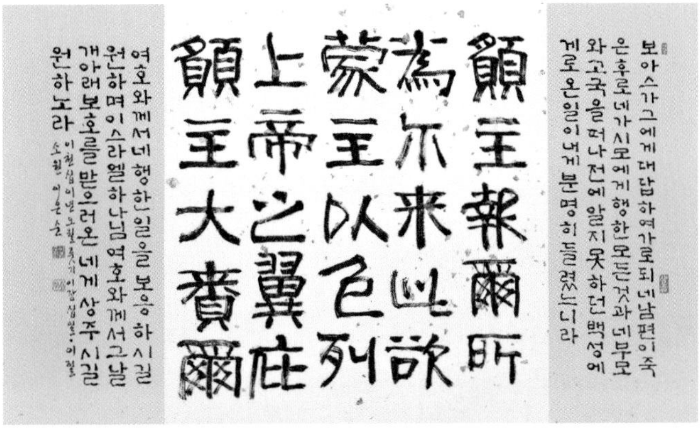

補償 60×35cm

[룻 2:11] 보아스가 그에게 대답對答하여 가로되 네 남편男便이 죽은 후後로 네가 시모媤母에게 행行한 모든 것과 네 부모父母와 고국故國을 떠나 전前에 알지 못하던 백성百姓에게로 온 일이 내게 분명分明히 들렸느니라.

[룻 2:12] 여호와께서 네 행行한 일을 보응報應하시기를 원願하며 이스라엘의 하나님 여호와께서 그 날개 아래 보호保護를 받으러 온 네게 온전穩全한 상賞 주시기를 원願하노라.

[得2 - 11] 波阿斯曰、自爾夫卒後、爾善待爾姑、離父母故土、至素未識之國、此一切事有人告我、

[得2 - 12] 願主報爾所爲、爾來此、欲蒙主以色列上帝之翼庇、願主大賚爾.

(2:13 - 3:9절) 생략

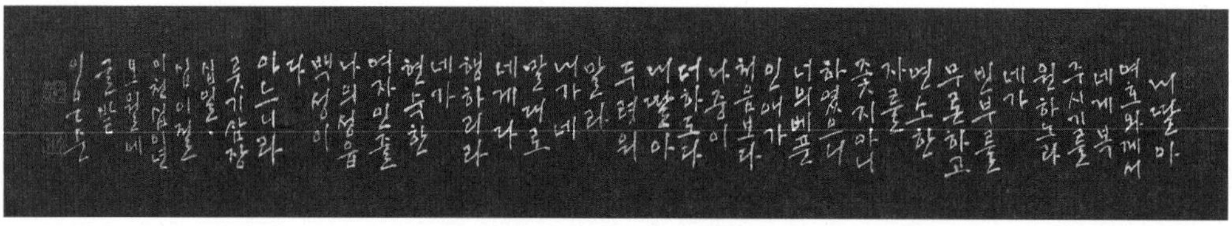

祝福 64×13cm

[룻 3:10] 가로되 내 딸아 여호와께서 네게 복福 주시기를 원願하노라 네가 빈부貧富를 물론勿論하고 연소年少한 자者를 좇지 아니하였으니 너의 베푼 인애仁愛가 처음보다 나중이 더하도다.

[룻 3:11] 내 딸아 두려워 말라 내가 네 말대로 네게 다 행行하리라 네가 현숙賢淑한 여자女子인 줄 나의 성읍城邑 백성百姓이 다 아느니라.

[得3 - 10] 曰我女歟、願爾蒙主賜福、年少者無論貧富、爾皆不願從、爾今之恩、較前尤大、

[得3 - 11] 我女毋懼、我必循爾所欲而行、我擧邑之民、俱知爾爲賢德之婦.

(3:12 - 4:22절) 생략

09 사무엘상 撒母耳上 1 Samuel

(1:1 - 1:28절) 생략

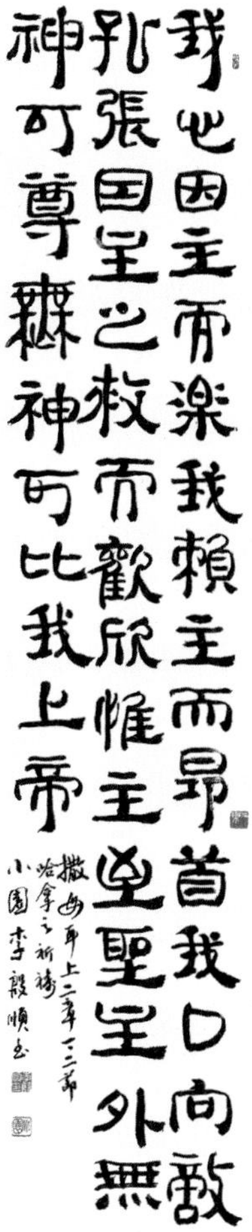

한나의 祈禱28×133cm

[삼상 2:1] 한나가 기도祈禱하여 가로되 내 마음이 여호와를 인因하여 즐거워하며 내 뿔이 여호와를 인因하여 높아졌으며 내 입이 내 원수怨讐들을 향向하여 크게 열렸으니 이는 내가 주主의 구원救援을 인因하여 기뻐함이니이다.

[삼상 2:2] 여호와와 같이 거룩하신 이가 없으시니 이는 주主밖에 다른 이가 없고 우리 하나님 같은 반석磐石도 없으심이니이다.

[母上2 - 1] 哈拿禱曰、我心因主而樂、我賴主而昻首、我口向敵孔張、因主之救而歡欣、

[母上2 - 2] 惟主至聖、主外無神可尊、無神可比我上帝.

(2:3 - 2:5절) 생략

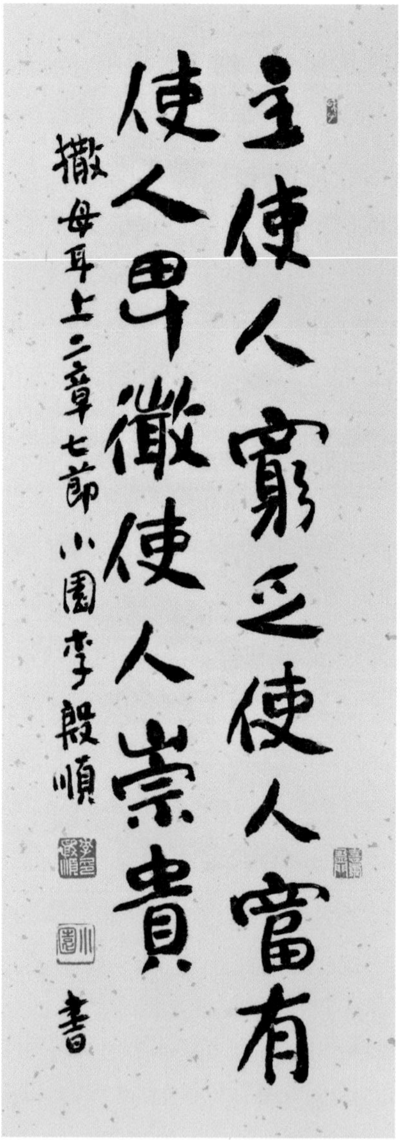

主의 權能25×68cm

[삼상 2:6] 여호와는 죽이기도 하시고 살리기도 하시며 음부陰府에 내리게도 하시고 올리기도 하시는도다.

[삼상 2:7] 여호와는 가난하게도 하시고 부富하게도 하시며 낮추기도 하시고 높이기도 하시는도다.

[삼상 2:8] 가난한 자者를 진토塵土에서 일으키시며 빈핍貧乏한 자者를 거름더미에서 드사 귀족貴族들과 함께 앉게 하시며 영광榮光의 위位를 차지하게 하시는도다 땅의 기둥들은 여호와의 것이라 여호와께서 세계世界를 그 위에 세우셨도다.

[삼상 2:9] 그가 그 거룩한 자者들의 발을 지키실 것이요 악인惡人으로 흑암黑暗 중中에서 잠잠潛潛케 하시리니 힘으로는 이길 사람이 없음이로다.

[삼상 2:10] 여호와를 대적對敵하는 자者는 산산散散이 깨어질 것이라 하늘 우뢰雨雷로 그들을 치시리로다 여호와께서 땅 끝까지 심판審判을 베푸시고 자기自己 왕王에게 힘을 주시며 자기自己의 기름 부음을 받은 자者의 뿔을 높이시리로다.

[母上2-6] 主使人死、亦使人生、使之墮示阿勒、亦使之復上、

[母上2-7] 主使人窮乏、使人富有、使人卑微、使人崇貴、

[母上2-8] 擧貧窮者於塵埃、升匱乏者於糞壤、使坐於君長間、使得顯位、
蓋大地之基屬主、以世界立於其上、

[母上2-9] 敬主虔誠人、主護其步履、使惡人亡於幽暗、蓋恃己力不能獲勝、

[母上2-10] 抗逆主者必膽怯、主自天以雷擊之、主必審鞫地之四極、
以力賜所立之王、使所立之受膏君昂首.

(2:11 - 15:21절) 생략

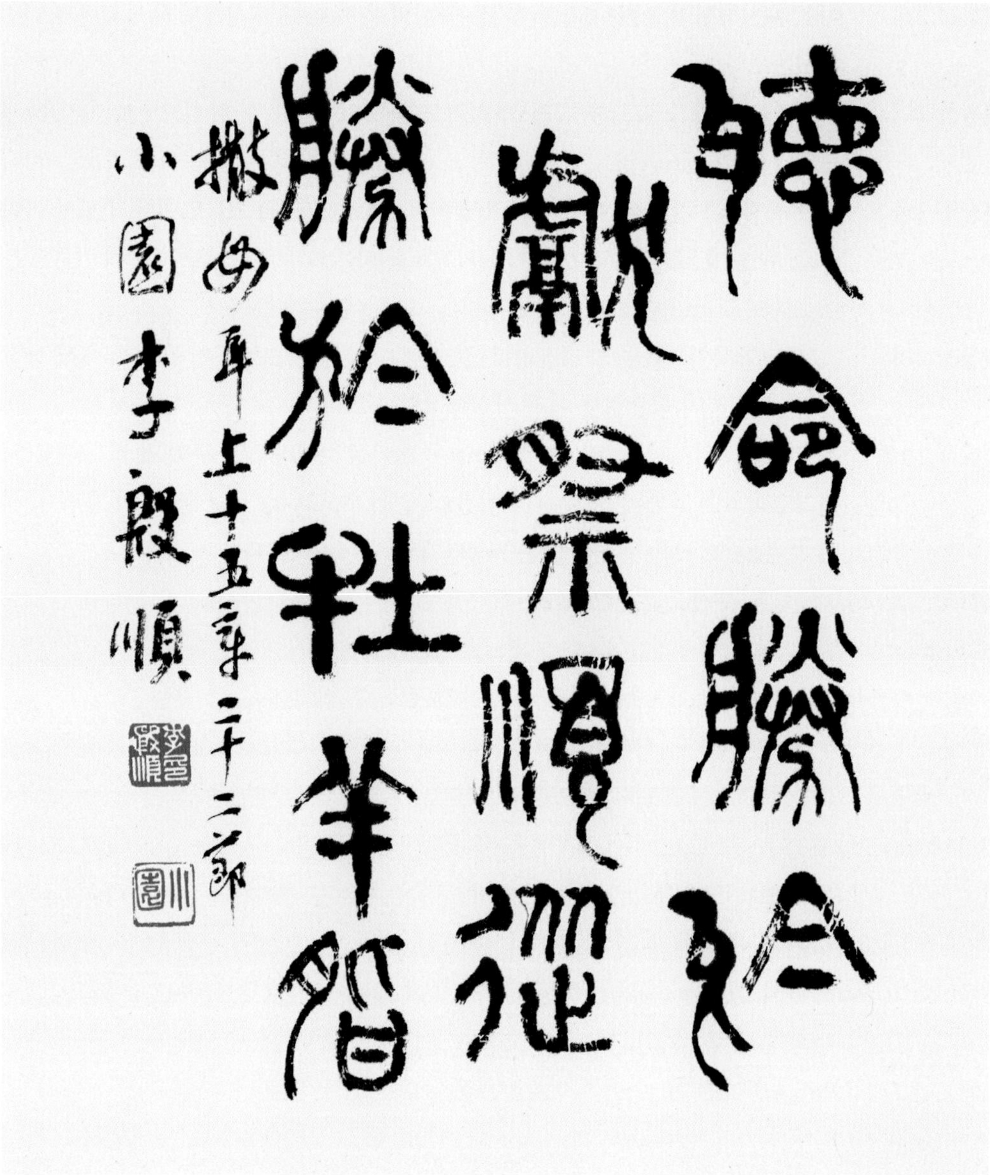

順從 34×49cm

[삼상 15:22] 사무엘이 가로되 여호와께서 번제燔祭와 다른 제사祭祀를 그 목소리 순종順從하는 것을 좋아하심같이 좋아하시겠나이까. 순종順從이 제사祭祀보다 낫고 듣는것이 수양羊의 기름보다 나으니

[삼상 15:23] 이는 거역拒逆하는 것은 사술邪術의 죄罪와 같고 완고頑固한 것은 사신邪神 우상偶像에

게 절하는 죄罪와 같음이라.

[母上15 - 22] 撒母耳曰、主豈悅火焚祭平安祭、不悅人聽從主命乎、聽命勝於獻祭、順從勝於牡羊脂.

[母上15 - 23] 違逆與邪術之罪無異、頑梗與敬僞神拜偶像之罪相同.

(15:24 - 15:28절) 생략

[삼상 15:29] 이스라엘의 지존자至尊者는 거짓이나 변개變改함이 없으시니 그는 사람이 아니시므로 결決코 변개變改치 않으심이니이다.

[母上15 - 29] 以色列人所恃爲榮之主、不食言、不後悔、以其迥非世人、決不後悔.

(15:30 - 16:6절) 생략

[삼상 16:7] 여호와께서 사무엘에게 이르시되 그 용모容貌와 신장身長을 보지 말라 내가 이미 그를 버렸노라 나의 보는 것은 사람과 같지 아니하니 사람은 외모外貌를 보거니와 나 여호와는 중심中心을 보느니라.

[母上16 - 7] 主諭撒母耳曰、勿觀其容貌之美、身材之高、此人非我所悅、
我之所觀、異於人之所觀、人觀外貌、我觀內心.

(16:8 - 17:44절) 생략

[삼상 17:45] 다윗이 블레셋 사람에게 이르되 너는 칼과 창槍과 단창短槍으로 내게 오거니와 나는 만군萬軍의 여호와의 이름 곧 네가 모욕侮辱하는 이스라엘 군대軍隊의 하나님의 이름으로 네게 가노라.

[삼상 17:46] 오늘 여호와께서 너를 내 손에 붙이시리니 내가 너를 쳐서 네 머리를 베고 블레셋 군대軍隊의 시체屍體로 오늘날 공중空中의 새와 땅의 들짐승에게 주어 온 땅으로 이스라엘에 하나님이 계신 줄 알게 하겠고

[삼상 17:47] 또 여호와의 구원救援하심이 칼과 창槍에 있지 아니함을 이 무리로 알게 하리라 전쟁戰爭은 여호와께 속屬한 것인즉 그가 너희를 우리 손에 붙이시리라.

[母上 17 - 45] 大衛對非利士人曰、爾來迎我、以刃與槍與戟、我來迎爾、恃萬有之主之名、
爾所侮辱以色列之隊伍、萬有之主卽其上帝也、

[母上 17 - 46] 今日主以爾付於我手、我將擊爾、斬爾首級、今日我以非利士軍旅之屍、
給空中鳥與地上獸、使全地咸知以色列中有上帝、

[母上 17 - 47] 亦使此大會知主使人獲勝、非藉刀與槍、蓋戰之勝敗在乎主、將付爾於我儕手.

(17:48 - 31:13절) 생략

10 사무엘하 撒母耳下 2 Samuel

(1:1 - 7:8절) 생략

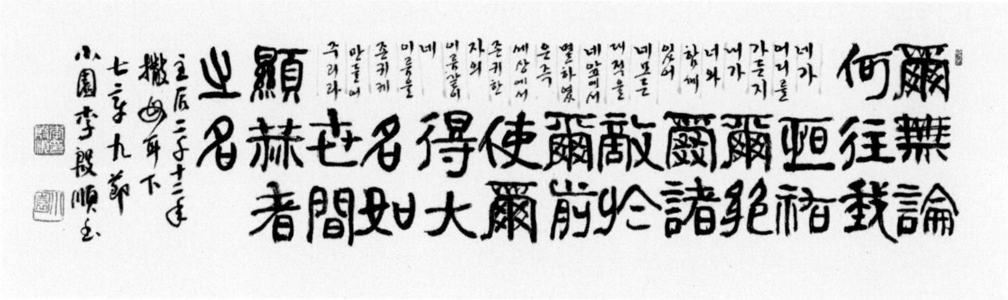

尊貴한 者 100×28cm

[삼하 7:9] 네가 어디를 가든지 내가 너와 함께 있어 네 모든 대적對敵을 네 앞에서 멸滅하였은즉 세상世上에서 존귀尊貴한 자者의 이름같이 네 이름을 존귀尊貴케 만들어 주리라.

[母下7 - 9] 爾無論何往、我恆祐爾、絶爾諸敵於爾前、使爾得大名、如世間顯赫者之名.

(7:10 - 7:15절) 생략

[삼하 7:16] 네 집과 네 나라가 네 앞에서 영원永遠히 보전保全되고 네 위位가 영원永遠히 견고堅固하리라.

[母下7 - 16] 爾家與爾國必穩立於我前、至於永遠、爾國位必堅定至於永遠.

(7:17 - 7:21절) 생략

[삼하 7:22] 여호와 하나님이여 이러므로 주主는 광대廣大하시니 이는 우리 귀로 들은 대로는 주主와 같은 이가 없고 주主 외外에는 참 신神이 없음이니이다.

[母下7 - 22] 故當尊主上帝爲至大、無有比主者、主之外再無上帝、此我耳中所聞者.

(7:23 - 7:28절) 생략

[삼하 7:29] 이제 청請컨대 종의 집에 복福을 주사 주主 앞에 영원永遠히 있게 하옵소서 주主 여호와께서 말씀하셨사오니 주主의 은혜恩惠로 종의 집이 영원永遠히 복福을 받게 하옵소서.

[母下7 - 29]　今求主賜福於僕之家、俾得永存於主前、因主上帝已曾言之、願僕之家恆蒙主賜福焉.

(8:1 - 22:1절) 생략

[삼하 22:2]　가로되 여호와는 나의 반석磐石이시요 나의 요새要塞시요 나를 건지시는 자者시오.

[삼하 22:3]　나의 하나님이시요 나의 피避할 바위시요 나의 방패防牌시요 나의 구원救援의 뿔이
시요 나의 높은 망대望臺시요 나의 피난처避亂處시요 나의 구원자救援者시라 나를 흉
악凶惡에서 구원救援하셨도다.

[삼하 22:4]　내가 찬송讚頌 받으실 여호와께 아뢰리니 내 원수怨讐들에게서 구원救援을 얻으
리로다.

[삼하 22:5]　사망死亡의 물결이 나를 에우고 불의不義의 창수漲水가 나를 두렵게 하였으며

[삼하 22:6]　음부陰府의 줄이 나를 두르고 사망死亡의 올무가 내게 이르렀도다.

[삼하 22:7]　내가 환난患難 중中에서 여호와께 아뢰며 나의 하나님께 아뢰었더니 저가 그 전殿에
서 내 소리를 들으심이여 나의 부르짖음이 그 귀에 들렸도다.

[삼하 22:8]　이에 땅이 진동震動하고 떨며 하늘 기초基礎가 요동搖動하고 흔들렸으니 그의 진노震
怒를 인因함이로다.

[삼하 22:9]　그 코에서 연기煙氣가 오르고 입에서 불이 나와 사름이여 그 불에 숯이 피었도다.

[삼하 22:10]　저가 또 하늘을 드리우고 강림降臨하시니 그 발 아래는 어둑캄캄 하도다.

[삼하 22:11]　그룹을 타고 날으심이여 바람 날개 위에 나타나셨도다.

[삼하 22:12]　저가 흑암黑暗 곧 모인 물과 공중空中의 빽빽한 구름으로 둘린 장막帳幕을 삼으심이여

[삼하 22:13]　그 앞에 있는 광채光彩로 인因하여 숯불이 피었도다.

[삼하 22:14]　여호와께서 하늘에서 뇌성雷聲을 발發하시며 지존至尊하신 자者가 음성音聲을 내심
이여

[삼하 22:15]　살을 날려 저희를 흩으시며 번개로 파破하셨도다.

[삼하 22:16]　이럴 때에 여호와의 꾸지람과 콧김을 인因하여 물 밑이 드러나고 땅의 기초基礎가
나타났도다.

[삼하 22:17]　저가 위에서 보내사 나를 취取하심이여 많은 물에서 나를 건져내셨도다.

[삼하 22:18]　나를 강强한 원수怨讐와 미워하는 자者에게서 건지셨음이여 저희는 나보다 힘센 연
고緣故로다 .

[삼하 22:19]　저희가 나의 재앙災殃의 날에 내게 이르렀으나 여호와께서 나의 의지依支가 되셨도다.

[삼하 22:20]　나를 또 넓은 곳으로 인도引導하시고 나를 기뻐하시므로 구원救援하셨도다.

[삼하 22:21]　여호와께서 내 의義를 따라 상賞 주시며 내 손의 깨끗함을 좇아 갚으셨으니

[삼하 22:22] 이는 내가 여호와의 도道를 지키고 악惡을 행行하여 내 하나님을 떠나지 아니하였으며

[삼하 22:23] 그 모든 규례規例를 내 앞에 두고 그 율례律例를 버리지 아니하였음이로다.

[삼하 22:24] 내가 또 그 앞에 완전完全하여 스스로 지켜 죄악罪惡을 피避하였나니

[삼하 22:25] 그러므로 여호와께서 내 의義대로 그 목전目前에 내 깨끗한 대로 내게 갚으셨도다.

[삼하 22:26] 자비慈悲한 자者에게는 주主의 자비慈悲하심을 나타내시며 완전完全한 자者에게는 주主의 완전完全하심을 보이시며

[삼하 22:27] 깨끗한 자者에게는 주主의 깨끗하심을 보이시며 사특邪慝한 자者에게는 주主의 거스리심을 보이시리이다.

[삼하 22:28] 주主께서 곤고困苦한 백성百姓은 구원救援하시고 교만驕慢한 자者를 살피사 낮추시리이다.

[삼하 22:29] 여호와여 주主는 나의 등燈불이시니 여호와께서 나의 흑암黑暗을 밝히시리이다.

[삼하 22:30] 내가 주主를 의뢰依賴하고 적군敵軍에 달리며 내 하나님을 의지依支하고 성벽城壁을 뛰어넘나이다.

[삼하 22:31] 하나님의 도道는 완전完全하고 여호와의 말씀은 정미精微하니 저는 자기自己에게 피避하는 모든 자者에게 방패防牌시로다.

[삼하 22:32] 여호와 외外에 누가 하나님이며 우리 하나님 외外에 누가 바위뇨

[삼하 22:33] 하나님은 나의 견고堅固한 요새要塞시며 나를 온전穩全한 곳으로 인도引導하시며

[삼하 22:34] 나의 발로 암사슴 발 같게 하시며 나를 나의 높은 곳에 세우시며

[삼하 22:35] 내 손을 가르쳐 싸우게 하시니 내 팔이 놋활을 당기도다.

[삼하 22:36] 주主께서 또 主주의 구원救援의 방패防牌를 내게 주시며 주主의 온유溫柔함이 나를 크게 하셨나이다.

[삼하 22:37] 내 걸음을 넓게 하셨고 나로 실족失足지 않게 하셨나이다.

[삼하 22:38] 내가 내 원수怨讐를 따라 멸滅하였사오며 저희를 무찌르기 전前에는 돌이키지 아니하였나이다.

[삼하 22:39] 내가 저희를 무찔러 파破하였더니 저희가 내 발 아래 엎드러지고 능能히 일어나지 못하였나이다.

[삼하 22:40] 이는 주主께서 나로 전쟁戰爭케 하려고 능력能力으로 내게 띠 띠우사 일어나 나를 치는 자者로 내게 굴복屈服케 하셨사오며

[삼하 22:41] 주主께서 또 내 원수怨讐들로 등을 내게로 향向하게 하시고 나로 나를 미워하는자者를 끊어 버리게 하셨음이니이다.

[삼하 22:42] 저희가 둘러보아도 구원救援할 자者가 없었고 여호와께 부르짖어도 대답對答지 아니하셨나이다.

[삼하 22:43] 내가 저희를 땅의 티끌같이 부스러뜨리고 거리의 진흙 같이 밟아 헤쳤나이다.

[삼하 22:44] 주主께서 또 나를 내 백성百姓의 다툼에서 건지시고 나를 보존保存하사 열방列邦의 으뜸을 삼으셨으니 내가 알지 못하는 백성百姓이 나를 섬기리이다.

[삼하 22:45] 이방인異邦人들이 내게 굴복屈服함이여 저희가 내 풍성風聲을 듣고 곧 순복順服하리로다.

[삼하 22:46] 이방인異邦人들이 쇠미衰微하여 그 견고堅固한 곳에서 떨며 나오리로다.

[삼하 22:47] 여호와는 생존生存하시니 나의 바위를 찬송讚頌하며 내 구원救援의 바위이신 하나님을 높일지로다.

[삼하 22:48] 이 하나님이 나를 위爲하여 보수報讐하시고 민족民族들로 내게 복종服從케 하시며

[삼하 22:49] 나를 원수怨讐들에게서 나오게 하시며 나를 대적對敵하는 자者 위에 나를 드시고 나를 강포强暴한 자者에게서 건지시는도다.

[삼하 22:50] 이러므로 여호와여 내가 열방列邦 중中에서 주主께 감사感謝하며 주主의 이름을 찬양讚揚하리이다.

[삼하 22:51] 여호와께서 그 왕王에게 큰 구원救援을 주시며 기름 부음받은 자者에게 인자仁慈를 베푸심이여 영원永遠토록 다윗과 그 후손後孫에게로다.

[母下22-2] 曰、主庇祐我如高山、如保障、使我獲救、

[母下22-3] 上帝如磐爲我所倚、庇我如盾、助我獲勝、衛我如鞏固之城、
如避難之所、乃救我者、援我脫於兇暴、

[母下22-4] 我呼籲當頌美之主、我卽脫於仇敵、

[母下22-5] 死亡之波濤環繞我、匪類如川流、使我驚惶、

[母下22-6] 示阿勒之災患、如繩索拘攣我、死亡之禍害、如網羅陳於我前、

[母下22-7] 我於急難時呼籲主、呼籲我上帝、主自殿中俯聞我聲、我之籲懇爲主耳所聞、

[母下22-8] 大地震動、天基撼搖、因主震怒、

[母下22-9] 鼻內煙騰、口出烈火、炭因之而燃、

[母下22-10] 主使天低垂而主臨格、有黑雲在其足下、

[母下22-11] 乘基路伯而飛翔、以風爲翼而顯現、

[母下22-12] 使幽暗在其四周、以滙聚之水與密雲爲幕、

[母下22-13] 因主前之光、火炭燃燒、

[母下22-14] 主自天鳴雷、至高之主發其洪聲、

[母下22-15]　發矢使仇人奔潰、掣電使敵人迷亂、

[母下22-16]　海底呈露、地基顯現、因主呵責、怒氣沖發、

[母下22-17]　主自上垂手援我、援我出於大水之中、

[母下22-18]　我仇敵兇暴、憾我者强於我、主於其中拯救我、

[母下22-19]　我遭患難時、敵人來攻我、我所倚賴者惟主、

[母下22-20]　主導我至寬濶地、因悅我而加救援、

[母下22-21]　主循我之善以報我、循我手之潔而賞我、

[母下22-22]　因我謹守主道、未嘗作惡未違我上帝、

[母下22-23]　主之法度、恆於我前、主之律例、我永不離、

[母下22-24]　我於主前、純全無疵、自愼而不犯罪愆、

[母下22-25]　因此主循我之善、循我於其目前之潔以報我、

[母下22-26]　主歟、仁義者、主循其仁義以待之、純全者、主循其純全以待之、

[母下22-27]　淸潔者、主循其淸潔以待之、邪曲者、主循其邪曲以待之、

[母下22-28]　困苦之民、爲主所拯、驕矜之輩、主目鑒察、使之卑微、

[母下22-29]　主乃我之燈、主明我之暗、

[母下22-30]　我倚賴主、馳入敵軍、仰仗我上帝、躍登敵城、

[母下22-31]　上帝之道無不完全、主之言語最爲精粹、凡倚賴主者、主必護衛如盾、

[母下22-32]　主外誰爲上帝、我上帝外孰爲可恃者、

[母下22-33]　上帝賜我以力、堅固我、使我之道途通達、

[母下22-34]　使我足捷如鹿、使我得立高處、

[母下22-35]　使我手善於爭戰、使我臂能張銅弓、

[母下22-36]　主施救恩、護我如盾、應允我使我爲大、

[母下22-37]　使我之步履寬潤、使我之足立定不蹶、

[母下22-38]　我追仇敵、必剿除之、若未盡滅、必不旋歸、

[母下22-39]　我擊仇敵、滅之殆盡、使之不能復起、悉仆於我之足下、

[母下22-40]　主賜我以力、使我能戰、使攻擊我者服於我下、

[母下22-41]　使我敵遁於我前、使我剿滅憾我之人、

[母下22-42]　仇敵四望、無人救援、雖呼籲主、主亦不應、

[母下22-43]　我擣之細微如地之塵、踐之蹂躙如衢市之泥、

[母下22-44]　我國之人攻我、主將我救援、護衛我爲列國之元首、我未識之民亦服事我、

[母下22-45]　異邦之人皆諂媚於我、耳聞而歸順我、

[母下22-46] 異邦之人衰微、戰戰兢兢、出其鞏固之城、

[母下22-47] 惟主永生、我恃如磐之主當頌美、拯我之上帝、我恃如磐者、當讚爲崇高、

[母下22-48] 上帝爲我復仇、使列邦服於我下、

[母下22-49] 救我脫於仇敵、擧我在攻我者上、救我於强暴之人、

[母下22-50] 主歟、因此我在列國讚美主歌頌主之名、

[母下22-51] 主所立受膏王大衛、主大施拯救、恆賜恩於彼、爰及苗裔、至於永遠.

(23:1 - 23:2절) 생략

[삼하 23:3] 이스라엘의 하나님이 말씀하시며 이스라엘의 바위가 내게 이르시기를 사람을 공의公義로 다스리는 자者 하나님을 경외敬畏함으로 다스리는 자者여

[삼하 23:4] 저는 돋는 해 아침 빛 같고 구름 없는 아침 같고 비 후後의 광선光線으로 땅에서 움이 돋는 새 풀 같으니라. 하시도다.

[삼하 23:5] 내 집이 하나님 앞에 이 같지 아니하냐 하나님이 나로 더불어 영원永遠한 언약言約을 세우사 만사萬事에 구비具備하고 견고堅固케 하셨으니 나의 모든 구원救援과 나의 모든 소원所願을 어찌 이루지 아니하시랴.

[母下23-3] 以色列上帝有言、以色列所恃之上帝諭我曰、爲人君者若義、秉權者若畏上帝、

[母下23-4] 則如朝日升而輝耀、如無雲之淸晨、如雨後日照、百卉自地而生、

[母下23-5] 我家於上帝前、豈非若是、上帝與我立約、於諸事堅定穩固、
恆久不廢、一切救我之事、與我一切所願者、主豈不成之乎.

(23:6 - 24:25절) 생략

11 열왕기상 列王上 1 Kings

(1:1 - 2:1절) 생략

[왕상 2:2] 내가 이제 세상世上 모든 사람의 가는 길로 가게 되었노니 너는 힘써 대장부大丈夫가 되고

[왕상 2:3] 네 하나님 여호와의 명命을 지켜 그 길로 행行하여 그 법률法律과 계명誡命과 율례律例와 증거證據를 모세의 율법律法에 기록記錄된 대로 지키라 그리하면 네가 무릇 무엇을 하든지 어디로 가든지 형통亨通할지라.

[王上2 - 2] 我今將行世人所必行之路、爾當奮勉爲豪傑、

[王上2 - 3] 向主爾之上帝守所當守者、行主之道、守其典章、誡命、律例、法度、循摩西律法書所載、如是則無論何作何往、無不亨通.

(2:4 - 3:3절) 생략

[왕상 3:4] 이에 왕王이 제사祭祀하러 기브온으로 가니 거기는 산당山堂이 큼이라 솔로몬이 그 단壇에 일천一千 번제燔祭를 드렸더니

[왕상 3:5] 기브온에서 밤에 여호와께서 솔로몬의 꿈에 나타나시니라 하나님이 이르시되 내가 네게 무엇을 줄꼬 너는 구求하라.

[왕상 3:6] 솔로몬이 가로되 주主의 종 내 아비 다윗이 성실誠實과 공의公義와 정직正直한 마음으로 주主와 함께 주主의 앞에서 행行하므로 주主께서 저에게 큰 은혜恩惠를 베푸셨고 주主께서 또 저를 위爲하여 이 큰 은혜恩惠를 예비豫備하시고 오늘날과 같이 저의 위位에 앉을 아들을 저에게 주셨나이다.

[왕상 3:7] 나의 하나님 여호와여 주主께서 종으로 종의 아비 다윗을 대신代身하여 왕王이 되게 하셨사오나 종은 작은 아이라 출입出入할 줄을 알지 못하고

[왕상 3:8] 주主의 빼신 백성百姓 가운데 있나이다. 저희는 큰 백성百姓이라 수효數爻가 많아서 셀 수도 없고 기록記錄할 수도 없사오니

[왕상 3:9] 누가 주主의 이 많은 백성百姓을 재판裁判할 수 있사오리이까 지혜智慧로운 마음을 종에게 주사 주主의 백성百姓을 재판裁判하여 선악善惡을 분별分別하게 하옵소서

[王上3 - 4] 所羅門王往基遍獻祭、蓋基遍有大邱壇、於此壇獻犧牲一千、以爲火焚祭、

[王上3 - 5] 在基遍夜夢中、主顯現於所羅門曰、爾欲我何所賜、爾惟求之、

[王上3-6] 所羅門曰、主之僕我父大衛以誠實善義正心、行於主前、主向之施鴻恩、又爲之存此大恩、使其子繼其位、有如今日、

[王上3-7] 主我之上帝使僕繼父大衛爲王、我尙幼童、不知如何出入、

[王上3-8] 僕居主所選之民中、其民甚衆、不可勝數、

[王上3-9] 主之民衆多、孰能判斷其間乎、求主以智慧賜僕、能辨是非、爲民折中.

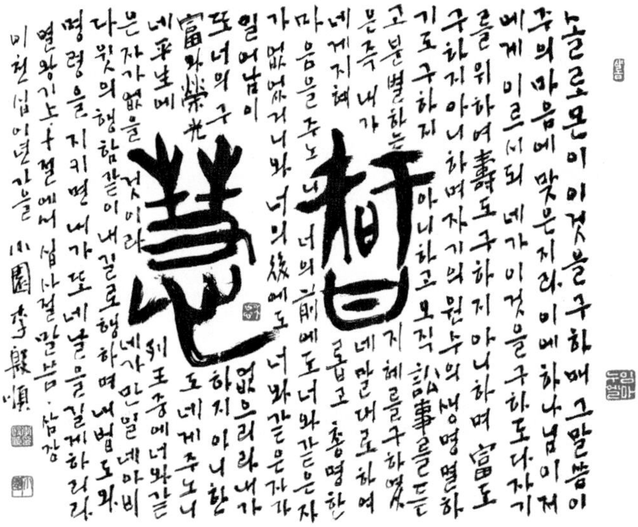

智慧 54×46cm

[왕상 3:10] 솔로몬이 이것을 구求하매 그 말씀이 주主의 마음에 맞은지라

[왕상 3:11] 이에 하나님이 저에게 이르시되 네가 이것을 구求하도다 자기自己를 위爲하여 수壽도 구求하지 아니하며 부富도 구求하지 아니하며 자기自己의 원수怨讐의 생명生命 멸滅하기도 구求하지 아니하고 오직 송사訟事를 듣고 분별分別하는 지혜智慧를 구求하였은즉

[왕상 3:12] 내가 네 말대로 하여 네게 지혜智慧롭고 총명聰明한 마음을 주노니 너의 전前에도 너와 같은 자者가 없었거니와 너의 후後에도 너와 같은 자者가 일어남이 없으리라.

[왕상 3:13] 내가 또 너의 구求하지 아니한 부富와 영광榮光도 네게 주노니 네 평생平生에 열왕列王 중中에 너와 같은 자者가 없을 것이라.

[왕상 3:14] 네가 만일 네 아비 다윗의 행行함같이 내 길로 행行하며 내 법도法度와 명령命令을 지키면 내가 또 네 날을 길게 하리라.

[王上3 - 10] 所羅門因求此、主悅其言、

[王上3 - 11] 上帝謂之曰、爾旣求此、不求壽、不求富、亦不求勝敵、但求智慧、俾可聽訟、

[王上3 - 12] 我則允爾所求、以聰明智慧之心賜爾、爾之前未有如爾者、爾之後亦無如爾者、

[王上3 - 13] 爾所未求者、卽富與貴我亦賜爾、使爾在世之日、列王中無一可比爾者、

[王上3 - 14] 如爾法爾父大衛、行我道、守我律例誡命、我則賜爾遐齡.

(3:15 - 8:22절) 생략

[왕상 8:23] 가로되 이스라엘 하나님 여호와여 상천上天 하지下地에 주主와 같은 신神이 없나이다 주主께서는 온 마음으로 주主의 앞에서 행行하는 종들에게 언약言約을 지키시고 은혜恩惠를 베푸시나이다.

[王上8 - 23] 曰、主以色列之上帝歟、上天下地、
無神能比主、主之僕盡心行於主前、
主則爲之踐約、爲之施恩.

(8:24 - 18:36절) 생략

[왕상 18:37] 여호와여 내게 응답應答하옵소서 내게 응답應答하옵소서 이 백성百姓으로 주主 여호와는 하나님이신 것과 주主는 저희의 마음으로 돌이키게 하시는 것을 알게 하옵소서.

[王上18 - 37] 求主聽我、聽我、使斯民咸知主乃上帝、
亦知主使其心翻然悔改.

(18:38 - 22:53절) 생략

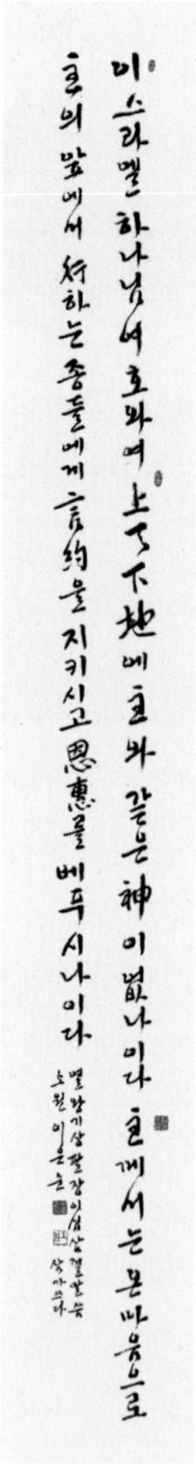

구원자 25×200cm

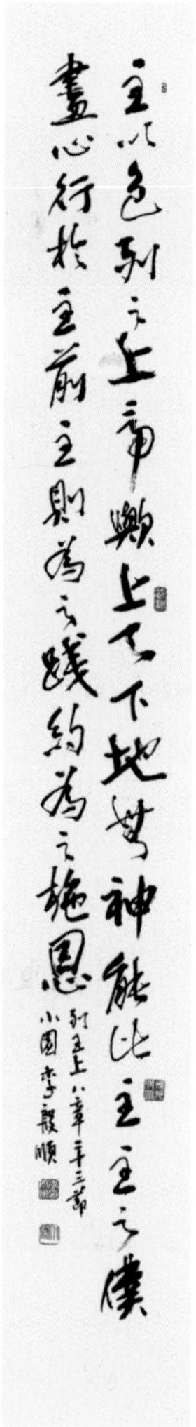

救援者 25×200cm

12 열왕기하 列王下 2 Kings

(11:1 - 14:5절) 생략

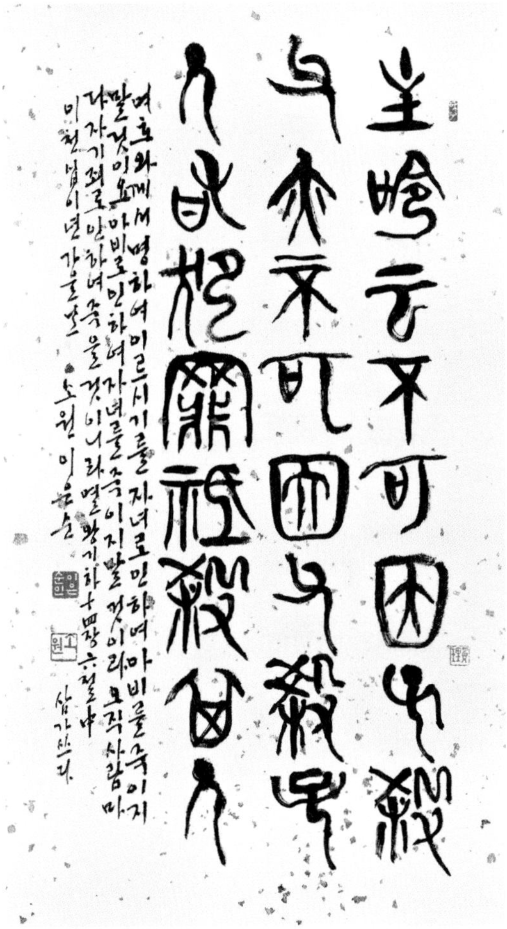

罪와罰 40×67cm

[왕하 14:6] 왕王을 죽인 자者의 자녀子女들은 죽이지 아니하였으니 이는 모세의 율법책律法册에 기록記錄된 대로 함이라. 곧 여호와께서 명命하여 이르시기를 자녀子女로 인因하여 아비를 죽이지 말 것이요 아비로 인因하여 자녀子女를 죽이지 말 것이라 오직 사람마다 자기自己의 죄罪로 인因하여 죽을 것이니라.

[王下14-6] 但不誅弑王者之子、循摩西律法書所載、主命云、不可因子殺父、
亦不可因父殺子、人有犯罪、祇殺其人.

(14:7 - 18:4절) 생략

[왕하 18:5] 히스기야가 이스라엘 하나님 여호와를 의지依支하였는데 그의 전후前後 유다 여러 왕王 중中에 그러한 자者가 없었으니

[왕하 18:6] 곧 저가 여호와께 연합聯合하여 떠나지 아니하고 여호와께서 모세에게 명命하신 계명誡命을 지켰더라.

[왕하 18:7] 여호와께서 저와 함께 하시매 저가 어디로 가든지 형통亨通하였더라 저가 앗수르 왕王을 배척排斥하고 섬기지 아니하였고

[왕하 18:8] 블레셋 사람을 쳐서 가사와 그 사방四方에 이르고 망대望臺에서부터 견고堅固한 성城까지 이르렀더라.

[王下18-5] 希西家惟倚賴主以色列之上帝在其後猶大列王無有如之者、其前亦無有焉、

[王下18-6] 希西家親慕主、永不離主、守主所諭摩西之諸誡命、

[王下18-7] 主祐之、無論何往、無不亨通、故不受亞述王之轄制、亦不臣事之、

[王下18-8] 擊非利士人、攻其地至於迦薩、與其四境、自戍樓以及鞏固之城.

(18:9 - 20:2절) 생략

[왕하 20:3] 여호와여 구求하오니 내가 진실眞實과 전심全心으로 주主 앞에 행行하며 주主의 보시기에 선善하게 행行한 것을 기억記憶하옵소서 하고 심甚히 통곡痛哭하더라.

[왕하 20:4] 이사야가 성읍城邑 가운데까지도 이르기 전前에 여호와의 말씀이 저에게 임臨하여 가라사대

[왕하 20:5] 너는 돌아가서 내 백성百姓의 주권자主權者 히스기야에게 이르기를 왕王의 조상祖上 다윗의 하나님 여호와의 말씀이 내가 네 기도祈禱를 들었고 네 눈물을 보았노라 내가 너를 낫게 하리니 네가 삼일三日만에 여호와의 전殿에 올라가겠고

[왕하 20:6] 내가 네 날을 십오년十五年을 더할 것이며 내가 너와 이 성城을 앗수르 왕王의 손에서 구원救援하고 내가 나를 위爲하고 또 내 종 다윗을 위爲하므로 이 성城을 보호保護하리라 하셨다 하라 하셨더라.

[王下20-3] 求主垂念我在主前行動誠實、一心不貳、行善於主前、希西家哭甚哀、

[王下20-4] 以賽亞出、尚未出中院、遂蒙主默示、命之曰、

[王下20-5] 爾返告我民之君希西家曰、主爾祖大衛之上帝如是云、我已聞爾禱、已見爾淚、

必愈爾病、至第三日、必得上我殿、

[王下20-6] 我必增爾壽十五年、必救爾與此城脫於亞述王手、我必爲己、又爲我僕大衛之故、捍衛此城.

(20:7 - 20:8절) 생략

[왕하 20:9] 이사야가 가로되 여호와의 하신 말씀을 응應하게 하실 일에 대對하여 여호와께로서 왕王에게 한 징조徵兆가 임臨하리이다 해 그림자가 십도十度를 나아갈 것이니이까 혹或 십도十度를 물러갈 것이니이까.

[왕하 20:10] 히스기야가 대답對答하되 그림자가 십도十度를 나아가기는 쉬우니 그리할 것이 아니라 십도十度가 물러갈 것이니이다.

[왕하 20:11] 선지자先知者 이사야가 여호와께 간구懇求하매 아하스의 일영표日影表 위에 나아갔던 해 그림자로 십도十度를 물러가게 하셨더라.

[王下20-9] 以賽亞曰、主必應所言、有一事可以爲徵、爾欲日影前進十度乎、或後退十度乎、

[王下20-10] 希西家曰、影前進十度、尙爲易事、我欲影後退十度、

[王下20-11] 先知以賽亞籲主、主使亞哈斯日晷上前進之影、後退十度.

(20:12 - 25:30절) 생략

13 역대상 歷代上 1 Chronicles

(1:1 - 4:9절) 생략

[대상 4:10] 야베스가 이스라엘 하나님께 아뢰어 가로되 원願컨대 주主께서 내게 복福에 복福을 더하사 나의 지경地境을 넓히시고 주主의 손으로 나를 도우사 나로 환난患難을 벗어나 근심이 없게 하옵소서 하였더니 하나님이 그 구求하는 것을 허락許諾하셨더라.

[代上4 - 10] 雅比斯禱以色列之上帝曰、求主賜福於我、廣我境土、常眷祐我、免我遭患難、有愁苦、上帝允其所求.

(4:11 - 16:7절) 생략

[대상 16:8] 너희는 여호와께 감사感謝하며 그 이름을 불러 아뢰며 그 행사行事를 만민萬民 중中에 알게 할지어다.

[대상 16:9] 그에게 노래하며 그를 찬양讚揚하며 그 모든 기사奇事를 말할지어다.

[대상 16:10] 그 성호聖號를 자랑하라 무릇 여호와를 구求하는 자者는 마음이 즐거울지로다.

[대상 16:11] 여호와와 그 능력能力을 구求할지어다. 그 얼굴을 항상恒常 구求할지어다.

[代上16 - 8] 爾曹當頌美主、呼籲主名、以主之作爲、傳揚列國、

[代上16 - 9] 謳歌奏樂以頌主、述說傳揚主之奇蹟、

[代上16 - 10] 當賴主之聖名爲榮、凡求主者、心宜歡欣、

[代上16 - 11] 當尋求主、尋求主之大能、常求朝見主面.

(16:12 - 16:13절) 생략

[대상 16:14] 그는 여호와 우리 하나님이시라 그의 판단判斷이 온 땅에 있도다.

[대상 16:15] 너희는 그 언약言約 곧 천대千代에 명命하신 말씀을 영원永遠히 기억記憶할지어다.

[代上16 - 14] 主乃我之上帝、主之律法、流行全地、

[代上16 - 15] 當永遠記念主所立之約、所定萬世之命.

(16:16 - 16:22절) 생략

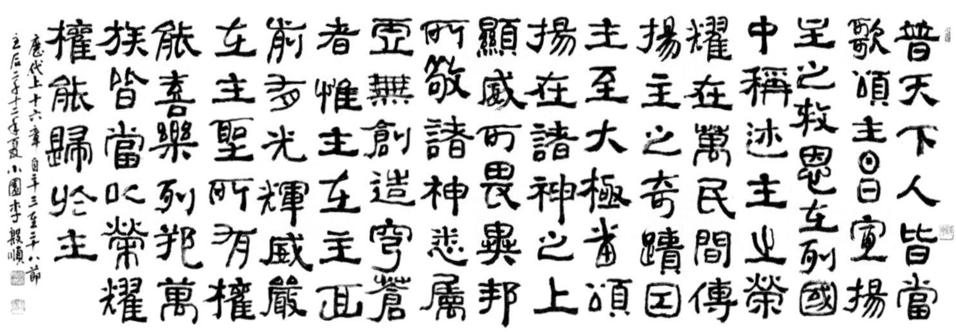

主를 讚揚 200×68cm

[대상 16:23] 온 땅이여 여호와께 노래하며 그 구원救援을 날마다 선포宣布할지어다.

[대상 16:24] 그 영광榮光을 열방列邦 중中에 그 기이奇異한 행적行蹟을 만민萬民 중中에 선포宣布할지어다.

[대상 16:25] 여호와는 광대廣大하시니 극진極盡히 찬양讚揚할 것이요 모든 신神보다 경외敬畏할 것임이여

[대상 16:26] 만방萬邦의 모든 신神은 헛것이요 여호와께서는 하늘을 지으셨음 이로다.

[대상 16:27] 존귀尊貴와 위엄威嚴이 그 앞에 있으며 능력能力과 즐거움이 그 처소處所에 있도다.

[대상 16:28] 만방萬邦의 족속族屬들아 영광榮光과 권능權能을 여호와께 돌릴지어다. 여호와께 돌릴지어다.

[代上16-23] 普天下人、皆當歌頌主、日日宣揚主之救恩、

[代上16-24] 在列國中稱述主之榮耀、在萬民間傳揚主之奇蹟、

[代上16-25] 因主至大、極當頌揚、在諸神之上、顯威可畏、

[代上16-26] 異邦所敬諸神、悉屬虛無、創造穹蒼者惟主、

[代上16-27] 在主面前、有光輝威嚴、在主聖所、有權能喜樂、

[代上16-28] 列邦萬族、皆當以榮耀權能歸於主.

(16:29 - 16:33절) 생략

[대상 16:34] 여호와께 감사感謝하라 그는 선善하시며 그 인자仁慈하심이 영원永遠함이로다.

[대상 16:35] 너희는 이르기를 우리의 구원救援의 하나님이여 우리를 구원救援하여 만국萬國 가운데서 건져내시고 모으시사 우리로 주主의 성호聖號를 감사感謝하며 주主의 영예榮譽를 찬양讚揚하게 하소서 할지어다.

[대상 16:36] 여호와 이스라엘의 하나님을 영원永遠부터 영원永遠까지 송축頌祝할지로다. 하매

모든 백성百姓이 아멘 하고 여호와를 찬양讚揚하였더라

[代上16 - 34] 爾當稱頌主、因主至善、主之恩永遠長存、

[代上16 - 35] 爾亦當言、求救我之上帝、救我脫於列邦、自列邦導我旋歸、使我得讚美主之聖名、以頌主爲榮、

[代上16 - 36] 主以色列之上帝、當受讚美、萬世無窮、衆民咸曰、阿們、當頌美主.

(16:37 - 17:19절) 생략

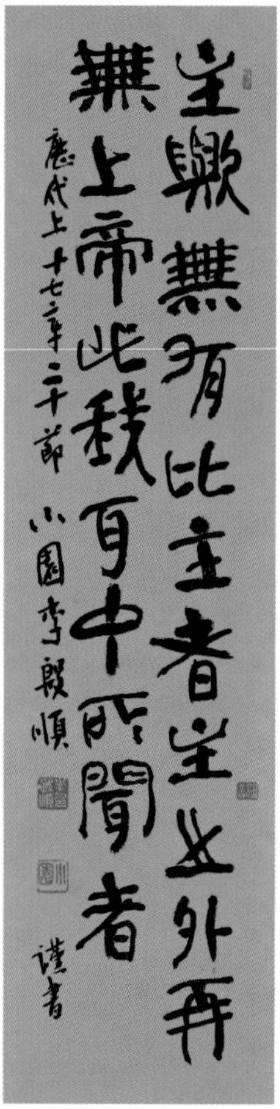

여호와 23×90cm

[대상 17:20] 여호와여 우리 귀로 들은 대로는 주主와 같은 이가 없고 주主 외外에는 참 신神이 없나이다.

[代上17 - 20] 主歟、無有比主者、主之外再無上帝、此我耳中所聞者.

(17:21 - 29:10절) 생략

[대상 29:11] 여호와여 광대廣大하심과 권능權能과 영광榮光과 이김과 위엄威嚴이 다 주主께 속屬하였사오니 천지天地에 있는 것이 다 주主의 것이로소이다. 여호와여 주권主權도 주主께 속屬하였사오니 주主는 높으사 만유萬有의 머리심이니이다.

[대상 29:12] 부富와 귀貴가 주主께로 말미암고 또 주主는 만유萬有의 주재主宰가 되사 손에 권세權勢와 능력能力이 있사오니 모든 자者를 크게 하심과 강强하게 하심이 주主의 손에 있나이다.

[代上29 - 11] 主大無倫、能力、尊榮、盛德、威嚴、悉屬主、凡在天地者、
咸歸主、國權歸主、主巍巍乎萬有之上、

[代上29 - 12] 富與貴由主而來、主治萬物、主有巨能大力、人之昌大强盛、皆主所使.

[대상 29:13] 우리 하나님이여 이제 우리가 주主께 감사感謝하오며 주主의 영화榮華로운 이름을 찬양讚揚하나이다.

[대상 29:14] 나와 나의 백성百姓이 무엇이관대 이처럼 즐거운 마음으로 드릴 힘이 있었나이까 모든 것이 주主께로 말미암았사오니 우리가 주主의 손에서 받은 것으로 주主께 드렸을 뿐이니이다.

[대상 29:15] 주主 앞에서는 우리가 우리 열조列祖와 다름이 없이 나그네와 우거寓居한 자者라 세상世上에 있는 날이 그림자 같아서 머무름이 없나이다.

[대상 29:16] 우리 하나님 여호와여 우리가 주主의 거룩한 이름을 위爲하여 전殿을 건축建築하려고 미리 저축貯蓄한 이 모든 물건物件이 다 주主의 손에서 왔사오니 다 주主의 것이니이다.

[대상 29:17] 나의 하나님이여 주主께서 마음을 감찰鑑察하시고 정직正直을 기뻐하시는 줄 내가 아나이다. 내가 정직正直한 마음으로 이 모든 것을 즐거이 드렸사오며 이제 내가 또 여기 있는 주主의 백성百姓이 주主께 즐거이 드리는 것을 보오니 심甚히 기쁘도소이다.

[代上29 - 13] 我上帝歟、今我儕稱謝主頌揚主之榮名、

[代上29 - 14] 我爲誰、我民爲誰、乃能如此樂輸而獻於主乎、萬物由主而來、
所獻於主者、悉由主而得、

[代上29 - 15] 我儕在主前如客旅寄居、無異列祖、我在世之日如影、難冀常存、

[代上29 - 16] 主我上帝歟、我儕欲爲主之聖名建殿、備此多材、悉由主而來、悉屬於主、

[代上29 - 17] 我上帝鑒察人心、喜悅誠實、爲我所知、我誠心樂輸此諸物、
我見主之民在此亦樂意捐輸、則甚欣喜.

(29:18 - 29:30절) 생략

14 역대하 歷代下 2 Chronicles

(1:1 - 1:6절) 생략

[대하 1:7] 이 밤에 하나님이 솔로몬에게 나타나사 이르시되 내가 네게 무엇을 줄꼬 너는 구求하라.

[대하 1:8] 솔로몬이 하나님께 여짜오되 주主께서 전前에 큰 은혜恩惠를 나의 아비 다윗에게 베푸시고 나로 대신代身하여 왕王이 되게 하셨사오니

[대하 1:9] 여호와 하나님이여 원願컨대 주主는 내 아비 다윗에게 허許하신 것을 이제 굳게 하옵소서 주主께서 나로 땅의 티끌같이 많은 백성百姓의 왕王을 삼으셨사오니

[대하 1:10] 주主는 이제 내게 지혜智慧와 지식知識을 주사 이 백성百姓 앞에서 출입出入하게 하옵소서 이렇게 많은 주主의 백성百姓을 누가 능能히 재판裁判하리이까

[대하 1:11] 하나님이 솔로몬에게 이르시되 이런 마음이 네게 있어서 부富나 재물財物이나 존영尊榮이나 원수怨讐의 생명生命 멸滅하기를 구求하지 아니하며 장수長壽도 구求하지 아니하고 오직 내가 너로 치리治理하게 한 내 백성百姓을 재판裁判하기 위爲하여 지혜智慧와 지식知識을 구求하였으니

[대하 1:12] 그러므로 내가 네게 지혜智慧와 지식知識을 주고 부富와 재물財物과 존영尊榮도 주리니 너의 전前의 왕王들이 이 같음이 없었거니와 너의 후後에도 이 같음이 없으리라.

[代下1-7] 是夜主顯現於所羅門、謂之曰、爾欲我何所賜、爾惟求之、

[代下1-8] 所羅門對上帝曰、主賜大恩於我父大衛、使我繼之爲王、

[代下1-9] 今求主上帝踐所許我父大衛之言、斯民衆多、如地之塵沙、而主立我爲其王、

[代下1-10] 祈主賜我智慧聰明、能於斯民前出入、主民衆多、孰能判斷其間乎、

[代下1-11] 上帝諭所羅門曰、我立爾爲我民之王、爾乃有此心、爾不求貨財、産業、尊榮、滅敵命、亦不求長壽、惟求智慧聰明、能判斷於民中、

[代下1-12] 我必賜爾智慧聰明、更賜爾貨財、産業、尊榮、爾前之王、未有若爾者、爾後之王、亦不能若是.

(1:13 - 6:13절) 생략

[대하 6:14] 가로되 이스라엘 하나님 여호와여 천지天地에 주主와 같은 신神이 없나이다. 주主께서는 온 마음으로 주主의 앞에서 행行하는 주主의 종들에게 언약言約을 지키시고 은

혜恩惠를 베푸시나이다.

[代下6 - 14] 曰、主以色列之上帝歟、在天在地、無神能比主、
主之僕盡心行於主前、主爲之踐約、向之施恩.

(6:15 - 7:13절) 생략

[대하 7:14] 내 이름으로 일컫는 내 백성百姓이 그 악惡한 길에서 떠나 스스로 겸비謙卑하고 기도祈禱하여 내 얼굴을 구求하면 내가 하늘에서 듣고 그 죄罪를 사赦하고 그 땅을 고칠지라.

[대하 7:15] 이 곳에서 하는 기도祈禱에 내가 눈을 들고 귀를 기울이리니

[대하 7:16] 이는 내가 이미 이 전殿을 택擇하고 거룩하게 하여 내 이름으로 여기 영영永永히 있게 하였음이라 내 눈과 내 마음이 항상恒常 여기 있으리라.

[代下7 - 14] 斯民卽名爲我民者、卑以自牧、祈禱以求我面、離其惡道、
則我必在天垂聽赦其罪、使其地無災、

[代下7 - 15] 凡祈禱於此所者、我目必垂顧、我耳必俯聽、

[代下7 - 16] 今我已選此殿、使之成聖、使我名永在其中、我目我心亦恆在其中.

(7:17 - 20:19절) 생략

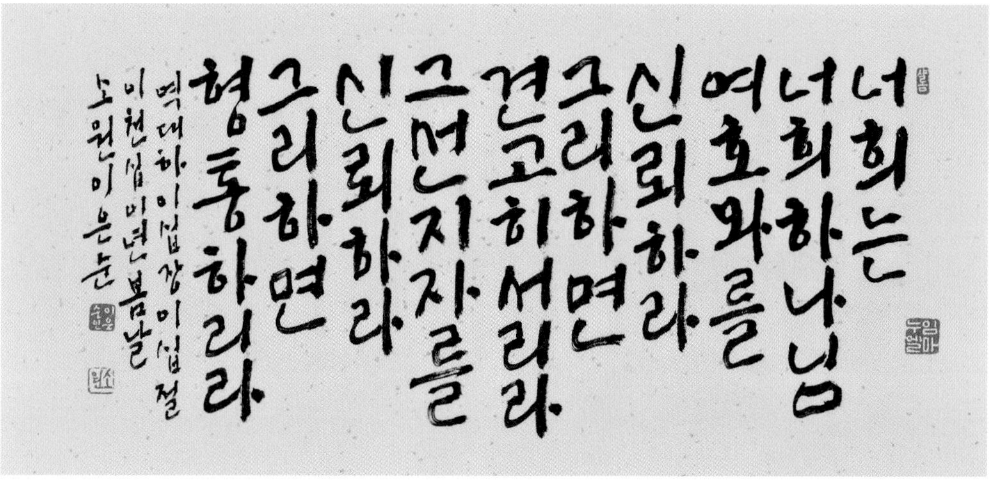

여호와를 信賴하라 56×26cm

[대하 20:20] 이에 백성百姓들이 일찌기 일어나서 드고아 들로 나가니라 나갈 때에 여호사밧이 서서 가로되 유다와 예루살렘 거민居民들아 내 말을 들을지어다. 너희는 너희 하나

님 여호와를 신뢰信賴하라 그리하면 견고堅固히 서리라 그 선지자先知者를 신뢰信賴
하라 그리하면 형통亨通하리라.

[代下20 - 20] 明日夙興往提哥亞之野、將行、約沙法立曰、
猶大人與耶路撒冷居民、宜聽我言、當信主爾之上帝、則必堅立、
信主之先知則必亨通.

(20:21 - 30:8절) 생략

[대하 30:9] 너희가 만일 여호와께 돌아오면 너희 형제兄弟와 너희 자녀子女가 사로잡은 자者에
게서 자비慈悲를 입어 다시 이 땅으로 돌아오리라 너희 하나님 여호와는 은혜恩惠로
우시고 자비慈悲하신지라. 너희가 그에게로 돌아오면 그 얼굴을 너희에게서 돌이
키지 아니하시리라 하였더라.

[代下30 - 9] 如爾歸主、主必使爾子弟爲擄之者所恤、得返斯地、
蓋主爾之上帝憐憫仁慈、如爾歸主、主不致轉面不顧爾.

(30:10 - 32:26절) 생략

[대하 32:27] 히스기야가 부富와 영광榮光이 극極한지라 이에 은금銀金과 보석寶石과 향품香品과 방
패防牌와 온갖 보배로운 그릇들을 위爲하여 국고國庫를 세우며
[대하 32:28] 곡식穀食과 새 포도주葡萄酒와 기름의 산물産物을 위爲하여 창고倉庫를 세우며 온갖
짐승의 외양간喂養間을 세우며 양羊떼의 우리를 갖추며
[대하 32:29] 양羊떼와 많은 소떼를 위爲하여 성읍城邑들을 세웠으니 이는 하나님이 저에게 재산
財産을 심甚히 많이 주셨음이며
[대하 32:30] 이 히스기야가 또 기혼의 윗 샘물을 막아 그 아래로 좇아 다윗 성城 서편西便으로 곧
게 인도引導하였으니 저의 모든 일이 형통亨通하였더라.

[代下32 - 27] 希西家多得貨財、極其尊榮、建府庫、藏金銀、寶石、香料、干盾、及諸珍器、
[代下32 - 28] 亦建倉廩、藏百穀、酒、油、建廐畜牲牷、建牢畜羊羣、
[代下32 - 29] 又建城邑、多畜牛羊、蓋上帝賜之以貲財無算、
[代下32 - 30] 此希西家塞基訓之上源、引水下流、在大衛之城西、希西家凡所作之事、無不亨通.

(32:31 - 36:23절) 생략

15 에스라 以斯拉 Ezra

(1:1절) 생략

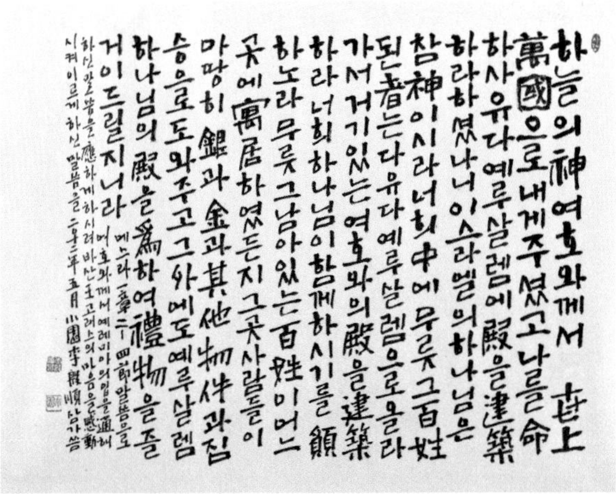

命令 60×48cm

[에 1:2] 바사 왕王 고레스는 말하노니 하늘의 신神 여호와께서 세상世上 만국萬國으로 내게 주셨고 나를 명命하사 유다 예루살렘에 전殿을 건축建築하라 하셨나니

[에 1:3] 이스라엘의 하나님은 참 신神이시라 너희 중中에 무릇 그 백성百姓된 자者는 다 유다 예루살렘으로 올라가서 거기 있는 여호와의 전殿을 건축建築하라 너희 하나님이 함께 하시기를 원願하노라.

[에 1:4] 무릇 그 남아 있는 백성百姓이 어느 곳에 우거寓居하였든지 그 곳 사람들이 마땅히 은銀과 금金과 기타其他 물건物件과 짐승으로 도와주고 그 외外에도 예루살렘 하나님의 전殿을 위爲하여 예물禮物을 즐거이 드릴지니라.

[拉1-2] 巴西王古列如是云、主天上之上帝、以天下萬國賜我、命我在猶大之耶路撒冷、爲之建殿、

[拉1-3] 凡爾曹屬主之民者、願其上帝祐之、可上猶大之耶路撒冷、爲主以色列之上帝、
卽居耶路撒冷之上帝、建造殿宇、

[拉1-4] 凡爾曹所遺之民、無論居於何處、何處之民、當助之以金銀、貨財、牲畜、
亦將爲耶路撒冷之上帝殿、樂輸之禮物付之.

(1:5-10:44절) 생략

16 느헤미야 尼希米 Nehemiah

(1:1 - 1:10절) 생략

[느 1:11] 주主여 구求하오니 귀를 기울이사 종의 기도祈禱와 주主의 이름을 경외敬畏하기를 기뻐하는 종들의 기도祈禱를 들으시고 오늘날 종으로 형통亨通하여 이 사람 앞에서 은혜恩惠를 입게 하옵소서 하였나니 그 때에 내가 왕王의 술 관원官員이 되었었느니라.

[尼1 - 11] 求主側耳俯聽僕之祈禱、及欲敬畏主名者諸僕之祈禱、求主使僕今日亨通、蒙恩於王前、當是時、我爲王之酒政.

(2:1 - 9:10절) 생략

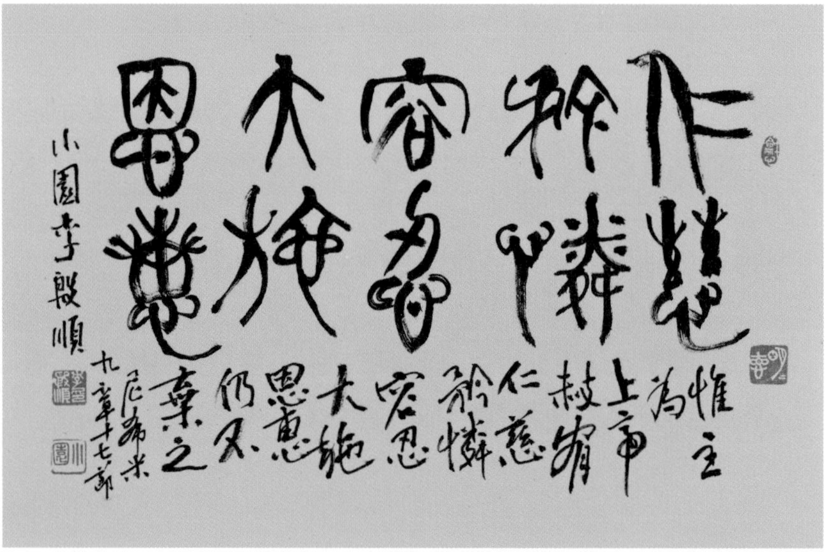

赦宥의 主 63×40cm

[느 9:11] 주主께서 또 우리 열조列祖 앞에서 바다를 갈라지게 하시사 저희로 바다 가운데를 육지陸地같이 통과通過하게 하시고 좇아오는 자者를 돌을 큰 물에 던짐 같이 깊은 물에 던지시고

[느 9:12] 낮에는 구름 기둥으로 인도引導하시고 밤에는 불 기둥으로 그 행行할 길을 비취셨

사오며

[느 9:13] 또 시내 산山에 강림降臨하시고 하늘에서부터 저희와 말씀하사 정직正直한 규례規例와 진정眞正한 율법律法과 선善한 율례律例와 계명誡命을 저희에게 주시고

[느 9:14] 거룩한 안식일安息日을 저희에게 알리시며 주主의 종 모세로 계명誡命과 율례律例와 율법律法을 저희에게 명命하시고

[느 9:15] 저희의 주림을 인因하여 하늘에서 양식糧食을 주시며 저희의 목마름을 인因하여 반석磐石에서 물을 내시고 또 주主께서 옛적에 손을 들어 맹세盟誓하시고 주마 하신 땅을 들어가서 차지하라 명命하셨사오나

[느 9:16] 저희와 우리 열조列祖가 교만驕慢히 하고 목을 굳게 하여 주主의 명령命令을 듣지 아니하고

[느 9:17] 거역拒逆하며 주主께서 저희 가운데 행行하신 기사奇事를 생각지 아니하고 목을 굳게 하며 패역悖逆하여 스스로 한 두목頭目을 세우고 종 되었던 땅으로 돌아가고자 하였사오나 오직 주主는 사유赦宥하시는 하나님이시라 은혜恩惠로우시며 긍휼矜恤히 여기시며 더디노怒하시며 인자仁慈가 풍부豊富하시므로 저희를 버리지 아니하셨나이다.

[尼9-11] 主又爲我列祖將海中分、使彼過海、如行陸地、追之者主擲於深水、如石擲於急流、

[尼9-12] 主晝以雲柱導之、夜以火柱照其當行之路、

[尼9-13] 主降臨西乃山、自天訓之、賜以正直之典章、眞實之律法、至善之條例、誡命、

[尼9-14] 示之安息聖日、託主之僕摩西命之以誡命、條例、律法、

[尼9-15] 其饑時、主賜糧降於天、其渴時、主爲之使水出於磐、主亦命之往得所誓必賜之地、

[尼9-16] 當時之民、卽我列祖、狂妄强項、不聽主之誡命、

[尼9-17] 不欲順從、不追念主爲其所行之奇事、强項背逆、自立一長、欲返爲奴之地、
惟主爲上帝赦宥、仁慈矜憐、容忍、大施恩惠、仍不棄之.

(9:18 - 9:19절) 생략

[느 9:20] 또 주主의 선善한 신神을 주사 저희를 가르치시며 주主의 만나로 저희 입에 끊어지지 않게 하시고 저희의 목마름을 인因하여 물을 주시사

[느 9:21] 사십년四十年 동안을 들에서 기르시되 결핍缺乏함이 없게 하시므로 그 옷이 해어지지 아니하였고 발이 부릍지 아니하였사오며

[느 9:22] 또 나라들과 족속族屬들을 저희에게 각각各各 나누어 주시매 저희가 시혼의 땅 곧 헤스본 왕王의 땅과 바산 왕王 옥의 땅을 차지하였나이다.

[尼9-20] 主又賜聖善之神以訓之、仍使瑪拿、不絶於其口、賜之水飮、以止其渴、

[尼9-21] 歷四十年、主養之於野、無所缺乏、其衣不敝、其足不腫、

[尼9-22] 主賜之以邦國、使其四方得地、得西宏之地、希實本王之地、巴珊王疆之地.

(9:23 - 9:30절) 생략

[느 9:31] 주主의 긍휼矜恤이 크시므로 저희를 아주 멸滅하지 아니하시며 버리지도 아니하셨사오니 주主는 은혜恩惠로우시고 긍휼矜恤히 여기시는 하나님이심이니이다.

[尼9-31] 惟主大發矜憐、不盡滅之、不盡棄之、因主乃仁慈矜憐之上帝.

(9:32 - 13:13절) 생략

[느 13:14] 내 하나님이여 이 일을 인因하여 나를 기억記憶하옵소서 내 하나님의 전殿과 그 모든 직무職務를 위爲하여 나의 행行한 선善한 일을 도말塗抹하지 마옵소서.

[尼13-14] 惟願我上帝因此事垂念我、我爲我上帝之殿竭力、使人各供其職、
求主勿沒我此善.

(13:15 - 13:21절) 생략

[느 13:22] 내가 또 레위 사람들을 명命하여 몸을 정결淨潔케 하고 와서 성문城門을 지켜서 안식일安息日로 거룩하게 하라 하였느니라. 나의 하나님이여 나를 위爲하여 이 일도 기억記憶하옵시고 주主의 큰 은혜恩惠대로 나를 아끼시옵소서.

[尼13-22] 我命利未人自潔己身、來守城門、守安息日爲聖日、
求我上帝因此事垂念我、循主之恩憐憫我.

(13:23 - 13:31절) 생략

17 에스더 以斯帖 Esther

(1:1 - 9:20절) 생략

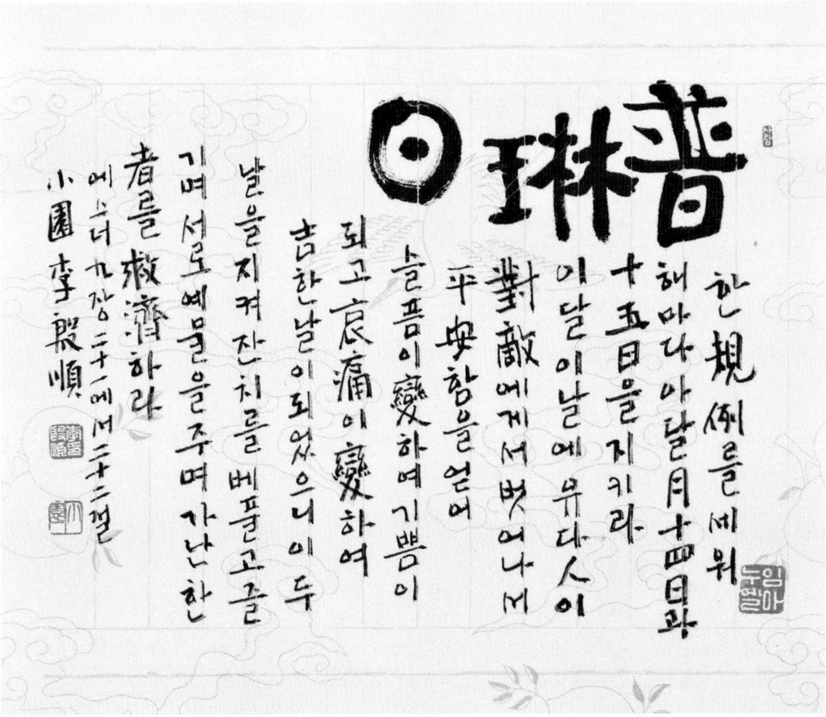

普琳日 36×30cm

[에 9:21] 한 규례規例를 세워 해마다 아달월月 십사일十四日과 십오일十五日을 지키라.

[에 9:22] 이 달 이 날에 유다인이 대적對敵에게서 벗어나서 평안平安함을 얻어 슬픔이 변變하여 기쁨이 되고 애통哀痛이 변變하여 길吉한 날이되었으니 이 두 날을 지켜 잔치를 베풀고 즐기며 서로 예물禮物을주며 가난한 자者를 구제救濟하라 .

[帖9 - 21] 使爲己立一例、每歲守亞達月十四日十五日爲節期、

[帖9 - 22] 因此月此日、猶大人脫於仇敵而得安、憂轉爲喜、凶轉爲吉、
故當守此二日、設筵喜樂、彼此餽禮、周濟貧乏.

(9:23 - 9:28절) 생략

[에 9:29] 아비하일의 딸 왕후王后 에스더와 유다인人 모르드개가 전권全權으로 글을 쓰고 부림에 대對한 이 둘째 편지便紙를 굳이 지키게 하되

[에 9:30] 화평和平하고 진실眞實한 말로 편지便紙를 써서 아하수에로의 나라 일백一百 이십二十 칠七도道에 있는 유다 모든 사람에게 보내어

[에 9:31] 정定한 기한期限에 이 부림일日을 지키게 하였으니 이는 유다인人 모르드개와 왕후王后 에스더의 명命한 바와 유다인人이 금식禁食하며 부르짖은 것을 인因하여 자기自己와 자기自己 자손子孫을 위爲하여 정定한 바가 있음이더라.

[에 9:32] 에스더의 명령命令이 이 부림에 대對한 일을 견고堅固히 하였고 그 일이 책冊에 기록記錄되었더라.

[帖9 - 29] 亞比孩女、王后以斯帖、猶大人末底改復致書、切切勸猶大人、守此普琳日、

[帖9 - 30] 以平和眞實之言、書達亞哈隨魯王國之一百二十七州之猶大人、

[帖9 - 31] 使於定期守此普琳日、循猶大人末底改及王后以斯帖所命、
亦循猶大人爲己及後裔所定、禁食禱告、

[帖9 - 32] 以斯帖命守此普琳日定爲例、此事亦記錄於書.

(10:1 - 10:31절) 생략

18 욥기 約伯 Job

(1:1 - 1:7절) 생략

[욥 1:8] 여호와께서 사단에게 이르시되 네가 내 종 욥을 유의留意하여 보았느냐 그와 같이 순전純全하고 정직正直하여 하나님을 경외敬畏하며 악惡에서 떠난 자者가 세상世上에 없느니라.

[伯1 - 8] 主問撒但曰、爾曾諦觀我僕約伯否、世無人如彼、篤實正直、敬畏上帝、遠離惡事.

(1:9 - 1:20절) 생략

[욥 1:21] 가로되 내가 모태母胎에서 적신赤身이 나왔사온즉 또한 적신赤身이 그리로 돌아가올지라 주신 자者도 여호와시요 취取하신 자者도 여호와시오니 여호와의 이름이 찬송讚頌을 받으실지니이다.

[伯1 - 21] 我裸身出母胎、亦裸身歸土、賜之者主、取之者亦主、當頌美主之名.

(1:22 - 5:8절) 생략

[욥 5:9] 하나님은 크고 측량測量할 수 없는 일을 행行하시며 기이奇異한 일을 셀 수 없이 행行하시나니

[욥 5:10] 비를 땅에 내리시고 물을 밭에 보내시며

[욥 5:11] 낮은 자者를 높이 드시고 슬퍼하는 자者를 흥기興起시켜 안전安全한 곳에 있게 하시느니라.

[伯5 - 9] 上帝所爲、大而莫測、行奇事不可勝數、

[伯5 - 10] 降雨於土壤、賜水於田畝、

[伯5 - 11] 使卑者高升、使憂者得救以獲福.

(5:12 - 8:6절) 생략

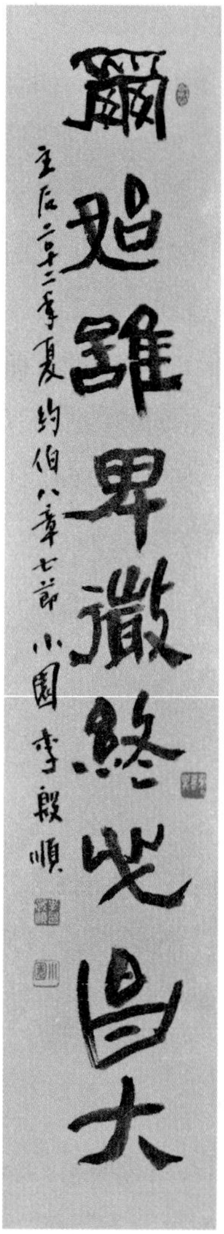

祝福20×115cm

[욥 8:7] 네 시작始作은 미약微弱하였으나 네 나중은 심甚히 창대昌大하리라.

[伯8 - 7] 爾始雖卑微、終必昌大.

(8:8 - 8:19절) 생략

[욥 8:20] 하나님은 순전純全한 사람을 버리지 아니하시고 악惡한 자者를 붙들어 주지 아니하신즉

[욥 8:21] 웃음으로 네 입에 즐거운 소리로 네 입술에 채우시리니

[욥 8:22] 너를 미워하는 자者는 부끄러움을 입을 것이라 악인惡人의 장막帳幕은 없어지리라.

[伯8 - 20] 上帝不棄篤實者、不援助惡人、

[伯8 - 21] 上帝必使爾盈口而喜笑、滿脣而歡呼、

[伯8 - 22] 憾爾者必蒙羞、惡人之幕、必歸於無有.

(9:1 - 12:12절) 생략

[욥 12:13] 지혜智慧와 권능權能이 하나님께 있고 모략謀略과 명철明哲도 그에게 속屬하였나니

[욥 12:14] 그가 헐으신 즉 다시 세울 수 없고 사람을 가두신 즉 놓이지 못하느니라.

[伯12 - 13] 智慧能力、謀畧、明哲、俱爲上帝所有、

[伯12 - 14] 上帝若毀、不得復建、上帝錮人、不得復釋.

(12:15 - 23:9절) 생략

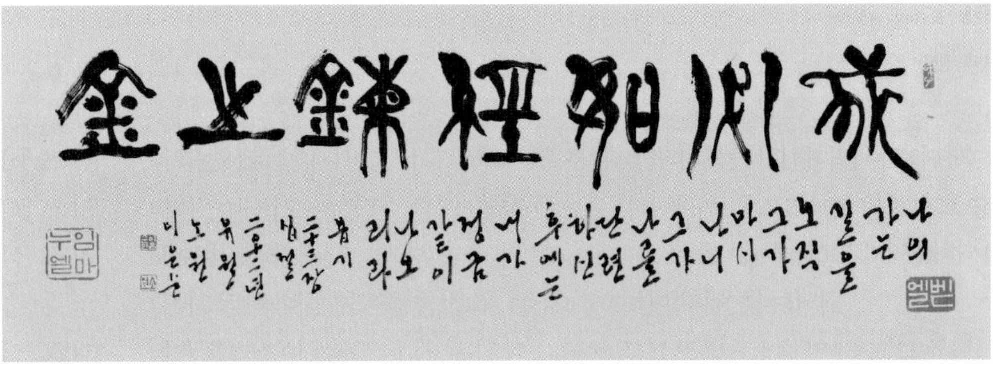

나의 가는 길 64×23cm

[욥 23:10] 나의 가는 길을 오직 그가 아시나니 그가 나를 단련鍛鍊하신 후後에는 내가 정금精金같이 나오리라.

[伯23 - 10] 我所行之道、惟彼知之、彼試我後、我必如經鍊之金.

(23:11 - 28:27절) 생략

[욥 28:28] 또 사람에게 이르시기를 주主를 경외敬畏함이 곧 지혜智慧요 악惡을 떠남이 명철明哲이라 하셨느니라.

[伯28 - 28] 因以曉人曰、敬畏主、此卽智慧、遠離惡事、此卽明哲.

(29:1 - 34:11절) 생략

[욥 34:12]　진실眞實로 하나님은 악惡을 행行치 아니하시며 전능자全能者는 공의公義를 굽히지 아니하시느니라.

[伯34 - 12]　上帝事事無不善、全能之主、必不顚倒是非.

(34:13 - 36:4절) 생략

[욥 36:5]　하나님은 전능全能하시나 아무도 멸시蔑視치 아니하시며 그 지능知能이 무궁無窮하사

[욥 36:6]　악인惡人을 살려 두지 않으시며 고난苦難받는 자者를 위爲하여 신원伸寃하시며

[욥 36:7]　그 눈을 의인義人에게서 돌이키지 아니하시고 그를 왕王과 함께 영원永遠히 위位에 앉히사 존귀尊貴하게 하시며

[욥 36:8]　혹시或時 그들이 누설縲絏에 매이거나 환난患難의 줄에 얽혔으면

[욥 36:9]　그들의 소행所行과 허물을 보이사 그 교만驕慢한 행위行爲를 알게 하시고

[욥 36:10]　그들의 귀를 열어 교훈敎訓을 듣게 하시며 명命하여 죄악罪惡에서 돌아오게 하시나니

[욥 36:11]　만일 그들이 청종聽從하여 섬기면 형통亨通히 날을 보내며 즐거이 해를 지낼 것이요

[욥 36:12]　만일 그들이 청종聽從치 아니하면 칼에 망亡하며 지식知識 없이 죽을 것이니라.

[伯36 - 5]　上帝能力至大、智慧甚廣、而無所輕視、

[伯36 - 6]　不容惡人生存、爲困苦者伸寃、

[伯36 - 7]　其目眷顧善人、眷顧君王、俾能坐國位至於永遠、日漸增高、

[伯36 - 8]　有人繫於縲絏、拘以困苦之繩索、

[伯36 - 9]　則指其所爲之惡、與其過之極者、

[伯36 - 10]　提其耳、使受訓誨、警之悔改以除惡、

[伯36 - 11]　如其聽從遵受、則可亨通度日、終身享福、

[伯36 - 12]　如其不聽、則亡於刃無知而死.

(36:13 - 42:17절) 생략

19 시편 詩篇 Psalms

[시 1:1] 복福 있는 사람은 악인惡人의 꾀를 좇지 아니하며 죄인罪人의 길에서지 아니하며 오만傲慢한 자者의 자리에 앉지 아니하고

[시 1:2] 오직 여호와의 율법律法을 즐거워하여 그 율법律法을 주야晝夜로 묵상默想하는 자者로다.

[시 1:3] 저는 시냇가에 심은 나무가 시절時節을 좇아 과실果實을 맺으며 그 잎사귀가 마르지 아니함 같으니 그 행사行事가 다 형통亨通하리로다.

[시 1:4] 악인惡人은 그렇지 않음이여 오직 바람에 나는 겨와 같도다.

[시 1:5] 그러므로 악인惡人이 심판審判을 견디지 못하며 죄인罪人이 의인義人의 회중會中에 들지 못하리로다.

[시 1:6] 대저大抵 의인義人의 길은 여호와께서 인정認定하시나 악인惡人의 길은 망亡하리로다.

[詩1 - 1] 不從惡人之計謀、不登罪人之道途、不坐褻慢人之座位、

[詩1 - 2] 惟喜悅主之律法、晝夜思維、似此之人、卽爲有福、

[詩1 - 3] 彼如樹木、植於溪旁、臨時結果、其葉不枯、所爲之事、無不亨通、

[詩1 - 4] 維彼惡人、决不如此、乃如糠粃隨風吹散、

[詩1 - 5] 因此當審判時、惡人必不能立、罪人在善人會中、亦復若是、

[詩1 - 6] 蓋主喜悅善人之道、惡人之道、必至滅亡.

(2:1 - 2:6절) 생략

[시 2:7] 내가 영令을 전傳하노라 여호와께서 내게 이르시되 너는 내 아들이라 오늘날 내가 너를 낳았도다.

[시 2:8] 내게 구求하라 내가 열방列邦을 유업遺業으로 주리니 네 소유所有가 땅 끝까지 이르리로다.

[詩2 - 7] 我傳命、主曾謂我云、爾乃我之子、我今日生爾、

[詩2 - 8] 爾求我、我卽將列國賜爾爲業、將地之四極賜爾爲產.

(2:9 - 3:2절) 생략

[시 3:3] 여호와여 주主는 나의 방패防牌시요 나의 영광榮光이시요 나의 머리를 드시는 자者

니이다.

[시 3:4] 내가 나의 목소리로 여호와께 부르짖으니 그 성산聖山에서 응답應答하시는도다. 셀라

[시 3:5] 내가 누워 자고 깨었으니 여호와께서 나를 붙드심이로다.

[시3:6] 천만인千萬人이 나를 둘러치려 하여도 나는 두려워 아니하리이다.

[詩3 - 3] 主仍護衛我如盾、使我有榮耀、使我能昂首、

[詩3 - 4] 我以聲呼籲主、主從聖山應允我、細拉、

[詩3 - 5] 我臥我睡我醒、因主扶持我、

[詩3 - 6] 圍我以攻我者、雖有數萬人、我亦不懼.

(3:7 - 4:6절) 생략

[시 4:7] 주主께서 내 마음에 두신 기쁨은 저희의 곡식穀食과 새 포도주葡萄酒의 풍성豊盛할때 보다 더하니이다.

[시 4:8] 내가 평안平安히 눕고 자기도 하리니 나를 안전安全히 거居하게 하시는 이는 오직 여호와시니이다.

[詩4 - 7] 嘉穀美酒豊盈、彼皆歡樂、主使我心中歡樂更勝、

[詩4 - 8] 我得安然偃臥、惟主令我坦然而居.

(5:1 - 7:9절) 생략

[시 7:10] 나의 방패防牌는 마음이 정직正直한 자者를 구원救援하시는 하나님께 있도다.

[詩7 - 10] 保衛我如盾者是上帝、上帝必拯救心中正直之人.

(7:11 - 7:17절) 생략

[시8:1] 여호와 우리 주主여 주主의 이름이 온 땅에 어찌 그리 아름다운지요 주主의 영광榮光을 하늘 위에 두셨나이다.

[詩8 - 1] 主我之主歟、主之威名宣揚在地、主之榮耀顯現在天.

(8:2 - 11:6절) 생략

[시 11:7] 여호와는 의義로우사 의義로운 일을 좋아하시나니 정직正直한 자者는 그 얼굴을 뵈오리로다.

[詩11 - 7] 因主公義、喜悅公義、必面向正直之人.

(12:1 - 14:7절) 생략

[시 15:1] 여호와여 주主의 장막帳幕에 유留할 자者 누구오며 주主의 성산聖山에 거居할 자者 누구오니이까.

[시 15:2] 정직正直하게 행行하며 공의公義를 일삼으며 그 마음에 진실眞實을 말하며

[시 15:3] 그 혀로 참소讒訴치 아니하고 그 벗에게 행악行惡지 아니하며 그 이웃을 훼방譭謗치 아니하며

[시 15:4] 그 눈은 망령妄靈된 자者를 멸시蔑視하며 여호와를 두려워하는자者를 존대尊待하며 그 마음에 서원誓願한 것은 해害로울지라도 변變치 아니하며

[시 15:5] 변리邊利로 대금貸金치 아니하며 뇌물賂物을 받고 무죄無罪한자者를 해害치 아니하는 자者니 이런 일을 행行하는 자者는 영영永永히 요동搖動치 아니하리이다.

[詩15 - 1] 主歟、誰可居主之帷幕、誰可居主之聖山、

[詩15 - 2] 卽是行爲正直作事公義、本誠心以發直言者、

[詩15 - 3] 口無讒言、不虐待友朋、不毁謗隣里、

[詩15 - 4] 厭惡匪類、尊崇敬畏主者、旣立誓願、雖受損害、亦不變更、

[詩15 - 5] 貸金不取利、不受賄賂、陷害無辜、凡如此行者、必永不動搖.

(16:1 - 17:15절) 생략

[시 18:1] 나의 힘이 되신 여호와여 내가 주主를 사랑하나이다.

[시 18:2] 여호와는 나의 반석磐石이시요. 나의 요새要塞시요 나를 건지시는자者시요 나의 하나님이시요. 나의 피避할 바위시요. 나의 방패防牌시요. 나의 구원救援의 뿔이시요. 나의 산성山城이시로다 .

[詩18 - 1] 主賜我以力、我敬愛主、

[詩18 - 2] 主庇祐我如高山、如保障、是解救我者、我上帝如磐、爲我所恃、
遮庇我如盾、保祐我得勝、護衛我如鞏固之城.

(18:3 - 18:29절) 생략

[시 18:30] 하나님의 도道는 완전完全하고 여호와의 말씀은 정미精美하니 저는 자기自己에게 피避하는 모든 자者의 방패防牌시로다.

[詩 18 - 30] 上帝之道無不純全、主之言語最爲精粹、凡倚賴主者、
主必捍衛如盾.

(18:31 - 19:6절) 생략

[시 19:7] 여호와의 율법律法은 완전完全하여 영혼靈魂을 소생蘇醒케 하고 여호와의 증거證據는 확실確實하여 우둔愚鈍한 자者로 지혜智慧롭게 하며

[시 19:8] 여호와의 교훈敎訓은 정직正直하여 마음을 기쁘게 하고 여호와의 계명誡命은 순결純潔하여 눈을 밝게 하도다.

[시 19:9] 여호와를 경외敬畏하는 도道는 정결淨潔하여 영원永遠까지 이르고 여호와의 규례規例는 확실確實하여 다 의義로우니

[시 19:10] 금金 곧 많은 정금精金보다 더 사모思慕할 것이며 꿀과 송이꿀보다 더 달도다.

[詩19-7] 主之律法純全、可以蘇醒人心、主之法度眞實、可以使愚人有智慧、

[詩19-8] 主之命令正直、可以快樂人之心志、主之誡命純潔、可以明亮人之眼目、

[詩19-9] 主之道理清淨、存至永遠、主之律例、極確實且至公義、

[詩19-10] 較金寶貴、較極多之精金更加寶貴、甘勝於蜜、較蜂房之蜜尤甘.

(19:11 - 22:31절) 생략

[시 23:1] 여호와는 나의 목자牧者시니 내가 부족不足함이 없으리로다.

[시 23:2] 그가 나를 푸른 초장草場에 누이시며 쉴 만한 물가으로 인도引導하시는도다.

[시 23:3] 내 영혼靈魂을 소생蘇生시키시고 자기自己 이름을 위爲하여 의義의 길로 인도引導하시는도다.

[시 23:4] 내가 사망死亡의 음침陰沈한 골짜기로 다닐지라도 해害를 두려워하지 않을 것은 주主께서 나와 함께 하심이라 주主의 지팡이와 막대기가 나를 안위安慰하시나이다.

[시 23:5] 주主께서 내 원수怨讐의 목전目前에서 내게 상床을 베푸시고 기름으로 내 머리에 바르셨으니 내 잔盞이 넘치나이다.

[시 23:6] 나의 평생平生에 선善하심과 인자仁慈하심이 정녕丁寧 나를 따르리니 내가 여호와 의 집에 영원永遠히 거居하리로다.

[詩23-1] 主乃我之牧者、使我不至窮乏、

[詩23-2] 使我臥於草地、引我至可安歇之水濱、

[詩23-3] 使我心蘇醒、爲己之名引導我行義路、

[詩23-4] 我雖過死陰之幽谷、亦不懼遭害、因主常在我側、主有杖有竿、足以安慰我、

[詩23-5] 在我敵人前、爲我備設筵席、以膏沐我首、使我之杯滿溢、

[詩23-6] 我一生惟有恩寵慈惠隨我、我必永久居於主之殿.

[시 24:1] 땅과 거기 충만充滿한 것과 세계世界와 그 중中에 거居하는 자者가 다 여호와의 것이로다.

[시 24:2] 여호와께서 그 터를 바다 위에 세우심이여 강江들 위에 건설建設하셨도다

[시 24:3] 여호와의 산山에 오를 자者 누구며 그 거룩한 곳에 설 자者가 누군고

[시 24:4] 곧 손이 깨끗하며 마음이 청결清潔하며 뜻을 허탄虛誕한 데 두지 아니하며 거짓 맹세盟誓치 아니하는 자者로다.

[시 24:5] 저는 여호와께 복福을 받고 구원救援의 하나님께 의義를 얻으리니

[시 24:6] 이는 여호와를 찾는 족속族屬이요 야곱의 하나님의 얼굴을 구求하는 자者로다. 셀라

[시 24:7] 문門들아 너희 머리를 들지어다. 영원永遠한 문門들아 들릴지어다 영광榮光의 왕王이 들어가시리로다.

[시 24:8] 영광榮光의 왕王이 뉘시뇨 강强하고 능能한 여호와시요 전쟁戰爭에 능能한 여호와시로다.

[시 24:9] 문門들아 너희 머리를 들지어다. 영원永遠한 문門들아 들릴지어다. 영광榮光의 왕王이 들어가시리로다.

[시 24:10] 영광榮光의 왕王이 뉘시뇨 만군萬軍의 여호와께서 곧 영광榮光의왕王이시로다. 셀라

[詩24 - 1] 地與地上萬物、世界與居世界之人、悉屬主、

[詩24 - 2] 主安地基在海中、奠地在河邊、

[詩24 - 3] 誰能登主之山、誰能立於主之聖所、

[詩24 - 4] 卽手潔心淸不起妄念、不立僞誓之人、

[詩24 - 5] 若此之人、必蒙主賜福、救之之上帝、稱之爲義、

[詩24 - 6] 此乃尋求主之族類、乃雅各之後裔、欲求見主面之人、細拉、

[詩24 - 7] 永久之門戶、崇高而起、尊榮之王、將欲進矣、

[詩24 - 8] 尊榮之王誰歟、卽有大能大力、戰無不勝之主、

[詩24 - 9] 永久之門戶、崇高而起、尊榮之王、將欲進矣、

[詩24 - 10] 尊榮之王誰歟、萬有之主、卽尊榮之王、細拉.

(25:1 - 26:12절) 생략

[시 27:1] 여호와는 나의 빛이요. 나의 구원救援이시니 내가 누구를 두려워하리요 여호와는 내 생명生命의 능력能力이시니 내가 누구를 무서워 하리요.

[詩27 - 1] 主爲我之光明、乃我之救主、我尙懼誰耶、主爲我生命之保障、我尙畏誰耶.

(27:2 - 33:22절) 생략

[시 34:1] 내가 여호와를 항상恒常 송축頌祝함이여 그를 송축頌祝함이 내 입에 계속繼續하리로다.

[詩34 - 1] 我常讚美主、頌美主之言常在我口中.

(34:2 - 34:11절) 생략

[시 34:12] 생명生命을 사모思慕하고 장수長壽하여 복福받기를 원願하는 사람이 누구뇨
[시 34:13] 네 혀를 악惡에서 금禁하며 네 입술을 궤사詭詐한 말에서 금禁할지어다.
[시 34:14] 악惡을 버리고 선善을 행行하며 화평和平을 찾아 따를지어다.
[詩34 - 12] 無論何人、若欲生存、羡慕遐齡、並望享福、
[詩34 - 13] 卽當抑舌勿出惡語、守口勿發誑言、
[詩34 - 14] 離惡行善、務尋和平以從之.

(34:15 - 35:8절) 생략

[시 35:9] 내 영혼靈魂이 여호와를 즐거워함이여 그 구원救援을 기뻐하리로다.
[詩35 - 9] 我心必因主而喜樂、因主之救恩而歡欣.

(35:10 - 35:26절) 생략

[시 35:27] 나의 의義를 즐거워하는 자者로 기꺼이 부르고 즐겁게 하시며 그 종의 형통亨通을 기뻐하시는 여호와는 광대廣大하시다 하는 말을 저희로 항상恒常 하게 하소서
[시 35:28] 나의 혀가 주主의 의義를 말하며 종일終日토록 주主를 찬송讚頌하리이다.
[詩35 - 27] 願我寃屈得伸者、必懽呼喜樂、常云當讚美主爲至大、因喜悅其僕人平安、
[詩35 - 28] 我口中稱頌主之公義、終日讚美主.

(36:1 - 36:6절) 생략

[시 36:7] 하나님이여 주主의 인자仁慈하심이 어찌 그리 보배로우신지요 인생人生이 주主의 날개 그늘 아래 피避하나이다.
[詩36 - 7] 上帝之恩惠、何其寶貴、世人必在主翼之蔭下、得蒙覆庇.

(36:8 - 36:12절) 생략

[시 37:1] 행악자行惡者를 인因하여 불평不平하여 하지 말며 불의不義를 행行하는 자者를 투기妬忌하지 말지어다.
[시 37:2] 저희는 풀과 같이 속速히 베임을 볼 것이며 푸른 채소菜蔬같이 쇠잔衰殘할 것임이로다.

[시 37:3] 여호와를 의뢰依賴하여 선善을 행行하라 땅에 거居하여 그의 성실誠實로 식물食物을 삼을지어다.

[시 37:4] 또 여호와를 기뻐하라 저가 네 마음의 소원所願을 이루어 주시리로다.

[시 37:5] 너의 길을 여호와께 맡기라 저를 의지依支하면 저가 이루시고

[시 37:6] 네 의義를 빛같이 나타내시며 네 공의公義를 정오正午의 빛같이 하시리로다.

[詩37 - 1] 爲非者得意、爾莫懷不平、作惡者亨通、爾休生嫉妒、

[詩37 - 2] 因彼必將如草之疾芟、如蔬之速槁、

[詩37 - 3] 爾當倚主行善、居於世間、存眞養性、

[詩37 - 4] 當因主歡樂、主必將爾心之所願賜爾、

[詩37 - 5] 爾將爾之事仰託主、倚賴主、主必成全、

[詩37 - 6] 主必彰顯爾之是、如光之明、表白爾之義、如日中天.

(37:7 - 37:10절) 생략

[시 37:11] 오직 온유溫柔한 자者는 땅을 차지하며 풍부豊富한 화평和平으로 즐기리로다.

[詩37 - 11] 惟謙遜人必得地爲業、樂享太平.

(37:12 - 37:15절) 생략

[시 37:16] 의인義人의 적은 소유所有가 많은 악인惡人의 풍부豊富함보다 승勝하도다.

[詩37 - 16] 善人所有者雖少、勝於諸惡人之充餘.

(37:17 - 37:28절) 생략

[시 37:29] 의인義人이 땅을 차지함이여 거기 영영永永히 거居하리로다.

[시 37:30] 의인義人의 입은 지혜智慧를 말하고 그 혀는 공의公義를 이르며

[시 37:31] 그 마음에는 하나님의 법法이 있으니 그 걸음에 실족失足함이 없으리로다.

[詩37 - 29] 善人必得地爲業、永居其上、

[詩37 - 30] 善人之口出智慧、其舌乃說公平、

[詩37 - 31] 主之律法、在其心中、其足不至顚蹶.

(37:32 - 37:33절) 생략

[시 37:34] 여호와를 바라고 그 도道를 지키라 그리하면 너를 들어 땅을 차지하게 하실 것이라 악인惡人이 끊어질 때에 네가 목도目睹하리로다.

[詩37 - 34] 爾當仰望主、遵守主之道、主必使爾高升而得地爲業、親眼得見惡人滅絶.

(37:35 - 41:13절) 생략

[시 42:1] 하나님이여 사슴이 시냇물을 찾기에 갈급渴急함같이 내 영혼靈魂이 주主를 찾기에 갈급渴急하니이다.

[시 42:2] 내 영혼靈魂이 하나님 곧 생존生存하시는 하나님을 갈망渴望하나니 내가 어느 때에 나아가서 하나님 앞에 뵈올꼬

[시 42:3] 사람들이 종일終日 나더러 하는 말이 네 하나님이 어디 있느뇨 하니 내 눈물이 주야晝夜로 내 음식飮食이 되었도다.

[시 42:4] 내가 전前에 성일聖日을 지키는 무리와 동행同行하여 기쁨과 찬송讚頌의 소리를 발發하며 저희를 하나님의 집으로 인도引導하였더니 이제 이 일을 기억記憶하고 내 마음이 상傷하는도다.

[시 42:5] 내 영혼靈魂아 네가 어찌하여 낙망落望하며 어찌하여 내 속에서 불안不安하여 하는고 너는 하나님을 바라라 그 얼굴의 도우심을 인因하여 내가 오히려 찬송讚頌하리로다.

[시 42:6] 내 하나님이여 내 영혼靈魂이 내 속에서 낙망落望이 되므로 내가 요단 땅과 헤르몬과 미살 산山에서 주主를 기억記憶하나이다.

[시 42:7] 주主의 폭포瀑布 소리에 깊은 바다가 서로 부르며 주主의 파도波濤와 물결이 나를 엄몰淹沒하도소이다.

[시 42:8] 낮에는 여호와께서 그 인자仁慈함을 베푸시고 밤에는 그 찬송讚頌이 내게 있어 생명生命의 하나님께 기도祈禱하리로다.

[시 42:9] 내 반석磐石이신 하나님께 말하기를 어찌하여 나를 잊으셨나이까 내가 어찌하여 원수怨讐의 압제壓制로 인因하여 슬프게 다니나이까 하리로다.

[시 42:10] 내 뼈를 찌르는 칼 같이 내 대적對敵이 나를 비방誹謗하여 늘 말하기를 네 하나님이 어디 있느냐 하도다.

[시 42:11] 내 영혼靈魂아 네가 어찌하여 낙망落望하며 어찌하여 내 속에서 불안不安하여 하는고 너는 하나님을 바라라 나는 내 얼굴을 도우시는 내 하나님을 오히려 찬송讚頌하리로다.

[詩42 - 1] 上帝歟、我心切慕主、猶如渴鹿思慕溪水、

[詩42 - 2] 我心渴想永生上帝、何時得至上帝前朝覲、

[詩42 - 3] 我晝夜以淚爲飮食、因人對我曰、爾之上帝安在、

[詩42 - 4] 我在昔日與衆聚會、發聲歡呼、謳歌頌揚、偕衆同赴上帝聖殿、

謹守節禮、追憶此事、心極憂傷、

[詩42 - 5] 我心爲何抑鬱、爲何煩惱、當仰望上帝、上帝仍必面向我、拯救我、我因而頌揚上帝、

[詩42 - 6] 我上帝歟、我心抑鬱、因我在約但地、在黑門嶺、在米薩山記念主、

[詩42 - 7] 瀑布飛濤、聲聲相應、主之波浪、沖激我身、

[詩42 - 8] 主日間仍復施恩、夜間我歌頌主、祈求賜我生命之上帝、

[詩42 - 9] 我向上帝云、我倚主如磐、因何忘我、因何使我受仇敵凌虐、時常悲哀、

[詩42 - 10] 我仇敵詆毁我、如刃刺骨、終日向我云、爾之上帝安在、

[詩42 - 11] 我心爲何抑鬱、爲何煩惱、當仰望上帝、上帝必覿面施救、我因而頌揚上帝.

(43:1 - 45:17절) 생략

[시 46:1] 하나님은 우리의 피난처避難處시요 힘이시니 환난患難 중中에 만날 큰 도움이시라.

[시 46:2] 그러므로 땅이 변變하든지 산山이 흔들려 바다 가운데 빠지든지

[시 46:3] 바닷물이 흉용洶湧하고 뛰놀든지 그것이 넘침으로 산山이 요동搖動할지라도 우리는 두려워 아니하리로다. 셀라

[시 46:4] 한 시내가 있어 나뉘어 흘러 하나님의 성城 곧 지극至極히 높으신 자者의 장막帳幕의 성소聖所를 기쁘게 하도다.

[시 46:5] 하나님이 그 성중城中에 거居하시매 성城이 요동搖動치 아니할 것이라 새벽에 하나님이 도우시리로다.

[시 46:6] 이방異邦이 훤화喧譁하며 왕국王國이 동動하였더니 저가 소리를 발發하시매 땅이 녹았도다.

[시 46:7] 만군萬軍의 여호와께서 우리와 함께 하시니 야곱의 하나님은 우리의 피난처避難處시로다. 셀라

[시 46:8] 와서 여호와의 행적行蹟을 볼지어다. 땅을 황무荒蕪케 하셨도다.

[시 46:9] 저가 땅 끝까지 전쟁戰爭을 쉬게 하심이여 활을 꺾고 창槍을 끊으며 수레를 불사르시는도다.

[시 46:10] 이르시기를 너희는 가만히 있어 내가 하나님 됨을 알지어다. 내가 열방列邦과 세계世界 중中에서 높임을 받으리라 하시도다.

[시 46:11] 만군萬軍의 여호와께서 우리와 함께 하시니 야곱의 하나님은 우리의 피난처避難處시로다. 셀라

[詩46 - 1] 上帝護庇我儕、賜力於我儕、當患難時、極顯救濟、

[詩46 - 2] 所以地雖震陷、山雖崩倒海中、我儕亦無恐懼、

[詩46-3] 任憑海波澎湃翻騰、任憑山岳因海濤洶湧而搖撼、細拉、
[詩46-4] 有一河支派分流、使上帝之城喜樂、此城卽至上主所居之聖地、
[詩46-5] 上帝在其中、使之不動搖、至於淸晨主必保護、
[詩46-6] 萬族喧囂、列邦震動、主發雷聲、地卽消滅、
[詩46-7] 萬有之主保祐我儕、雅各之上帝護庇我儕、細拉、
[詩46-8] 爾曹皆來觀主戰行之事、視主在地上如何行刑、
[詩46-9] 至地之極、止息戰爭、折弓斷槍、以火焚燬車輛、
[詩46-10] 爾當休息、當知惟我爲上帝、列邦必敬崇我、全地必敬崇我、
[詩46-11] 萬有之主保祐我儕、雅各之上帝護庇我儕、細拉.

(47:1 - 47:9절) 생략

[시 48:1] 여호와는 광대廣大하시니 우리 하나님의 성城 거룩한 산山에서 극진極盡히 찬송讚頌하리로다.
[시 48:2] 터가 높고 아름다워 온 세계世界가 즐거워함이여 큰 왕王의 성城 곧 북방北方에 있는 시온 산山이 그러하도다.
[詩48-1] 主我之上帝在己城中聖山之上、至大無比、極當頌揚、
[詩48-2] 郇山北方、大君京都、崇高華美、爲全地所喜悅.

(48:3 - 50:22절) 생략

[시 50:23] 감사感謝로 제사祭祀를 드리는 자者가 나를 영화榮華롭게 하나니 그 행위行爲를 옳게 하는 자者에게 내가 하나님의 구원救援을 보이리라.
[詩50-23] 凡以感謝爲祭者始是敬奉我、行動謹愼之人、
我必使之得見我之救恩.

[시 51:1] 하나님이여 주主의 인자仁慈를 좇아 나를 긍휼矜恤히 여기시며 주主의 많은 자비慈悲를 좇아 내 죄과罪過를 도말塗抹하소서.
[시 51:2] 나의 죄악罪惡을 말갛게 씻기시며 나의 죄罪를 깨끗이 제除하소서.
[시 51:3] 대저大抵 나는 내 죄과罪過를 아오니 내 죄罪가 항상恒常 내 앞에 있나이다.
[시 51:4] 내가 주主께만 범죄犯罪하여 주主의 목전目前에 악惡을 행行하였사오니 주主께서 말씀하실 때에 의義로우시다 하고 판단判斷하실 때에 순전純全하시다 하리이다.
[詩51-1] 求上帝按主之恩惠矜恤我、以主大憐憫、塗抹我之愆尤、

[詩51 - 2] 將我之過惡洗滌潔淨、消除我之罪孽、

[詩51 - 3] 我自知我之愆尤、我之罪孽、常在我目前、

[詩51 - 4] 我惟得罪於主、在主之前行悪、主譴責我乃合理、審鞫我乃公義.

(51:5 - 57:6절) 생략

[시 57:7] 하나님이여 내 마음이 확정確定되었고 내 마음이 확정確定되었사오니 내가 노래하고 내가 찬송讚頌하리이다.

[시 57:8] 내 영광榮光아 깰지어다 비파琵琶야 수금竪琴아 깰지어다 내가 새벽을 깨우리로다.

[시 57:9] 주主여 내가 만민萬民 중中에서 주主께 감사感謝하오며 열방列邦 중中에서 주主를 찬송讚頌하리이다.

[시 57:10] 대저大抵 주主의 인자仁慈는 커서 하늘에 미치고 주主의 진리眞理는 궁창穹蒼에 이르나이다.

[시 57:11] 하나님이여 주主는 하늘 위에 높이 들리시며 주主의 영광榮光은 온 세계世界 위에 높아지기를 원願하나이다.

[詩57 - 7] 上帝歟、我心安定、我心安定、我欲謳詩、我欲歌頌、

[詩57 - 8] 我神當醒我琴我瑟當醒、我於黎明卽醒、

[詩57 - 9] 主歟、我在列邦中讚揚主、在萬國中歌頌主、

[詩57 - 10] 因主之恩慈甚大、及乎穹蒼、主之眞誠、及乎雲霄、

[詩57 - 11] 願上帝崇高過天、願主之榮耀徧滿全地.

(58:1 - 62:4절) 생략

[시 62:5] 나의 영혼靈魂아 잠잠潛潛히 하나님만 바라라 대저大抵 나의 소망所望이 저로 좇아 나는도다.

[시 62:6] 오직 저만 나의 반석磐石이시요 나의 구원救援이시요 나의 산성山城이시니 내가 요동搖動치 아니하리로다.

[시 62:7] 나의 구원救援과 영광榮光이 하나님께 있음이여 내 힘의 반석磐石과 피난처避難處도 하나님께 있도다.

[詩62 - 5] 我惟一心默然仰望上帝、因我所望者獨在上帝、

[詩62 - 6] 我惟賴上帝如磐、上帝乃拯救我者、護庇我者、我必不至動搖、

[詩62 - 7] 我仰賴上帝得拯救、得榮耀、倚賴上帝如堅固之磐、我在上帝得蒙蔭庇.

(62:8 - 63:2절) 생략

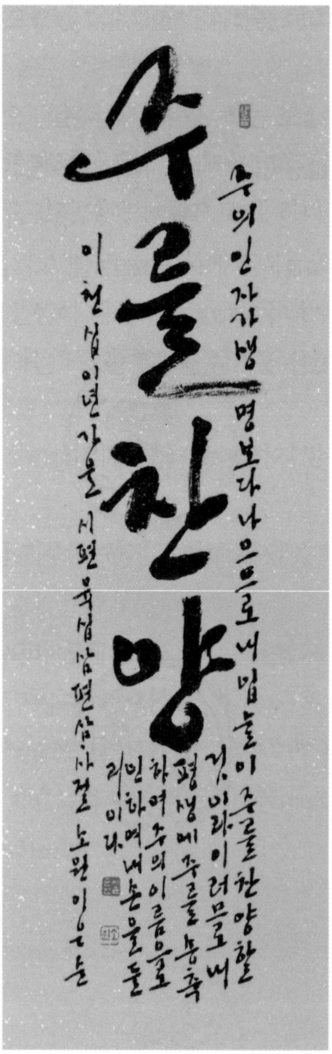

주를 찬양 29×70cm

[시 63:3] 주主의 인자仁慈가 생명生命보다 나으므로 내 입술이 주主를 찬양讚揚할 것이라.

[시 63:4] 이러므로 내 평생平生에 주主를 송축頌祝하며 주主의 이름으로 인因하여 내 손을 들리이다.

[詩63 - 3] 主之恩寵、比生命尤美、我必以口脣讚美主、

[詩63 - 4] 我在世之時、常稱頌主、敬奉主名、擧手祈禱.

(63:5 - 64:9절) 생략

[시 64:10] 의인義人은 여호와를 인因하여 즐거워하며 그에게 피避하리니 마음이 정직正直한자者는 다 자랑하리로다.

[詩64 - 10] 善人必因主喜樂、惟仰賴主、凡居心正直之人、必自覺有榮.

(65:1 - 66:20절) 생략

[시 67:1] 하나님은 우리를 긍휼矜恤히 여기사 복福을 주시고 그 얼굴 빛으로 우리에게 비취사 셀라

[시 67:2] 주主의 도道를 땅 위에, 주主의 구원救援을 만방萬邦 중中에 알리소서

[시 67:3] 하나님이여 민족民族들로 주主를 찬송讚頌케 하시며 모든 민족民族으로 주主를 찬송讚頌케 하소서.

[시 67:4] 열방列邦은 기쁘고 즐겁게 노래할지니 주主는 민족民族들을 공평公平히 판단判斷하시며 땅 위에 열방列邦을 치리治理하실 것임이니이다. 셀라

[시 67:5] 하나님이여 민족民族들로 주主를 찬송讚頌케 하시며 모든 민족民族으로 주主를 찬송讚頌케 하소서.

[시 67:6] 땅이 그 소산所産을 내었도다. 하나님 곧 우리 하나님이 우리에게 복福을 주시리로다.

[시 67:7] 하나님이 우리에게 복福을 주시리니 땅의 모든 끝이 하나님을 경외敬畏하리로다.

[詩67 - 1] 願上帝憐憫我儕、賜福於我儕、以面上之光輝照臨我儕、細拉、

[詩67 - 2] 願主之道得明在世、主之救恩得知在萬族中、

[詩67 - 3] 上帝歟、列邦皆當讚美主、萬邦皆當頌揚主、

[詩67 - 4] 萬邦皆當歡欣歌頌、因主必按公義審判列邦、引導世間萬民、細拉、

[詩67 - 5] 列邦皆當讚美主、萬邦皆當頌揚主、

[詩67 - 6] 地土出產豐盛、上帝我上帝、賜福於我儕、

[詩67 - 7] 上帝賜福於我儕、地之四極、皆敬畏主.

(68:1 - 83:18절) 생략

[시 84:1] 만군萬軍의 여호와여 주主의 장막帳幕이 어찌 그리 사랑스러운지요.

[시 84:2] 내 영혼靈魂이 여호와의 궁정宮庭을 사모思慕하여 쇠약衰弱함이여 내 마음과 육체肉體가 생존生存하시는 하나님께 부르짖나이다.

[시 84:3] 나의 왕王 나의 하나님 만군萬軍의 여호와여 주主의 제단祭壇에서 참새도 제 집을 얻고 제비도 새끼 둘 보금자리를 얻었나이다.

[시 84:4] 주主의 집에 거居하는 자者가 복福이 있나이다. 저희가 항상恒常 주主를 찬송讚頌하리

이다. 셀라

[시 84:5] 주主께 힘을 얻고 그 마음에 시온의 대로大路가 있는 자者는 복福이 있나이다.

[시 84:6] 저희는 눈물 골짜기로 통행通行할 때에 그 곳으로 많은 샘의 곳이 되게 하며 이른 비도 은택恩澤을 입히나이다.

[시 84:7] 저희는 힘을 얻고 더 얻어 나아가 시온에서 하나님 앞에 각기各其 나타나리이다.

[시 84:8] 만군萬軍의 하나님 여호와여 내 기도祈禱를 들으소서 야곱의 하나님이여 귀를 기울이소서. 셀라

[시 84:9] 우리 방패防牌이신 하나님이여 주主의 기름 부으신 자者의 얼굴을 살펴보옵소서.

[시 84:10] 주主의 궁정宮庭에서 한 날이 다른 곳에서 천千 날보다 나은즉 악인惡人의 장막帳幕에 거居함보다 내 하나님 문직門直이로 있는 것이 좋사오니

[시 84:11] 여호와 하나님은 해요 방패防牌시라 여호와께서 은혜恩惠와 영화榮華를 주시며 정직正直히 행行하는 자者에게 좋은 것을 아끼지 아니하실 것임이니이다.

[시 84:12] 만군萬軍의 여호와여 주主께 의지依支하는 자者는 복福이 있나이다.

[詩84 - 1] 萬有之主歟、主之居所、何其可愛、

[詩84 - 2] 我靈深羨切慕主之院宇、我身心切願向永生上帝歡呼、

[詩84 - 3] 雀鳥有巢、可以棲止、燕子有窩、可以育雛、萬有之主我王我上帝歟、
我願居主之祭臺旁、

[詩84 - 4] 得居主之宮中、時常頌揚主者、此人卽爲有福、細拉、

[詩84 - 5] 恃主得力、心願趨道赴主殿者、此人卽爲有福、

[詩84 - 6] 彼雖經過巴迦谷、亦以爲有泉源、且有甘雨、普降福澤、

[詩84 - 7] 斯人愈行、其力愈增、終至郇山朝覲上帝、

[詩84 - 8] 求主萬有之上帝、應允我禱告、求雅各之上帝、側耳垂聽、細拉、

[詩84 - 9] 求護我如盾之上帝垂視、顧所立受膏王之面、

[詩84 - 10] 在主院宇得居一日、勝居他處千日、寧立於我上帝殿之門閾、不願居惡人之帷幕、

[詩84 - 11] 主上帝照我如日、護我如盾、主必賜以恩寵尊榮、行動正直者、
凡百嘉物、主無不賞賜、

[詩84 - 12] 萬有之主歟、仰賴主者、卽爲有福.

(85:1 - 91:1절) 생략

[시 91:2] 내가 여호와를 가리켜 말하기를 저는 나의 피난처避難處요 나의 요새要塞요 나의 의뢰依賴하는 하나님이라 하리니

[시 91:3] 이는 저가 너를 새 사냥군軍의 올무에서와 극極한 염병染病에서 건지실 것임이로다.

[시 91:4] 저가 너를 그 깃으로 덮으시리니 네가 그 날개 아래 피避하리로다 그의 진실眞實함은 방패防牌와 손 방패防牌가 되나니

[시 91:5] 너는 밤에 놀램과 낮에 흐르는 살과

[시 91:6] 흑암黑暗 중中에 행行하는 염병染病과 백주白晝에 황폐荒廢케 하는 파멸破滅을 두려워 아니하리로다.

[詩91 - 2] 我論主云、主爲我之避所、我之保障、我之上帝、爲我所倚賴者、

[詩91 - 3] 主必救爾免投羅雀者之羅網、免染毒害之瘟疫、

[詩91 - 4] 必遮護爾如鳥覆雛、使爾在主翼之蔭下、得蒙覆庇、
主之誠實乃盾乃甲、

[詩91 - 5] 使爾不懼黑夜之震驚、白晝之飛箭、

[詩91 - 6] 亦不懼黑暗之瘟災、日午害人之毒病.

(91:7 - 95:11절) 생략

[시 96:1] 새 노래로 여호와께 노래하라 온 땅이여 여호와께 노래할지어다.

[시 96:2] 여호와께 노래하여 그 이름을 송축頌祝하며 그 구원救援을 날마다 선파宣播할지어다.

[시 96:3] 그 영광榮光을 열방列邦 중中에 그 기이奇異한 행적行蹟을 만민萬民 중中에 선포宣布할지어다.

[시 96:4] 여호와는 광대廣大하시니 극진極盡히 찬양讚揚할 것이요 모든 신神보다 경외敬畏할 것임이여

[시 96:5] 만방萬邦의 모든 신神은 헛것이요 여호와께서는 하늘을 지으셨음이로다.

[시 96:6] 존귀尊貴와 위엄威嚴이 그 앞에 있으며 능력能力과 아름다움이 그 성소聖所에 있도다.

[시 96:7] 만방萬邦의 족속族屬들아 영광榮光과 권능權能을 여호와께 돌릴지어다 여호와께 돌릴지어다.

[시 96:8] 여호와의 이름에 합당合當한 영광榮光을 그에게 돌릴지어다 예물禮物을 가지고 그 궁정宮庭에 들어갈지어다.

[시 96:9] 아름답고 거룩한 것으로 여호와께 경배敬拜할지어다 온 땅이여 그 앞에서 떨지어다.

[시 96:10] 열방列邦 중中에서는 이르기를 여호와께서 통치統治하시니 세계世界가 굳게 서고 흔들리지 못할지라. 저가 만민萬民을 공평公平히 판단判斷하시리라 할지로다.

[시 96:11] 하늘은 기뻐하고 땅은 즐거워하며 바다와 거기 충만充滿한 것은 외치며

[시 96:12] 밭과 그 가운데 모든 것은 즐거워할지로다 그리할 때에 삼림森林의 나무들이 여호

와 앞에서 즐거이 노래하리니

[시 96:13] 저가 임臨하시되 땅을 판단判斷하려 임臨하실 것임이라 저가 의義로 세계世界를 판단判斷하시며 그의 진실眞實하심으로 백성百姓을 판단判斷하시리로다.

[詩96 - 1] 爾曹當向主唱新詩、普天下人皆當歌唱、

[詩96 - 2] 當向主歌唱、讚美主名、日日宣揚主之救恩、

[詩96 - 3] 在列國中稱述主之榮耀、在萬民間傳揚主之奇蹟、

[詩96 - 4] 因主至大、極當頌揚、在諸神之上、顯威可畏、

[詩96 - 5] 異邦所敬諸神、悉屬虛無、創造穹蒼者惟主、

[詩96 - 6] 在主前有光輝威嚴、在主之聖所、顯權能榮耀、

[詩96 - 7] 列邦萬族、皆當將榮耀權能歸於主、

[詩96 - 8] 將榮耀歸於主名、奉禮物進主之院宇、

[詩96 - 9] 當在至聖至美之所敬拜主、普天下人、爾曹皆當敬畏主、

[詩96 - 10] 當傳揚列邦云、主執掌王權、使世界安定、永不動搖、必按正直判斷萬民、

[詩96 - 11] 在主前天必歡喜、地必快樂、海及其中萬物、悉發大聲、

[詩96 - 12] 田野與其中所有之物、皆必喜樂、惟時林中樹木、盡皆歡呼、

[詩96 - 13] 因主必來審鞫普天下、按正直審鞫世界、依誠實判斷萬民.

(97:1 - 99:9절) 생략

[시 100:1] 온 땅이여 여호와께 즐거이 부를지어다.

[시 100:2] 기쁨으로 여호와를 섬기며 노래하면서 그 앞에 나아갈지어다.

[시 100:3] 여호와가 우리 하나님이신 줄 너희는 알지어다. 그는 우리를 지으신자者시요 우리는 그의 것이니 그의 백성百姓이요 그의 기르시는 양羊이로다.

[시 100:4] 감사感謝함으로 그 문門에 들어가며 찬송讚頌함으로 그 궁정宮庭에 들어가서 그에게 감사感謝하며 그 이름을 송축頌祝할지어다.

[시 100:5] 대저大抵 여호와는 선善하시니 그 인자仁慈하심이 영원永遠하고 그 성실誠實하심이 대대代代에 미치리로다.

[詩100 - 1] 普天下人、皆當向主歡呼、

[詩100 - 2] 欣然奉事主、至主前歡樂歌唱、

[詩100 - 3] 當知惟主乃上帝、創造我者乃主、並非自造、我儕爲主之民、爲主所牧之羊、

[詩100 - 4] 當進主之門稱謝、入主之院讚美、稱謝主、頌美主之名、

[詩100 - 5] 主爲至善、主之恩惠、永遠長存、主之誠實、萬代恆有.

(101:1 - 102:28절) 생략

[시 103:1] 내 영혼靈魂아 여호와를 송축頌祝하라 내 속에 있는 것들아 다 그 성호聖號를 송축頌祝하라.

[시 103:2] 내 영혼靈魂아 여호와를 송축頌祝하며 그 모든 은택恩澤을 잊지 말지어다.

[시 103:3] 저가 네 모든 죄악罪惡을 사赦하시며 네 모든 병病을 고치시며

[시 103:4] 네 생명生命을 파멸破滅에서 구속救贖하시고 인자仁慈와 긍휼矜恤로 관冠을 씌우시며

[시 103:5] 좋은 것으로 네 소원所願을 만족滿足케 하사 네 청춘靑春으로 독수리같이 새롭게 하시는도다.

[詩103 - 1] 我心當讚美主、我臟腑當讚美主名、

[詩103 - 2] 我心當讚美主、勿忘主一切恩惠、

[詩103 - 3] 主赦免我一切罪愆、醫治我一切疾病、

[詩103 - 4] 救贖我命、免於阬坎、以恩寵慈愛爲冠冕、加於我首、

[詩103 - 5] 使我口飽餐美食、使我如鷹老而復少.

(103:6 - 103:7절) 생략

[시 103:8] 여호와는 자비慈悲로우시며 은혜恩惠로우시며 노怒하기를 더디 하시며 인자仁慈하심이 풍부豊富하시도다.

[시 103:9] 항상恒常 경책警責지 아니하시며 노怒를 영원永遠히 품지 아니하시리로다.

[시 103:10] 우리의 죄罪를 따라 처치處置하지 아니하시며 우리의 죄악罪惡을 따라 갚지 아니하셨으니

[시 103:11] 이는 하늘이 땅에서 높음같이 그를 경외敬畏하는 자者에게 그 인자仁慈하심이 크심이로다.

[詩103 - 8] 主發慈愛矜憐、不遽動怒、大施恩寵、

[詩103 - 9] 不常久責備、不永遠懷怒、

[詩103 - 10] 未嘗按我之罪惡待我、未嘗依我之過犯報我、

[詩103 - 11] 敬畏主者、主加倍賜恩、如天離地之高.

(103:12 - 112:10절) 생략

[시 113:1] 할렐루야, 여호와의 종들아 찬양讚揚하라 여호와의 이름을 찬양讚揚하라.

[시 113:2] 이제부터 영원永遠까지 여호와의 이름을 찬송讚頌할지로다.

[시 113:3] 해 돋는 데서부터 해 지는데까지 여호와의 이름이 찬양讚揚을 받으시리로다.

[시 113:4] 여호와는 모든 나라 위에 높으시며 그 영광榮光은 하늘 위에 높으시도다.

[시 113:5] 여호와 우리 하나님과 같은 자者 누구리요 높은 위에 앉으셨으나

[시 113:6] 스스로 낮추사 천지天地를 살피시고

[시 113:7] 가난한 자者를 진토塵土에서 일으키시며 궁핍窮乏한 자者를 거름 무더기에서 드셔서

[시 113:8] 방백方伯들 곧 그 백성百姓의 방백方伯들과 함께 세우시며

[시 113:9] 또 잉태孕胎하지 못하던 여자女子로 집에 거居하게 하사 자녀子女의 즐거운 어미가 되게 하시는도다. 할렐루야

[詩113 - 1] 阿勒盧亞、主之僕人、爾當頌美主讚美主之名、

[詩113 - 2] 惟願主之名受讚揚、從今日至於永遠、

[詩113 - 3] 從日出之處、至日沒之所、當頌美主之名、

[詩113 - 4] 主在萬民之上爲至高、主之榮耀、彰顯在天、

[詩113 - 5] 誰如主我之上帝、居於至高之處、

[詩113 - 6] 並俯察天與地、

[詩113 - 7] 從塵埃中高擧卑微之人、從糞土中提拔貧窮之人、

[詩113 - 8] 使之與侯伯並坐、卽與本國之侯伯並坐、

[詩113 - 9] 使素不生育之婦爲多子之母、安居歡樂、阿勒盧亞.

(114:1 - 116:19절) 생략

[시 117:1] 너희 모든 나라들아 여호와를 찬양讚揚하며 너희 모든 백성百姓들아 저를 칭송稱頌할지어다.

[시 117:2] 우리에게 향向하신 여호와의 인자仁慈하심이 크고 진실眞實하심이 영원永遠함이로다. 할렐루야

[詩117 - 1] 萬民皆當頌揚主、列國皆當稱讚主、

[詩117 - 2] 因主向我儕大施恩惠、主之誠實、永遠長存、阿勒盧亞.

(118:1 - 119:104절) 생략

[시 119:105] 주主의 말씀은 내 발에 등燈이요 내 길에 빛이니이다.

[시 119:106] 주主의 의義로운 규례規例를 지키기로 맹세盟誓하고 굳게 정定하였나이다.

[詩119 - 105] 主之言語、乃我足前之燈、我路間之光、

[詩119 - 106] 主之法律、至公至義、我發誓遵守、我必按誓而行.

(119:107 - 120:7절) 생략

[시 121:1] 내가 산山을 향向하여 눈을 들리라 나의 도움이 어디서 올꼬

[시 121:2] 나의 도움이 천지天地를 지으신 여호와에게서로다.

[시 121:3] 여호와께서 너로 실족失足지 않게 하시며 너를 지키시는 자者가 졸지 아니하시리로다.

[시 121:4] 이스라엘을 지키시는 자者는 졸지도 아니하고 주무시지도 아니하시리로다.

[시 121:5] 여호와는 너를 지키시는 자者라 여호와께서 네 우편右便에서 네 그늘이 되시나니

[시 121:6] 낮의 해가 너를 상傷치 아니하며 밤의 달도 너를 해害치 아니하리로다.

[시 121:7] 여호와께서 너를 지켜 모든 환난患難을 면免케 하시며 또 네 영혼靈魂을 지키시리로다.

[시 121:8] 여호와께서 너의 출입出入을 지금只今부터 영원永遠까지 지키시리로다.

[詩121 - 1] 我向山擧目觀望曰、我之救濟、自何而來、

[詩121 - 2] 我之救濟、自創造天地之主而來、

[詩121 - 3] 主必不使爾失足、保護爾者、永不寢寐、

[詩121 - 4] 保護以色列之主、不寢不寐、

[詩121 - 5] 主必保護爾、主必在爾右蔭庇爾、

[詩121 - 6] 白晝之日不傷爾、夜間之月不害爾、

[詩121 - 7] 主必保護爾、免遇一切災禍、必保護爾生命、

[詩121 - 8] 爾出爾入、主必保護爾、從今日至於永遠.

(122:1 - 122:9절) 생략

[시 123:1] 하늘에 계신 주主여 내가 눈을 들어 주主께 향向하나이다.

[시 123:2] 종의 눈이 그 상전上典의 손을 여女종의 눈이 그 주모主母의 손을 바람같이 우리 눈이 여호와 우리 하나님을 바라며 우리를 긍휼矜恤히 여기시기를 기다리나이다.

[詩123 - 1] 居天上之主歟、我向主擧目仰望、

[詩123 - 2] 我目仰望主我之上帝、俟主憐憫我儕、如僕之目望主人之手、如婢之目望主母之手.

(123:3 - 124:8절) 생략

[시 125:1] 여호와를 의뢰依賴하는 자者는 시온산山이 요동搖動치 아니하고 영원永遠히 있음 같도다.

[시 125:2] 산山들이 예루살렘을 두름과 같이 여호와께서 그 백성百姓을 지금只今부터 영원永遠

까지 두르시리로다.

[詩125 - 1] 倚賴主之人、猶如郇山、總不動搖、永遠穩立、

[詩125 - 2] 耶路撒冷四圍皆有山岡、主亦如此圍護子民、自今以至永遠.

(125:3 - 126:4절) 생략

[시 126:5] 눈물을 흘리며 씨를 뿌리는 자者는 기쁨으로 거두리로다.

[시 126:6] 울며 씨를 뿌리러 나가는 자者는 정녕丁寧 기쁨으로 그 단을 가지고 돌아오리로다.

[詩 126 - 5] 流淚播種者、 必歡躍收成、

[詩 126 - 6] 攜穀種以播者、 哭泣而往、 迨負禾束而歸、 必然歡欣.

[시 127:1] 여호와께서 집을 세우지 아니하시면 세우는 자者의 수고受苦가 헛되며 여호와께서
성城을 지키지 아니하시면 파수군把守軍의 경성警醒함이 허사虛事로다.

[시 127:2] 너희가 일찌기 일어나고 늦게 누우며 수고受苦의 떡을 먹음이 헛되도다 그러므로
여호와께서 그 사랑하시는 자者에게는 잠을 주시는도다.

[시 127:3] 자식子息은 여호와의 주신 기업基業이요 태胎의 열매는 그의 상급賞給이로다.

[시 127:4] 젊은 자者의 자식子息은 장사壯士의 수중手中의 화살 같으니

[시 127:5] 이것이 그 전통箭筒에 가득한 자者는 복福되도다. 저희가 성문城門에서 그 원수怨讐와
말할 때에 수치羞恥를 당當치 아니하리로다.

[詩127 - 1] 若非主建造房室、匠人勞苦、亦屬枉然、若非主保護城池、守者警醒、亦爲無益、

[詩127 - 2] 爾曹早起遲眠、辛苦求食、亦屬徒勞、惟主所喜愛者、主必使之安然寢寐、

[詩127 - 3] 子女乃主所賜之業、胎之所產、皆主賞賚、

[詩127 - 4] 壯年所生之男子、如勇士手中之箭、

[詩127 - 5] 人多男子、猶箭充滿箭囊、卽爲有福.

[시 128:1] 여호와를 경외敬畏하며 그 도道에 행行하는 자者마다 복福이 있도다.

[시 128:2] 네가 네 손이 수고受苦한대로 먹을 것이라 네가 복福되고 형통亨通하리로다.

[시 128:3] 네 집 내실內室에 있는 네 아내는 결실結實한 포도葡萄나무 같으며 네 상床에 둘린 자
식子息은 어린 감람橄欖나무 같으리로다.

[시 128:4] 여호와를 경외敬畏하는 자者는 이같이 복福을 얻으리로다.

[시 128:5] 여호와께서 시온에서 네게 복福을 주실지어다. 너는 평생平生에 예루살렘의 복福을
보며

[시 128:6] 네 자식子息의 자식子息을 볼지어다. 이스라엘에게 평강平康이 있을지로다.

[詩128 - 1] 敬畏主遵行主道者、此等人卽爲有福、

[詩128 - 2] 爾食以己手勤勞所得者、卽爲有福、必處佳境、

[詩128 - 3] 爾妻在室中、如多果之葡萄樹、爾子女如油果樹、皆圍繞爾席、

[詩128 - 4] 敬畏主之人、必如此蒙福、

[詩128 - 5] 主必從郇山降福於爾、必使爾終身目覩耶路撒冷受福、

[詩128 - 6] 俾爾得見子又生子、惟願以色列人得享平康.

(129:1 - 137:9절) 생략

[시 138:1] 내가 전심全心으로 주主께 감사感謝하며 신神들 앞에서 주主께 찬양讚揚하리이다.

[시 138:2] 내가 주主의 성전聖殿을 향向하여 경배敬拜하며 주主의 인자仁慈하심과 성실誠實하심을 인因하여 주主의 이름에 감사感謝하오리니 이는 주主께서 주主의 말씀을 주主의 모든 이름 위에 높게 하셨음이라.

[시 138:3] 내가 간구懇求하는 날에 주主께서 응답應答하시고 내 영혼靈魂을 장려獎勵하여 강强하게 하셨나이다.

[시 138:4] 여호와여 땅의 열왕列王이 주主께 감사感謝할 것은 저희가 주主의 입의 말씀을 들음이오며

[시 138:5] 저희가 여호와의 도道를 노래할 것은 여호와의 영광榮光이 크심이니이다.

[시 138:6] 여호와께서 높이 계셔도 낮은 자者를 하감下鑑하시며 멀리서도 교만驕慢한 자者를 아시나이다.

[시 138:7] 내가 환난患難 중中에 다닐지라도 주主께서 나를 소생蘇醒케 하시고 주主의 손을 펴사 내 원수怨讐들의 노怒를 막으시며 주主의 오른손이 나를 구원救援하시리이다.

[시 138:8] 여호와께서 내게 관계關係된 것을 완전完全케 하실지라 여호와여 주主의 인자仁慈하심이 영원永遠하오니 주主의 손으로 지으신 것을 버리지 마옵소서.

[詩138 - 1] 我一心讚美主、在諸神前奏樂頌揚主、

[詩138 - 2] 我必向主之聖殿叩拜、因主之仁慈誠實、稱讚主名、主使聖名與主之應許爲大、超乎一切、

[詩138 - 3] 我呼籲主之時、主應允我、使我心堅、放膽無懼、

[詩138 - 4] 主歟、世上列王、聞主口中之言、卽皆稱讚主、

[詩138 - 5] 皆歌頌主之道、因主之榮耀至大、

[詩138 - 6] 主雖至高、仍垂顧卑微之人、又從遠處鑑察驕慢之人、

[詩138 - 7] 我行於苦難中、主必使我蘇醒、必伸手攻擊我之敵人、主之右手、必拯救我、

[詩138 - 8] 關係於我之事、主爲我成全、主歟、主之恩慈、永遠常存、
主手所創造者、求主莫遺棄.

(139:1 - 144:8절) 생략

[시 144:9] 하나님이여 내가 주主께 새 노래로 노래하며 열 줄 비파琵琶로 主주를 찬양讚揚하리이다.

[시 144:10] 주主는 왕王들에게 구원救援을 베푸시는 자者시요 종 다윗을 그 해害하는 칼에서 구救하시는 자者시니이다.

[시 144:11] 이방인異邦人의 손에서 나를 구救하여 건지소서 저희 입은 궤사詭詐를 말하며 그 오른손은 거짓의 오른손이니이다.

[시 144:12] 우리 아들들은 어리다가 장성長成한 나무 같으며 우리 딸들은 궁전宮殿의 식양式樣대로 아름답게 다듬은 모퉁이 돌과 같으며

[시 144:13] 우리의 곳간庫間에는 백곡百穀이 가득하며 우리의 양羊은 들에서 천천千千과 만만萬萬으로 번성蕃盛하며

[시 144:14] 우리 수소는 무겁게 실었으며 또 우리를 침로侵擄하는 일이나 우리가 나아가 막는 일이 없으며 우리 거리에는 슬피 부르짖음이 없을진대

[시 144:15] 이러한 백성百姓은 복福이 있나니 여호와를 자기自己 하나님으로 삼는 백성百姓은복福이 있도다.

[詩144 - 9] 上帝歟、我必唱新詩歌頌主、彈十弦琴頌揚主、

[詩144 - 10] 主施恩惠、拯救列王、救援僕人大衛、脫離兇刃、

[詩144 - 11] 求主拯救我、援解我脫離異邦人之手、彼衆口出誑言、右手盡奸詐、

[詩144 - 12] 求主使我男子幼年剛强、如栽培之樹木、使我女子容貌美麗、如殿角雕刻之石柱、

[詩144 - 13] 使我倉庫豐盈、百穀充足、使我羊羣在我郊野、孳生千萬、

[詩144 - 14] 使我牛羣肥壯、使我無傷無失、在街布無哀哭之聲、

[詩144 - 15] 凡有國蒙如此恩惠者、乃爲有福、凡有民敬主爲上帝者、乃爲有福.

(145:1 - 149:9절) 생략

[시 150:1] 할렐루야 그 성소聖所에서 하나님을 찬양讚揚하며 그 권능權能의 궁창穹蒼에서 그를 찬양讚揚할지어다.

[시 150:2] 그의 능能하신 행동行動을 인因하여 찬양讚揚하며 그의 지극至極히 광대廣大하심을 좇

아 찬양讚揚할지어다.

[시 150:3] 나팔 소리로 찬양讚揚하며 비파琵琶와 수금竪琴으로 찬양讚揚할지어다.

[시 150:4] 소고小鼓 치며 춤추어 찬양讚揚하며 현악絃樂과 통소洞簫로 찬양讚揚할지어다.

[시 150:5] 큰 소리 나는 제금提琴으로 찬양讚揚하며 높은 소리 나는 제금提琴으로 찬양讚揚할지어다.

[시 150:6] 호흡呼吸이 있는 자者마다 여호와를 찬양讚揚할지어다. 할렐루야

[詩150 - 1] 阿勒盧亞、爾曹當在主之聖殿頌揚主、當在主榮耀之穹蒼頌揚主、

[詩150 - 2] 當因主大能之事頌揚主、因主之大德無邊頌揚主、

[詩150 - 3] 吹角頌揚主、彈琴鼓瑟頌揚主、

[詩150 - 4] 擊鼓舞蹈頌揚主、揮絃品簫頌揚主、

[詩150 - 5] 用大聲之鐃頌揚主、用和聲之鈸頌揚主、

[詩150 - 6] 凡有血氣者、皆當頌揚主、阿勒盧亞.

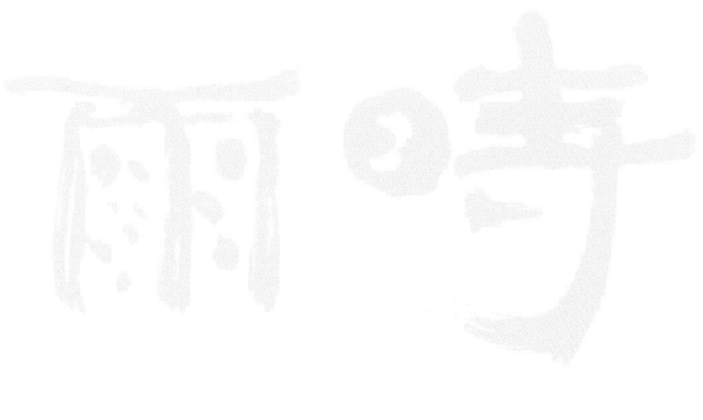

20 잠언 箴言 Proverbs

(1:1 - 1:6절) 생략

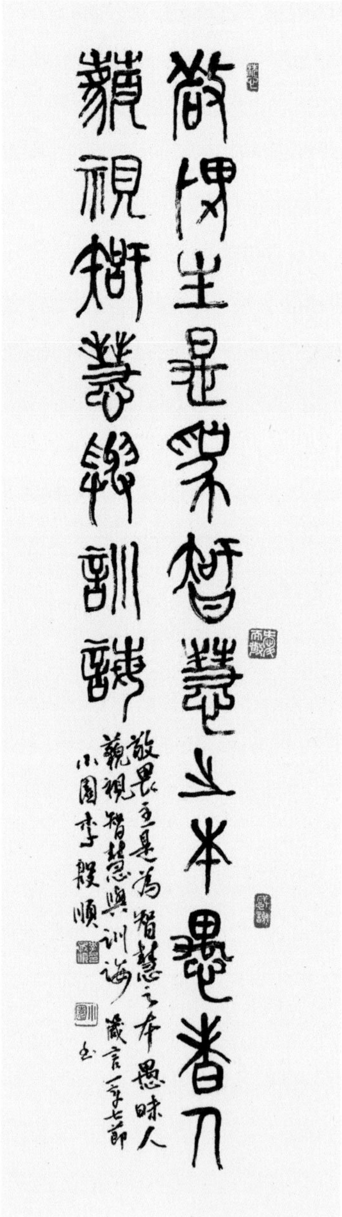

知識의 根本 30×133cm

[잠 1:7] 여호와를 경외敬畏하는 것이 지식知識의 근본根本이어늘 미련한자者는 지혜智慧와 훈계訓戒를 멸시蔑視하느니라.

[箴1-7] 敬畏主、是爲智慧之本、愚昧人藐視智慧與訓誨.

[잠 1:8] 내 아들아 네 아비의 훈계訓戒를 들으며 네 어미의 법法을 떠나지 말라

[잠 1:9] 이는 네 머리의 아름다운 관冠이요 네 목의 금金사슬이니라.

[箴1-8] 我子、當聽父訓、勿棄母教、

[箴1-9] 視爲爾首之華冠、項之金索.

(1:10 - 2:22절) 생략

[잠 3:1] 내 아들아 나의 법法을 잊어버리지 말고 네 마음으로 나의 명령命令을 지키라.

[잠 3:2] 그리하면 그것이 너로 장수長壽하여 많은 해를 누리게 하며 평강平康을 더하게 하리라.

[잠 3:3] 인자仁慈와 진리眞理로 네게서 떠나지 않게 하고 그것을 네 목에 매며 네 마음판板에 새기라.

[잠 3:4] 그리하면 네가 하나님과 사람 앞에서 은총恩寵과 귀중貴重히 여김을 받으리라.

[잠 3:5] 너는 마음을 다하여 여호와를 의뢰依賴하고 네 명철明哲을 의지依支하지 말라.

[잠 3:6] 너는 범사凡事에 그를 인정認定하라 그리하면 네 길을 지도指導하시리라.

[잠 3:7] 스스로 지혜智慧롭게 여기지 말지어다. 여호와를 경외敬畏하며 악惡을 떠날지어다.

[잠 3:8] 이것이 네 몸에 양약良藥이 되어 네 골수骨髓로 윤택潤澤하게 하리라.

[잠 3:9] 네 재물財物과 네 소산물所産物의 처음 익은 열매로 여호와를 공경恭敬하라.

[잠 3:10] 그리하면 네 창고倉庫가 가득히 차고 네 즙汁틀에 새 포도즙葡萄汁이 넘치리라.

[箴3-1] 我子、勿遺忘我之教誨、爾心當謹守我之誡命、

[箴3-2] 因必使爾得長壽、享遐齡、獲平康、

[箴3-3] 勿使仁慈誠實以離爾、當繫於爾項、銘於爾心、

[箴3-4] 爾若如此、則必在上帝與人前蒙恩寵、視爲明哲、

[箴3-5] 當一心賴主、勿恃己明、

[箴3-6] 爾無論行何道、當思念主、則主必使爾道途平直、

[箴3-7] 毋自視爲智者、當敬畏主、遠離惡事、

[箴3-8] 此爲爾治身之良藥、使爾百骸充髓、

[箴3-9] 由爾貲財獻禮物於主、並薦土産之初實者、以此敬主、

[箴3-10] 則爾之倉廩必得充盈、爾之壓酒處新酒必流溢.

[잠 3:11] 내 아들아 여호와의 징계懲戒를 경輕히 여기지 말라 그 꾸지람을 싫어하지 말라.

[잠 3:12] 대저大抵 여호와께서 그 사랑하시는 자者를 징계懲戒하시기를 마치 아비가 그 기뻐하는 아들을 징계懲戒함 같이 하시느니라.

[잠 3:13] 지혜智慧를 얻은 자者와 명철明哲을 얻은 자者는 복福이 있나니

[잠 3:14] 이는 지혜智慧를 얻는 것이 은銀을 얻는 것보다 낫고 그 이익利益이 정금精金보 다 나음이니라.

[잠 3:15] 지혜智慧는 진주眞珠보다 귀貴하니 너의 사모思慕하는 모든 것으로 이에 비교比較할 수 없도다.

[잠 3:16] 그 우편右便 손에는 장수長壽가 있고 그 좌편左便 손에는 부귀富貴가 있나니

[잠 3:17] 그 길은 즐거운 길이요 그 첩경捷徑은 다 평강平康이니라.

[잠 3:18] 지혜智慧는 그 얻은 자者에게 생명生命나무라 지혜智慧를 가진 자者는 복福되도다.

[잠 3:19] 여호와께서는 지혜智慧로 땅을 세우셨으며 명철明哲로 하늘을 굳게 펴셨고

[잠 3:20] 그 지식知識으로 해양海洋이 갈라지게 하셨으며 공중空中에서 이슬이 내리게 하셨느니라.

[잠 3:21] 내 아들아 완전完全한 지혜智慧와 근신謹愼을 지키고 이것들로 네 눈 앞에서 떠 나지 않게 하라.

[잠 3:22] 그리하면 그것이 네 영혼靈魂의 생명生命이 되며 네 목에 장식粧飾이 되리니

[잠 3:23] 네가 네 길을 안연晏然히 행行하겠고 네 발이 거치지 아니하겠으며

[잠 3:24] 네가 누울 때에 두려워하지 아니하겠고 네가 누운즉 네 잠이 달리로다.

[箴3 - 11] 我子、主責爾、勿輕視、主譴爾、勿喪膽、

[箴3 - 12] 蓋主責其所愛者、如父督責所悅之子、

[箴3 - 13] 得智慧得明哲者、此人則爲有福、

[箴3 - 14] 積智慧勝於積銀、智慧利大、勝於精金、

[箴3 - 15] 貴於珍珠、爾一切財寶、不足與之比、

[箴3 - 16] 右手操持長壽、左手操持富貴、

[箴3 - 17] 其道安樂、其徑平康、

[箴3 - 18] 持守智慧者、如得生命之樹、執持智慧者悉有福、

[箴3 - 19] 主以智慧奠地、以明哲建天、

[箴3 - 20] 以知識裂地脈以出泉源、使高空滴露、

[箴3 - 21] 我子、當守智慧智謀、必常在爾目中、

[箴3 - 22] 保養爾性靈、爲爾項之華飾、

[箴3 - 23] 則必安然行道、爾足不致顚蹶、

[箴3 - 24] 爾寢臥必酣寐、無所畏懼.

(3:25 - 4:6절) 생략

[잠 4:7] 지혜智慧가 제일第一이니 지혜智慧를 얻으라 무릇 너의 얻은 것을 가져 명철明哲을 얻을지니라.

[잠 4:8] 그를 높이라 그리하면 그가 너를 높이 들리라 만일 그를 품으면 그가 너를 영화榮華롭게 하리라.

[箴4 - 7] 智慧爲首善、務必購求、在所欲得之中、以明哲爲要、

[箴4 - 8] 尊崇智慧、則使爾升高、懷念智慧、則使爾尊榮.

(4:9 - 6:5절) 생략

[잠 6:6] 게으른 자者여 개미에게로 가서 그 하는 것을 보고 지혜智慧를 얻으라.

[잠 6:7] 개미는 두령頭領도 없고 간역자看役者도 없고 주권자主權者도 없으되

[잠 6:8] 먹을 것을 여름 동안에 예비豫備하며 추수秋收 때에 양식糧食을 모으느니라.

[잠 6:9] 게으른 자者여 네가 어느 때까지 눕겠느냐 네가 어느 때에 잠이 깨어 일어나겠느냐.

[잠 6:10] 좀더 자자 좀더 졸자 손을 모으고 좀더 눕자 하면

[잠 6 :11] 네 빈궁貧窮이 강도强盜같이 오며 네 곤핍困乏이 군사軍士같이 이르리라.

[箴6 - 6] 怠惰者歟、爾往觀蟻之動作、可得智慧、

[箴6 - 7] 彼無帥無長無君、

[箴6 - 8] 猶知夏時備食、穡時斂糧、

[箴6 - 9] 怠惰之人、爾偃息將至何時、爾寢臥何時方起、

[箴6 - 10] 爾若且睡片時、再寢片時、又叉手偃臥片時、

[箴6 - 11] 貧窮臨爾、速如行旅、缺乏及爾、迅如武士.

(6:12 - 6:35절) 생략

[잠 7:1] 내 아들아 내 말을 지키며 내 명령命令을 네게 간직看直하라.

[잠 7:2] 내 명령命令을 지켜서 살며 내 법法을 네 눈동자瞳子처럼 지키라.

[잠 7:3] 이것을 네 손가락에 매며 이것을 네 마음판板에 새기라.

[箴7 - 1] 我子、當恪守我言、以我命令存記於懷、

[箴7-2] 謹守我之誡命、則可得生、守我教誨、如守眸子、

[箴7-3] 繫之於指、銘之於心.

(7:4-8:9절) 생략

[잠 8:10] 너희가 은銀을 받지 말고 나의 훈계訓戒를 받으며 정금精金보다 지식知識을 얻으라.

[잠 8:11] 대저大抵 지혜智慧는 진주眞珠보다 나으므로 무릇 원願하는 것을 이에 비교比較 할 수 없음이니라.

[잠 8:12] 나 지혜智慧는 명철明哲로 주소住所를 삼으며 지식知識과 근신謹愼을 찾아 얻나니

[잠 8:13] 여호와를 경외敬畏하는 것은 악惡을 미워하는 것이라 나는 교만驕慢과 거만倨慢과 악惡한 행실行實과 패역悖逆한 입을 미워하느니라.

[箴8-10] 寧受我訓、不受白銀、得知識、勝得精金、

[箴8-11] 智慧較珍珠尤美、一切可慕者、不足與之比擬、

[箴8-12] 我智慧與明哲同居、才智之謀略、我所尋得、

[箴8-13] 敬畏主卽惡惡也、驕傲狂妄、邪道乖謬之口、皆我所厭惡.

(8:14-9:18절) 생략

[잠 10:1] 솔로몬의 잠언箴言이라 지혜智慧로운 아들은 아비로 기쁘게 하거니와 미련한 아들은 어미의 근심이니라.

[잠 10:2] 불의不義의 재물財物은 무익無益하여도 의리義理는 죽음에서 건지느니라.

[잠 10:3] 여호와께서 의인義人의 영혼靈魂은 주리지 않게 하시나 악인惡人의 소욕所欲은 물리치시느니라.

[잠 10:4] 손을 게으르게 놀리는 자者는 가난하게 되고 손이 부지런한 자者는 부富하게 되느니라.

[잠 10:5] 여름에 거두는 자者는 지혜智慧로운 아들이나 추수秋收 때에 자는 자者는 부끄 러움을 끼치는 아들이니라.

[箴10-1] 所羅門之箴言如左、智慧之子、使父喜樂、愚昧之子、爲母所憂、

[箴10-2] 非義之財、無所裨益、惟公義始能救人於死、

[箴10-3] 善人主祐之不饑、惡人、主使之不得所欲、

[箴10-4] 經營手惰者必貧、手勤者必富、

[箴10-5] 夏時斂者乃賢子、穡時寢者爲不肖子.

(10:6-10:15절) 생략

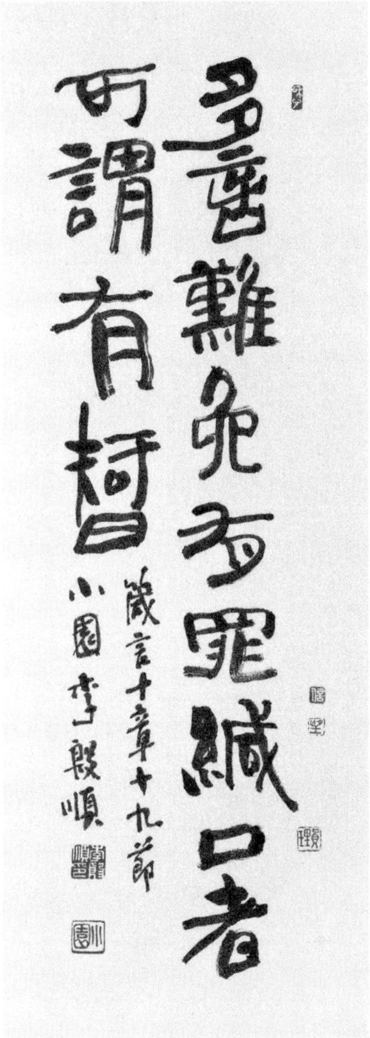

智者 25×67cm

[잠 10:16]　의인義人의 수고受苦는 생명生命에 이르고 악인惡人의 소득所得은 죄罪에 이르느니라.

[잠 10:17]　훈계訓戒를 지키는 자者는 생명生命 길로 행行하여도 징계懲戒를 버리는 자者 는 그릇 가느니라.

[잠 10:18]　미워함을 감추는 자者는 거짓의 입술을 가진 자者요 참소讒訴하는 자者는 미련한 자者니라.

[잠 10:19]　말이 많으면 허물을 면免키 어려우나 그 입술을 제어制馭하는 자者는 지혜智慧가 있느니라.

[잠 10:20] 의인義人의 혀는 천은天銀과 같거니와 악인惡人의 마음은 가치價値가 적으니라.

[잠 10:21] 의인義人의 입술은 여러 사람을 교육敎育하나 미련한 자者는 지식知識이 없으므로 죽느니라.

[箴10 - 16] 善人經營、致得生命、惡人結果、無非罪戾、

[箴10 - 17] 守訓誨者乃從生命之道、棄督責者必致迷妄、

[箴10 - 18] 匿憾者口必言誑、讒毁人者爲愚昧、

[箴10 - 19] 多言難免有罪、緘口者可爲有智、

[箴10 - 20] 善人之言、有如佳銀、惡人之心、所値無幾、

[箴10 - 21] 善人之口、敎養人多、愚者因無知而死.

(10:22 - 10:27절) 생략

[잠 10:28] 의인義人의 소망所望은 즐거움을 이루어도 악인惡人의 소망所望은 끊어지느니라.

[잠 10:29] 여호와의 도道가 정직正直한 자者에게는 산성山城이요 행악行惡하는 자者에게는 멸망滅亡이니라.

[箴 10 - 28] 善人得其所望而樂、 惡人所冀、 必致空虛、

[箴 10 - 29] 主之道、 正直人視爲鞏固之城、 惟惡者以爲可懼.

(10:30 - 10:32절) 생략

[잠 11:1] 속이는 저울은 여호와께서 미워하셔도 공평公平한 추錘는 그가 기뻐하시느니라.

[잠 11:2] 교만驕慢이 오면 욕辱도 오거니와 겸손謙遜한 자者에게는 지혜智慧가 있느니라.

[잠 11:3] 정직正直한 자者의 성실誠實은 자기自己를 인도引導하거니와 사특邪慝한 자者의 패역悖逆은 자기自己를 망亡케 하느니라.

[잠 11:4] 재물財物은 진노震怒하시는 날에 무익無益하나 의리義理는 죽음을 면免케 하느니라.

[箴11 - 1] 詐僞之衡、爲主所惡、公平之權、爲主所悅、

[箴11 - 2] 人驕矜必致取辱、謙遜者可謂有智、

[箴11 - 3] 正直人、爲己之端方所導、悖逆者必因己之邪曲敗亡、

[箴11 - 4] 値震怒之日、貨財無益、惟善德能救人於死.

(11:5 - 11:17절) 생략

[잠 11 : 18] 악인惡人의 삯은 허무虛無하되 의義를 뿌린 자者의 상賞은 확실確實하니라.

[箴11 - 18] 惡人經營、所得虛幻、播善種者、必獲眞實果報.

(11:19 - 11:23절) 생략

[잠 11:24] 흩어 구제救濟하여도 더욱 부富하게 되는 일이 있나니 과도過度히 아껴도 가난하게 될 뿐이니라.

[잠 11:25] 구제救濟를 좋아하는 자者는 풍족豊足하여질 것이요 남을 윤택潤澤하게 하는 자者는 윤택潤澤하여지리라.

[箴11 - 24] 有散財者反增添、有惜財過度者反致貧乏、

[箴11 - 25] 好施舍者、必得饒裕、潤澤人者、必得潤澤.

[잠 11:30] 의인義人의 열매는 생명生命나무라 지혜智慧로운 자者는 사람을 얻느니라.

[箴11 - 30] 善人之果、卽生命樹之果、能得人者爲明哲.

(11:31절) 생략

[잠 12:1] 훈계訓戒를 좋아하는 자者는 지식知識을 좋아하나니 징계懲戒를 싫어하는 자者는 짐승과 같으니라.

[잠 12:2] 선인善人은 여호와께 은총恩寵을 받으려니와 악惡을 꾀하는 자者는 정죄定罪하심을 받으리라.

[잠 12:3] 사람이 악惡으로 굳게 서지 못하나니 의인義人의 뿌리는 움직이지 아니하느니라.

[잠 12:4] 어진 여인女人은 그 지아비의 면류관冕旒冠이나 욕辱을 끼치는 여인女人은 그 지아비로 뼈가 썩음 같게 하느니라.

[잠 12:5] 의인義人의 생각은 공직公直하여도 악인惡人의 도모圖謀는 궤휼詭譎이니라.

[箴12 - 1] 人喜訓誨卽喜知識、惡督責者乃愚人、

[箴12 - 2] 善人必蒙主施恩、設詭計者主必定罪、

[箴12 - 3] 人恃惡不得堅立、善人之本、永不動移、

[箴12 - 4] 淑女如夫之冕、啓羞之婦、使夫難堪如骨已朽、

[箴12 - 5] 善人所懷者公義、惡人所謀者詭譎.

(12:6 - 12:13절) 생략

[잠 12:14] 사람은 입의 열매로 인因하여 복록福祿에 족足하며 그 손의 행行하는 대로 자 기自己가 받느니라.

[箴12 - 14] 人必以口德之果報、足享嘉福、上帝必循人手所爲、施報於人.

(12:15 - 13:2절) 생략

[잠 13:3] 입을 지키는 자者는 그 생명生命을 보전保全하나 입술을 크게 벌리는 자者에게 는 멸망滅亡이 오느니라.

[잠 13:4] 게으른 자者는 마음으로 원願하여도 얻지 못하나 부지런한 자者의 마음은 풍족 豊足함을 얻느니라.

[箴13 - 3] 守口者保生命、多言者必致敗亡、

[箴13 - 4] 惰者心欲而不得、勤者必得心意滿足.

(13:15 - 13:21절) 생략

[잠 13:14] 지혜智慧 있는 자者의 교훈教訓은 생명生命의 샘이라 사람으로 사망死亡의 그 물을 벗어나게 하느니라.

[箴 13 - 14] 智者之教誨、卽生命之源、可使人脫於致死之網羅.

(13:15 - 13:21절) 생략

[잠 13:22] 선인善人은 그 산업産業을 자자子子 손손孫孫에게 끼쳐도 죄인罪人의 재물財物은 의인義人을 위爲하여 쌓이느니라.

[箴13 - 22] 善人遺業子孫、惡人貲財、存爲善人所用.

(13:23절) 생략

[잠 13:24] 초달楚撻을 차마 못하는 자者는 그 자식子息을 미워함이라 자식子息을 사랑하는 자者는 근실勤實히 징계懲戒하느니라.

[箴13 - 24] 不忍以杖扑子、反爲惡子、惟愛子者專加督責.

(13:25 - 14:9절) 생략

[잠 14:10] 마음의 고통苦痛은 자기自己가 알고 마음의 즐거움도 타인他人이 참여參與하지 못하느니라.

[잠 14:11] 악惡한 자者의 집은 망亡하겠고 정직正直한 자者의 장막帳幕은 흥興하리라.

[箴14 - 10] 心懷愁苦、惟己能知、心有喜樂、人難同覺、

[箴14 - 11] 惡者之家必滅、義者之幕必興.

(14:12 - 14:17절) 생략

[잠 14:18] 어리석은 자者는 어리석음으로 기업基業을 삼아도 슬기로운 자者는 지식知識으로 면류관冕旒冠을 삼느니라.

[잠 14:19] 악인惡人은 선인善人 앞에 엎드리고 불의자不義者는 의인義人의 문門에 엎드리느니라.

[箴14 - 18] 拙者守愚爲業、智者以智爲冕、

[箴14 - 19] 惡者鞠躬於善人之前、罪人伺候於義者之門.

(14:20 - 14:26절) 생략

[잠 14:27] 여호와를 경외敬畏하는 것은 생명生命의 샘이라 사망死亡의 그물에서 벗어나게 하느니라.

[箴14 - 27] 敬畏主卽生命之源、可使人脫於致死之網羅.

(14:28절) 생략

[잠 14:29] 노怒하기를 더디하는 자者는 크게 명철明哲하여도 마음이 조급躁急한 자者는 어리석음을 나타내느니라.

[箴14 - 29] 忍怒者大有明哲、性躁者易顯愚拙.

(14:30 - 14:35절) 생략

[잠 15:1] 유순柔順한 대답對答은 분노忿怒를 쉬게 하여도 과격過激한 말은 노怒를 격동激動하느니라.

[잠 15:2] 지혜智慧 있는 자者의 혀는 지식知識을 선善히 베풀고 미련한 자者의 입은 미련한 것을 쏟느니라.

[箴15 - 1] 答言溫和則息怒、語言暴戾則激怒、

[箴15 - 2] 智者言語、善用知識、愚者之口、傾吐其癡.

(15:3절) 생략

[잠 15:4] 온량溫良한 혀는 곧 생명生命나무라도 패려悖戾한 혀는 마음을 상傷하게 하느니라.

[箴15 - 4] 溫良之言、猶如生命之樹、乖戾之辭、使人心傷.

(15:5 - 15:33절) 생략

[잠 16:1] 마음의 경영經營은 사람에게 있어도 말의 응답應答은 여호와께로서 나느니라.

[箴16 - 1] 心中謀事在人、允人祈求在主.

(16:2절) 생략

[잠 16:3] 너의 행사行事를 여호와께 맡기라 그리하면 너의 경영經營하는 것이 이루리라.
[箴16-3] 以爾之事託主、則爾之所圖謀、必得成立.

(16:4-16:7절) 생략

[잠 16:8] 적은 소득所得이 의義를 겸兼하면 많은 소득所得이 불의不義를 겸兼한 것보다 나으니라.
[箴16-8] 以義而得者雖少、勝於不義而得之大財.

[잠 16:9] 사람이 마음으로 자기自己의 길을 계획計劃할지라도 그 걸음을 인도引導하는 자者는 여호와시니라.
[箴]16-9] 人心籌畫其道、導其步履者乃主.

(16:10-16:17절) 생략

[잠 16:18] 교만驕慢은 패망敗亡의 선봉先鋒이요 거만倨慢한 마음은 넘어짐의 앞잡이니라.
[箴 16-18] 心驕必敗、氣傲必蹶.

[잠 16:19] 겸손謙遜한 자者와 함께 하여 마음을 낮추는 것이 교만驕慢한 자者와 함께 하여 탈취물奪取物을 나누는 것보다 나으니라.
[箴16-19] 心卑者與謙遜人來往、勝於與驕傲者分財.

(16:20-16:22절) 생략

[잠 16:23] 지혜智慧로운 자者의 마음은 그 입을 슬기롭게 하고 또 그 입술에 지식知識을 더하느니라.
[잠 16 : 24] 선善한 말은 꿀송이 같아서 마음에 달고 뼈에 양약良藥이 되느니라.
[箴16-23] 心具智慧者、口出達言、能以言增人學問、
[箴16-24] 良言如蜂房之蜜、甘於心、益於身.

(16:25-16:31절) 생략

[잠 16:32] 노怒하기를 더디하는 자者는 용사勇士보다 낫고 자기自己의 마음을 다스리는 자者는

성城을 빼앗는 자者보다 나으니라.

[箴16 - 32]　不遽怒者愈於勇士、治服己心者愈於取城.

(16:33절) 생략

[잠 17:1]　마른 떡 한 조각만 있고도 화목和睦하는 것이 육선肉饍이 집에 가득하고 다투는 것보다 나으니라.

[箴17 - 1]　餚饌盈室而人爭、不如乾餠一方而人和.

(17:2절) 생략

[잠 17:3]　도가니는 은銀을 풀무는 금金을 연단鍊鍛하거니와 여호와는 마음을 연단鍊鍛하 시느니라.

[箴17 - 3]　鍊銀者鼎、鍊金者爐、鑒察人心者乃主.

(17:4 - 18:7절) 생략

[잠 18:8]　남의 말하기를 좋아하는 자者의 말은 별식別食과 같아서 뱃속 깊은 데로 내려가느니라.

[箴18 - 8]　挑事之人、其言雖如笑談亦深入人之心懷.

(18:9절) 생략

[잠 18:10]　여호와의 이름은 견고堅固한 망대望臺라 의인義人은 그리로 달려가서 안전安全함을 얻느니라.

[箴18 - 10]　主之名如鞏固之臺、善人速登、得蒙覆庇.

(18:11 - 18:14절) 생략

[잠 18:15]　명철明哲한 자者의 마음은 지식知識을 얻고 지혜智慧로운 자者의 귀는 지식知識을 구求하느니라.

[箴18 - 15]　哲者之心、求得知識、智者之耳、欲聽道學.

(18:16 - 18:20절) 생략

[잠 18:21]　죽고 사는 것이 혀의 권세權勢에 달렸나니 혀를 쓰기 좋아하는자者는 그 열매를 먹으리라.

[箴18 - 21] 生死之關係、在乎出言、珍重言語、必得善果.

(18:22 - 20:12절) 생략

[잠 20:13] 너는 잠자기를 좋아하지 말라 네가 빈궁貧窮하게 될까 두려우니라 네 눈을 뜨라 그리하면 양식糧食에 족足하리라.

[箴20 - 13] 勿貪寢、恐致貧乏、當啓目、可得足食.

(20:14 - 21:31절) 생략

[잠 22:1] 많은 재물財物보다 명예名譽를 택擇할 것이요 은銀이나 금金보다 은총恩寵을 더욱 택擇할 것이니라.

[箴22 - 1] 美名愈於大財、恩寵愈於金銀.

(22:2 - 22:3절) 생략

[잠 22:4] 겸손謙遜과 여호와를 경외敬畏함의 보응報應은 재물財物과 영광榮光과 생명生命이니라.

[箴22 - 4] 謙遜及敬畏主之果報、卽富有、尊榮、生命.

(22:5절) 생략

[잠 22:6] 마땅히 행行할 길을 아이에게 가르치라 그리하면 늙어도 그것을 떠나지 아니하리라.

[箴22 - 6] 教子以當行之道、則至老不離.

(22:7 - 22:10절) 생략

[잠 22:11] 마음의 정결淨潔을 사모思慕하는 자者의 입술에는 덕德이 있으므로 임금이 그의 친구親舊가 되느니라.

[箴22 - 11] 心喜淸潔者、口辭必善、王以之爲友.

(22:12 - 23:16절) 생략

[잠 23:17] 네 마음으로 죄인罪人의 형통亨通을 부러워하지 말고 항상恒常 여호와를 경외敬畏하라.

[잠 23:18] 정녕丁寧히 네 장래將來가 있겠고 네 소망所望이 끊어지지 아니하리라.

[箴23 - 17] 罪人亨通、勿懷妒嫉、惟當終日敬畏主、

[箴23 - 18] 蓋終有善報、必不失望.

(23:19 - 24:15절) 생략

[잠 24:16] 대저大抵 의인義人은 일곱번番 넘어질지라도 다시 일어나려니와 악인惡人은 재앙災殃으로 인因하여 엎드러지느니라.

[箴24 - 16] 蓋善人雖七蹶而復興、惡人終陷於禍.

(24:17 - 25:8절) 생략

[잠 25:9] 너는 이웃과 다투거든 변론辯論만 하고 남의 은밀隱密한 일을 누설漏洩 하지 말라.

[잠 25:10] 듣는 자者가 너를 꾸짖을 터이요 또 수욕羞辱이 네게서 떠나지 아니할까 두려우니라.

[잠 25:11] 경우境遇에 합당合當한 말은 아로새긴 은쟁반銀錚盤에 금金사과니라.

[잠 25:12] 슬기로운 자者의 책망責望은 청종聽從하는 귀에 금金고리와 정금精金 장식粧飾이니라.

[잠 25:13] 충성忠誠된 사자使者는 그를 보낸 이에게 마치 추수秋收하는 날에 얼음 냉수冷水 같아서 능能히 그 주인主人의 마음을 시원케 하느니라.

[箴25 - 9] 爾與鄰訟、勿洩他人之密事、

[箴25 - 10] 恐聽者責爾、貽羞不已、

[箴25 - 11] 應時之言、如金果嵌於銀槽、

[箴25 - 12] 智者之警教、在願聽者之耳中、如金耳環、如精金之飾、

[箴25 - 13] 忠信之使、令遣之之主人暢懷、如穡時得冰雪、既涼且爽.

(25:14 - 25:20절) 생략

[잠 25:21] 네 원수怨讐가 배고파하거든 식물食物을 먹이고 목말라하거든 물을 마시우라.

[잠 25:22] 그리하는 것은 핀 숯으로 그의 머리에 놓는 것과 일반一般이요 여호와께서는 네게 상賞을 주시리라.

[箴25 - 21] 敵饑則食之、敵渴則飲之、

[箴25 - 22] 爾如此以待之、猶以爇炭置於其首、而主必賞爾.

(25:23 - 27:1절) 생략

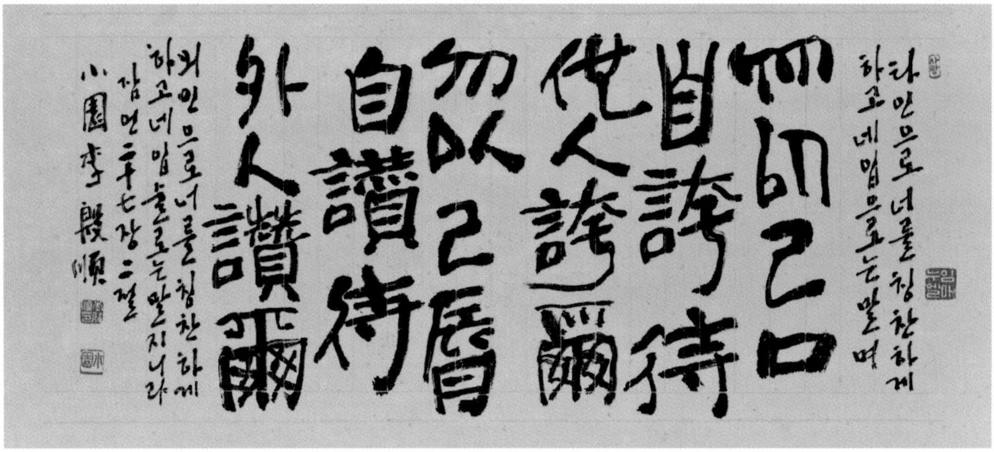

謙遜64×29cm

[잠 27:2] 타인他人으로 너를 칭찬稱讚하게 하고 네 입으로는 말며 외인外人으로 너를 칭찬稱讚하게 하고 네 입술로는 말지니라.

[箴27 - 2] 勿以己口自誇、待他人誇爾、勿以己脣自讚、待外人讚爾.

(27:3 - 27:8절) 생략

[잠 27:9] 기름과 향香이 사람의 마음을 즐겁게 하나니 친구親舊의 충성忠誠된 권고勸告가 이와 같이 아름다우니라.

[箴 27 - 9] 寶膏美香、能悅人心、友朋以誠心相勸亦若是.

[잠 27:10] 네 친구親舊와 네 아비의 친구親舊를 버리지 말며 네 환난患難 날에 형제兄弟의 집에 들어가지 말지어다 가까운 이웃이 먼 형제兄弟보다 나으니라.

[箴27 - 10] 爾之友及爾父之友、不可遺棄、爾遭難時、勿入兄弟之室、
親近之鄰里、勝於疎遠之兄弟.

(27:11 - 27:20절) 생략

[잠 27:21] 도가니로 은銀을 풀무로 금金을 칭찬稱讚으로 사람을 시련試鍊하느니라.

[箴27 - 21] 鼎可以試驗銀、爐可以試驗金、稱譽可以試驗人.

(27:22 - 29:22절) 생략

[잠 29:23] 사람이 교만驕慢하면 낮아지게 되겠고 마음이 겸손謙遜하면 영예榮譽를 얻으리라.

[箴 29 - 23] 人之驕傲必使其卑降、心謙者必得尊榮.

(29:24 - 30:7절) 생략

[잠 30:8] 곧 허탄虛誕과 거짓말을 내게서 멀리 하옵시며 나로 가난하게도 마옵시고 부富하게도 마옵시고 오직 필요必要한 양식糧食으로 내게먹이시옵소서.

[잠 30:9] 혹或 내가 배불러서 하나님을 모른다 여호와가 누구냐 할까 하오며 혹或 내가 가난하여 도적盜賊질하고 내 하나님의 이름을 욕辱되게 할까 두려워함이니이다.

[箴30 - 8] 使我可避虛僞與誑言、使我不貧不富、惟賜我所需之糧、

[箴30 - 9] 我若富、恐我飽而不認主、云主爲誰、我若貧、恐我盜竊、以致妄稱我上帝之名.

(30:10 - 31:9절) 생략

[잠 31:10] 누가 현숙賢淑한 여인女人을 찾아 얻겠느냐 그 값은 진주眞珠보다 더하니라.

[잠 31:11] 그런 자者의 남편男便의 마음은 그를 믿나니 산업産業이 핍절乏絶치 아니하겠으며

[잠 31:12] 그런 자者는 살아 있는 동안에 그 남편男便에게 선善을 행行하고 악惡을 행行치 아니하느니라.

[잠 31:13] 그는 양羊털과 삼을 구求하여 부지런히 손으로 일하며

[잠 31:14] 상고商賈의 배와 같아서 먼 데서 양식糧食을 가져오며

[잠 31:15] 밤이 새기 전前에 일어나서 그 집 사람에게 식물食物을 나눠 주며 여女종에게 일을 정定하여 맡기며

[잠 31:16] 밭을 간품看品하여 사며 그 손으로 번 것을 가지고 포도원葡萄園을 심으며

[잠 31:17] 힘으로 허리를 묶으며 그 팔을 강强하게 하며

[잠 31:18] 자기自己의 무역貿易하는 것이 이利로운 줄을 깨닫고 밤에 등燈불을 끄지 아니 하고

[잠 31:19] 손으로 솜뭉치를 들고 손가락으로 가락을 잡으며

[잠 31:20] 그는 간곤艱困한 자者에게 손을 펴며 궁핍窮乏한 자者를 위爲하여 손을 내밀며

[잠 31:21] 그 집 사람들은 다 홍색紅色 옷을 입었으므로 눈이 와도 그는 집 사람을 위爲 하여 두려워하지 아니하며

[잠 31:22] 그는 자기自己를 위爲하여 아름다운 방석方席을 지으며 세마포細麻布와 자색紫色 옷을 입으며

[잠 31:23] 그 남편男便은 그 땅의 장로長老로 더불어 성문城門에 앉으며 사람의 아는 바가 되며

[잠 31:24] 그는 베로 옷을 지어 팔며 띠를 만들어 상고商賈에게 맡기며

[잠 31:25] 능력能力과 존귀尊貴로 옷을 삼고 후일後日을 웃으며

[잠 31:26] 입을 열어 지혜智慧를 베풀며 그 혀로 인애仁愛의 법法을 말하며

[잠 31:27] 그 집안일을 보살피고 게을리 얻은 양식糧食을 먹지 아니하나니

[잠 31:28] 그 자식子息들은 일어나 사례謝禮하며 그 남편男便은 칭찬稱讚하기를

[잠 31:29] 덕행德行 있는 여자女子가 많으나 그대는 여러 여자女子보다 뛰어난다 하느니라.

[잠 31:30] 고운 것도 거짓되고 아름다운 것도 헛되나 오직 여호와를 경외敬畏하는 여자女子는 칭찬稱讚을 받을 것이라.

[잠 31:31] 그 손의 열매가 그들에게로 돌아갈 것이요 그 행行한 일을 인因하여 성문城門에서 칭찬稱讚을 받으리라.

[箴31 - 10] 孰得才德之妻乎、其貴重遠超珍珠、

[箴31 - 11] 其夫之心可恃之、不致缺乏貲財、

[箴31 - 12] 終身使夫有益、不使之有損、

[箴31 - 13] 求羊絨與細麻、手勤操作、

[箴31 - 14] 譬彼商船、自遠運糧、

[箴31 - 15] 未及黎明而起、以食予家人、以所需者予婢、

[箴31 - 16] 心欲購田、得購則購、以己手操作所得之貲、栽植葡萄園、

[箴31 - 17] 以竭力爲腰間帶、並强其二臂、

[箴31 - 18] 自知經營獲利、其燈終夜不滅、

[箴31 - 19] 手執紡線之竿、手持績麻之具、

[箴31 - 20] 張手周濟貧乏、伸臂資助窮苦、

[箴31 - 21] 不因雪冷而慮其家、蓋全家衣以紅衣、

[箴31 - 22] 爲己製華毯、所服者皆細麻與紫衣、

[箴31 - 23] 其夫與斯地之長老、同坐公庭、爲衆所識、

[箴31 - 24] 織細布而售之、製紳售於商賈、

[箴31 - 25] 以才能威儀爲服、預籌後日足以喜樂、

[箴31 - 26] 啓口出智慧之言、仁慈之法在其口中、

[箴31 - 27] 善理家務、亦不惰食、

[箴31 - 28] 其子起而稱之爲福、其夫亦讚之曰、

[箴31 - 29] 才德之女甚多、惟爾超越一切、

[箴31 - 30] 美容屬僞、豔色屬虛、惟敬畏主之女、始得讚譽、

[箴31 - 31] 所行結善果、可使以享、必因其所爲、得讚譽於邑門.

21 전도서 傳道 Ecclesiastes

(1:1 - 1:17절) 생략

[전 1:18] 지혜智慧가 많으면 번뇌煩惱도 많으니 지식知識을 더하는 자者는 근심을 더하느니라.

[傳1 - 18] 蓋智慧多、煩惱亦多、知識增、憂愁亦增.

(2:1 - 2:25절) 생략

[전 2:26] 하나님이 그 기뻐하시는 자者에게는 지혜智慧와 지식知識과 희락喜樂을 주시나 죄인罪人에게는 노고勞苦를 주시고 저로 모아 쌓게 하사 하나님을 기뻐하는 자者에게 주게 하시나니 이것도 헛되어 바람을 잡으려는 것이로다.

[傳2 - 26] 上帝所悅者、賜以智慧、知識、歡樂、獲罪於上帝者、
上帝則畀以收斂積蓄之任、終歸於上帝所悅者用、此亦屬於虛、亦如捕風.

(3:1 - 3:10절) 생략

[전 3:11] 하나님이 모든 것을 지으시되 때를 따라 아름답게 하셨고 또 사람에게 영원永遠을 사모思慕하는 마음을 주셨느니라. 그러나 하나님의 하시는 일의 시종始終을 사람으로 측량測量할 수 없게 하셨도다.

[傳3 - 11] 上帝造物皆合其時、無不美備、亦使人心悅世事、人若欲明上帝之作爲、
自始至終、實所不能.

[전 3:12] 사람이 사는 동안에 기뻐하며 선善을 행行하는 것보다 나은 것이 없는 줄을 내 가 알았고

[전 3:13] 사람마다 먹고 마시는 것과 수고受苦함으로 낙樂을 누리는 것이 하나님의 선물膳物인 줄을 또한 알았도다.

[傳3 - 12] 我知世人終身、惟有喜樂與行善爲美、

[傳3 - 13] 第人能食飮、能享勞碌所得者、亦爲上帝所賜.

(3:14 - 3:21절) 생략

[전 3:22] 그러므로 내 소견所見에는 사람이 자기自己 일에 즐거워하는 것보다 나은 것이 없나

니 이는 그의 분복分福이라 그 신후사身後事를 보게 하려고 저를 도로 데리고 올 자者
가 누구이랴.

[傳3 - 22] 故我思、人莫若樂享所經營者、以爲可得之分惟此、身後之事、孰能使之逆覩哉.

(4:1 - 5:1절) 생략

[전 5:2] 너는 하나님 앞에서 함부로 입을 열지 말며 급急한 마음으로 말을 내지 말라 하나님은 하늘에 계시고 너는 땅에 있음이니라 그런즉 마땅히 말을 적게 할 것이라.

[전 5:3] 일이 많으면 꿈이 생기고 말이 많으면 우매자愚昧者의 소리가 나타 나느니라.

[전 5:4] 네가 하나님께 서원誓願하였거든 갚기를 더디게 말라 하나님은 우매자愚昧者를 기뻐하지 아니하시나니 서원誓願한 것을 갚으라.

[전 5:5] 서원誓願하고 갚지 아니하는 것보다 서원誓願하지 아니하는 것이 나으니

[전 5:6] 네 입으로 네 육체肉體를 범죄犯罪케 말라 사자使者 앞에서 내가 서원誓願한 것이 실수失手라고 말하지 말라 어찌 하나님으로 네 말소리를 진노震怒하사 네 손으로 한 것을 멸滅하시게 하랴.

[傳5 - 2] 爾於上帝前、勿造次啓口、勿心急出言、蓋上帝在天、爾在地、故當寡言、

[傳5 - 3] 慮多夢幻生、言多愚詞出、

[傳5 - 4] 爾於上帝前許願、償之勿緩、蓋上帝不悅愚人、所許之願必償、

[傳5 - 5] 許願不償、寧勿許願、

[傳5 - 6] 勿信口而言、使身陷於罪、勿於使者前云、所言誤也、恐上帝因爾之言震怒、敗爾手所作者.

(5:7 - 6:12절) 생략

[전 7:1] 아름다운 이름이 보배로운 기름보다 낫고 죽는 날이 출생出生하는 날보다 나으며

[전 7:2] 초상初喪집에 가는 것이 잔치집에 가는 것보다 나으니 모든 사람의 결국結局이 이와 같이 됨이라 산 자者가 이것에 유심留心하리로다.

[전 7:3] 슬픔이 웃음보다 나음은 얼굴에 근심함으로 마음이 좋게 됨이니라.

[전 7:4] 지혜자智慧者의 마음은 초상初喪집에 있으되 우매자愚昧者의 마음은 연락宴樂하는 집에 있느니라.

[전 7:5] 사람이 지혜자智慧者의 책망責望을 듣는 것이 우매자愚昧者의 노래를 듣는 것보다 나으니라.

[傳7 - 1] 美名愈於寶膏、死日愈於生日、

[傳7-2]　往憂喪之家、愈於往宴樂之家、在憂喪之家、見人之終、
生者可以自悟、

[傳7-3]　憂愁愈於嬉笑、因面有憂容、心必向善、

[傳7-4]　智者心在憂喪之家、愚者心在宴樂之家、

[傳7-5]　聽智者之勸責、愈於聽愚者之謳歌.

(7:6-7:7절) 생략

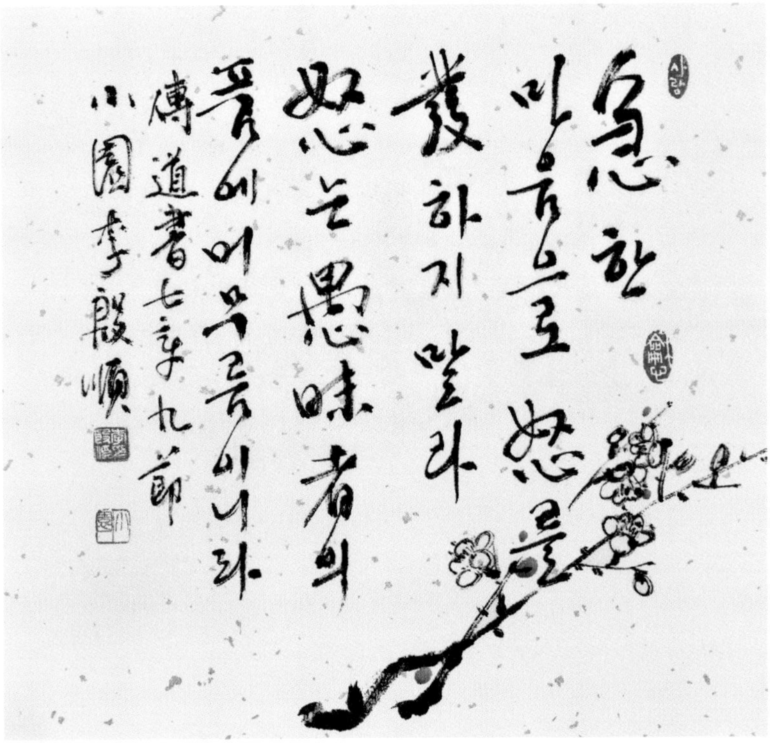

不怒 32×30cm

[전 7:8]　일의 끝이 시작始作보다 낫고 참는 마음이 교만驕慢한 마음보다 나으니

[전 7:9]　급急한 마음으로 노怒를 발發하지 말라 노怒는 우매자愚昧者의 품에 머무름이니라.

[傳7-8]　事之終、愈於事之始、容忍之心、愈於驕傲之心、

[傳7-9]　勿性躁發怒、因忿怒乃在愚者之懷.

(7:10절) 생략

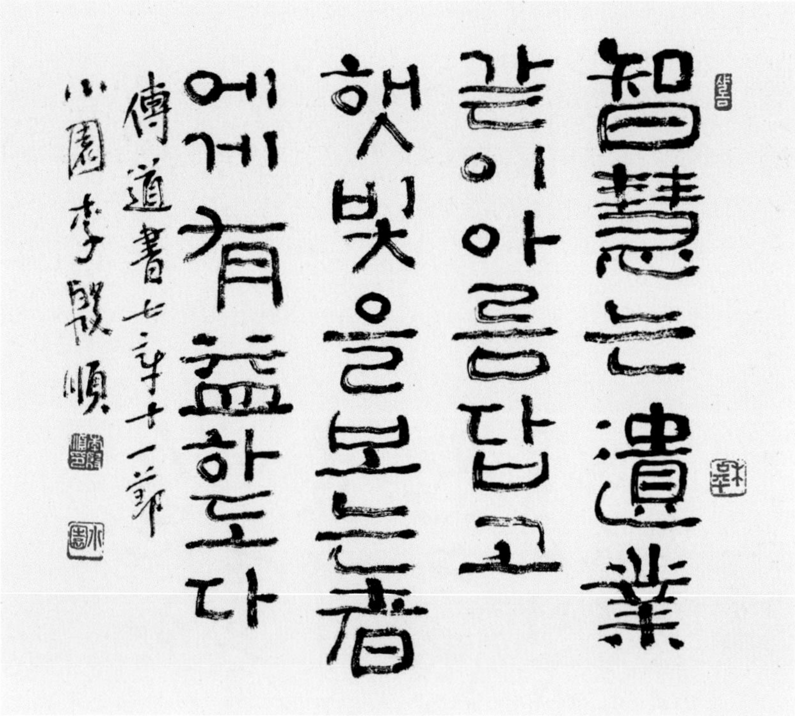

遺業 37×33cm

[전 7:11] 지혜智慧는 유업遺業 같이 아름답고 햇빛을 보는 자者에게 유익有益하도다.

[傳7 - 11] 有智慧兼有產業甚美、於世人大有益.

(7:12 - 9:6절) 생략

[전 9:7] 너는 가서 기쁨으로 네 식물食物을 먹고 즐거운 마음으로 네 포도주葡萄酒를 마실지어다. 이는 하나님이 너의 하는 일을 벌써 기쁘게 받으셨음이니라.

[전 9:8] 네 의복衣服을 항상恒常 희게하며 네 머리에 향香 기름을 그치지 않게 할지니라.

[전 9:9] 네 헛된 평생平生의 모든 날 곧 하나님이 해 아래서 네게 주신 모든 헛된 날에 사랑하는 아내와 함께 즐겁게 살지어다. 이는 네가 일평생一平生에 해 아래서 수고受苦하고 얻은 분복分福이니라.

[傳9 - 7] 爾莫若以欣喜食爾之餅、以歡心飲爾之酒、因上帝已悅爾之所爲、

[傳9 - 8] 爾之衣恆當潔白、爾之首勿缺香膏、

[傳9 - 9] 上帝賜爾在日下生存之日、皆虛浮無幾、爾莫若同所愛之妻、

歡然度日、因爾生存之時、在日下勞碌所得之分惟此.

(9:10 - 10:11절) 생략

[전 10:12] 지혜자智慧者의 입의 말은 은혜恩惠로우나 우매자愚昧者의 입술은 자기自己를 삼키나니

[전 10:13] 그 입의 말의 시작始作은 우매愚昧요 끝은 광패狂悖니라.

[傳10 - 12] 智者之口出言惠人、愚者之言害己、

[傳10 - 13] 其口之言、始則愚拙、終則狂妄.

(10:14 - 12:12절) 생략

[전 12:13] 일의 결국結局을 다 들었으니 하나님을 경외敬畏하고 그 명령命令을 지킬지어다. 이 것이 사람의 본분本分이니라

[전 12:14] 하나님은 모든 행위行爲와 모든 은밀隱密한 일을 선악간善惡間에 심판審判하시리라.

[傳12 - 13] 事之大要、我儕俱當聽之、卽敬畏上帝、守其誡命、此爲人之大端、

[傳12 - 14] 一切所爲及一切隱秘之事、或善或惡、悉爲上帝所鞫.

22 아가 所羅門歌 Song of Songs

(1:1 - 1:12절) 생략

[아 1:13] 나의 사랑하는 자者는 내 품 가운데 몰약沒藥 향낭香囊이요.

[아 1:14] 나의 사랑하는 자者는 내게 엔게디 포도원葡萄園의 고벨화花 송이로구나

[아 1:15] 내 사랑아 너는 어여쁘고 어여쁘다 네 눈이 비둘기 같구나

[아 1:16] 나의 사랑하는 자者야 너는 어여쁘고 화창和暢하다 우리의 침상寢床은 푸르고

[아 1:17] 우리 집은 백향목柏香木 들보, 잣나무 석가래로구나

[歌1 - 13] 我所親愛者、我視如沒藥香囊、恆在我懷中、

[歌1 - 14] 我所親愛者、我視如古珀露花、生於隱基底葡萄園中、

[歌1 - 15] 我之佳耦、爾甚美麗、爾甚美麗、爾眼猶如鴿眼、

[歌1 - 16] 我之良人、爾亦俊美、亦甚可愛、我儕之牀、亦靑亦綠、

[歌1 - 17] 我室之梁、製以柏香木、護牆之板、製以柏木.

[아 2:1] 나는 사론의 수선화水仙花요 골짜기의 백합화百合花로구나.

[아 2:2] 여자女子들 중中에 내 사랑은 가시나무 가운데 백합화百合花 같구나.

[아 2:3] 남자男子들 중中에 나의 사랑하는 자者는 수풀 가운데 사과나무 같구나 내가 그 그늘에 앉아서 심甚히 기뻐하였고 그 실과實果는 내입에 달았구나.

[아 2:4] 그가 나를 인도引導하여 잔치집에 들어갔으니 그 사랑이 내 위에기旗로구나.

[아 2:5] 너희는 건포도乾葡萄로 내 힘을 돕고 사과로 나를 시원케 하라 내가 사랑하므로 병病이 났음이니라.

[아 2:6] 그가 왼손으로 내 머리에 베게 하고 오른손으로 나를 안는구나.

[歌2 - 1] 我如沙崙之玫瑰花、如谷中之百合花、

[歌2 - 2] 我之佳耦、在衆女中、如百合花之在荊棘間、

[歌2 - 3] 我之良人、在諸男中、如蘋果樹之在林樹間、我喜坐其蔭下、以其果之味爲甘、

[歌2 - 4] 引導我入宴所、被我以寵愛、

[歌2 - 5] 爾其給我葡萄乾以蘇醒我、給我蘋果以補我力、蓋我因思愛致病、

[歌2 - 6] 其左手在我首下、其右手擁抱我.

(2:7 - 2:9절) 생략

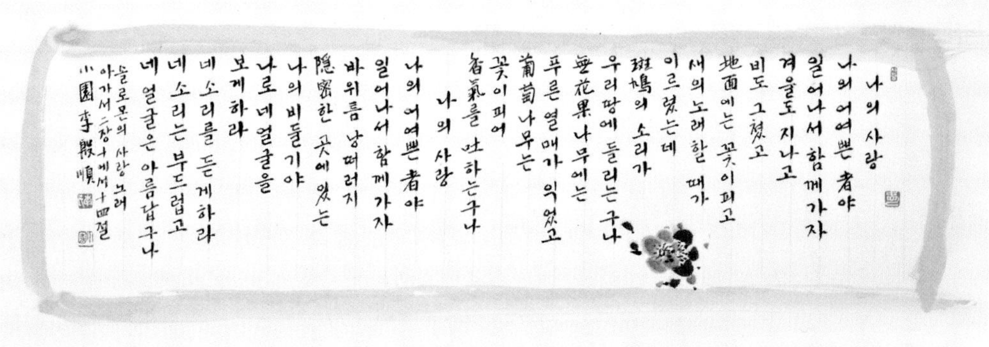

사랑의 노래 68×23cm

[아 2:10] 나의 사랑하는 자者가 내게 말하여 이르기를 나의 사랑 나의 어여쁜 자者야 일어나서 함께 가자.

[아 2:11] 겨울도 지나고 비도 그쳤고

[아 2:12] 지면地面에는 꽃이 피고 새의 노래할 때가 이르렀는데 반구斑鳩의 소리가 우리 땅에 들리는구나.

[아 2:13] 무화과無花果나무에는 푸른 열매가 익었고 포도葡萄나무는 꽃이 피어 향기香氣를 토吐하는구나 나의 사랑 나의 어여쁜 자者야 일어나서 함께 가자.

[아 2:14] 바위 틈 낭떠러지 은밀隱密한 곳에 있는 나의 비둘기야 나로 네 얼굴을 보게 하라 네 소리를 듣게 하라 네 소리는 부드럽고 네 얼굴은 아름답구나.

[歌2 - 10] 我之良人、啓言對我曰、我佳耦、我美人、求爾興起而偕來、

[歌2 - 11] 冬已逝、雨已止且過、

[歌2 - 12] 地上百花已開、鳥鳴之時已至、鳩聲已聞於我地、

[歌2 - 13] 無花果樹結果芬馥、葡萄樹開花芳馨、我佳耦、我美人、求爾興起而偕來、

[歌2 - 14] 我視爾如鴿、在磐之穴、在山巖可藏之處、求爾使我得見爾容、得聞爾聲、蓋爾聲嬌、爾容麗也.

[아 2:15] 우리를 위爲하여 여우 곧 포도원葡萄園을 허는 작은 여우를 잡으라 우리의 포도원葡萄園에 꽃이 피었음이니라.

[아 2:16] 나의 사랑하는 자者는 내게 속屬하였고 나는 그에게 속屬하였구나 그가 백합화百合花 가운데서 양羊떼를 먹이는구나.

[아 2:17] 나의 사랑하는 자者야 날이 기울고 그림자가 갈 때에 돌아와서 베데르 산山에서의

노루와 어린 사슴 같아여라.

[歌2 - 15] 當爲我儕執狐、卽毁葡萄之小狐、因我葡萄始開花、

[歌2 - 16] 良人屬我、我屬良人、彼游行於百合花中、

[歌2 - 17] 我良人乎、我願爾歸、待風涼氣爽、日影已逝、爾必如獐如小鹿、越層巒疊嶂之山.

(3:1 - 3:11절) 생략

[아 4:1] 내 사랑 너는 어여쁘고도 어여쁘다. 너울 속에 있는 네 눈이 비둘기같고 네 머리털은 길르앗산山 기슭에 누운 무리 염소 같구나.

[아 4:2] 네 이는 목욕장沐浴場에서 나온 털 깎인 암양羊 곧 새끼 없는 것은 하나도 없이 각각各各 쌍태雙胎를 낳은 양羊 같구나.

[아 4:3] 네 입술은 홍색紅色실 같고 네 입은 어여쁘고 너울 속의 네 뺨은 석류石榴 한 쪽 같구나.

[아 4:4] 네 목은 군기軍器를 두려고 건축建築한 다윗의 망대望臺 곧 일천一千 방패防牌 용사勇士의 모든 방패防牌가 달린 망대望臺같고

[아 4:5] 네 두 유방乳房은 백합화百合花 가운데서 꼴을 먹는 쌍태雙胎 노루새끼 같구나.

[아 4:6] 날이 기울고 그림자가 갈 때에 내가 몰약산沒藥山과 유향乳香의 작은 산山으로 가리라.

[아 4:7] 나의 사랑 너는 순전純全히 어여뻐서 아무 흠欠이 없구나.

[아 4:8] 나의 신부新婦야 너는 레바논에서부터 나와 함께 하고 레바논에서부터 나와 함께 가자 아마나와 스닐과 헤르몬 꼭대기에서 사자獅子 굴窟과 표豹범 산山에서 내려다 보아라.

[아 4:9] 나의 누이 나의 신부新婦야 네가 내 마음을 빼앗았구나. 네 눈으로 한 번番 보는 것과 네 목의 구슬 한 꿰미로 내 마음을 빼앗았구나.

[아 4:10] 나의 누이 나의 신부新婦야 네 사랑이 어찌 그리 아름다운지 네 사랑은 포도주葡萄酒에 지나고 네 기름의 향기香氣는 각양各樣 향품品보다 승勝하구나.

[아 4:11] 내 신부新婦야 네 입술에서는 꿀 방울이 떨어지고 네 혀 밑에는 꿀과 젖이 있고 네 의복衣服의 향기香氣는 레바논의 향기香氣 같구나.

[아 4:12] 나의 누이 나의 신부新婦는 잠근 동산이요 덮은 우물이요. 봉封한 샘 이로구나.

[아 4:13] 네게서 나는 것은 석류石榴나무와 각종各種 아름다운 과수果樹와 고벨화花와 나도초草와

[아 4:14] 나도와 번홍화番紅花와 창포菖蒲와 계수桂樹와 각종各種 유향목乳香木과 몰약沒藥과 심향沈香과 모든 귀貴한 향품香品이요.

[아 4:15] 너는 동산의 샘이요 생수生水의 우물이요 레바논에서부터 흐르는 시내로구나.

[아 4:16] 북풍北風아 일어나라 남풍南風아 오라 나의 동산에 불어서 향기香氣를 날리라 나의 사랑하는 자者가 그 동산에 들어가서 그 아름다운 실과實果 먹기를 원願하노라.

[歌4 - 1] 我之佳耦、爾甚美麗、爾眼在帕內猶如鴿眼、髮如羣山羊、臥於基列山、

[歌4 - 2] 齒如翦毛之羊羣、自浴池而上、無一不能生育、且俱孿生、

[歌4 - 3] 脣如紅線、口甚美秀、腮在帕內、如石榴之半、

[歌4 - 4] 頸如大衛之臺、爲藏軍器而造、其上懸盾一千、爲英雄所執之盾、

[歌4 - 5] 二乳如雙小鹿、麀鹿所孿生者、齧芻於百合花中、

[歌4 - 6] 我且適沒藥之山、乳香之岡、待風涼氣爽、日影已逝、

[歌4 - 7] 我之佳耦、爾純美麗、無疵無玷、

[歌4 - 8] 我新婦、爾由利巴嫩偕我、由利巴嫩偕我來、由亞瑪拿頂、由示尼與黑門巔觀望、由獅穴豹山觀望、

[歌4 - 9] 我之妹、我之新婦、爾奪我心、爾以目之一盼、以頸之一珠串、奪我心神、

[歌4 - 10] 我之妹、我之新婦、爾眷愛之情、何其美哉、爾眷愛之情、愈於旨酒、爾膏之香、勝於一切芳品、

[歌4 - 11] 新婦乎、爾脣如蜂房滴蜜、爾舌下如有蜜有乳、爾衣之香、如利巴嫩之香、

[歌4 - 12] 我之妹、我之新婦、爾如已鍵之園、已蓋之井、已封之泉、

[歌4 - 13] 爾園囿所植者、乃石榴、有佳果、並有古珀露花與那珥達、

[歌4 - 14] 那珥達、番紅花、菖蒲、桂枝、各種乳香木、沒藥沈香、與諸芬芳之品、

[歌4 - 15] 爾又如園中之泉、活水之井、利巴嫩之溪、

[歌4 - 16] 願北風起、南風亦至、吹於我園、播揚馨香、我之良人、可入其園而食其佳果.

(5:1 - 5:16절) 생략

[아 6:1] 여자女子 중中 극極히 어여쁜 자者야 너의 사랑하는 자者가 어디로 갔는가 너의 사랑하는 자者가 어디로 돌이켰는가 우리가 너와 함께 찾으리라.

[아 6:2] 나의 사랑하는 자者가 자기自己 동산으로 내려가 향기香氣로운 꽃밭에 이르러서 동산 가운데서 양羊떼를 먹이며 백합화百合花를 꺾는구나.

[아 6:3] 나는 나의 사랑하는 자者에게 속屬하였고 나의 사랑하는 자者는 내게 속屬하였다 그가 백합화百合花 가운데서 그 양羊떼를 먹이는구나.

[아 6:4] 내 사랑아 너의 어여쁨이 디르사 같고 너의 고움이 예루살렘 같고 엄위嚴威함이 기치旗幟를 벌인 군대軍隊 같구나.

[아 6:5] 네 눈이 나를 놀래니 돌이켜 나를 보지 말라 네 머리털은 길르앗산山기슭에 누 운

염소 떼 같고

[아 6:6] 네 이는 목욕장沐浴場에서 나온 암양羊떼 곧 새끼 없는 것은 하나도 없이 각각各各 쌍태雙胎를 낳은 양羊 같고

[아 6:7] 너울 속의 너의 뺨은 석류石榴 한 쪽 같구나.

[아 6:8] 왕후王后가 육십六十이요. 비빈妃嬪이 팔십八十이요. 시녀侍女가 무수無數하되

[아 6:9] 나의 비둘기 나의 완전完全한 자者는 하나뿐이로구나. 그는 그 어미의 외딸이요 그 낳은 자者의 귀중貴重히 여기는 자者로구나 여자女子들이 그를 보고 복福된 자者라 하고 왕후王后와 비빈妃嬪들도 그를 칭찬稱讚하는구나.

[아 6:10] 아침 빛 같이 뚜렷하고 달같이 아름답고 해같이 맑고 기치旗幟를 벌인 군대軍隊같이 엄위嚴威한 여자女子가 누구인가.

[아 6:11] 골짜기의 푸른 초목草木을 보려고 포도葡萄나무가 순이 났는가 석류石榴나무가 꽃이 피었는가 알려고 내가 호도胡桃 동산으로 내려갔을 때에

[아 6:12] 부지중不知中에 내 마음이 나로 내 귀貴한 백성百姓의 수레 가운데 이르게 하였구나.

[아 6:13] 돌아오고 돌아오라 술람미 여자女子야 돌아오고 돌아오라 우리로 너를 보게 하라.

[아 6:14] 너희가 어찌하여 마하나임의 춤추는 것을 보는 것처럼 술람미 여자女子를 보려느냐.

[歌6-1] 女中最美麗者乎、爾之良人何往、爾之良人轉身何往、我與爾偕尋之、

[歌6-2] 我之良人、必入其園、至香花畦旁、游行園中、採百合花、

[歌6-3] 我屬良人、良人屬我、彼游行於百合花中、

[歌6-4] 我之佳耦、爾美麗如提珥匝、嬌艶如耶路撒冷、嚴正如張幟之軍、

[歌6-5] 爾目使我驚亂、求爾轉之而不視我、爾髮如羣山羊臥於基列山、

[歌6-6] 齒如羣羊自浴池而上、無一不能生育、且俱孿生、

[歌6-7] 腮在帕內、如石榴之半、

[歌6-8] 后有六十人、妃嬪八十人、宮女無數、

[歌6-9] 惟我有一人、美麗如鴿、才德兼備、其母獨生之、爲生之者所喜悅、
衆女見之、稱之爲福、后妃見之、無不譽揚、

[歌6-10] 狀如晨光、美如月、輝如日、嚴正如張幟之軍者、果爲誰乎、

[歌6-11] 我下至核桃園、欲觀谷中青綠之產、欲見葡萄已開花否、石榴已舒蕊否、

[歌6-12] 我自不覺、我之愛情、使我如民長之車、

[歌6-13] 書拉密女乎、歸歟、歸歟、爾歸使我觀爾、

[歌6-14] 爾欲觀書拉密女何爲、欲觀其蹈舞、如瑪哈念之蹈舞.

(7:1-8:14절) 생략

23 이사야 以賽亞 Isaiah

(1:1 - 1:15절) 생략

[사 1:16] 너희는 스스로 씻으며 스스로 깨끗케 하여 내 목전目前에서 너희 악업惡業을 버리며 악행惡行을 그치고

[사 1:17] 선행善行을 배우며 공의公義를 구求하며 학대虐待 받는 자者를 도와주며 고아孤兒를 위爲하여 신원伸寃하며 과부寡婦를 위爲하여 변호辯護하라.

[賽1 - 16] 當洗滌自潔、於我目前除爾惡行、不復作惡、

[賽1 - 17] 學習行善、行公義、護庇受屈者、爲孤子伸寃、爲嫠婦辨屈.

(1:18절) 생략

[사 1:19] 너희가 즐겨 순종順從하면 땅의 아름다운 소산所産을 먹을 것이요.

[사 1:20] 너희가 거절拒絶하여 배반背叛하면 칼에 삼키우리라 여호와의 입의 말씀이니라.

[賽1 - 19] 如爾願聽而順從、可食地之美産、

[賽1 - 20] 如爾不願聽、反加忤逆、必爲刃所殺、此乃主之口所言.

(1:21 - 7:13절) 생략

[사 7:14] 그러므로 주主께서 친親히 징조徵兆로 너희에게 주실 것이라 보라 처녀處女가 잉태孕胎하여 아들을 낳을 것이요 그 이름을 임마누엘이라 하리라.

[賽7 - 14] 故主自以異兆顯示於爾、將有處女孕懷生子、人稱其名以瑪內利.

(7:15 - 8:12절) 생략

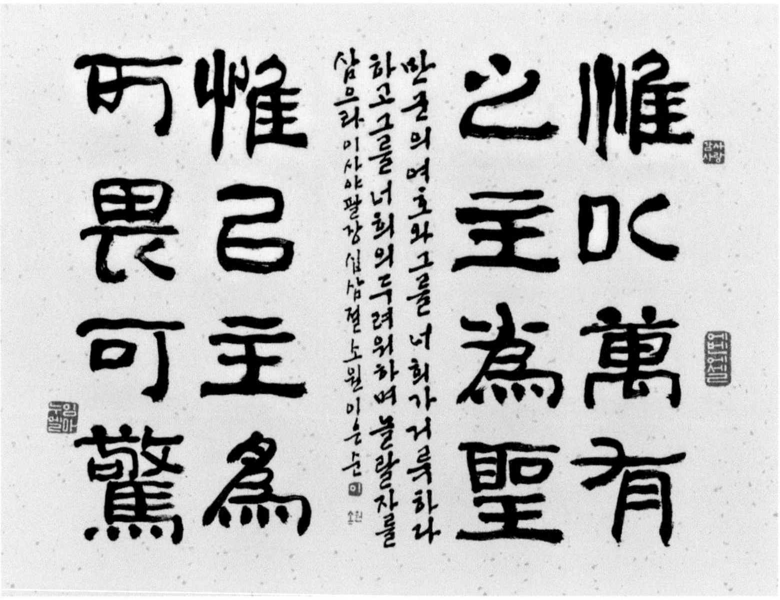

여호와를 敬畏하라 56×40cm

[사 8:13] 만군萬軍의 여호와 그를 너희가 거룩하다 하고 그로 너희의 두려워하며 놀랄 자者를 삼으라.

[賽8 - 13] 惟以萬有之主爲聖、惟以主爲可畏可驚.

(8:14 - 9:5절) 생략

[사 9:6] 이는 한 아기가 우리에게 났고 한 아들을 우리에게 주신 바 되었는데 그 어깨에는 정사政事를 메었고 그 이름은 기묘자奇妙者라 모사謀士라 전능全能하신 하나님이라 영존永存하시는 아버지라 평강平康의 왕王이라 할 것임이라.

[賽9 - 6] 因有一嬰孩爲我儕而生、有一子賜於我儕、國政爲其所肩荷、其名稱爲奇妙、策士、全能之神、永在之父、平康之君.

(9:7 - 12:1절) 생략

[사 12:2] 보라 하나님은 나의 구원救援이시라 내가 의뢰依賴하고 두려움이 없으리니 주主 여호와는 나의 힘이시며 나의 노래시며 나의 구원救援이심이라.

[사 12:3] 그러므로 너희가 기쁨으로 구원救援의 우물들에서 물을 길으리로다.

[사 12:4] 그 날에 너희가 또 말하기를 여호와께 감사感謝하라 그 이름을 부르며 그 행行 하심

을 만국萬國 중中에 선포宣布하며 그 이름이 높다 하라.

[사 12:5] 여호와를 찬송讚頌할 것은 극極히 아름다운 일을 하셨음이니 온 세계世界에 알 게 할 지어다.

[사 12:6] 시온의 거민居民아 소리를 높여 부르라 이스라엘의 거룩하신 자者가 너희 중中 에서 크심이니라 할 것이니라.

[賽12 - 2] 上帝救我、爲我所賴、我無所恐懼、主賜我以力、我謳歌頌揚、拯我者惟主、

[賽12 - 3] 爾曹將自救恩之泉、歡然汲水、

[賽12 - 4] 當是日、爾曹將曰、當頌美主、呼籲主名、以主之作爲、播揚於列國、宣其名爲崇高、

[賽12 - 5] 主所爲者赫赫、當歌頌主、以此普傳天下、

[賽12 - 6] 郇之居民、宜揚聲歡呼、因居爾中以色列之聖主、至大無比.

(12:7 - 26:2절) 생략

[사 26:3] 주主께서 심지心志가 견고堅固한 자者를 평강平康에 평강平康으로 지키시리니 이는 그가 주主를 의뢰依賴함이니이다.

[사 26:4] 너희는 여호와를 영원永遠히 의뢰依賴하라 주主 여호와는 영원永遠한 반석磐石이심이로다.

[사 26:5] 높은 데 거居하는 자者를 낮추시며 솟은 성城을 헐어 땅에 엎으시되 진토塵土에 미치게 하셨도다.

[사 26:6] 발이 그것을 밟으리니 곧 빈궁貧窮한 자者의 발과 곤핍困乏한 자者의 걸음이리로다.

[사 26:7] 의인義人의 길은 정직正直함이여 정직正直하신 주主께서 의인義人의 첩경捷徑을 평탄平坦케 하시도다.

[사 26:8] 여호와여 주主의 심판審判하시는 길에서 우리가 주主를 기다렸사오며 주主의 이름 곧 주主의 기념記念 이름을 우리 영혼靈魂이 사모思慕하나이다.

[賽26 - 3] 心志堅定者、主必守護、賜以平康、因主是賴、主賜平康、

[賽26 - 4] 爾當賴主、至於永遠、因主爲自有之主如磐可恃、永遠長存、

[賽26 - 5] 高居之民、主使卑降、鞏固之邑、主使傾頹於地、墮於塵埃、

[賽26 - 6] 足踐之、窮民之足踐之、貧者步履其上、

[賽26 - 7] 善人之道正直、至公之主、使善人之途坦平、

[賽26 - 8] 主歟、我仰望主行審鞫之道、我中心慕主之名、切切念主.

(26:9 - 32:16절) 생략

[사 32:17] 의義의 공효功效는 화평和平이요 의義의 결과結果는 영원永遠한 평안平安과 안전安全이라.

[賽32 - 17] 義之功效乃綏安、義之結果乃寧靜康泰、至於永遠.

(32:18 - 33:1절) 생략

[사 33:2] 여호와여 우리에게 은혜恩惠를 베푸소서 우리가 주主를 앙망仰望하오니 주主는 아침마다 우리의 팔이 되시며 환난患難 때에 우리의 구원救援이 되소서

[사 33:3] 진동震動시키시는 소리로 인因하여 민족民族들이 도망逃亡하며 주主께서 일어나심으로 인因하여 열방列邦이 흩어졌나이다.

[사 33:4] 황충蝗蟲의 모임 같이 사람이 너희 노략물擄掠物을 모을 것이며 메뚜기의 뛰어오름 같이 그들이 그 위로 뛰어오르리라.

[사 33:5] 여호와께서는 지존至尊하시니 이는 높은 데 거居하심이요 공평公平과 의義로 시온에 충만充滿케 하심이라.

[사 33:6] 너의 시대時代에 평안平安함이 있으며 구원救援과 지혜智慧와 지식知識이 풍성豊盛할 것이니 여호와를 경외敬畏함이 너의 보배니라.

[賽33 - 2] 我儕惟仰望主、求主施恩於我、每朝施展臂力、以祐斯民、我儕遭患難之時、惟主拯救、

[賽33 - 3] 主發雷霆、列民逃遁、主勃然而興、羣族奔散、

[賽33 - 4] 民必斂盡爾之輜重、如蝗之食禾、疾趨而奪之、如蚱蜢疾飛、

[賽33 - 5] 主顯爲至上、因原居崇高、使郇充以公平善義、

[賽33 - 6] 必使爾歷世歷代、永享綏安、爾因智慧知識、多獲救恩、敬畏主爲民之寶.

(33:7 - 37:15절) 생략

[사 37:16] 그룹 사이에 계신 이스라엘 하나님 만군萬軍의 여호와여 주主는 천하天下 만국萬國의 유일唯一하신 하나님이시라 주主께서 천지天地를 조성造成하셨나이다.

[사 37:17] 여호와여 귀를 기울여 들으시옵소서 여호와여 눈을 떠 보시옵소서 산헤립이 사자使者로 사시는 하나님을 훼방譭謗한 모든 말을 들으시옵소서.

[사 37:18] 여호와여 앗수르 왕王들이 과연果然 열국列國과 그 땅을 황폐荒廢케 하였고

[사 37:19] 그들의 신神들을 불에 던졌사오나 이들은 참 신神이 아니라 사람의 손으로 만든 것뿐이요 나무와 돌이라 그러므로 멸망滅亡을 당當하였나이다.

[사 37:20] 우리 하나님 여호와여 이제 우리를 그의 손에서 구원救援하사 천하天下 만국萬國으로 주主만 여호와이신 줄을 알게 하옵소서.

[賽37 - 16] 居二基路伯間萬有之主以色列之上帝歟、惟主爲天下萬國之上帝、天地乃主所造、

[賽37 - 17] 求主側耳垂聽、求主啓目垂顧、聽西拿基立遣使毁謗永生上帝之言、

[賽37 - 18] 主歟、亞述列王、毁滅列民與其國、

[賽37 - 19] 以火焚其諸神、誠有此事、但其神非上帝、乃木石之偶像、人手所造者、故被毁滅、

[賽37 - 20] 今求主我之上帝、救我脫於亞述王手、使天下萬國、咸知主獨爲上帝.

(37:21 - 38:4절) 생략

[사 38:5] 너는 가서 히스기야에게 이르기를 네 조상祖上 다윗의 하나님 여호와께서 이같이 말씀하시기를 내가 네 기도祈禱를 들었고 네 눈물을 보았노라 내가 네 수한壽限에 십+ 오년五年을 더하고

[사 38:6] 너와 이 성城을 앗수르 왕王의 손에서 건져내겠고 내가 또 이 성城을 보호保護 하리라.

[사 38:7] 나 여호와가 말한 것을 네게 이룰 증거證據로 이 징조徵兆를 네게 주리라.

[사 38:8] 보라 아하스의 일영표日影表에 나아갔던 해 그림자를 뒤로 십도十度를 물러가게하리라 하셨다 하라 하시더니 이에 일영표日影表에 나아갔던 해의 그림자가 십도十度를 물러가니라.

[賽38 - 5] 爾往告希西家曰、主爾祖大衛之上帝如是云、我已聞爾禱、已見爾淚、我必增爾壽十五年、

[賽38 - 6] 並救爾與此城脫於亞述王手、必捍衛此城、

[賽38 - 7] 主必驗所言、有一事可以爲徵、

[賽38 - 8] 亞哈斯所作之日晷、我必使前進之日影、後退十度、於是前進之日影、果後退十度.

(38:9 - 40:7절) 생략

[사 40:8] 풀은 마르고 꽃은 시드나 우리 하나님의 말씀은 영영永永히 서리라.

[賽40 - 8] 草枯花彫、惟我上帝之言永存不朽.

[사 40:9] 아름다운 소식消息을 시온에 전傳하는 자者여 너는 높은 산山에 오르라 아름다 운 소식消息을 예루살렘에 전傳하는 자者여 너는 힘써 소리를 높이라 두려워말고 소리를 높여 유다의 성읍城邑들에 이르기를 너희 하나님을 보라 하라.

[사 40:10] 보라 주主 여호와께서 장차將次 강强한 자者로 임臨하실 것이요 친親히 그 팔 로 다스리실 것이라 보라 상급賞給이 그에게 있고 보응報應이 그 앞에 있으며

[사 40:11] 그는 목자牧者같이 양羊 무리를 먹이시며 어린 양羊을 그 팔로 모아 품에 안으시며

젖 먹이는 암컷들을 온순溫順히 인도引導하시리로다.

[賽40 - 9] 報嘉音於郇者、當登高山、報嘉音於耶路撒冷者、當揚爾聲、揚聲勿懼、
告猶大城邑、爾上帝已臨、

[賽40 - 10] 主上帝臨格、彰顯巨力、當賚偕之至、事功在其前、

[賽40 - 11] 主如牧人牧養羊羣、以臂集羔羊、抱於懷中導乳哺之牝羊.

(40:12 - 40:27절) 생략

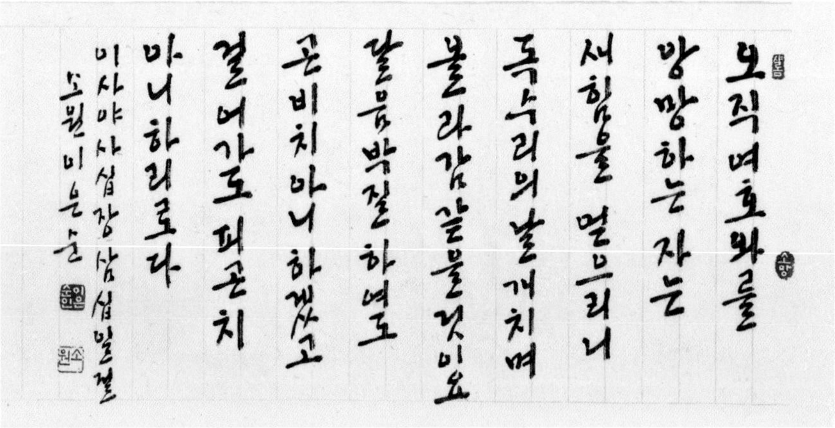

主를 仰望하는 者 57×31cm

[사 40:28] 너는 알지 못하였느냐 듣지 못하였느냐 영원永遠하신 하나님 여호와 땅 끝까지 창
조創造하신 자者는 피곤疲困치 아니하시며 곤비困憊치 않으시며 명철明哲이 한限이 없
으시며

[사 40:29] 피곤疲困한 자者에게는 능력能力을 주시며 무능無能한 자者에게는 힘을 더하시나니

[사 40:30] 소년少年이라도 피곤疲困하며 곤비困憊하며 장정壯丁이라도 넘어지며 자빠지되

[사 40:31] 오직 여호와를 앙망仰望하는 자者는 새 힘을 얻으리니 독수리의 날개 치며 올 라감
같을 것이요 달음박질하여도 곤비困憊치 아니하겠고 걸어가도 피곤疲困치 아니하
리로다.

[賽40 - 28] 爾豈未之知、豈未之聞、主永生之上帝、創造地極、並不疲倦、其明哲莫測、

[賽40 - 29] 賜力於倦者、使弱者增膂力、

[賽40 - 30] 少者不免疲倦困乏、壯者不免蹎蹶顚仆、

[賽40 - 31] 惟仰望主者、必增新膂力、如鷹羽脫而重生、趨則不困、行則不倦.

(41:1 - 41:9절) 생략

두려워마라 32×134cm

[사 41:10] 두려워 말라 내가 너와 함께 함이니라 놀라지 말라 나는 네 하나님이 됨이니라 내가 너를 굳세게 하리라 참으로 너를 도와 주리라 참으로 나의 의義로운 오른 손으로 너를 붙들리라.

[賽41 - 10] 毋畏葸我必祐爾、勿膽怯、我乃爾之上帝、必堅强爾、濟助爾、
我必以施救之右手扶持爾.

(41:11 - 41:29절) 생략

[사 42:1] 내가 붙드는 나의 종, 내 마음에 기뻐하는 나의 택擇한 사람을 보라 내가 나의 신神을 그에게 주었은즉 그가 이방異邦에 공의公義를 베풀리라.

[사 42:2] 그는 외치지 아니하며 목소리를 높이지 아니하며 그 소리로 거리에 들리게 아니하며

[사 42:3] 상傷한 갈대를 꺾지 아니하며 꺼져가는 등燈불을 끄지 아니하고 진리眞理로 공의公義를 베풀 것이며

[사 42:4] 그는 쇠衰하지 아니하며 낙담落膽하지 아니하고 세상世上에 공의公義를 세우기에 이르리니 섬들이 그 교훈敎訓을 앙망仰望하리라.

[賽42 - 1] 試觀我僕、我所扶持、我所選擇、我心所悅者、我將以我靈賦之、彼以眞法示於列邦、

[賽42 - 2] 彼不喧譁、不揚聲、不使其聲聞於街衢、

[賽42 - 3] 已傷之葦不折、燼餘之炷不滅、必循實理以傳眞法、

[賽42 - 4] 不衰微、不困憊、迨設眞法於世、諸島俱仰望其訓.

(42:5절) 생략

[사 42:6] 나 여호와가 의義로 너를 불렀은즉 내가 네 손을 잡아 너를 보호保護하며 너를 세워 백성百姓의 언약言約과 이방異邦의 빛이 되게 하리니

[사 42:7] 네가 소경의 눈을 밝히며 갇힌 자者를 옥獄에서 이끌어 내며 흑암黑暗에 처處한자者를 간間에서 나오게 하리라.

[사 42:8] 나는 여호와니 이는 내 이름이라 나는 내 영광榮光을 다른 자者에게 내 찬송讚頌을 우상偶像에게 주지 아니하리라.

[사 42:9] 보라 전前에 예언豫言한 일이 이미 이루었느니라. 이제 내가 새 일을 고告하노라 그 일이 시작始作되기 전前이라도 너희에게 이르노라.

[賽42 - 6] 我卽主召爾、以彰仁義、援爾手以護爾、使爾爲與民立約之中保、爲列邦之光、

[賽42 - 7] 明盲者之目、使被囚者出獄、使居幽暗者得出囹圄、

[賽42 - 8] 我乃主、此我名也、必不容他神奪我之榮光、不容偶像得我所當得之頌美.

[賽42 - 9] 昔之預言、皆已應驗、今更宣告新事、未成之先示於爾、俾爾得聞.

[사 42:10] 항해航海하는 자者와 바다 가운데 만물萬物과 섬들과 그 거민居民들아 여호와 께 새 노래로 노래하며 땅 끝에서부터 찬송讚頌하라.

[사 42:11] 광야曠野와 거기 있는 성읍城邑들과 게달 사람의 거居하는 촌락村落들은 소리를 높이라 셀라의 거민居民들은 노래하며 산山꼭대기에서 즐거이 부르라.

[사 42:12] 여호와께 영광榮光을 돌리며 섬들 중中에서 그의 찬송讚頌을 선전宣傳할지어다.

[사 42:13] 여호와께서 용사勇士같이 나가시며 전사戰士같이 분발奮發하여 외쳐 크게 부르시며 그 대적對敵을 크게 치시리로다.

[賽42 - 10] 泛海者與海中萬物、洲島與其居民、當以新歌歌頌主、在地極讚美主、

[賽42 - 11] 曠野諸邑之居民、居基達鄉里之人、當揚聲而唱、居磐巖者、咸宜謳歌、宜自山巔大聲歡呼、

[賽42 - 12] 以榮歸主、在洲島揚主之美德、

[賽42 - 13] 主將顯出、有若英雄、震怒發其熱心、有若戰士、暗嗚叱咤、奮力克敵.

(42:14 - 42:25절) 생략

[사 43:1] 야곱아 너를 창조創造하신 여호와께서 이제 말씀하시느니라 이스라엘아 너를 조성造成하신 자者가 이제 말씀하시느니라 너는 두려워 말라 내가 너를 구속救贖하였고 내가 너를 지명指名하여 불렀나니 너는 내 것이라.

[사 43:2] 네가 물 가운데로 지날 때에 내가 함께할 것이라 강江을 건널 때에 물이 너를 침몰沈沒치 못할 것이며 네가 불 가운데로 행行할 때에 타지도 아니할 것이요 불꽃이 너를 사르지도 못하리니

[사 43:3] 대저大抵 나는 여호와 네 하나님이요 이스라엘의 거룩한 자者요 네 구원자救援者임 이라 내가 애굽을 너의 속량물贖良物로, 구스와 스바를 너의 대신代身으로 주었노라.

[사 43:4] 내가 너를 보배롭고 존귀尊貴하게 여기고 너를 사랑하였은즉 내가 사람들을 주 어 너를 바꾸며 백성百姓들로 네 생명生命을 대신代身하리니

[사 43:5] 두려워 말라 내가 너와 함께 하여 네 자손子孫을 동방東方에서부터 오게 하며 서방西方에서부터 너를 모을 것이며

[사 43:6] 내가 북방北方에게 이르기를 놓으라 남방南方에게 이르기를 구류拘留하지 말라 내 아들들을 원방遠方에서 이끌며 내 딸들을 땅 끝에서 오게 하라.

[사 43:7] 무릇 내 이름으로 일컫는 자者 곧 내가 내 영광榮光을 위爲하여 창조創造한 자者 를 오게 하라 그들을 내가 지었고 만들었느니라.

[賽43 - 1] 今雅各歟、以色列歟、創造爾甄陶爾之主如是云、毋畏懼、我救贖爾、我呼爾名、爾乃屬我、

[賽43 - 2] 爾經水中、我護爾、爾涉江河、水不沖沒、爾行火中、必不被燒、烈焰不焚爾、

[賽43 - 3] 蓋我乃主爾之上帝、以色列之聖主爲爾救主、我使伊及受罰、因以贖爾、使古實與西巴以代爾、

[賽43 - 4] 因我視爾爲寶、俾爾爲尊、且眷愛爾、故使人易爾、使列民代爾、以救爾生命、

[賽43 - 5] 爾勿畏懼、我保護爾、必使爾之子女自東方來、我自西方聚集爾民、

[賽43 - 6] 謂北方曰、釋之返、謂南方曰、勿拘留、以我諸子攜自遠方、以我諸女返自地極、

[賽43 - 7] 卽凡稱爲我民者、我爲己榮所創立所建造者.

(43:8 - 54:17절) 생략

[사 55:1] 너희 목마른 자者들아 물로 나아오라 돈 없는 자者도 오라 너희는 와서 사 먹되 돈 없이 값없이 와서 포도주葡萄酒와 젖을 사라.

[사 55:2] 너희가 어찌하여 양식糧食 아닌 것을 위爲하여 은銀을 달아 주며 배부르게 못할 것을 위爲하여 수고受苦하느냐 나를 청종聽從하라 그리하면 너희가 좋은 것을 먹을 것이며 너희 마음이 기름진 것으로 즐거움을 얻으리라.

[賽55 - 1] 凡爾渴者、當來就水、無金者亦來、爾曹悉來購而食、雖無金亦可來購、雖不予以價値、亦可沽酒與乳、

[賽55 - 2] 爾胡爲以金購不足爲食之物、胡爲以勞而得者易不能使爾得飽之物、爾聽從我、可食嘉肴、享豐美、而中心歡暢.

(55:3 - 55:7절) 생략

[사 55:8] 여호와의 말씀에 내 생각은 너희 생각과 다르며 내 길은 너희 길과 달라서

[사 55:9] 하늘이 땅보다 높음같이 내 길은 너희 길보다 높으며 내 생각은 너희 생각보다 높으니라.

[사 55:10] 비와 눈이 하늘에서 내려서는 다시 그리로 가지 않고 토지土地를 적시어서 싹이 나게 하며 열매가 맺게 하여 파종播種하는 자者에게 종자種子를 주며 먹는 자者에게 양식糧食을 줌과 같이

[사 55:11] 내 입에서 나가는 말도 헛되이 내게로 돌아오지 아니하고 나의 뜻을 이루며 나 의

명命하여 보낸 일에 형통亨通하리라.

[賽55 - 8] 主曰、我之意逈非爾之意、我之途逈非爾之途、

[賽55 - 9] 我之道途高於爾之道途、我之思念高於爾之思念、如天高於地、

[賽55 - 10] 譬諸雨雪、自天而降、不返於上、必滋潤土壤、使之萌芽結實、使播者有種、使饑者得食、

[賽55 - 11] 我言一出我口、亦必若是、決非徒然、亦不返回、必成我旨、我命之行者、無不亨通.

(55:12 - 56:6절) 생략

[사 56:7] 내가 그를 나의 성산聖山으로 인도引導하여 기도祈禱하는 내 집에서 그들을 기 쁘게 할 것이며 그들의 번제燔祭와 희생犧牲은 나의 단壇에서 기꺼이 받게 되리니 이는 내 집은 만민萬民의 기도祈禱하는 집이라 일컬음이 될 것임이라.

[賽56 - 7] 我必導之至我聖山、使其於祈禱我之殿、忻然歡樂、彼之火焚祭與平安祭、獻於我之祭臺上、必蒙悅納、蓋我之殿必稱爲萬民祈禱之殿.

(56:8 - 58:5절) 생략

[사 58:6] 나의 기뻐하는 금식禁食은 흉악凶惡의 결박結縛을 풀어 주며 멍에의 줄을 끌러 주며 압제壓制 당當하는 자者를 자유自由케 하며 모든 멍에를 꺾는 것이 아니겠느냐

[사 58:7] 또 주린 자者에게 네 식물食物을 나눠 주며 유리流離하는 빈민貧民을 네 집에 들이며 벗은 자者를 보면 입히며 또 네 골육骨肉을 피避하여 스스로 숨지 아니하는 것이 아니겠느냐

[사 58:8] 그리하면 네 빛이 아침 같이 비췰 것이며 네 치료治療가 급속急速할 것이며 네 의義가 네 앞에 행行하고 여호와의 영광榮光이 네 뒤에 호위護衛하리니

[사 58:9] 네가 부를 때에는 나 여호와가 응답應答하겠고 네가 부르짖을 때에는 말하기를 내가 여기 있다 하리라 만일 네가 너희 중中에서 멍에와 손가락질과 허망虛妄한말을 제除하여 버리고

[사 58:10] 주린 자者에게 네 심정心情을 동動하며 괴로와하는 자者의 마음을 만족滿足케 하면 네 빛이 흑암黑暗 중中에서 발發하여 네 어두움이 낮과 같이 될 것이며

[사 58:11] 나 여호와가 너를 항상恒常 인도引導하여 마른 곳에서도 네 영혼靈魂을 만족滿足케 하며 네 뼈를 견고堅固케 하리니 너는 물 댄 동산 같겠고 물이 끊어지지 아니하는 샘 같을 것이라.

[賽58 - 6] 釋兇惡之繩、解欺壓之索、釋受虐者、折一切壓人之軛、如是之禁食、始爲我所悅、
[賽58 - 7] 分餅於饑者、納流離之貧民於己家、見裸者則衣之、勿掩面不顧爾之骨肉、
[賽58 - 8] 則爾之光明、必發如晨光、爾速得醫治、爾之仁義、護爾於前、主之榮光、護爾於後、
[賽58 - 9] 其時爾祈禱、主必應允、爾呼籲、主必云、我在此、如爾於爾中除壓人之軛、
不指摘、不妄言、
[賽58 - 10] 向饑餓者發仁心、使困苦者得滿其志、則爾光必發於暗、爾暗必變如日午、
[賽58 - 11] 主恆導爾以行、在旱乾時、使爾滿志、使爾筋骸堅固、使爾如灌漑之園囿、
如永不竭之泉源.

(58:12 - 61:1절) 생략

[사 61:2] 여호와의 은혜恩惠의 해와 우리 하나님의 신원伸怨의 날을 전파傳播하여 모든 슬픈 자者를 위로慰勞하되

[사 61:3] 무릇 시온에서 슬퍼하는 자者에게 화관花冠을 주어 그 재를 대신代身하며 희락喜樂의 기름으로 그 슬픔을 대신代身하며 찬송讚頌의 옷으로 그 근심을 대신代身하시고 그들로 의義의 나무 곧 여호와의 심으신 바 그 영광榮光을 나타낼 자者라 일컬음을 얻게 하려 하심이니라.

[賽61 - 2] 宣告主之禧年、及我上帝復仇之日、慰藉凡悲哀者、
[賽61 - 3] 賜華冠於郇邑悲哀之民、以代灰塵、賜喜樂之膏、以代悲哀、賜華服、以代煩惱、
俾得稱爲蒙福者、發旺若橡樹、被主栽培、彰顯主之榮.

(61:4 - 61:9절) 생략

[사 61:10] 내가 여호와로 인因하여 크게 기뻐하며 내 영혼靈魂이 나의 하나님으로 인因하여 즐거워하리니 이는 그가 구원救援의 옷으로 내게 입히시며 의義의 겉옷으로 내게 더하심이 신랑新郎이 사모紗帽를 쓰며 신부新婦가 자기自己 보물寶物로 단장丹粧함 같게 하셨음이라.

[賽61 -10] 我因主欣喜、我心因我上帝歡樂、蓋上帝以拯救爲衣衣我、以福祉爲袍被我、
使我若新娶者冠以華冠、若新婦飾以寶物、

(61:11 - 66:9절) 생략

[사 66:10] 예루살렘을 사랑하는 자者여 다 그와 함께 기뻐하라 다 그와 함께 즐거워하라 그를 위爲하여 슬퍼하는 자者여 다 그의 기쁨을 인因하여 그와 함께 기뻐하라.

[사 66:11] 너희가 젖을 빠는 것 같이 그 위로慰勞하는 품에서 만족滿足하겠고 젖을 넉넉히 빤 것 같이 그 영광榮光의 풍성豊盛함을 인因하여 즐거워하리라.

[사 66:12] 여호와께서 이같이 말씀하시되 보라 내가 그에게 평강平康을 강江같이 그에게 열방列邦의 영광榮光을 넘치는 시내 같이 주리니 너희가 그 젖을 빨 것이며 너희가 옆에 안기며 그 무릎에서 놀 것이라.

[賽66 - 10] 爾曹愛耶路撒冷者、當與之同樂、爲之欣喜、凡爾昔爲耶路撒冷悲哀者、今當與之共歡喜、

[賽66 - 11] 耶路撒冷深受慰藉、大得榮光、爾亦足以同享歡暢、若嬰兒之得乳哺、

[賽66 - 12] 主如是云、我賜彼以平康、廣若江河、使獲諸國之貨財、若巨川之汜濫、爾曹必得而享之、若嬰兒之得乳、必抱於懷、加於膝.

(66:13 - 66:24절) 생략

24 예레미야 耶利米 Jeremiah

(1:1 - 9:22절) 생략

[렘 9:23] 여호와께서 이같이 말씀하시되 지혜智慧로운 자者는 그 지혜智慧를 자랑치 말라 용사勇士는 그 용맹勇猛을 자랑치 말라 부자富者는 그 부富함을 자랑치 말라.

[렘 9:24] 자랑하는 자者는 이것으로 자랑할지니 곧 명철明哲하여 나를 아는 것과 나 여호와는 인애仁愛와 공평公平과 정직正直을 땅에 행行하는 자者인 줄 깨닫는 것이라 나는 이 일을 기뻐하노라 여호와의 말이니라.

[耶9 - 23] 主如是云、智者勿誇其智、勇者勿誇其勇、富者勿誇其富、

[耶9 - 24] 凡欲誇者、惟可誇其識我、知我乃主施矜憫、行公平、行仁義在地、蓋我以此爲悅、此乃主所言.

(9:25 - 14:20절) 생략

[렘 14:21] 주主의 이름을 위爲하여 우리를 미워하지 마옵소서 주主의 영광榮光의 위位를 욕辱되게 마옵소서 우리와 세우신 주主의 언약言約을 기억記憶하시고 폐廢하지마옵소서.

[렘 14:22] 열방列邦의 허무虛無한 것 중中에 능能히 비를 내리게 할 자者가 있나이까 하늘이 능能히 소나기를 내릴 수 있으리이까 우리 하나님 여호와여 그리하는 자者가 주主가 아니시니이까 그러므로 우리가 주主를 앙망仰望하옵는 것은 주主께서 이 모든 것을 만드셨음이니이다.

[耶14 - 21] 求主因主之名勿棄我、勿辱主之榮位、主曾與我立約、求主憶之莫廢、

[耶14 - 22] 異邦人所奉虛無之神、有能降雨者乎、天能自沛甘霖乎、主我之上帝歟、能若是者、非主乎、主行此諸事、故我仍仰望主.

(15:1 - 17:6절) 생략

[렘 17:7] 그러나 무릇 여호와를 의지依支하며 여호와를 의뢰依賴하는 그 사람은 복福을 받을 것이라.

[렘 17:8] 그는 물가에 심기운 나무가 그 뿌리를 강변江邊에 뻗치고 더위가 올지라도 두려워 아니하며 그 잎이 청청靑靑하며 가무는 해에도 걱정이 없고 결실結實이 그치지 아니함 같으리라.

[耶17-7] 凡倚恃我、惟我是賴、斯人有福、

[耶17-8] 必如樹木栽於水旁、根延河畔、不見炎熱、其葉靑葱、乾旱之年、無所憂慮、結果不息.

(17:9 - 24:5절) 생략

[렘 24:6] 내가 그들을 돌아보아 좋게 하여 다시 이 땅으로 인도引導하고 세우고 헐지 아니하며 심고 뽑지 아니하겠고

[렘 24:7] 내가 여호와인 줄 아는 마음을 그들에게 주어서 그들로 전심全心으로 내게 돌아 오게 하리니 그들은 내 백성百姓이 되겠고 나는 그들의 하나님이 되리라.

[耶24-6] 我目必顧之、施之以恩、使返斯地、我將建之不復毁、植之不復拔、

[耶24-7] 我必賦以識我之心、俾知我乃主、一心歸誠於我、彼爲我之民、我爲其上帝.

(24:8 - 29:11절) 생략

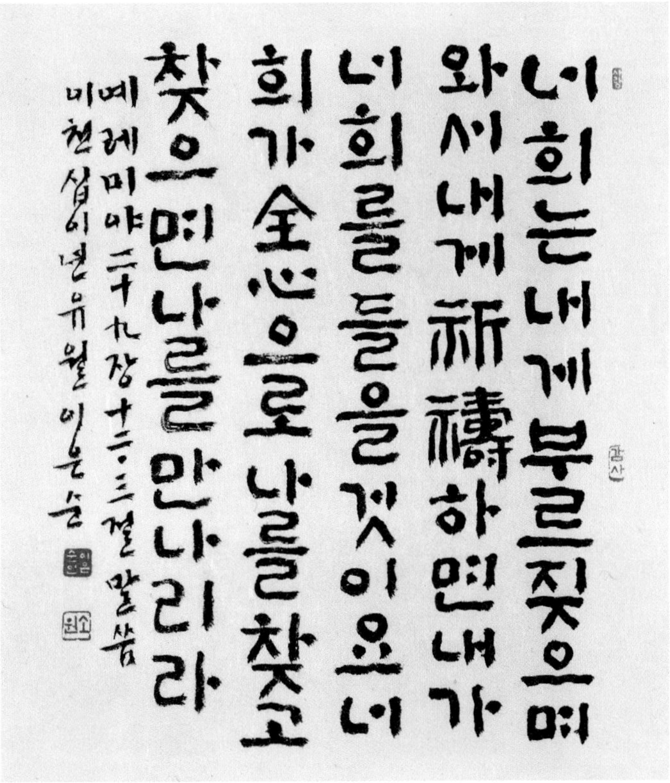

찾으라 30×35cm

[렘 29:12]　너희는 내게 부르짖으며 와서 내게 기도祈禱하면 내가 너희를 들을 것이요.

[렘 29:13]　너희가 전심全心으로 나를 찾고 찾으면 나를 만나리라.

[耶29 - 12]　爾呼籲我、往祈禱我、我必俯聞、

[耶29 - 13]　倘爾尋覓我、盡心訪求我、則必得遇我.

(29:14 - 33:2절) 생략

尋主 66×50cm

[렘 33:3]　너는 내게 부르짖으라. 내가 네게 응답應答하겠고 네가 알지 못하는 크고 비밀秘密
한 일을 네게 보이리라.

[耶33 - 3]　爾籲我、我必應爾、又以爾所未知神妙之大事示爾.

(33:4 - 52:34절) 생략

25 예레미아애가 耶利米哀歌 Lamentations

(1:1 - 3:21절) 생략

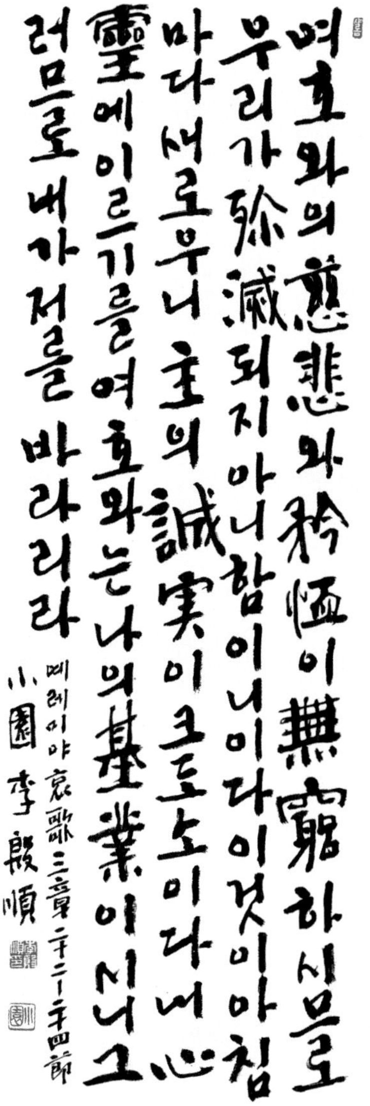

여호와의 慈悲와 矜恤이 無窮하시므로
우리가 殄滅되지 아니함이니이다 이것이 아침
마다 새로우니 主의 誠實이 크도소이다 내 心
靈에 이르기를 여호와는 나의 基業이시니 그
러므로 내가 저를 바라리라
예레미야 哀歌 三章 二十二-二十四節
小園 李殷順

여호와는 나의 基業 33×90cm

[애 3:22] 여호와의 자비慈悲와 긍휼矜恤이 무궁無窮하시므로 우리가 진멸殄滅되지 아니함이니이다.

[애 3:23] 이것이 아침마다 새로우니 주主의 성실誠實이 크도소이다.

[애 3:24] 내 심령心靈에 이르기를 여호와는 나의 기업基業이시니 그러므로 내가 저를 바라리라 하도다.

[哀3-22] 我儕尙不盡滅、乃因主之仁慈、主之矜恤、猶未窮盡、

[哀3-23] 主之仁慈矜恤、每朝新施、主之誠實廣大、

[哀3-24] 我心曰、我以主爲業、故我仰望主.

[애 3:25] 무릇 기다리는 자者에게나 구求하는 영혼靈魂에게 여호와께서 선善을 베푸시는도다.

[哀3-25] 凡瞻望主、尋求主者、主施之以恩.

(3:26-3:58절) 생략

[애 3:59] 여호와여 나의 억울抑鬱을 감찰鑑察하셨사오니 나를 위爲하여 신원伸冤하옵소서

[哀3-59] 我受冤屈、爲主所見、求主爲我伸明.

(3:60-5:18절) 생략

[애 5:19] 여호와여 주主는 영원永遠히 계시오며 주主의 보좌寶座는 세세世世에 미치나이다.

[애 5:20] 주主께서 어찌하여 우리를 영원永遠히 잊으시오며 우리를 이같이 오래 버리시나이까.

[애 5:21] 여호와여 우리를 주主께로 돌이키소서 그리하시면 우리가 주主께로 돌아가겠사오니 우리의 날을 다시 새롭게 하사 옛적 같게 하옵소서

[哀5-19] 惟主永存、主之位萬世無替、

[哀5-20] 何爲永遠忘我、何爲日久棄我、

[哀5-21] 主歟、使我歸誠於主、我則歸誠、使我復興、與昔日無異.

(5:22절) 생략

26 에스겔 以西結 Ezekiel

(1:1 - 20:18절) 생략

[겔 20:19] 나는 여호와 너희 하나님이라 너희는 나의 율례律例를 좇으며 나의 규례規例를 지켜 행行하고

[겔 20:20] 또 나의 안식일安息日을 거룩하게 할지어다 이것이 나와 너희 사이에 표징表徵이 되어 너희로 내가 여호와 너희 하나님인 줄 알게 하리라.

[結20 - 19] 我乃主爾之上帝、當遵我之律例、守我之法度以行之、

[結20 - 20] 守我之安息日爲聖日、可於爾與我間爲證、使爾知我乃主爾之上帝.

(20:21 - 36:10절) 생략

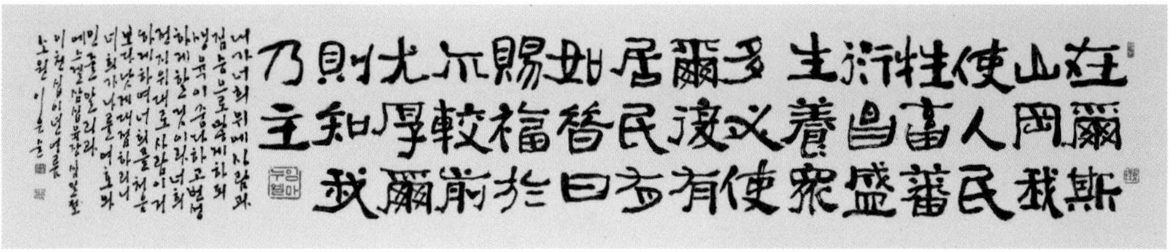

여호와 115×25cm

[겔 36:11] 내가 너희 위에 사람과 짐승으로 많게 하되 생육生育이 중다衆多하고 번성蕃盛하게 할 것이라 너희 전前 지위地位대로 사람이 거居하게 하여 너희를 처음보다 낫게 대접待接하리니 너희가 나를 여호와인 줄 알리라.

[結36 - 11] 在爾斯山岡、我使人民牲畜、蕃衍昌盛、生養衆多、必使爾復有居民、有如昔日、賜福於爾、較前尤厚、爾則知我乃主.

(36:12 - 47:5절) 생략

[겔 47:6] 그가 내게 이르시되 인자人子야 네가 이것을 보았느냐 하시고 나를 인도引導하여 강江가로 돌아가게 하시기로

[겔 47:7] 내가 돌아간즉 강江 좌우편左右便에 나무가 심甚히 많더라.

[겔 47:8] 그가 내게 이르시되 이 물이 동방東方으로 향向하여 흘러 아라바로 내려가서 바다에 이르리니 이 흘러내리는 물로 그 바다의 물이 소생蘇醒함을 얻을지라.

[겔 47:9] 이 강江물이 이르는 곳마다 번성蕃盛하는 모든 생물生物이 살고 또 고기가 심甚 히 많으리니 이 물이 흘러 들어가므로 바닷물이 소생蘇醒함을 얻겠고 이 강江이 이르는 각처各處에 모든 것이 살 것이며

[겔 47:10] 또 이 강江가에 어부漁夫가 설 것이니 엔게디에서부터 에네글라임까지 그물 치는 곳이 될 것이라 그 고기가 각기各其 종류種類를 따라 큰 바다의 고기 같이 심甚히 많으려니와

[겔 47:11] 그 진펄과 개펄은 소생蘇醒되지 못하고 소금 땅이 될 것이며

[겔 47:12] 강江 좌우左右 가에는 각종各種 먹을 실과實果나무가 자라서 그 잎이 시들지 아니하며 실과實果가 끊치지 아니하고 달마다 새 실과實果를 맺으리니 그 물이 성소聖所로 말미암아 나옴이라 그 실과實果는 먹을 만하고 그 잎사귀는 약藥 재료材料가 되리라.

[結47-6] 遂告我曰、人子、爾見此乎、遂導我歸河濱、

[結47-7] 旣歸、見河濱左右、有樹極多、

[結47-8] 其人告我曰、此水流往東境、下至曠野、入海、水自殿出、一入海、水卽變甘、河流所至、一切動物、俱必得生、

[結47-9] 且有魚甚衆、其水所至、水卽變甘、河流所至、百物必生、

[結47-10] 必有漁人、漁於其濱、自隱基底至隱以革蓮、爲張綱之處、所得之魚、凡類俱備、如大海之魚甚衆、

[結47-11] 惟其濱下、淤泥諸澤、水不變甘、留爲出鹽之所、

[結47-12] 河濱左右、生各類結果之樹、其葉不彫、其果不盡、月結新果、因水出於聖所、果可以爲食、葉可以爲藥.

(47:13 - 48:35절) 생략

27 다니엘 但以理 Daniel

(1:1 - 2:22절) 생략

[단 2:23] 나의 열조列祖의 하나님이여 주主께서 이제 내게 지혜智慧와 능력能力을 주시고 우리가 주主께 구求한 바 일을 내게 알게 하셨사오니 내가 주主께 감사感謝하고 주主를 찬양讚揚하나이다 곧 주主께서 왕王의 그 일을 내게 보이셨나이다.

[但2 - 23] 我祝謝頌美列祖之上帝、賜我智能、允我所求、以王所問者示我.

(2:24 - 2:46절) 생략

[단 2:47] 왕王이 대답對答하여 다니엘에게 이르되 너희 하나님은 참으로 모든 신神의 신神이시요 모든 왕王의 주재主宰시로다 네가 능能히 이 은밀隱密한 것을 나타내었으니 네 하나님은 또 은밀隱密한 것을 나타내시는 자者시로다.

[但2 - 47] 告但以理曰、爾上帝顯露隱微、使爾能示此奧秘、誠爲諸神之主、諸王之主.

(2:48 - 4:1절) 생략

[단 4:2] 지극至極히 높으신 하나님이 내게 행行하신 이적異蹟과 기사奇事를 내가 알게 하기를 즐겨하노라.

[단 4:3] 크도다 그 이적異蹟이여 능能하도다 그 기사奇事여 그 나라는 영원永遠한 나라요 그 권병權柄은 대대代代에 이르리로다.

[但4 - 2] 至上之上帝、
所施於我之異蹟奇事、
我樂以宣之、

[但4 - 3] 大哉其奇事、盛哉其異蹟、
其國乃永遠之國、其權至於世世.

(4:4 - 6:25절) 생략

[단 6:26] 내가 이제 조서詔書를 내리노라 내 나라 관할管轄 아래에 있는 사람들은 다 다니엘의 하

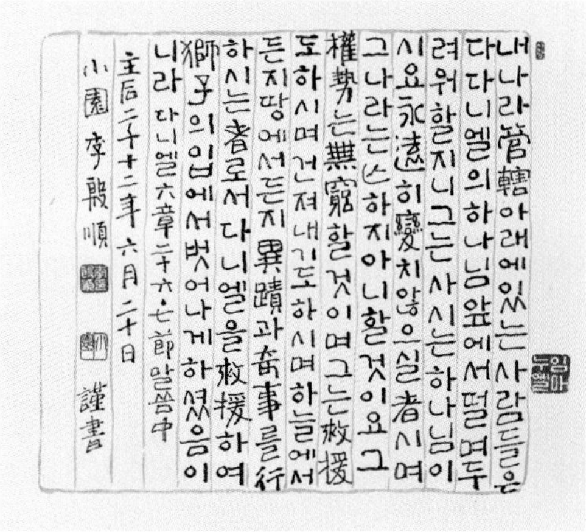

救援者 31×36cm

나님 앞에서 떨며 두려워할지니 그는 사시는 하나님이시요 영원永遠히 변變치 않으실 자者시며 그 나라는 망亡하지 아니할 것이요 그 권세權勢는 무궁無窮할 것이며

[단 6:27] 그는 구원救援도 하시며 건져내기도 하시며 하늘에서든지 땅에서든지 이적異蹟과 기사奇事를 행行하시는 자者로서 다니엘을 구원救援하여 사자獅子의 입에서 벗어나게 하셨음이니라 하였더라.

[但6 - 26] 我降詔命、我所統轄全國之人民、當欽崇敬畏但以理之上帝、因彼乃永生長存之上帝、其國永遠不廢、其權恆存靡暨、

[但6 - 27] 能救人援人、在天在地顯異蹟、行奇事、曾救但以理、不爲獅所害.

(6:28 - 12:2절) 생략

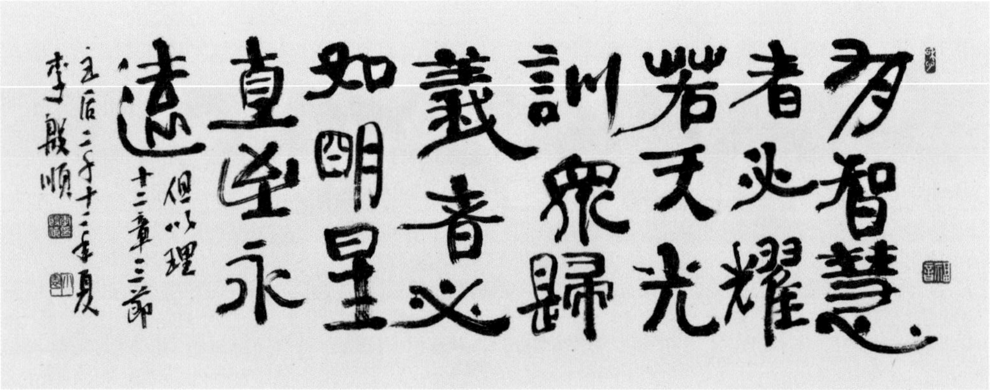

永遠토록 비취리라 64×24cm

[단 12 - 3] 지혜智慧 있는 자者는 궁창穹蒼의 빛과 같이 빛날 것이요 많은 사람을 옳은데 로 돌아오게 한 자者는 별과 같이 영원永遠토록 비취리라.

[但12 - 3] 有智慧者、必耀若天光、訓衆歸義者、必如明星、直至永遠.

(12:4 - 12:13절) 생략

28 호세아 何西阿 Hosea

(1:1 - 2:21절) 생략

[호 2:21] 여호와께서 가라사대 그 날에 내가 응應하리라 나는 하늘에 응應하고 하늘은 땅에 응應하고

[호 2:22] 땅은 곡식穀食과 포도주葡萄酒와 기름에 응應하고 또 이것들은 이스르엘에 응應하리라.

[호 2:23] 내가 나를 위爲하여 저를 이 땅에 심고 긍휼矜恤히 여김을 받지 못하였던 자者를 긍휼矜恤히 여기며 내 백성百姓 아니었던 자者에게 향向하여 이르기를 너는 내 백성百姓이라 하리니 저희는 이르기를 주主는 내 하나님이시라 하리라.

[何2 - 21] 主曰、是時我必聽允、我聽允天、天聽允地、

[何2 - 22] 地聽允穀酒與油、穀酒與油聽允耶斯列民、

[何2 - 23] 我必使之居於斯地、必矜憫素未蒙矜憫者、謂非爲我民者曰、爾乃我民、彼亦必曰、主乃我上帝.

(3:1 - 14:4절) 생략

[호 14:5] 내가 이스라엘에게 이슬과 같으리니 저가 백합화百合花같이 피겠고 레바논 백향목柏香木같이 뿌리가 박힐 것이라.

[호 14:6] 그 가지는 퍼지며 그 아름다움은 감람橄欖나무와 같고 그 향기香氣는 레바논 백향목柏香木 같으리니

[호 14:7] 그 그늘 아래 거居하는 자者가 돌아올지라 저희는 곡식穀食같이 소생蘇醒할 것이며 포도葡萄나무같이 꽃이 필 것이며 그 향기香氣는 레바논의 포도주葡萄酒같이 되리라.

[何14 - 5] 我將向以色列若甘露、使之發旺如百合花、使之根深如利巴嫩、

[何14 - 6] 枝條垂佈、美若油果樹、其氣芬芳若利巴嫩、

[何14 - 7] 斯民將歸、居其蔭下、仍藝五穀、將發旺如葡萄樹、其聲名若利巴嫩之酒.

(14:8절) 생략

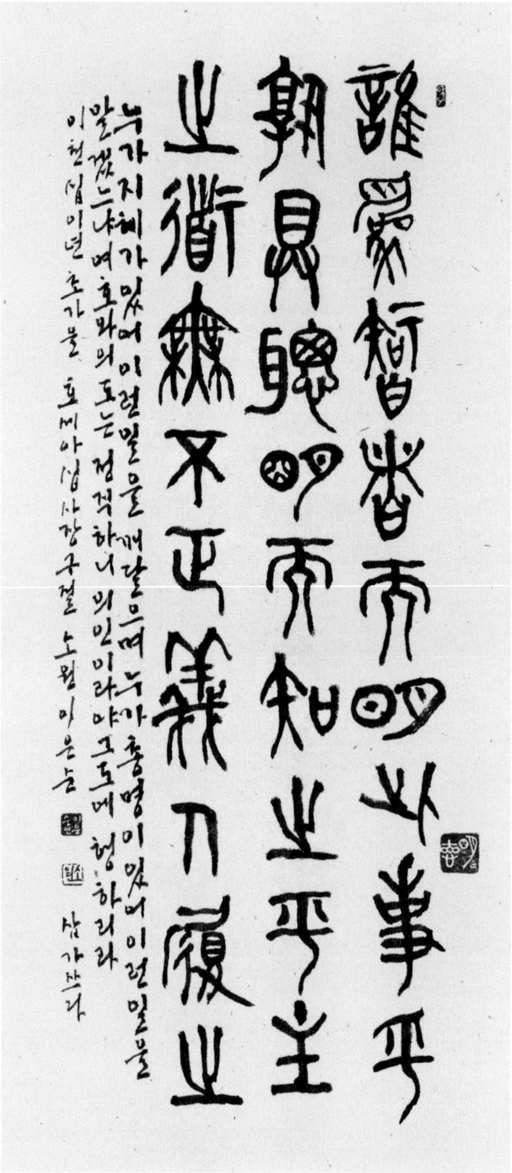

行道 36×82cm

[호 14:9] 누가 지혜智慧가 있어 이런 일을 깨달으며 누가 총명聰明이 있어 이런 일을 알겠느냐 여호와의 도道는 정직正直하니 의인義人이라야 그 도道에 행行하리라. 그러나 죄인罪人은 그 도道에 거쳐 넘어지리라.

[何14-9] 誰爲智者而明此事乎、孰具聰明而知之乎、主之道無不正、義人履之、罪人顚仆其中.

29 요엘 約珥 Joel

(1:1 - 2:12절) 생략

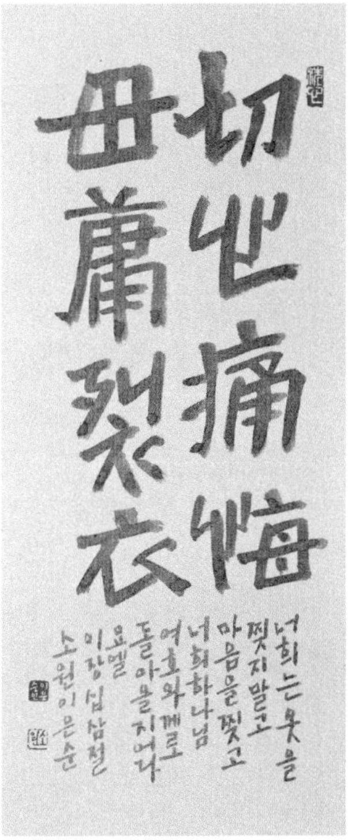

痛悔 32×64cm

[욜 2:13] 너희는 옷을 찢지 말고 마음을 찢고 너희 하나님 여호와께로 돌아올지어다 그는 은혜恩惠로우시며 자비慈悲로우시며 노怒하기를 더디하시며 인애仁愛가 크시사 뜻을 돌이켜 재앙災殃을 내리지 아니하시나니

[욜 2:14] 주主께서 혹시或時 마음과 뜻을 돌이키시고 그 뒤에 복福을 끼치사 너희 하나님 여호와께 소제素祭와 전제奠祭를 드리게 하지 아니하실는지 누가 알겠느냐

[珥2 - 13] 當切心痛悔、毋庸裂衣、歸誠於主爾之上帝、蓋主乃仁慈、懷矜憫、含忍不遽怒、大施恩惠者、故所定之災回心不降、

[珥2 - 14] 主或回心、留遺餘福、使爾得以在主爾之上帝前、獻祭灌奠、亦未可知.

(2:15 - 2:22절) 생략

[욜 2:23] 시온의 자녀子女들아 너희는 너희 하나님 여호와로 인因하여 기뻐하며 즐거워할지어다 그가 너희를 위爲하여 비를 내리시되 이른 비를 너희에게 적당適當하게 주시리니 이른 비와 늦은 비가 전前과 같을 것이라.

[珥2-23] 郇邑之民、當因主爾之上帝、欣喜歡樂、因主賜爾及時之雨、爲爾降春雨秋霖、與前日無異.

(2:24 - 2:31절) 생략

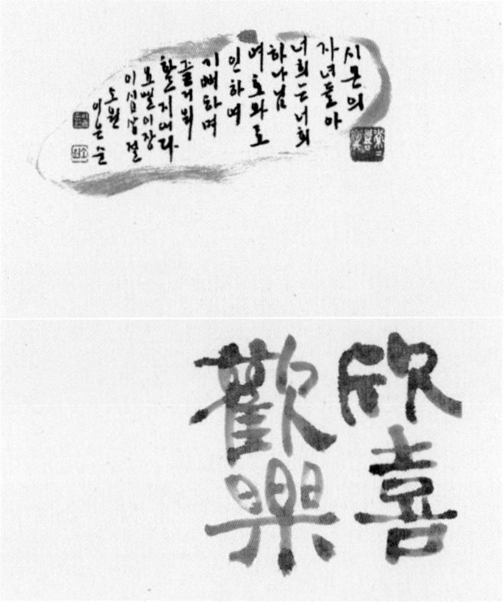

欣喜歡樂 27×67cm

[욜 2:32] 누구든지 여호와의 이름을 부르는 자者는 구원救援을 얻으리니 이는 나 여호와의 말대로 시온 산山과 예루살렘에서 피避할 자者가 있을 것임이요 남은 자者 중中에 나 여호와의 부름을 받을 자者가 있을 것임이니라.

[珥2-32] 凡籲主名者、必得救援、循主所言、在郇山、在耶路撒冷、人必得救、得救者、卽主所召之遺民.

(3:1 - 15절) 생략

[욜 3:16] 나 여호와가 시온에서 부르짖고 예루살렘에서 목소리를 발發하리니 하늘과 땅이 진동震動되리로다. 그러나 나 여호와는 내 백성百姓의 피난처避難處, 이스라엘 자손子孫의 산성山城이 되리로다.

[珥3-16] 主自郇號呼、自耶路撒冷發聲、使天地震動、主必覆庇己民、扞衛以色列人.

(3:17 - 3:21절) 생략

30 아모스 阿摩司 Amos

(1:1 - 4:12절) 생략

[암 4:13] 대저大抵 산山들을 지으며 바람을 창조創造하며 자기自己 뜻을 사람에게 보이며 아침을 어둡게 하며 땅의 높은 데를 밟는 자者는 그 이름이 만군萬軍의 하나님 여호와니라.

[摩4 -13] 創山作風、以人之意念示人、造晨光、造幽暗、履地之高處者、主萬有之上帝其名也.

(5:1 - 5:3절) 생략

[암 5:4] 여호와께서 이스라엘 족속族屬에게 이르시기를 너희는 나를 찾으라 그리하면 살리라.

[摩5 -4] 主上帝諭以色列家如是云、爾曹求我則可得生.

(5:5 - 5:13절) 생략

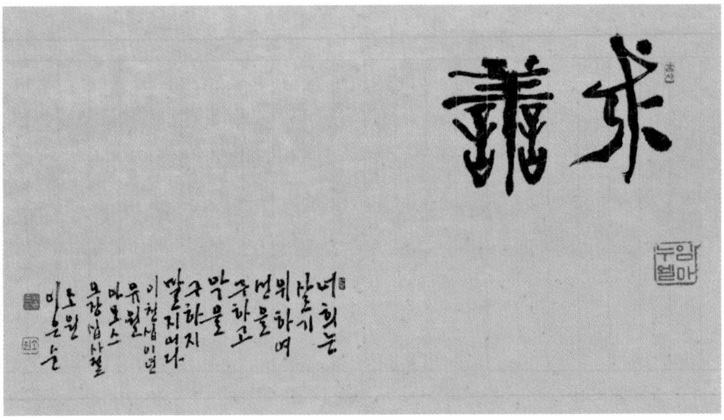

求善 65×30cm

[암 5:14] 너희는 살기 위爲하여 선善을 구求하고 악惡을 구求하지 말지어다 만군萬軍의 하나님 여호와께서 너희의 말과 같이 너희와 함께 하시리라.

[摩5 -14] 爾當求善不求惡、則可得生、主萬有之上帝、亦必祐爾、循爾所言.

[암 5:15] 너희는 악惡을 미워하고 선善을 사랑하며 성문城門에서 공의公義를 세울지어다 만군萬軍의 하나님 여호와께서 혹시或時 요셉의 남은 자者를 긍휼矜恤히 여기시리라.

[摩5 -15] 當惡惡好善、在公庭秉公義以判斷、庶幾主萬有之上帝、矜憫約瑟家之遺民.

(5:16 - 9:15절) 생략

31 오바댜 俄巴底亞 Obadiah

(1:1 - 16절) 생략

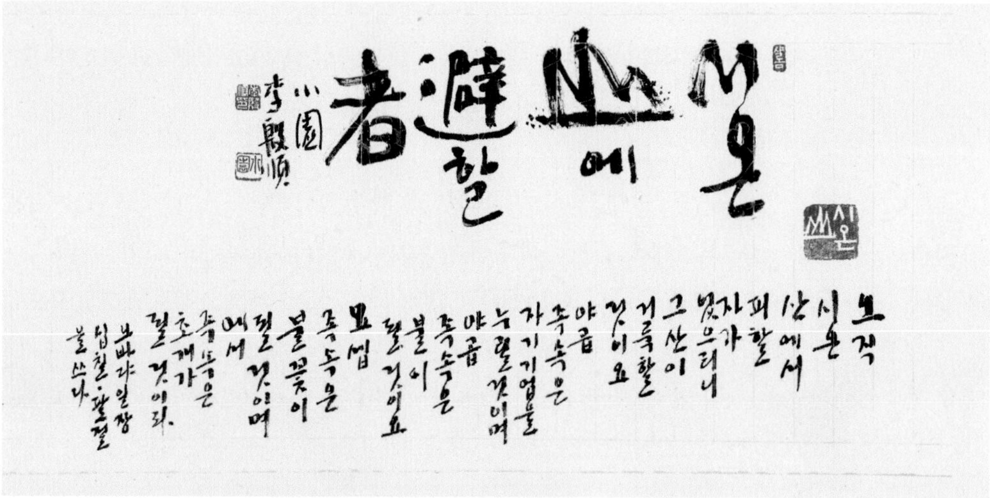

시온 山에 避할 者 60×30cm

[옵 1:17] 오직 시온 산山에서 피避할 자者가 있으리니 그 산山이 거룩할 것이요 야곱 족속族屬은 자기自己 기업基業을 누릴 것이며

[옵 1:18] 야곱 족속族屬은 불이 될 것이요 요셉 족속族屬은 불꽃이 될 것이며 에서 족속族屬은 초개草芥가 될 것이라 그들이 그의 위에 붙어서 그를 사를 것인즉 에서 족속族屬에 남은 자者가 없으리니 이는 여호와께서 말씀하셨음이니라.

[俄1 -17] 在郇山、必有脫免於難者、其山必視爲聖地、雅各家必仍享舊業、

[俄1 -18] 雅各家必若火、約瑟家必若焰、以掃家必若稈、焚之殆盡、以掃家靡有孑遺、蓋主已言之矣.

(1:19 - 1:20절) 생략

[옵 1:21] 구원자救援者들이 시온 산山에 올라와서 에서의 산山을 심판審判하리니 나라가 여호와께 속屬하리라.

[俄1 -21] 必有救者上至郇山、審判以掃山、則國之鈞衡將歸主.

32 요나 約拿 Jonah

(1:1 - 2:2절) 생략

[욘 2:3] 주主께서 나를 깊음 속 바다 가운데 던지셨으므로 큰 물이 나를 둘렀고 주主의 파도波濤와 큰 물결이 다 내 위에 넘쳤나이다.

[욘 2:4] 내가 말하기를 내가 주主의 목전目前에서 쫓겨났을지라도 다시 주主의 성전聖殿을 바라보겠다 하였나이다.

[욘 2:5] 물이 나를 둘렀으되 영혼靈魂까지 하였사오며 깊음이 나를 에웠고 바다 풀이 내 머리를 쌌나이다.

[욘 2:6] 내가 산山의 뿌리까지 내려갔사오며 땅이 그 빗장으로 나를 오래도록 막았사오나 나의 하나님 여호와여 주主께서 내 생명生命을 구덩이에서 건지셨나이다.

[욘 2:7] 내 영혼靈魂이 내 속에서 피곤疲困할 때에 내가 여호와를 생각하였삽더니 내 기도祈禱가 주主께 이르렀사오며 주主의 성전聖殿에 미쳤나이다.

[욘 2:8] 무릇 거짓되고 헛된 것을 숭상崇尙하는 자者는 자기自己에게 베푸신 은혜恩惠를 버렸사오나

[욘 2:9] 나는 감사感謝하는 목소리로 주主께 제사祭祀를 드리며 나의 서원誓願을 주主께 갚겠나이다. 구원救援은 여호와께로서 말미암나이다.

[拿2 -3] 主擲我於深淵、於海之中心、海水環繞我、主之波濤淹沒我、

[拿2 -4] 我言雖已絶於主之目前、猶復得瞻仰主之聖殿、

[拿2 -5] 水繞我、致我命危、深淵圍抱我、海草裹我首、

[拿2 -6] 我下山基、我以爲於我身後、地門永閉、主我之上帝歟、乃救援我命脫於死亡、

[拿2v7] 我心頹敗之時追憶主、我之祈禱達至主前、在主之聖殿、

[拿2 -8] 惟彼崇事虛僞者、遺棄向彼施恩之主、

[拿2 -9] 惟我口出酬恩之言、獻祭於主、又償所許之願、救援惟主所施.

(2:10 - 4:9절) 생략

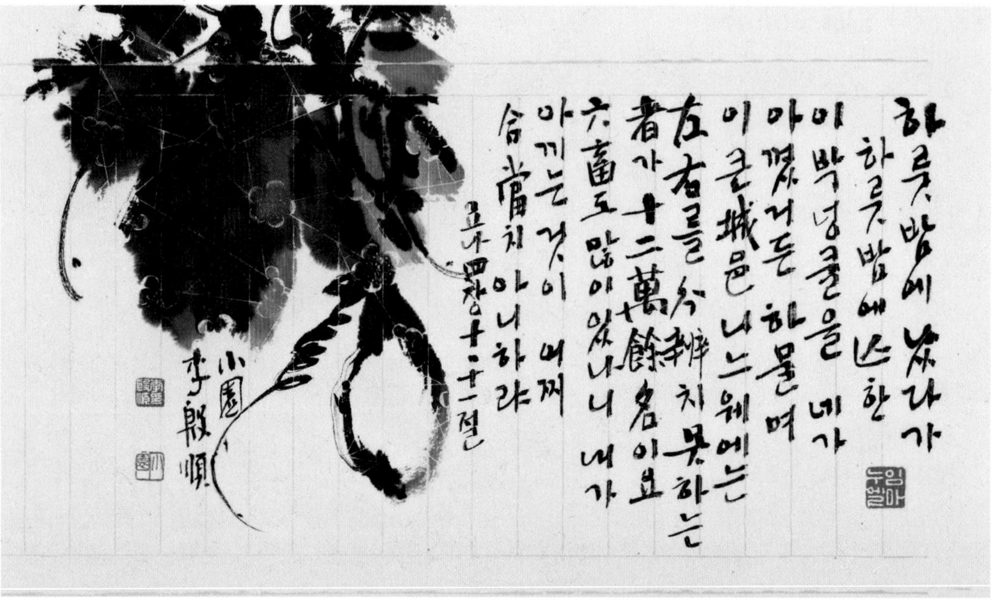

愛民 60×33cm

[욘 4:10] 여호와께서 가라사대 네가 수고受苦도 아니하였고 배양培養도 아니하였고 하룻밤에 났다가 하룻밤에 망亡한 이 박 넝쿨을 네가 아꼈거든

[욘 4:11] 하물며 이 큰 성읍城邑, 니느웨에는 좌우左右를 분변分辨치 못하는 자者가 십이만十二萬 여명餘名이요 육축六畜도 많이 있나니 내가 아끼는 것이 어찌 합당合當치 아니하냐

[拿4-10] 主曰、此基加恩非爾栽種、非爾培養、一夜發生、一夜枯槁、爾尙愛惜、

[拿4-11] 況尼尼微大邑、其中孩提、不識左右者、有十二萬餘、亦有牲畜衆多、我能不顧惜乎.

34 나훔 那鴻 Nahum

(1:1 - 1:2절) 생략

[나 1:3] 여호와는 노怒하기를 더디하시며 권능權能이 크시며 죄인罪人을 결決코 사赦하지 아니하시느니라 여호와의 길은 회리바람과 광풍狂風에 있고 구름은 그 발의 티끌이로다.

[나 1:4] 그는 바다를 꾸짖어 그것을 말리우시며 모든 강江을 말리우시나니 바산과 갈멜이 쇠衰하며 레바논의 꽃이 이우는도다.

[나 1:5] 그로 인因하여 산山들이 진동震動하며 작은 산山들이 녹고 그의 앞에서는 땅 곧 세계世界와 그 가운데 거居하는 자者들이 솟아오르는도다.

[나 1:6] 누가 능能히 그 분노忿怒하신 앞에 서며 누가 능能히 그 진노震怒를 감당堪當하랴 그 진노震怒를 불처럼 쏟으시니 그를 인因하여 바위들이 깨어지는도다.

[鴻1-3] 主猶含忍不遽怒、具有大能、不以惡人爲無罪、主乘烈風狂風而來、以雲爲足下之塵、

[鴻1-4] 斥海、海水卽涸、使諸江河枯竭、使巴珊迦密之百卉衰殘、使利巴嫩之榮華彫謝、

[鴻1-5] 因主山嶽震動、岡嶺銷鎔、於主前大地突起、宇宙與居其間者殞亡、

[鴻1-6] 主震其怒、孰能自立、主發烈忿、孰能當之、赫怒孔發、若火炎炎、磐巖因主崩裂.

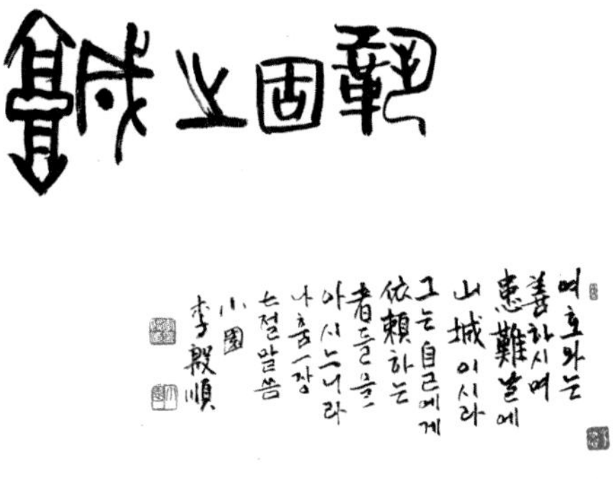

鞏固한 城 40×33cm

[나 1:7] 여호와는 선善하시며 환난患難 날에 산성山城이시라 그는 자기自己에게 의뢰依賴하는 자者들을 아시느니라.

[鴻1-7] 主爲至善、在患難之日、若鞏固之城、凡賴主者、蒙主眷顧.

(1:8 - 3:19절) 생략

35 하박국 哈巴谷 Habakkuk

(1:1 - 3:16절) 생략

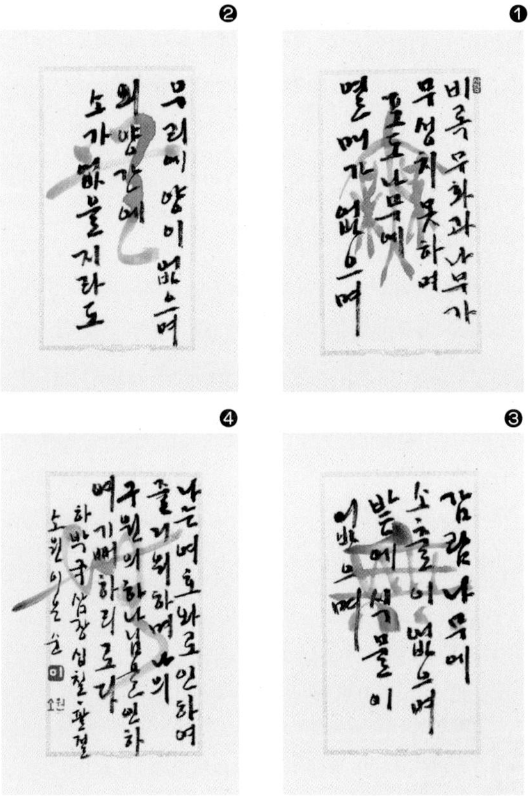

기쁨의 노래 10×15cm×4

[합 3:17] 비록 무화과無花果나무가 무성茂盛치 못하며 포도葡萄나무에 열매가 없으며 감람橄欖나무에 소출所出이 없으며 밭에 식물食物이 없으며 우리에 양羊이 없으며 외양간喂養間에 소가 없을지라도

[합 3:18] 나는 여호와를 인因하여 즐거워하며 나의 구원救援의 하나님을 인因하여 기뻐하리로다.

[哈3-17] 因其時無花果樹不萌芽、葡萄樹不結實、油果樹不出油、田畝不出穀、牢中絶羊、圈內無牛、

[哈3-18] 雖然如此、我猶因主而樂、因救我之上帝歡欣.

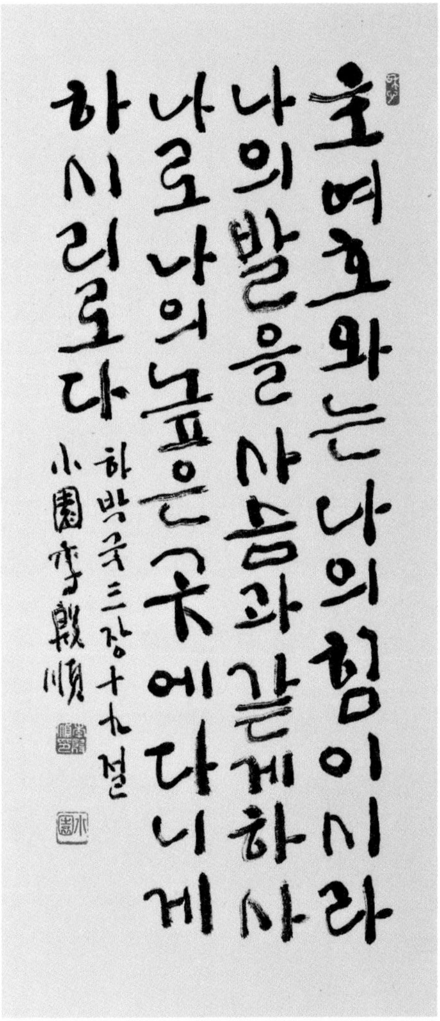

나의 힘이 되시는 主 20×50cm

[합 3:19] 주主 여호와는 나의 힘이시라 나의 발을 사슴과 같게 하사 나로 나의 높은 곳에 다니게 하시리로다.

[哈3-19] 主上帝賜我以力、使我足健、疾趨若鹿、使我陟於崇邱.

36 스바냐 西番雅 Zephaniah

(1:1 - 1:6절) 생략

[습 1:7] 주主 여호와 앞에서 잠잠潛潛할지어다 이는 여호와의 날이 가까왔으므로 여호와가 희생犧牲을 준비準備하고 그 청請할 자者를 구별區別하였음이니라.

[番1-7] 當在主上帝前肅敬、主之日伊邇、主已備所將殺者、已區別所將召者.

(1:8 - 2:2절) 생략

[습 2:3] 여호와의 규례規例를 지키는 세상世上의 모든 겸손謙遜한 자者들아 너희는 여호와를 찾으며 공의公義와 겸손謙遜을 구求하라 너희가 혹시或時 여호와의 분노忿怒의 날에 숨김을 얻으리라.

[番2-3] 斯地謙遜之人、行主法度者、爾當尋求主、尋求仁義、尋求謙遜、則在主怒之日、庶可得藏.

(2:4 - 3:16절) 생략

[습 3:17] 너의 하나님 여호와가 너의 가운데 계시니 그는 구원救援을 베푸실 전능자全能者이시라 그가 너로 인因하여 기쁨을 이기지 못하여 하시며 너를 잠잠潛潛히 사랑하시며 너로 인因하여 즐거이 부르며 기뻐하시리라.

[番3-17] 主爾之上帝駐蹕爾中、乃全能者、必施拯救、必因爾歡欣喜樂、默然眷愛爾、 歡呼踴躍.

(3:18 - 20절) 생략

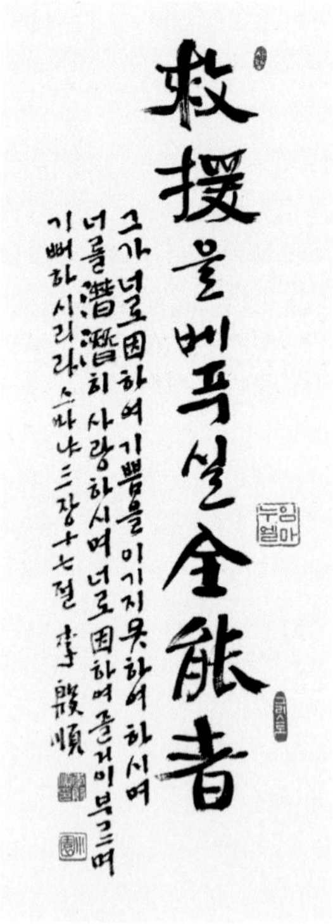

救援을 베푸실 全能者 27×66cm

37 학개 哈該 Haggai

(1:1 - 2:3절) 생략

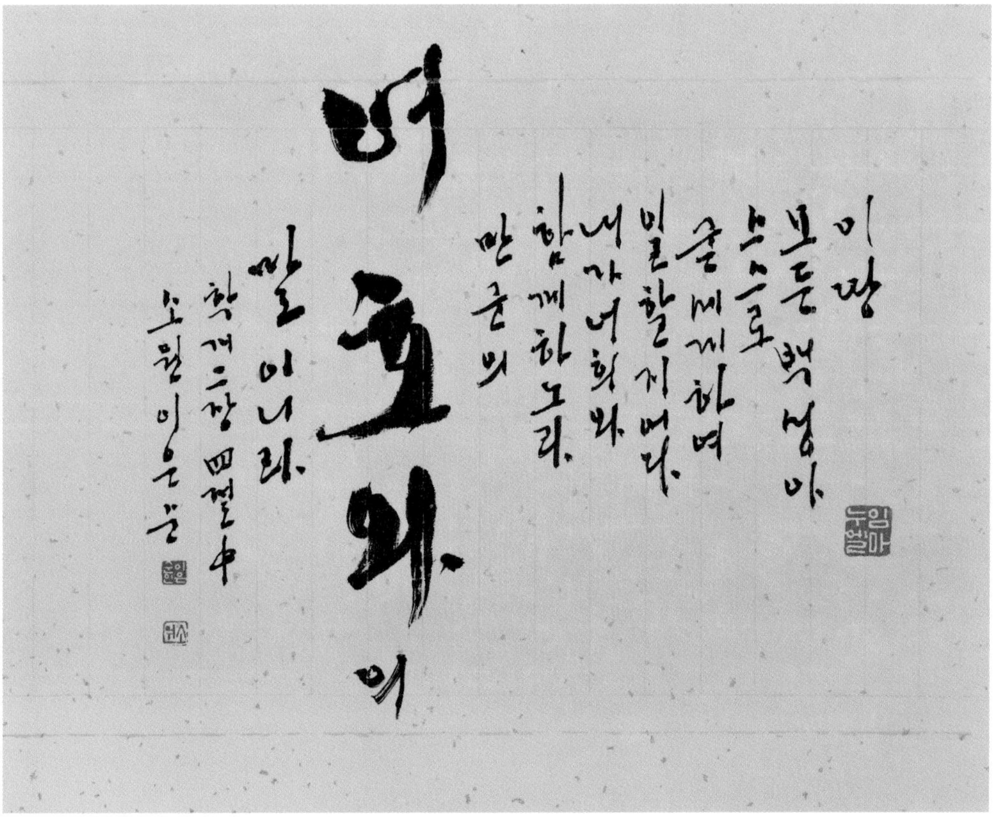

萬軍의 여호와 72×26cm

[학 2:4] 그러나 나 여호와가 이르노라 스룹바벨아 스스로 굳세게 할지어다 여호사닥의 아들 대제사장大祭司長 여호수아야 스스로 굳세게 할지어다 나 여호와의 말이니라 이 땅 모든 백성百姓아 스스로 굳세게 하여 일할지어다. 내가 너희와 함께 하노라. 만군萬軍의 여호와의 말이니라.

[該2 -4] 主曰所羅巴伯歟、爾當勉力、約撒答子大祭司約書亞歟、爾當勉力、主曰、斯地之民歟、爾曹當勉力以操作、因我祐爾、此乃萬有之主所言.

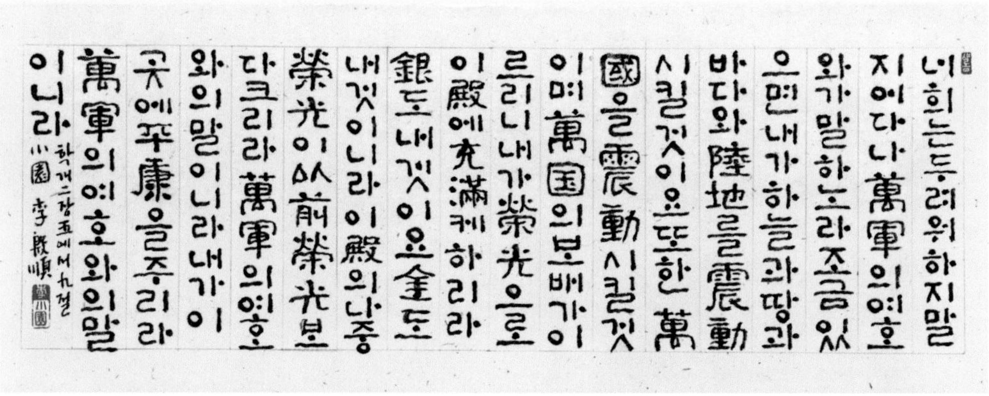

主의 約束 60×30cm

[학 2:5] 너희가 애굽에서 나올 때에 내가 너희와 언약言約한 말과 나의 신神이 오히려 너희 중中에 머물러 있나니 너희는 두려워하지 말지어다.

[학 2:6] 나 만군萬軍의 여호와가 말하노라 조금 있으면 내가 하늘과 땅과 바다와 육지陸地를 진동震動시킬 것이요.

[학 2:7] 또한 만국萬國을 진동震動시킬 것이며 만국萬國의 보배가 이르리니 내가 영광榮光으로 이 전殿에 충만充滿케 하리라 만군萬軍의 여호와의 말이니라.

[학 2:8] 은銀도 내 것이요 금金도 내 것이니라 만군萬軍의 여호와의 말이니라.

[학 2:9] 이 전殿의 나중 영광榮光이 이전以前 영광榮光보다 크리라 만군萬軍의 여호와의 말이니라. 내가 이곳에 평강平康을 주리라 만군萬軍의 여호와의 말이니라.

[該2 -5] 此循我所許爾之主、卽爾出伊及時、我與爾立約所許者、我之靈亦恆在爾中、故勿畏懼、

[該2 -6] 萬有之主如是云、再俟片時、我將震動天地、震動滄海及陸地、

[該2 -7] 亦將震動萬國、萬國之珍寶將至、我將以榮耀充盈此殿、萬有之主已言之矣、

[該2 -8] 萬有之主曰、所有銀屬我、所有金屬我、

[該2 -9] 萬有之主曰、斯後時之殿、較前時之殿榮光更大、我必在此處賜平康、此乃萬有之主所言.

(2:10 - 2:23절) 생략

38 스가랴 撒加利亞 Zechariah

(1:1 - 2:9절) 생략

[슥 2:10] 여호와의 말씀에 시온의 딸아 노래하고 기뻐하라 이는 내가 임臨하여 네 가운데 거居할 것임이니라.

[슥 2:11] 그 날에 많은 나라가 여호와께 속屬하여 내 백성百姓이 될 것이요 나는 네 가운데 거居하리라 네가 만군萬軍의 여호와께서 나를 네게 보내신 줄 알리라.

[亞2 -10] 主曰、郇邑歟、爾當謳歌欣喜、我必涖臨、駐蹕於爾中、

[亞2 -11] 當是日多邦之民、將歸附我、皆爲我民、我必駐蹕於爾中、則爾乃知萬有之主遣我就爾.

(2:12 - 3:6절) 생략

[슥 3:7] 만군萬軍의 여호와의 말씀에 네가 만일 내 도道를 준행遵行하며 내 율례律例를 지키면 네가 내 집을 다스릴 것이요 내 뜰을 지킬 것이며 내가 또 너로 여기 섰는 자者들 중中에 왕래往來케 하리라.

[亞3 -7] 萬有之主如是云、如爾遵行我道、恪守我例、則可理我家、守我院、
我亦使爾得遊行於此侍立者間.

(3:8 - 8:6절) 생략

[슥 8:7] 만군萬軍의 여호와가 말하노라 내가 내 백성百姓을 동방東方에서부터 서방西方에서부터 구원救援하여 내고

[슥 8:8] 인도引導하여다가 예루살렘 가운데 거居하게 하리니 그들은 내 백성百姓이 되고 나는 성실誠實과 정의正義로 그들의 하나님이 되리라.

[슥 8:9] 만군萬軍의 여호와가 말하노라 만군萬軍의 여호와의 집 곧 전殿을 건축建築하려고 그 지대地臺를 쌓던 날에 일어난 선지자先知者들의 입의 말을 이 때에 듣는 너희는 손을 견고堅固히 할지어다.

[亞8 -7] 萬有之主如是云、我將救我民、自日出之地、自日入之地、

[亞8 -8] 導之至、使居於耶路撒冷、俱爲我民、我爲其上帝、待之以誠實仁慈、

[亞8 -9] 萬有之主如是云、萬有之主之室卽殿、人築其基址、以復建之、
當日諸先知口中有此言、爾曹當時聞之者、當自奮勇勉力.

(8:10 - 8:15절) 생략

[슥 8:16] 너희가 행行 할 일은 이러 하니라 너희는 각기各其이웃으로 더불어 진실眞實을 말하며 너

和平한 裁判 97×22cm

희 성문城門에서 진실眞實하고 화평和平한 재판裁判을 베풀고

[슥 8:17] 심중心中에 서로 해害하기를 도모圖謀하지 말며 거짓 맹세盟誓를 좋아하지 말라 이모든 일은 나의 미워하는 것임이니라 나 여호와의 말이니라.

[亞8-16] 爾所當行者無他、人與人言、當言眞實、在公庭判斷、惟秉眞誠、使人和睦

[亞8-17] 勿中心圖謀、彼此相害、勿好發妄誓、斯諸事我所深惡此乃主所言. (8:10-8:15절) 생략

[슥 8:19] 만군萬軍의 여호와가 말하노라 사월四月의 금식禁食과 오월五月의 금식禁食과 칠월七月의 금식禁食과 시월十月의 금식禁食이 변變하여 유다 족속族屬에게 기쁨과 즐거움과 희락喜樂의 절기節期가 되리니 오직 너희는 진실眞實과 화평和平을 사랑할지니라.

[亞8-19] 萬有主之如是云、四月禁食之日、五月禁食之日、七月禁食之日、十月禁食之日、將在猶大家中、變爲歡樂欣喜之日、變爲佳良之節期、惟爾當好眞實與和平.

(8:20-9:8절) 생략

[슥 9:9] 시온의 딸아 크게 기뻐할지어다 예루살렘의 딸아 즐거이 부를지어다 보라 네 왕王이 네게 임臨하나니 그는 공의公義로우며 구원救援을 베풀며 겸손謙遜하여서 나귀를 타나니 나귀의 작은 것 곧 나귀새끼니라.

[亞9-9] 郇邑歟、當欣喜不勝、耶路撒冷邑歟、當歡呼、爾王臨爾、秉公義、施救援、謙和而乘驢、卽驢之小者牝驢之子. (9:10-9:15절) 생략

[슥 9:16] 이 날에 그들의 하나님 여호와께서 그들을 자기自己 백성百姓의 양羊떼 같이 구원救援 하시리니 그들이 면류관冕旒冠의 보석寶石같이 여호와의 땅에 빛나리로다.

[슥 9:17] 그의 형통亨通함과 그의 아름다움이 어찌 그리 큰지 소년少年은 곡식穀食으로 강건康健하며 처녀處女는 새 포도주葡萄酒로 그러하리로다.

[亞9-16] 當是日主其上帝將救之、主必救己民、若救羣羊、視之若冕旒之寶石、使其在己地、升騰高擧、

[亞9-17] 其福何其廣、其美何其大、佳穀使少者壯健、新酒使幼女亦然. (10:1-14:21절) 생략

39 말라기 瑪拉基 Malachi

(1:1 - 3:9절) 생략

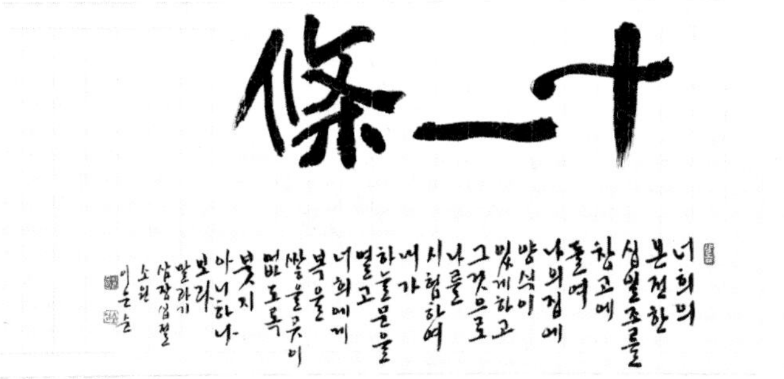

十一條 55×33cm

[말 3:10] 만군萬軍의 여호와가 이르노라 너희의 온전穩全한 십일조十一條를 창고倉庫에 들여 나의 집에 양식糧食이 있게 하고 그것으로 나를 시험試驗하여 내가 하늘 문門을 열고 너희에게 복福을 쌓을 곳이 없도록 붓지 아니하나 보라.

[瑪3-10] 萬有之主曰、爾以所當納之什一、悉入於倉庫、使我室有糧、以是試我、觀我果否爲爾啓天之窗、使福傾注於爾曹、豊盈富餘、不可勝數.

[말 3:11] 만군萬軍의 여호와가 이르노라 내가 너희를 위爲하여 황충蝗蟲을 금禁하여 너희 토지土地 소산所産을 멸滅하지 않게 하며 너희 밭에 포도葡萄나무의 과실果實로 기한期限 전前에 떨어지지 않게 하리니

[말 3:12] 너희 땅이 아름다와지므로 열방列邦이 너희를 복福되다 하리라 만군萬軍의 여호와의 말이니라.

[瑪3-11] 萬有之主曰、我必因爾之故、責彼蝗蟲、使不壞爾之土産、亦使爾田之葡萄樹、不先期落果、

[瑪3-12] 萬有之主曰、列邦之民、必稱爾有福、爾國必爲樂國.

(3:13 - 4:1절) 생략

[말 4:2] 내 이름을 경외敬畏하는 너희에게는 의義로운 해가 떠올라서 치료治療하는 광선光線을 발發하리니 너희가 나가서 외양간喂養間에서 나온 송아지 같이 뛰리라.

[瑪4-2] 惟爾敬畏我名者、必蒙義日照臨、煦育之德、在其光輝、爾得逍遙而出、踴躍有如養肥之犢.

(4:3 - 6절) 생략

新約

마태복음 瑪太福音 Matthew 194 마가복음 瑪可福音 Mark 210 누가복음 路加福音 Luke 215 요한복음 約翰福音 John 226
사도행전 使徒行傳 Acts 237 로마서 達羅瑪人書 Romans 240 고린도전서 고린도후서 達哥林多人後書 2 Corinthians 256
갈라디아서 達迦拉太人書 Galatians 259 에베소서 達以弗所人書 Ephesians 262 빌립보서 達腓立比人書 Philippians 267
골로새서 達哥羅西人書 Colossians 270 데살로니가전서 達帖撒羅尼迦人前書 1 Thessalonians 274 데살로니가후서 達帖撒羅尼迦人後書 2 Thessalonians 276 디모데전서 達提摩太前書 1 Timothy 278 디모데후서 達提摩太後書 2 Timothy 281

디도서 達提多書 Titus 284 빌레몬서 達腓利們書 Philemon 285 히브리서 達希伯來人書 Hebrews 287 야고보서 雅各書 James 291 베드로전서 彼得前書 1 Peter 294 베드로후서 彼得後書 2 Peter 299요한일서 約翰第壹書 1 John 203 요한이서 約翰第貳書 2 John 206 요한삼서 約翰第參書 3 John 307 유다서 猶大書 Jude 308 요한계시록 默示錄 Revelation 310

01 마태복음 瑪太福音 Matthew

(1:1 - 1:22절) 생략

[마 1:23] 보라 처녀處女가 잉태孕胎하여 아들을 낳을 것이요. 그 이름은 임마누엘이라 하리라 하셨으니 이를 번역飜譯한즉 하나님이 우리와 함께 계시다 함이라.

[太1 - 23] 童女將懷孕生子、人將稱其名以瑪內利、譯卽上帝偕我焉.

(1:24 - 3:1절) 생략

[마 3:2] 회개悔改하라. 천국天國이 가까웠느니라.

[太3 - 2] 爾當悔改、因天國近矣.

(3:3 - 3:10절) 생략

[마 3:11] 나는 너희로 회개悔改케 하기 위爲하여 물로 세례洗禮를 주거니와 내 뒤에 오시는 이는 나보다 능력能力이 많으시니 나는 그의 신을 들기도 감당堪當치 못하겠노라 그는 성령聖靈과 불로 너희에게 세례洗禮를 주실 것이요.

[마 3:12] 손에 키를 들고 자기自己의 타작打作 마당을 정淨하게 하사 알곡穀은 모아 곡간穀間에 들이고 쭉정이는 꺼지지 않는 불에 태우시리라.

[太3 - 11] 夫我以水施洗於爾、使爾悔改、但後我來者更勝於我、卽提其履、我亦不堪、彼將以聖靈及火、施洗於爾、

[太3 - 12] 其手執箕、簸其禾場之麥、斂麥入倉、而焚糠以不滅之火.

(3:13 - 3:15절) 생략

[마 3:16] 예수께서 세례洗禮를 받으시고 곧 물에서 올라오실 새 하늘이 열리고 하나님의 성령聖靈이 비둘기 같이 내려 자기自己 위에 임臨하심을 보시더니

[마 3:17] 하늘로서 소리가 있어 말씀하시되 이는 내 사랑하는 아들이요 내 기뻐하는 자者라 하시니라.

[太3 - 16] 耶穌旣受洗、卽由水而上、天爲之開、見上帝之靈如鴿、降臨其上、

[太3 - 17] 自天有聲云、此乃我愛子、我所喜悅者也.

(3:18 - 4:3절) 생략

[마 4:4] 예수께서 대답對答하여 가라사대 기록記錄되었으되 사람이 떡으로만 살 것이 아니요 하나님의 입으로 나오는 모든 말씀으로 살것이라 하였느니라.

[太4 - 4] 耶穌曰、經載云、人得生、不第恃餅、亦恃凡上帝口所出之言.

(4:5 - 5:2절) 생략

❹ ❸ ❷ ❶

八福 25×100cm×8

❺

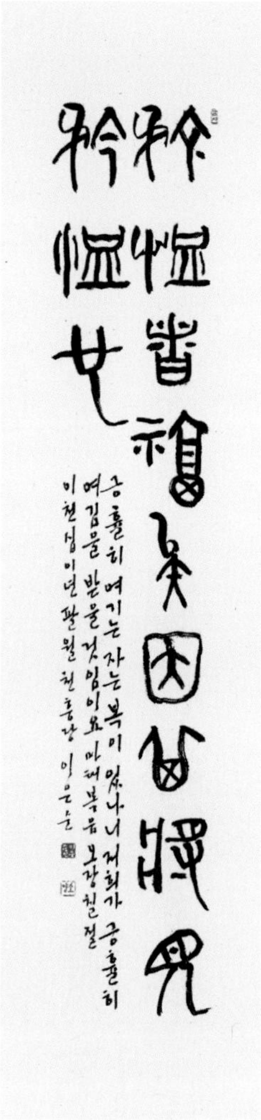
긍휼히 여기는 자는 복이 있나니 저희가 긍휼히
여김을 받을것임이요 마태복음 오장칠절
이천십이년 팔월 천홍당 이운순

❻

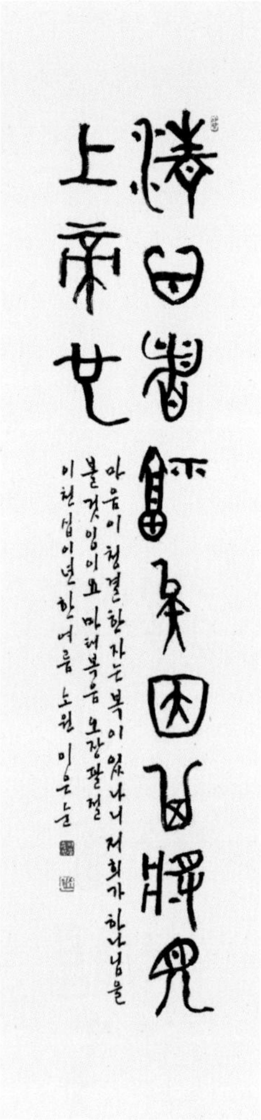
마음이 청결한자는 복이 있나니 저희가 하나님을
볼것임이요 마태복음 오장팔절
이천십이년 한여름 노원 이운순

❼

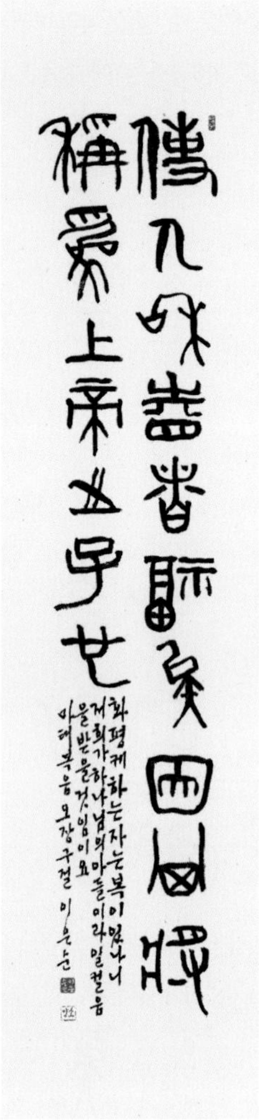
화평케하는자는복이있나니
저희가하나님의아들이라일컬음
을받을것임이요
마태복음 오장구절 이운순

❽

의를위하여핍박을 받는자는 복이
있나니 천국이저희것임이라
마태복음 오장십절 이운순

[마 5:3] 심령心靈이 가난한 자者는 복福이 있나니 천국天國이 저희 것임이요.

[마 5:4] 애통哀痛하는 자者는 복福이 있나니 저희가 위로慰勞를 받을 것임이요.

[마 5:5] 온유溫柔한 자者는 복福이 있나니 저희가 땅을 기업基業으로 받을 것임이요.

[마 5:6] 의義에 주리고 목마른 자者는 복福이 있나니 저희가 배부를 것임이요.

[마 5:7] 긍휼矜恤히 여기는 자者는 복福이 있나니 저희가 긍휼矜恤히 여김을 받을 것임이요.

[마 5:8] 마음이 청결清潔한 자者는 복福이 있나니 저희가 하나님을 볼 것임이요.

[마 5:9] 화평和平케 하는 자者는 복福이 있나니 저희가 하나님의 아들이라 일컬음을 받을 것임이요.

[마 5:10] 의義를 위爲하여 핍박逼迫을 받은 자者는 복福이 있나니 천국天國이 저희 것임이라.

[太5 - 3] 虛心者福矣、因天國乃其國也、

[太5 - 4] 哀慟者福矣、因其將受慰也、

[太5 - 5] 溫良者福矣、因其將得地也、

[太5 - 6] 慕義如饑渴者福矣、因其將得飽也、

[太5 - 7] 矜恤者福矣、因其將見矜恤也、

[太5 - 8] 淸心者福矣、因其將見上帝也、

[太5 - 9] 使人和睦者福矣、因其將稱爲上帝之子也、

[太5 - 10] 爲義而被窘逐者福矣、因天國乃其國也.

[마 5:11] 나를 인因하여 너희를 욕辱하고 핍박逼迫하고 거짓으로 너희를 거스려 모든 악惡한 말을 할 때에는 너희에게 복福이 있나니

[마 5:12] 기뻐하고 즐거워하라 하늘에서 너희의 상賞이 큼이라 너희 전前에 있던 선지자先知者들을 이같이 핍박逼迫하였느니라.

[太5 - 11] 人爲我而詬詈爾、窘逐爾、造諸惡言、誹謗爾、則爾福矣、

[太5 - 12] 當欣喜歡樂、因在天爾之賞大也、蓋先爾諸先知、人亦曾如是窘逐之也.

[마 5:13] 너희는 세상世上의 소금이니 소금이 만일 그 맛을 잃으면 무엇으로 짜게 하리요 후後에는 아무 쓸데 없어 다만 밖에 버리워 사람에게 밟힐 뿐이니라.

[마 5:14] 너희는 세상世上의 빛이라 산山위에 있는 동리洞里가 숨기우지 못할 것이요.

[마 5:15] 사람이 등燈불을 켜서 말 아래 두지 아니하고 등경燈檠위에 두나니 이러므로 집 안 모든 사람에게 비취느니라.

[마 5:16] 이같이 너희 빛을 사람 앞에 비취게 하여 저희로 너희 착한 행실行實을 보고 하늘에

계신 너희 아버지께 영광榮光을 돌리게 하라.

[太5-13] 爾乃地之鹽、鹽若失其鹹、何以復之、後必無用、惟棄於外、爲人所踐耳、

[太5-14] 爾乃世之光、城建在山、不能隱藏、

[太5-15] 人燃燈、不置斗下、乃置燈臺上、則照凡在室之人

[太5-16] 爾光亦當如是照於人前、使其見爾之善行、而歸榮於爾在天之父.

(5:17 - 5:26절) 생략

[마 5:27] 또 간음姦淫치 말라 하였다는 것을 너희가 들었으나

[마 5:28] 나는 너희에게 이르노니 여자女子를 보고 음욕淫慾을 품는 자者마다 마음에 이미 간음姦淫하였느니라.

[마 5:29] 만일 네 오른 눈이 너로 실족失足케 하거든 빼어 내버리라 네 백체百體 중中 하나가 없어지고 온 몸이 지옥地獄에 던지우지 않는 것이 유익有益하며

[마 5:30] 또한 만일 네 오른손이 너로 실족失足케 하거든 찍어 내버리라 네 백체百體 중中 하나가 없어지고 온 몸이 지옥地獄에 던지우지 않는 것이 유익有益하니라.

[마 5:31] 또 일렀으되 누구든지 아내를 버리거든 이혼離婚 증서證書를 줄 것이라 하였으나

[마 5:32] 나는 너희에게 이르노니 누구든지 음행淫行한 연고緣故없이 아내를 버리면 이는 저로 간음姦淫하게 함이요 또 누구든지 버린 여자女子에게 장가드는 자者도 간음姦淫함이니라.

[太5-27] 爾聞有諭古人之言曰、勿姦淫、

[太5-28] 惟我告爾、凡見婦而動慾念者、則心已姦淫矣、

[太5-29] 若右目陷爾於罪、則抉而棄之、寧失百體之一、毋使全身投於磯很拿、

[太5-30] 若右手陷爾於罪、則斷而棄之、寧失百體之一、毋使全身投於磯很拿、

[太5-31] 又有言云、若人出妻、當以離書予之、

[太5-32] 惟我告爾、若非爲淫故而出妻、是使之行淫、凡娶被出之婦者、則犯姦也.

(5:33 - 5:43절) 생략

[마 5:44] 나는 너희에게 이르노니 너희 원수怨讐를 사랑하며 너희를 핍박逼迫하는 자者를 위爲하여 기도祈禱하라.

[太5-44] 惟我語爾、敵爾者愛之、詛爾者祝之、憾爾者善待之、毀謗爾、窘逐爾者、爲之祈禱.

(5:45 - 6:2절) 생략

[마 6:3] 너는 구제救濟할때에 오른손의 하는 것을 왼손이 모르게 하여

[마 6:4] 네 구제救濟함이 은밀隱密하게 하라 은밀隱密한 중中에 보시는 너의 아버지가 갚으시리라.

[太6-3] 爾施濟時、勿使左手知右手所爲、

[太6-4] 如是則爾之施濟隱矣、爾父鑒觀於隱、將顯以報爾.

(6:5 - 6:8절) 생략

[마 6:9] 그러므로 너희는 이렇게 기도祈禱하라 하늘에 계신 우리 아버지여 이름이 거룩히 여김을 받으시오며

[마 6:10] 나라이 임臨하옵시며 뜻이 하늘에서 이룬 것 같이 땅에서도 이루어지이다.

[마 6:11] 오늘날 우리에게 일용日用할 양식糧食을 주옵시고

[마 6:12] 우리가 우리에게 죄罪지은 자者를 사赦하여 준것 같이 우리 죄罪를 사赦하여 주옵시고

[마 6:13] 우리를 시험試驗에 들게 하지 마옵시고 다만 악惡에서 구救하옵소서 나라와 권세權勢와 영광榮光이 아버지께 영원永遠히 있사옵나이다. 아멘

[太6-9] 是以爾祈禱、當如是云、在天吾父、願爾名聖、

[太6-10] 爾國臨格、爾旨得成在地如在天焉、

[太6-11] 所需之糧、今日賜我、

[太6-12] 免我之債、如我亦免負我債者、

[太6-13] 勿使我遇試、惟拯我於惡、蓋國與權與榮、皆爾所有、至於世世、阿們.

(6:14 - 6:19절) 생략

[마 6:20] 오직 너희를 위爲여 보물寶物을 하늘에 쌓아 두라 저기는 좀이나 동록銅綠이 해害하지 못하며 도적盜賊이 구멍을 뚫지도 못하고 도적盜賊질도 못하느니라.

[太6-20] 當積財於天、彼無蠹蝕朽壞、亦無盜穿竊而竊.

(6:21 - 6:23절) 생략

[마 6:24] 한 사람이 두 주인主人을 섬기지 못할 것이니 혹或 이를 미워하며 저를 사랑하거나 혹或 이를 중重히 여기며 저를 경輕히 여김이라 너희가 하나님과 재물財物을 겸兼하여 섬기지 못하느니라.

[太6-24] 一人不能事二主、或惡此愛彼、或重此輕彼、爾曹不能事上帝、又事瑪們.

[마 6:25] 그러므로 내가 너희에게 이르노니 목숨을 위爲하여 무엇을 먹을까 무엇을 마실까

몸을 위爲하여 무엇을 입을까 염려念慮하지 말라 목숨이 음식飮食보다 중重하지 아니하며 몸이 의복衣服보다 중重하지 아니하냐.

[마 6:26] 공중空中의 새를 보라 심지도 않고 거두지도 않고 창고倉庫에 모아들이지도 아니하되 너희 천부天父께서 기르시나니 너희는 이것들보다 귀貴하지 아니하냐.

[마 6:27] 너희 중中에 누가 염려念慮함으로 그 키를 한 자나 더할 수 있느냐

[마 6:28] 또 너희가 어찌 의복衣服을 위爲하여 염려念慮하느냐 들의 백합화百合花가 어떻 게 자라는가 생각하여 보라 수고受苦도 아니하고 길쌈도 아니 하느니라.

[마6:29] 그러나 내가 너희에게 말하노니 솔로몬의 모든 영광榮光으로도 입은 것이 이 꽃 하나만 같지 못하였느니라.

[太6-25] 故我告爾、勿爲生命憂慮何以食、何以飮、勿爲身體憂慮何以衣、生命不重於糧乎、身體不重於衣乎、

[太6-26] 試觀空中之鳥、不稼不穡、不積於倉、爾在天之父且養之、爾曹不更貴於鳥乎、

[太6-27] 爾曹孰能以思慮延命一刻乎、

[太6-28] 爾何爲衣服憂慮乎、試觀野地之百合花、如何而長、不勞不紡、

[太6-29] 我告爾、卽所羅門極榮華時、其服飾不及此花之一.

(6:30 - 6:32절) 생략

[마 6:33] 너희는 먼저 그의 나라와 그의 의義를 구求하라 그리하면 이 모든 것을 너희에게 더하시리라.

[마 6:34] 그러므로 내일來日 일을 위爲하여 염려念慮하지 말라 내일來日 일은 내일來日 염려念慮할 것이요 한 날 괴로움은 그 날에 족足하니라.

[太6-33] 爾當先求上帝之國與其義、則此諸物、必加於爾也、

[太6-34] 勿爲明日憂慮、明日之事、俟明日憂慮、一日惟受一日之勞苦足矣.

[마 7:1] 비판批判을 받지 아니하려거든 비판批判하지 말라.

[마 7:2] 너희의 비판批判하는 그 비판批判으로 너희가 비판批判을 받을 것이요 너희의 헤아리는 그 헤아림으로 너희가 헤아림을 받을 것이니라.

[마 7:3] 어찌하여 형제兄弟의 눈 속에 있는 티는 보고 네 눈 속에 있는 들보는 깨닫지 못하느냐.

[마 7:4] 보라 네 눈 속에 들보가 있는데 어찌하여 형제兄弟에게 말하기를 나로 네 눈 속에 있는 티를 빼게 하라 하겠느냐.

[마 7:5] 외식外飾하는 자者여 먼저 네 눈 속에서 들보를 빼어라 그 후後에야 밝히 보고 형제

兄弟의 눈 속에서 티를 빼리라.

[마 7:6] 거룩한 것을 개에게 주지 말며 너희 진주眞珠를 돼지 앞에 던지지 말라 저희가 그 것을 발로 밟고 돌이켜 너희를 찢어 상傷할까 염려念慮하라.

[마 7:7] 구求하라 그러면 너희에게 주실 것이요 찾으라. 그러면 찾을 것이요 문門을 두드리라 그러면 너희에게 열릴 것이니

[마 7:8] 구求하는 이마다 얻을 것이요 찾는 이가 찾을 것이요 두드리는 이에게 열릴 것이니라.

[마 7:9] 너희 중中에 누가 아들이 떡을 달라 하면 돌을 주며

[마 7:10] 생선生鮮을 달라 하면 뱀을 줄 사람이 있겠느냐.

[마 7:11] 너희가 악惡한 자者라도 좋은 것으로 자식子息에게 줄줄 알거든 하물며 하늘에 계신 너희 아버지께서 구求하는 자者에게 좋은 것으로 주시지 않겠느냐.

[마 7:12] 그러므로 무엇이든지 남에게 대접待接을 받고자 하는 대로 너희도 남을 대접待接하라 이것이 율법律法이요 선지자先知者니라.

[마 7:13] 좁은 문門으로 들어가라 멸망滅亡으로 인도引導하는 문門은 크고 그 길이 넓어 그리로 들어가는 자者가 많고

[마 7:14] 생명生命으로 인도引導하는 문門은 좁고 길이 협착狹窄하여 찾는 이가 적음이니라.

[太7 - 1] 勿議人、則不見議、爾議人如何、卽見議亦若是、

[太7 - 2] 爾以何量量諸人、人亦以何量量諸爾、

[太7 - 3] 爾兄弟目中有草芥、爾見之、而己目中有梁木不自覺、何歟、

[太7 - 4] 爾目中有梁木、何以語爾兄弟曰、容我去爾目中之草芥乎、

[太7 - 5] 僞善者乎、先去己目中之梁木、然後可見以去爾兄弟目中之草芥、

[太7 - 6] 勿以聖物予犬、勿以珍珠投豕、恐其踐之、轉以噬爾、

[太7 - 7] 求則予爾、尋則遇之、叩門則爲爾啓之、

[太7 - 8] 蓋凡求者必得、尋者必遇、叩門者必爲之啓、

[太7 - 9] 爾曹中孰有子求餠而予之石乎、

[太7 - 10] 求魚而予之蛇乎、

[太7 - 11] 爾曹雖不善、尙知以善物予爾子、況爾在天之父、不以善物賜求之者乎、

[太7 - 12] 是以爾欲人如何施諸己、亦必如何施諸人、此乃律法及先知之大旨、

[太7 - 13] 爾曹當進窄門、蓋引至淪亡、其門闊、其路寬、入之者多、

[太7 - 14] 引至永生、其門窄、其路狹、得之者少.

(7:15 - 7:23절) 생략

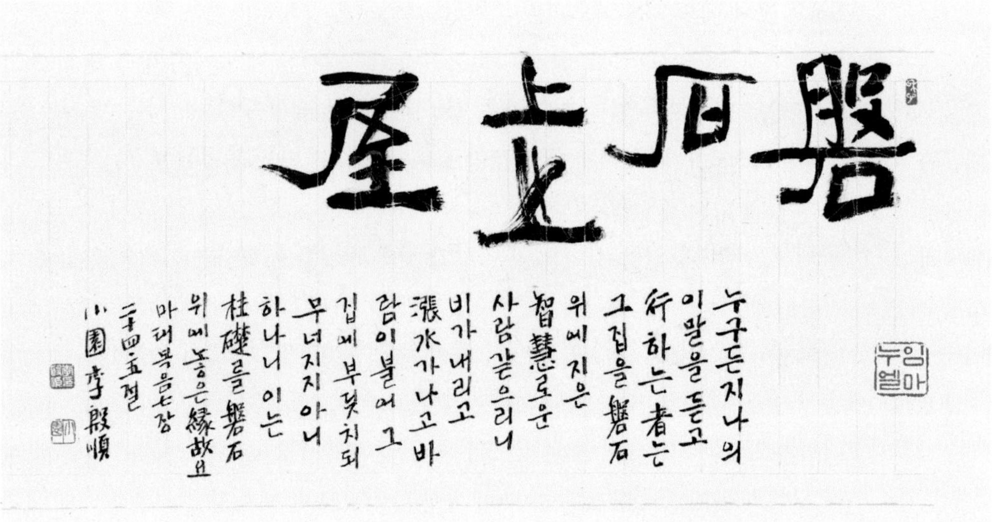
磐石上屋
누구든지나의
이말을듣고
行하는者는
그집을磐石
위에지은
智慧로운
사람같으리니
비가내리고
漲水가나고바
람이불어그
집에부딪치되
무너지지아니
하나니이는
柱礎를磐石
위에놓은緣故요
마태복음七장
二十四·五절
小園 李殷順

磐石위에 세운 집 60×30cm

[마 7:24] 그러므로 누구든지 나의 이 말을 듣고 행行하는 자者는 그 집을 반석磐石위에 지은 지혜智慧로운 사람 같으리니

[마 7:25] 비가 내리고 창수漲水가 나고 바람이 불어 그 집에 부딪히되 무너지지 아니하나니 이는 주초柱礎를 반석磐石 위에 놓은 연고緣故요.

[太7 - 24] 故凡聞我此言而行之者、我譬之智人、建屋於磐上、

[太7 - 25] 雨降、河溢、風吹、撞其屋而不傾頹、因基在磐上也.

(7:26 - 10:27절) 생략

[마 10:28] 몸은 죽여도 영혼靈魂은 능能히 죽이지 못하는 자者들을 두려워하지 말고 오직 몸과 영혼靈魂을 능能히 지옥地獄에 멸滅하시는 자者를 두려워하라.

[太10 - 28] 殺身而不能殺靈者、勿懼之、惟能以身與靈同滅於磯很拿者、是乃爾所當懼.

(10:29 - 10:31절) 생략

[마 10:32] 누구든지 사람 앞에서 나를 시인是認하면 나도 하늘에 계신 내 아버지 앞에서 저를 시인是認할 것이요.

[마 10:33] 누구든지 사람 앞에서 나를 부인否認하면 나도 하늘에 계신 내 아버지 앞에서 저를 부인否認하리라.

[太10 - 32] 凡認我於人前者、我亦認之於我在天之父前、

[太10 - 33] 不認我於人前者、我亦不認之於我在天之父前.

(10:34 - 10:36절) 생략

[마 10:37] 아비나 어미를 나보다 더 사랑하는 자者는 내게 합당合當치 아니하고 아들이나 딸을 나보다 더 사랑하는 자者도 내게 합당合當치 아니하고

[마 10:38] 또 자기自己 십자가十字架를 지고 나를 좇지 않는 자者도 내게 합당合當치 아니하니라.

[마 10:39] 자기自己 목숨을 얻는 자者는 잃을 것이요. 나를 위爲하여 자기自己 목숨을 잃는 자者는 얻으리라.

[太10 - 37] 愛父母過於愛我者、不堪爲我徒、愛子女過於愛我者、不堪爲我徒、

[太10 - 38] 不負其十字架而從我者、不堪爲我徒、

[太10 - 39] 得生命者、反喪之、爲我而喪生命者、反得之.

(10:40 - 11:27절) 생략

[마 11:28] 수고受苦하고 무거운 짐진 자者들아 다 내게로 오라 내가 너희를 쉬게 하리라.

[마 11:29] 나는 마음이 온유溫柔하고 겸손謙遜하니 나의 멍에를 메고 내게 배우라 그러면 너희 마음이 쉼을 얻으리니

[마 11:30] 이는 내 멍에는 쉽고 내 짐은 가벼움이라 하시니라.

[太11 - 28] 凡勞苦負重者、當就我、我將賜爾以安、

[太11 - 29] 我心溫良謙遜、爾負我軛而學我、則爾心必獲安、

[太11 - 30] 蓋我軛易、我負輕也.

(12:1 - 12:17절) 생략

[마 12:18] 보라 나의 택擇한 종 곧 내 마음에 기뻐하는 바 나의 사랑하는 자者로 다 내가 내 성령聖靈을 줄 터이니 그가 심판審判을 이방異邦에 알게 하리라.

[마 12:19] 그가 다투지도 아니하며 들레지도 아니하리니 아무도 길에서 그 소리를 듣지 못하리라.

[마 12:20] 상傷한 갈대를 꺾지 아니하며 꺼져가는 심지를 끄지 아니하기를 심판審判하여 이길 때까지 하리니

[마 12:21] 또한 이방異邦들이 그 이름을 바라리라 함을 이루려 하심이니라.

[太12 - 18] 視我之僕、我所選擇、我之所愛、我心所悅者、我將以我之靈賦之、彼以眞法示於異邦人、

[太12 - 19] 其不競不喧、無人聞其聲於街衢、

[太12 - 20] 已傷之葦不折、燼餘之炷不滅、

[太12 - 21] 終使眞法獲勝、異邦人必仰望其名.

(12:22 - 13:43절) 생략

[마 13:44] 천국天國은 마치 밭에 감추인 보화寶貨와 같으니 사람이 이를 발견發見한 후後 숨겨 두고 기뻐하여 돌아가서 자기自己의 소유所有를 다 팔아 그 밭을 샀느니라.

[마 13:45] 또 천국天國은 마치 좋은 진주眞珠를 구求하는 장사와 같으니

[마 13:46] 극極히 값진 진주眞珠 하나를 만나매 가서 자기自己의 소유所有를 다 팔아 그 진주眞珠를 샀느니라.

[마 13:47] 또 천국天國은 마치 바다에 치고 각종各種 물고기를 모는 그물과 같으니

[마 13:48] 그물에 가득하매 물가로 끌어내고 앉아서 좋은 것은 그릇에 담고 못된 것은 내어 버리느니라.

[마 13:49] 세상世上 끝에도 이러하리라 천사天使들이 와서 의인義人 중中에서 악인惡人을 갈라 내어

[마 13:50] 풀무 불에 던져 넣으리니 거기서 울며 이를 갊이 있으리라.

[太13 - 44] 天國又如寶、藏於田、人遇之、則秘之、喜而歸、售其所有以購此田、

[太13 - 45] 天國又如商人求美珠、

[太13 - 46] 遇一珠、値昂貴、遂往售其所有以購之、

[太13 - 47] 天國又如網施於海、集諸水族、

[太13 - 48] 旣盈則曳於岸、坐而集其善者入器、惡者棄之、

[太13 - 49] 世末亦然、天使將出、於義人中以別惡人、

[太13 - 50] 投於火爐、在彼必有哀哭切齒.

(13:51 - 14:18절) 생략

[마 14:19] 무리를 명命하여 잔디 위에 앉히시고 떡 다섯 개箇와 물고기 두 마리를 가지사 하늘을 우러러 축사祝謝하시고 떡을 떼어 제자弟子들에게 주시매 제자弟子들이 무리에게 주니

[마 14:20] 다 배불리 먹고 남은 조각을 열 두 바구니에 차게 거두었으며

[마 14:21] 먹은 사람은 여자女子와 아이 외外에 오천명五千名이나 되었더라.

[太14 - 19] 遂命衆坐於草地、取五餅二魚、仰天而祝、擘其餅予門徒、門徒予衆、

[太14 - 20] 皆食而飽、拾其餘屑、盈十二筐、

[太14 - 21]　食者、婦孺外、約五千人.

(14:22 - 15:10절) 생략

[마 15:11]　입에 들어가는 것이 사람을 더럽게 하는 것이 아니라 입에서 나오는 그것이 사람을 더럽게 하는 것이니라

[太15 - 11]　非入諸口者汚人、惟出諸口者汚人.

(15:12 - 16:18절) 생략

[마 16:19]　내가 천국天國 열쇠를 네게 주리니 네가 땅에서 무엇이든지 매면 하늘에서도 매일 것이요 네가 땅에서 무엇이든지 풀면 하늘에서도 풀리리라.

[太16 - 19]　我將以天國之鑰賜爾、凡爾所縛於地者、亦必見縛於天、所釋於地者、亦必見釋於天.

(16:20 - 17:3절) 생략

[마 17:4]　베드로가 예수께 여짜와 가로되 주主여 우리가 여기 있는 것이 좋사오니 주主께 서 만일 원願하시면 내가 여기서 초막草幕 셋을 짓되 하나는 주主를 위爲하여, 하나는 모세를 위爲하여, 하나는 엘리야를 위爲하여 하리이다.

[마 17:5]　말할 때에 홀연忽然히 빛난 구름이 저희를 덮으며 구름 속에서 소리가 나서가 로되 이는 내 사랑하는 아들이요 내 기뻐하는 자者니 너희는 저의 말을 들으라 하는지라.

[太17 - 4]　彼得謂耶穌曰、我儕在此善矣、若爾欲之、我建三廬、一爲爾、一爲摩西、一爲以利亞、

[太17 - 5]　言時、有光耀之雲覆之、有聲自雲出曰、此我愛子、我所喜悅者、爾當聽之.

(17:6 - 17:19절) 생략

[마 17:20]　가라사대 너희 믿음이 적은 연고緣故니라 진실眞實로 너희에게 이르노니 너희가 만일 믿음이 한 겨자씨만큼만 있으면 이 산山을 명命하여 여기서 저기로 옮기라 하여도 옮길 것이요 또 너희가 못할 것이 없으리라.

[太17 - 20]　耶穌曰、因爾不信也、我誠告爾、爾若有信如一粒芥種、卽命此山、由此移彼、亦必移焉、且無一事爾不能作也.

(17:21 - 18:3절) 생략

[마 18:4]　그러므로 누구든지 이 어린아이와 같이 자기自己를 낮추는 그이가 천국天國에서 큰 자者니라.

[太18 - 4] 故凡自謙似此孩提者、彼在天國爲至大.

(18:5 - 18:17절) 생략

[마 18:18] 진실眞實로 너희에게 이르노니 무엇이든지 너희가 땅에서 매면 하늘에서도 매일 것이요 무엇이든지 땅에서 풀면 하늘에서도 풀리리라.

[마 18:19] 진실眞實로 다시 너희에게 이르노니 너희 중中에 두 사람이 땅에서 합심合心하여 무엇이든지 구求하면 하늘에 계신 내 아버지께서 저희를 위爲하여 이루게 하시리라.

[太18 - 18] 我誠告爾、凡爾所縛於地者、亦必見縛於天、所釋於地者、亦必見釋於天、

[太18 - 19] 我又告爾、若爾中有二人契合於地、以求何事、我在天之父、必爲彼成之.

(18:20 - 19:3절) 생략

[마 19:4] 예수께서 대답對答하여 가라사대 사람을 지으신 이가 본래本來 저희를 남자男子와 여자女子로 만드시고

[마 19:5] 말씀하시기를 이러므로 사람이 그 부모父母를 떠나서 아내에게 합合하여 그 둘이 한 몸이 될 지니라 하신 것을 읽지 못하였느냐

[마 19:6] 이러한즉 이제 둘이 아니요 한 몸이니 그러므로 하나님이 짝지어 주신 것을 사람이 나누지 못할지니라.

[太19 - 4] 耶穌答曰、經載造物之主、元始造人、乃造一男一女、

[太19 - 5] 且云人離父母、與妻聯合、二人成爲一體、此豈爾未讀乎、

[太19 - 6] 如是夫婦不復爲二、乃爲一體、故上帝所耦者、人不可分.

(19:7 - 19:18절) 생략

[마 19:19] 네 부모父母를 공경恭敬하라, 네 이웃을 네 몸과 같이 사랑하라.

[太19 - 19] 敬爾父母、愛人如己.

(19:20 - 20:25절) 생략

[마 20:26] 너희 중中에는 그렇지 아니하니 너희 중中에 누구든지 크고자 하는 자者는 너희를 섬기는 자者가 되고

[마 20:27] 너희 중中에 누구든지 으뜸이 되고자 하는 자者는 너희 종이 되어야 하리라.

[마 20:28] 인자人子가 온 것은 섬김을 받으려 함이 아니라 도리어 섬기려 하고 자기自己 목숨을 많은 사람의 대속물代贖物로 주려 함이니라.

[太20 - 26] 惟爾曹則不可如此、爾中欲爲大者、當爲爾役、

[太20 - 27] 欲爲首者、當爲爾僕、

[太20 - 28] 卽如人子來、非以役人、乃役於人、且舍其生以贖衆也.

(20:29 - 21:8절) 생략

[마 21:9] 앞에서 가고 뒤에서 따르는 무리가 소리 질러 가로되 호산나 다윗의 자손子孫이여
찬송讚頌하리로다 주主의 이름으로 오시는 이여 가장 높은 곳에서 호산나 하더라.

[太21 - 9] 前行後從之衆呼曰、荷散拿大衛之裔、託主名而來者、當稱頌、在至上之處、荷散拿.

(21:10 - 21:12절) 생략

[마 21:13] 저희에게 이르시되 기록記錄된 바 내 집은 기도祈禱하는 집이라 일컬음을 받으리라
하였거늘 너희는 강도强盜의 굴혈掘穴을 만드는 도다.

[太21 - 13] 謂之曰、經載云、我室必稱爲祈禱之室、爾曹以爲盜賊之巢.

(21:14 - 21:21절) 생략

[마 21:22] 너희가 기도祈禱할 때에 무엇이든지 믿고 구求하는 것은 다 받으리라 하시니라.

[太21 - 22] 且爾祈禱時有信、無論何求、必得之.

(21:23 - 22:36절) 생략

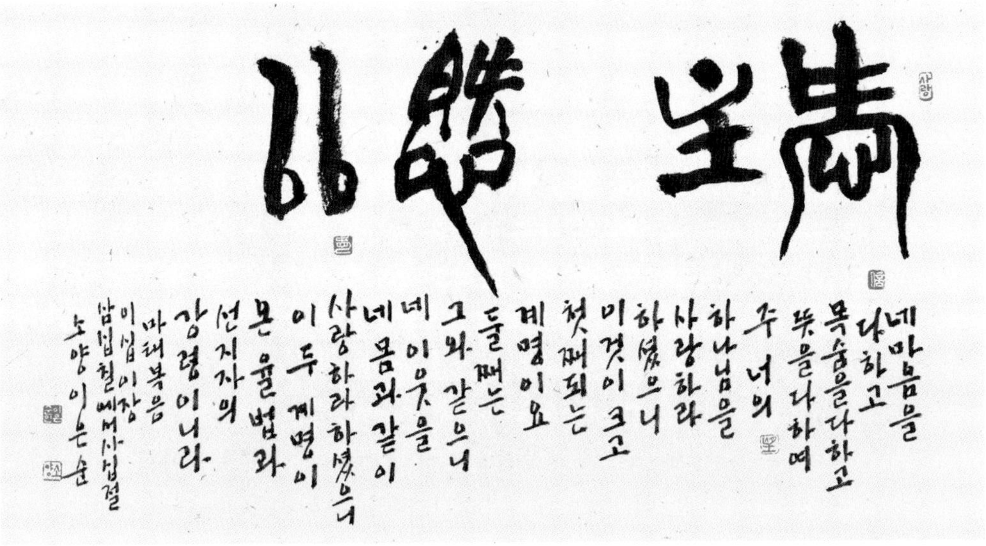

愛主 愛隣 55×30cm

[마 22:37] 예수께서 가라사대 네 마음을 다하고 목숨을 다하고 뜻을 다하여 주主 너의 하나님을 사랑하라 하셨으니
[마 22:38] 이것이 크고 첫째 되는 계명誡命이요
[마 22:39] 둘째는 그와 같으니 네 이웃을 네 몸과 같이 사랑하라 하셨으니
[마 22:40] 이 두 계명誡命이 온 율법律法과 선지자先知者의 강령綱領이니라.
[太22 - 37] 耶穌曰、爾當盡心盡性盡意愛主爾之上帝、
[太22 - 38] 此乃諸誡之首、且最大者、
[太22 - 39] 其次愛人如己、亦如之、
[太22 - 40] 此二誡乃律法及先知之大綱.

(22:41 - 26:24절) 생략

[마 26:25] 예수를 파는 유다가 대답對答하여 가로되 랍비여 내니이까 대답對答하시되 네가 말하였도다 하시니라.
[마 26:26] 저희가 먹을 때에 예수께서 떡을 가지사 축복祝福하시고 떼어 제자弟子들을 주시며 가라사대 받아먹으라 이것이 내 몸이니라 하시고
[마 26:27] 또 잔盞을 가지사 사례謝禮하시고 저희에게 주시며 가라사대 너희가 다 이것을 마시라.
[마 26:28] 이것은 죄罪 사赦함을 얻게 하려고 많은 사람을 위爲하여 흘리는 바 나의 피 곧 언약言約의 피니라.
[마 26:29] 그러나 너희에게 이르노니 내가 포도葡萄나무에서 난 것을 이제부터 내 아버지의 나라에서 새 것으로 너희와 함께 마시는 날까지 마시지 아니하리라 하시니라.
[太26 - 25] 賣之者猶大問曰、拉比、是我乎、曰、爾言之矣、
[太26 - 26] 食時、耶穌取餅祝謝、擘而予門徒曰、取而食之、此乃我體、
[太26 - 27] 又取杯祝謝、予之曰、爾皆飮之、
[太26 - 28] 此乃我血、卽新約之血、爲衆而流、以赦罪者也、
[太26 - 29] 我告爾、今而後我不復飮此葡萄樹所產者、待他時、我偕爾飮新者於我父之國焉.

(26:30 - 26:38절) 생략

[마 26:39] 조금 나아가사 얼굴을 땅에 대시고 엎드려 기도祈禱하여 가라사대 내 아버지여 만일 할 만하시거든 이 잔盞을 내게서 지나가게 하옵소서 그러나 나의 원願대로 마옵시고 아버지의 원願대로 하옵소서.

[太26 - 39] 遂稍進、俯伏祈禱曰、父、若可得免、則使此杯離我、然非從我所欲、乃從爾所欲、

(26:40 - 28:17절) 생략

[마 28:18] 예수께서 나아와 일러 가라사대 하늘과 땅의 모든 권세權勢를 내게 주셨으니

[마 28:19] 그러므로 너희는 가서 모든 족속族屬으로 제자弟子를 삼아 아버지와 아들과 성령聖靈의 이름으로 세례洗禮를 주고

[마 28:20] 내가 너희에게 분부吩咐한 모든 것을 가르쳐 지키게 하라 볼지어다 내가 세상世上 끝날까지 너희와 항상恒常 함께 있으리라.

[太28 - 18] 耶穌就而謂之曰、天地諸權、皆已賜我、

[太28 - 19] 爾往招萬民爲我門徒、因父與子與聖靈之名、施之洗禮、

[太28 - 20] 教之守凡我所命爾者、且我常偕爾、至於世末、阿們.

02 마가복음 瑪可福音 Mark

(1:1 - 1:16절) 생략

[막 1:17] 예수께서 가라사대 나를 따라오너라 내가 너희로 사람을 낚는 어부漁夫가 되게 하리라.

[可1 - 17] 耶穌謂之曰、從我、我將使爾爲漁人之漁者.

(1:18 - 6:40절) 생략

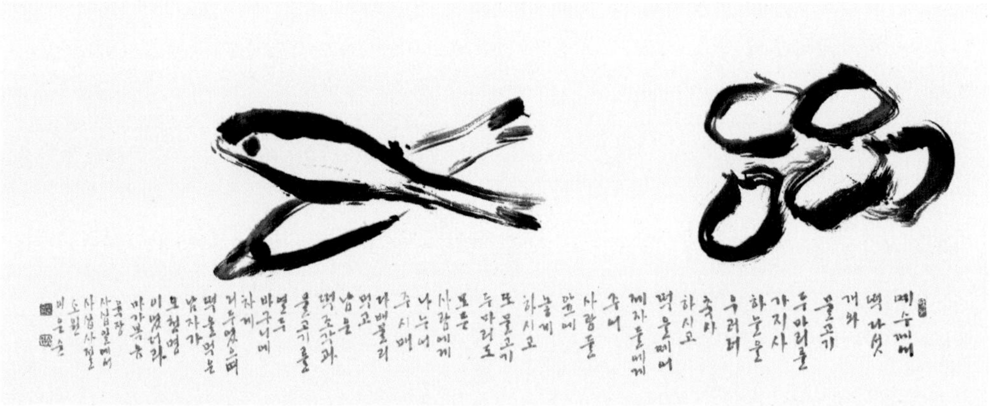

五餠二魚 85×32cm

[막 6:41] 예수께서 떡 다섯 개箇와 물고기 두 마리를 가지사 하늘을 우러러 축사祝謝하시고 떡을 떼어 제자弟子들에게 주어 사람들 앞에 놓게 하시고 또 물고기 두 마리도 모든 사람에게 나누어 주시매

[막 6:42] 다 배불리 먹고

[막 6:43] 남은 떡 조각과 물고기를 열두 바구니에 차게 거두었으며

[막 6:44] 떡을 먹은 남자男子가 오천명五千名이었더라.

[可6 - 41] 耶穌取五餠二魚、仰天祝謝、擘餠予門徒、使陳於衆前、亦以二魚分予衆、

[可6 - 42] 皆食而飽、

[可6 - 43] 拾餘屑、及殘魚、盈十二筐、

[可6 - 44] 食餠者、約五千人.

(6:45 - 8:33절) 생략

[막 8:34] 무리와 제자弟子들을 불러 이르시되 아무든지 나를 따라오려거든 자기自己를 부인否認하고 자기自己 십자가十字架를 지고 나를 좇을 것이니라.

[막 8:35] 누구든지 제 목숨을 구원救援코자 하면 잃을 것이요 누구든지 나와 복음福音을 위爲하여 제 목숨을 잃으면 구원救援하리라.

[可8 - 34] 遂召衆與門徒曰、人欲從我、則當克己、負其十字架而從我、

[可8 - 35] 凡欲救其生命者、反喪之、爲我及福音而喪生命者、必救之.

(8:36 - 9:22절) 생략

[막 9:23] 예수께서 이르시되 할 수 있거든이 무슨 말이냐 믿는 자者에게는 능能치 못할 일이 없느니라.

[可9 - 23] 耶穌謂之曰、爾若能信、在信者無不能也.

(9:24 - 9:34절) 생략

[막 9:35] 예수께서 앉으사 열두 제자弟子를 불러서 이르시되 아무든지 첫째가 되고자 하면 뭇 사람의 끝이 되며 뭇 사람을 섬기는 자者가 되어야 하리라 하시고

[막 9:36] 어린아이 하나를 데려다가 그들 가운데 세우시고 안으시며 제자弟子들에게 이르시되

[막 9:37] 누구든지 내 이름으로 이런 어린아이 하나를 영접迎接하면 곧 나를 영접迎接함이요 누구든지 나를 영접迎接하면 나를 영접迎接함이 아니요 나를 보내신 이를 영접迎接함이니라.

[可9 - 35] 耶穌坐、召十二門徒謂之曰、欲爲首者、當爲衆之末、爲衆之役、

[可9 - 36] 遂以一孩提立於其中、且抱之、語門徒曰、

[可9 - 37] 凡因我名、接一如此之孩提者、卽接我、接我者、非接我、乃接遣我者也.

(9:38 - 9:40절) 생략

[막 9:41] 누구든지 너희를 그리스도에게 속屬한 자者라 하여 물 한 그릇을 주면 내가 진 실眞實로 너희에게 이르노니 저가 결단決斷코 상賞을 잃지 않으리라.

[막 9:42] 또 누구든지 나를 믿는 이 소자小子 중中 하나를 실족失足케 하면 차라리 연자硏子맷돌을 그 목에 달리우고 바다에 던지움이 나으리라.

[막 9:43] 만일 네 손이 너를 범죄犯罪케 하거든 찍어버리라 불구자不具者로 영생永生에 들어가는 것이 두 손을 가지고 지옥地獄 꺼지지 않는 불에 들어가는 것보다 나으니라.

[可9 - 41] 凡爲我之名、以一杯水飮爾、因爾屬基督、我誠告爾、彼必不失其賞、

[可9 - 42] 凡使此信我之一小子、陷於罪者、寧以磨石懸其頸而投於海、

[可9 - 43] 倘爾一手使爾陷於罪、則斷之、爾殘缺入於生、勝如兩手而入於磯很拿不滅之火.

(9:44 - 10:5절) 생략

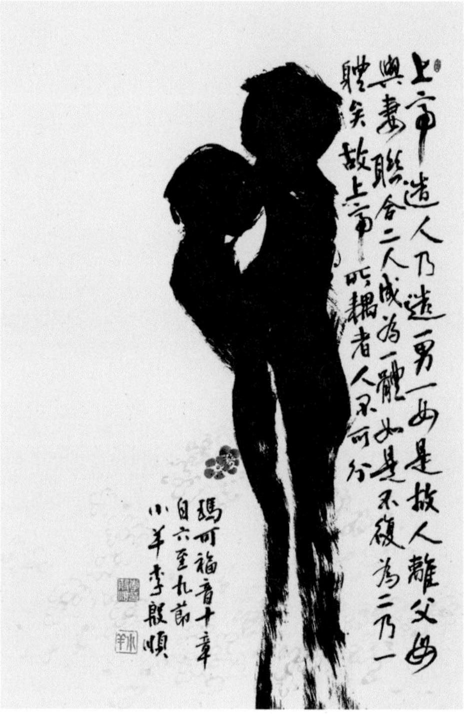

夫婦 70×95cm

[막 10:6] 창조시創造時로부터 저희를 남자男子와 여자女子로 만드셨으니

[막 10:7] 이러므로 사람이 그 부모父母를 떠나서

[막 10:8] 그 둘이 한 몸이 될지니라 이러한즉 이제 둘이 아니요 한 몸이니

[막 10:9] 그러므로 하나님이 짝지어 주신 것을 사람이 나누지 못할지니라.

[可10 - 6] 但造物之始、上帝造人、乃造一男一女、

[可10 - 7] 是故人離父母、與妻聯合、

[可10 - 8] 二人成爲一體、如是不復爲二、乃一體矣、

[可10-9] 故上帝所耦者、人不可分.

(10:10 - 10:42절) 생략

[막 10:43] 너희 중中에는 그렇지 아니하니 너희 중中에 누구든지 크고자 하는 자者는 너희를 섬기는 자者가 되고

[막 10:44] 너희 중中에 누구든지 으뜸이 되고자 하는 자者는 모든 사람의 종이 되어야 하리라.

[막 10:45] 인자人子의 온 것은 섬김을 받으려 함이 아니라 도리어 섬기려 하고 자기自己 목숨을 많은 사람의 대속물代贖物로 주려 함이니라.

[可 10-43] 惟爾曹不可如是、 爾曹中欲爲大者、 當爲爾役、

[可 10-44] 欲爲首者、 當爲衆之僕、

[可 10-45] 蓋人子來、 非以役人、 乃役於人、 且舍生以贖衆.

(10:46 - 11:23절) 생략

[막 11:24] 그러므로 내가 너희에게 말하노니 무엇이든지 기도祈禱하고 구求하는 것은 받은 줄로 믿으라 그리하면 너희에게 그대로 되리라.

[막 11:25] 서서 기도祈禱할 때에 아무에게나 혐의嫌疑가 있거든 용서容恕하라 그리하여야 하늘에 계신 너희 아버지도 너희 허물을 사赦하여 주시리라.

[可11-24] 是以我告爾、 爾祈禱時、 無論何求、 信其可得、 則必得之、

[可11-25] 爾立而祈禱、 如念及有人得罪爾、 則免之、 在天爾父、 亦免爾過.

(11:26 - 14:5절) 생략

[막 14:6] 예수께서 가라사대 가만 두어라 너희가 어찌하여 저를 괴롭게 하느냐 저가 내게 좋은 일을 하였느니라.

[막 14:7] 가난한 자者들은 항상恒常 너희와 함께 있으니 아무 때라도 원願하는 대로 도울수 있거니와 나는 너희와 항상恒常 함께 있지 아니하리라.

[막 14:8] 저가 힘을 다하여 내 몸에 향유香油를 부어 내 장사葬事를 미리 준비準備하였느니라.

[막 14:9] 내가 진실眞實로 너희에게 이르노니 온 천하天下에 어디서든지 복음福音이 전파傳播되는 곳에는 이 여자女子의 행行한 일도 말하여 저를 기념記念하리라 하시니라.

[可14-6] 耶穌曰、 姑聽之、 何難之耶、 彼行於我者善也、

[可14-7] 因貧者常偕爾、 隨時爾可善待之、 惟我不常偕爾、

[可14-8] 今彼所爲、 盡力爲之、 其預膏我身者、 爲備葬事也、

[可14 - 9] 我誠告爾、普天下無論何處、傳此福音、亦必述此婦所行、使人記憶.

(14:10 - 14:21절) 생략

[막 14:22] 저희가 먹을 때에 예수께서 떡을 가지사 축복祝福하시고 떼어 제자弟子들에게 주시며 가라사대 받으라 이것이 내 몸이니라 하시고

[막 14:23] 또 잔盞을 가지사 사례謝禮하시고 저희에게 주시니 다 이를 마시매

[막 14:24] 가라사대 이것은 많은 사람을 위爲하여 흘리는 바 나의 피 곧 언약言約의 피니라.

[可14 - 22] 食時、耶穌取餠祝謝、擘而予門徒曰、取食之、此乃我體、

[可14 - 23] 又取杯祝謝而予之、衆皆飮焉、

[可14 - 24] 耶穌謂之曰、此乃我血、卽新約之血、爲衆所流者.

(14:25 - 15:33절) 생략

[막 15:34] 제구시第九時에 예수께서 크게 소리지르시되 엘리 엘리 라마 사박다니 하시니 이를 번역飜譯하면 나의 하나님, 나의 하나님 어찌하여 나를 버리셨나이까 하는 뜻이라.

[可15 - 34] 申初、耶穌大聲呼曰、以羅以、以羅以、拉瑪撒罷克他尼、譯卽我之上帝、我之上帝、因何遺棄我.

(15:35 - 16:20절) 생략

03 누가복음 路加福音 Luke

(1:1 - 1:26절) 생략

[눅 1:27] 다윗의 자손子孫 요셉이라 하는 사람과 정혼定婚한 처녀處女에게 이르니 그 처녀處女의 이름은 마리아라.

[눅 1:28] 그에게 들어가 가로되 은혜恩惠를 받은 자者여 평안平安할지어다 주主께서 너와 함께 하시도다 하니

[눅 1:29] 처녀處女가 그 말을 듣고 놀라 이런 인사人事가 어찌함인고 생각하매

[눅 1:30] 천사天使가 일러 가로되 마리아여 무서워 말라 네가 하나님께 은혜恩惠를 얻었느니라.

[눅 1:31] 보라 네가 수태受胎하여 아들을 낳으리니 그 이름을 예수라 하라.

[눅 1:32] 저가 큰 자者가 되고 지극至極히 높으신 이의 아들이라 일컬을 것이요 주主 하나님께서 그 조상祖上 다윗의 위位를 저에게 주시리니

[눅 1:33] 영원永遠히 야곱의 집에 왕王노릇 하실 것이며 그 나라가 무궁無窮하리라.

[路1 - 27] 臨一處女、爲大衛裔名約瑟所聘者、處女名瑪利亞、

[路1 - 28] 天使入告之曰、蒙寵之女安、主與爾偕、諸女中爾福哉、

[路1 - 29] 瑪利亞見之、聞言甚訝、思此問安何意、

[路1 - 30] 天使曰瑪利亞勿懼、爾於上帝前得恩寵、

[路1 - 31] 爾將孕而生子、命名耶穌、

[路1 - 32] 彼將爲大、稱爲至上者之子、主卽上帝將以其祖大衛之位賜之、

[路1 - 33] 永爲雅各家之王、其國靡暨.

(1:34 - 1:45절) 생략

[눅 1:46] 마리아가 가로되 내 영혼靈魂이 주主를 찬양讚揚하며

[눅 1:47] 내 마음이 하나님 내 구주救主를 기뻐하였음은

[눅 1:48] 그 계집종의 비천卑賤함을 돌아보셨음이라 보라 이제 후後로는 만세萬世에 나를 복福이 있다 일컬으리로다.

[눅 1:49] 능能하신 이가 큰 일을 내게 행行하셨으니 그 이름이 거룩하시며

[눅 1:50] 긍휼矜恤하심이 두려워하는 자者에게 대대代代로 이르는 도다.

[눅 1:51]　그의 팔로 힘을 보이사 마음의 생각이 교만驕慢한 자者들을 흩으셨고

[눅 1:52]　권세權勢있는 자者를 그 위位에서 내리치셨으며 비천卑賤한 자者를 높이셨고

[눅 1:53]　주리는 자者를 좋은 것으로 배불리셨으며 부자富者를 공수空手로 보내셨도다.

[눅 1:54]　그 종 이스라엘을 도우사 긍휼矜恤히 여기시고 기억記憶하시되

[눅 1:55]　우리 조상祖上에게 말씀하신 것과 같이 아브라함과 및 그 자손子孫에게 영원永遠히 하시리로다.

[路1 - 46]　瑪利亞曰、我心尊主爲大、

[路1 - 47]　我靈悅救我之上帝、

[路1 - 48]　因其垂顧婢之卑微、今而後萬代必稱我有福、

[路1 - 49]　因全能者爲我成此大事、其名至聖、

[路1 - 50]　畏主者主矜恤之、至於世世、

[路1 - 51]　主以臂施厥大力、心志驕傲者皆散之、

[路1 - 52]　有權者黜其位、卑下者升之高、

[路1 - 53]　饑者飽以珍饈、富者使之空乏而返、

[路1 - 54]　扶持其僕以色列、

[路1 - 55]　垂念矜恤亞伯拉罕及其苗裔、至於世世、如昔諭我祖之言.

(1:56 - 2:13절) 생략

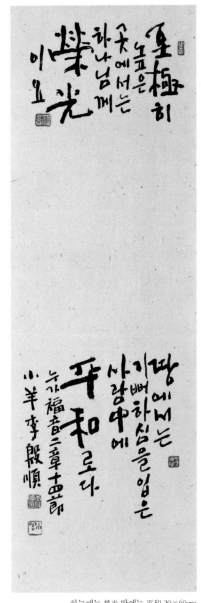

하늘에는 榮光 땅에는 平和 20×60cm

[눅 2:14] 지극至極히 높은 곳에서는 하나님께 영광榮光이요 땅에서는 기뻐하심을 입은 사람들 중 에 평화平和로다.

[路2 - 14] 在上榮光歸上帝、在地和平、人蒙喜悅.

(2:15 - 3:3절) 생략

[눅 3:4] 선지자先知者 이사야의 책冊에 쓴 바 광야曠野에 외치는 자者의 소리가 있어 가로되 너희는 주主의 길을 예비豫備하라 그의 첩경捷徑을 평탄平坦케 하라.

[눅 3:5] 모든 골짜기가 메워지고 모든 산山과 작은 산山이 낮아지고 굽은 것이 곧아지고 험險한 길이 평탄平坦하여질 것이요.

[눅 3:6] 모든 육체肉體가 하나님의 구원救援하심을 보리라 함과 같으니라.

[路3-4] 如先知以賽亞書載云、野有聲呼曰、備主道、直其徑、

[路3-5] 諸谷必塡、岡陵必卑、屈曲使直、崎嶇使平、

[路3-6] 凡有血氣者、必得見上帝之拯救云.

(3:7 - 3:15절) 생략

[눅 3:16] 요한이 모든 사람에게 대답對答하여 가로되 나는 물로 너희에게 세례洗禮를 주거니와 나보다 능력能力이 많으신 이가 오시나니 나는 그 신들메를 풀기도 감당堪當치 못하겠노라 그는 성령聖靈과 불로 너희에게 세례洗禮를 주실 것이요.

[눅 3:17] 손에 키를 들고 자기自己의 타작打作 마당을 정淨하게 하사 알곡穀은 모아 곡간穀間에 들이고 쭉정이는 꺼지지 않는 불에 태우시리라.

[路3-16] 約翰乃謂衆曰、我以水施洗於爾、有勝於我者來、卽解其履帶、我亦不堪、彼將以聖靈及火、施洗於爾、

[路3-17] 其手執箕、簸淨禾場之麥、斂麥入倉、而焚糠以不滅之火.

(3:18 - 4:17절) 생략

[눅 4:18] 주主의 성령聖靈이 내게 임臨하셨으니 이는 가난한 자者에게 복음福音을 전傳하게 하시려고 내게 기름을 부으시고 나를 보내사 포로捕虜된 자者에게 자유自由를, 눈먼 자者에게 다시 보게 함을 전파傳播하며 눌린 자者를 자유自由케 하고

[눅 4:19] 주主의 은혜恩惠의 해를 전파傳播하게 하려 하심이라.

[路4-18] 主之靈臨我、因主膏我、俾我傳福音於貧者、遣我醫傷心之人、

[路4-19] 告被虜者得釋、瞽者得明、受壓制者得自由、宣上帝賜恩之禧年.

(4:20 - 6:26절) 생략

[눅 6:27] 그러나 너희 듣는 자者에게 내가 이르노니 너희 원수怨讐를 사랑하며 너희를 미워하는 자者를 선대善待하며

[눅 6:28] 너희를 저주詛呪하는 자者를 위爲하여 축복祝福하며 너희를 모욕侮辱하는 자者를 위爲하여 기도祈禱하라.

[눅 6:29] 네 이 뺨을 치는 자者에게 저 뺨도 돌려 대며 네 겉옷을 빼앗는 자者에게 속옷도 금禁하지 말라.

[눅 6:30] 무릇 네게 구求하는 자者에게 주며 네 것을 가져가는 자者에게 다시 달라지 말며

[눅 6:31] 남에게 대접待接을 받고자 하는 대로 너희도 남을 대접待接하라.

[路6 - 27] 我告爾聽道之人、敵爾者愛之、憾爾者善待之、

[路6 - 28] 詛爾者祝之、欺侮爾者、爲之祈禱、

[路6 - 29] 批爾此頰者、則轉彼頰向之、奪爾外服者、則並裏衣聽之取、

[路6 - 30] 求爾者予之、取爾物者、勿向彼復索、

[路6 - 31] 爾欲人如是行諸己、爾亦當如是行諸人.

(6:32 - 6:34절) 생략

[눅 6:35] 오직 너희는 원수怨讐를 사랑하고 선대善待하며 아무 것도 바라지 말고 빌리라 그리하면 너희 상賞이 클 것이요 또 지극至極히 높으신 이의 아들이 되리니 그는 은혜恩惠를 모르는 자者와 악惡한 자者에게도 인자仁慈로우시니라.

[눅 6:36] 너희 아버지의 자비慈悲하심 같이 너희도 자비慈悲하라.

[눅 6:37] 비판批判치 말라 그리하면 너희가 비판批判을 받지 않을 것이요 정죄定罪하지 말라 그리하면 너희가 정죄定罪를 받지 않을 것이요 용서容恕하라 그리하면 너희가 용서容恕를 받을 것이요.

[눅 6:38] 주라 그리하면 너희에게 줄 것이니 곧 후厚히 되어 누르고 흔들어 넘치도록 하여 너희에게 안겨 주리라 너희의 헤아리는 그 헤아림으로 너희도 헤아림을 도로 받을 것이니라.

[路6 - 35] 惟爾愛敵而善待之、借人而不望償、則爾之賞大、且將爲至上者之子、
蓋彼施仁於負恩與不善者、

[路6 - 36] 是以爾當憐憫、如爾父之憐憫然、

[路6 - 37] 勿議人則不見議、勿罪人則不見罪、恕人則必見恕、

[路6 - 38] 予人則必予爾、卽以大量搖之使實、充滿外溢、納爾懷中、蓋爾以何量量諸人、
則人以何量量諸爾.

(6:39 - 9:5절) 생략

[눅 9:6] 제자弟子들이 나가 각촌各村에 두루 행行하여 처처處處에 복음福音을 전傳하며 병病을 고치더라.

[路9 - 6] 門徒出遍行諸村、處處傳福音施醫.

(9:7 - 9:47절) 생략

[눅 9:48] 저희에게 이르시되 누구든지 내 이름으로 이 어린아이를 영접迎接하면 곧 나를 영접迎接함이요 또 누구든지 나를 영접迎接하면 곧 나 보내신 이를 영접迎接함이라 너희 모든 사람 중中에 가장 작은 그이가 큰 자者니라.

[路9 - 48] 謂門徒曰、凡因我之名接斯孩提者、卽接我、接我者、卽接遣我者、爾中最小者、將爲大也.

(9:49 - 10:25절) 생략

[눅 10:26] 예수께서 이르시되 율법律法에 무엇이라 기록記錄되었으며 네가 어떻게 읽느냐

[눅 10:27] 대답對答하여 가로되 네 마음을 다하며 목숨을 다하며 힘을 다하며 뜻을 다하여 주主 너의 하나님을 사랑하고 또한 네 이웃을 네 몸과 같이 사랑하라 하였나이다.

[눅 10:28] 예수께서 이르시되 네 대답對答이 옳도다 이를 행行하라 그러면 살리라.

[路10 - 26] 耶穌曰、律法所載爲何、爾所讀如何、

[路10 - 27] 對曰、當盡心盡性盡力盡意、愛主爾之上帝、亦當愛隣如己、

[路10 - 28] 耶穌曰、爾所答是也、行此則生.

(10:29 - 11:1절) 생략

[눅 11:2] 예수께서 이르시되 너희는 기도祈禱할 때에 이렇게 하라 아버지여 이름이 거룩히 여김을 받으시오며 나라이 임臨하옵시며

[눅 11:3] 우리에게 날마다 일용日用할 양식糧食을 주옵시고

[눅 11:4] 우리가 우리에게 죄罪 지은 모든 사람을 용서容恕하오니 우리 죄罪도 사赦하여 주옵시고 우리를 시험試驗에 들게 하지 마옵소서 하라.

[路11 - 2] 耶穌曰、爾祈禱時、當曰、在天吾父、願爾名聖、爾國臨格、爾旨得成、在地如在天焉、

[路11 - 3] 所需之糧、日日賜我、

[路11 - 4] 免我之罪、蓋我亦免凡負我者、勿使我遇試、惟拯我於惡.

(11:5 - 11:8절) 생략

[눅 11:9] 내가 또 너희에게 이르노니 구求하라 그러면 너희에게 주실 것이요 찾으라 그러면 찾을 것이요 문門을 두드리라 그러면 너희에게 열릴 것이니

[눅 11:10] 구求하는 이마다 받을 것이요 찾는 이가 찾을 것이요 두드리는 이에게 열릴것이니라.

[눅 11:11] 너희 중中에 아비 된 자者 누가 아들이 생선生鮮을 달라 하면 생선生鮮 대신代身에 뱀을 주며

[눅 11:12] 알을 달라 하면 전갈全蝎을 주겠느냐.

[눅 11:13] 너희가 악惡할지라도 좋은 것을 자식子息에게 줄 줄 알거든 하물며 너희 천부天父께서 구求하는 자者에게 성령聖靈을 주시지 않겠느냐 하시니라.

[路11 - 9] 我又告爾、求則予爾、尋則遇之、叩門則爲爾啓之、

[路11 - 10] 蓋凡求者必得、尋者必遇、叩門者必爲之啓、

[路11 - 11] 爾中爲父者、孰有子求餠而予之石乎、求魚而予之蛇以代魚乎、

[路11 - 12] 抑求卵而予以蠍乎、

[路11 - 13] 爾曹雖不善、尙知以善物予子、何況上帝、不更以聖靈予求之者乎.

(11:14 - 11:33절) 생략

[눅 11:34] 네 몸의 등燈불은 눈이라 네 눈이 성하면 온 몸이 밝을 것이요 만일 나쁘면 네 몸도 어두우리라.

[눅 11:35] 그러므로 네 속에 있는 빛이 어둡지 아니한가 보라

[눅 11:36] 네 온 몸이 밝아 조금도 어두운 데가 없으면 등燈불의 광선光線이 너를 비출 때와 같이 온전穩全히 밝으리라 하시니라.

[路11 - 34] 目乃身之燈、故爾目若瞭、則爾全身皆光、爾目若眊、則爾全身皆暗、

[路11 - 35] 愼之哉、勿使爾內之光爲暗、

[路11 - 36] 若爾全身有光、無一毫之暗、則其光純全、似燈光焰照爾.

(11:37 - 12:7절) 생략

[눅 12:8] 내가 또한 너희에게 말하노니 누구든지 사람 앞에서 나를 시인是認하면 인자人子도 하나님의 사자使者들 앞에서 저를 시인是認할 것이요.

[눅 12:9] 사람 앞에서 나를 부인否認하는 자者는 하나님의 사자使者들 앞에서 부인否認함을 받으리라.

[路12 - 8] 我告爾、凡認我於人前者、人子亦將認彼於上帝之使者前、

[路12 - 9] 不認我於人前者、我亦不認彼於上帝之使者前.

(12:10 - 12:21절) 생략

[눅 12:22] 또 제자弟子들에게 이르시되 그러므로 내가 너희에게 이르노니 너희 목숨을 위爲하여 무엇을 먹을까 몸을 위爲하여 무엇을 입을까 염려念慮하지 말라.

[눅 12:23] 목숨이 음식飮食보다 중重하고 몸이 의복衣服보다 중重하니라.

[눅 12:24] 까마귀를 생각하라 심지도 아니하고 거두지도 아니하며 골방房도 없고 창고倉庫도 없으되 하나님이 기르시나니 너희는 새보다 얼마나 더 귀貴하냐.

[눅 12:25] 또 너희 중中에 누가 염려念慮함으로 그 키를 한 자나 더할 수 있느냐.

[눅 12:26] 그런즉 지극至極히 작은 것이라도 능能치 못하거든 어찌 그 다른 것을 염려念慮하느냐.

[눅 12:27] 백합화百合花를 생각하여 보아라 실도 만들지 않고 짜지도 아니하느니라 그러나 내가 너희에게 말하노니 솔로몬의 모든 영광榮光으로도 입은 것이 이 꽃 하나만 같지 못하였느니라.

[눅 12:28] 오늘 있다가 내일來日 아궁이에 던지우는 들풀도 하나님이 이렇게 입히시거든 하물며 너희일까보냐 믿음이 적은 자者들아

[눅 12:29] 너희는 무엇을 먹을까 무엇을 마실까 하여 구求하지 말며 근심하지도 말라.

[눅 12:30] 이 모든 것은 세상世上 백성百姓들이 구求하는 것이라 너희 아버지께서 이런 것이 너희에게 있어야 될 줄을 아시느니라.

[눅 12:31] 오직 너희는 그의 나라를 구求하라 그리하면 이런 것을 너희에게 더하시리라.

[路12 - 22] 乃謂門徒曰、我告爾、勿爲生命慮何以食、勿爲身體慮何以衣、

[路12 - 23] 生命貴於糧、身體貴於衣、

[路12 - 24] 試思烏鴉不稼不穡、無倉無庫、而上帝養之、爾較禽鳥不愈貴乎、

[路12 - 25] 爾曹孰能以思慮延命一刻乎、

[路12 - 26] 至微者爾尙不能、何思慮其餘乎、

[路12 - 27] 試思百合花、如何而長、不紡不織、我告爾、卽所羅門極榮華之時、其服飾不及此花之一、

[路12 - 28] 且夫野草、今日尙存、明日投爐、上帝衣被之若此、況爾曹小信者乎、

[路12 - 29] 是以勿求何以食、何以飮、亦勿思慮、

[路12 - 30] 蓋此皆異邦人所求、爾需此、爾父已知之、

[路12 - 31] 爾惟求上帝國、則此諸物必加諸爾.

(12:32 - 14:10절) 생략

[눅 14:11] 무릇 자기自己를 높이는 자者는 낮아지고 자기自己를 낮추는 자者는 높아지리라.

[路14 - 11] 因自高者將降爲卑、自卑者將升爲高也.

[눅 14:12] 또 자기自己를 청請한 자者에게 이르시되 네가 점심點心이나 저녁이나 베풀거든 벗이나 형제兄弟나 친척親戚이나 부富한 이웃을 청請하지 말라 두렵건대 그 사람들이 너를 도로 청請하여 네게 갚음이 될까 하라.

[눅 14:13] 잔치를 배설排設하거든 차라리 가난한 자者들과 병신病身들과 저는 자者들과 소경들을 청請하라.

[눅 14:14] 그리하면 저희가 갚을 것이 없는 고故로 네게 복福이 되리니 이는 의인義人들의 부활시復活時에 네가 갚음을 받겠음이니라.

[路14 - 12] 又謂請之者曰、爾設午餐、或晚餐、勿請朋友、兄弟、親戚、富隣、恐彼亦請爾而爾受其報、

[路14 - 13] 惟爾設饌、當請貧乏、殘廢、跛者、瞽者、

[路14 - 14] 則爾福矣、蓋彼不能報爾、而至義人復活時、爾必得報.

(14:15 - 14:22절) 생략

[눅 14:23] 주인主人이 종에게 이르되 길과 산울 가로 나가서 사람을 강권强勸하여 데려다가 내 집을 채우라.

[路14 - 23] 主人語僕曰、出往道途及藩籬間、遇人則強之入、俾滿我室.

(14:24 - 15:6절) 생략

[눅 15:7] 내가 너희에게 이르노니 이와 같이 죄인罪人 하나가 회개悔改하면 하늘에서는 회개悔改할 것 없는 의인義人 아흔아홉을 인因하여 기뻐하는 것보다 더하리라.

[路15 - 7] 我告爾有一罪人悔改、則在天亦爲之喜、較爲九十九不須悔改之義人、喜尤大也.

(15:8 - 16:9절) 생략

[눅 16:10] 지극至極히 작은 것에 충성忠誠된 자者는 큰 것에도 충성忠誠되고 지극至極히 작은 것에 불의不義한 자者는 큰 것에도 불의不義하니라.

[路16 - 10] 於小者忠、於大者亦忠、於小者不義、於大者亦不義.

(16:11 - 16:12절) 생략

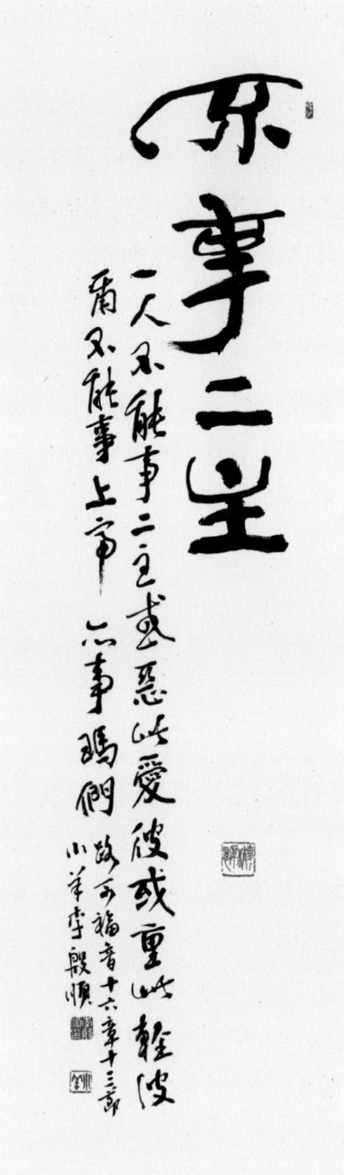

不事二主 30×100cm

[눅 16:13] 집 하인下人이 두 주인主人을 섬길 수 없나니 혹或 이를 미워하고 저를 사랑하거나 혹或 이를 중重히 여기고 저를 경輕히 여길 것임이니라 너희가 하나님과 재물財物을 겸兼하여 섬길 수 없느니라.

[路16 - 13] 一人不能事二主、或惡此愛彼、或重此輕彼、爾不能事上帝、亦事瑪們.

16:14 - 19:9절) 생략

[눅 19:10] 인자人子의 온 것은 잃어버린 자者를 찾아 구원救援하려 함이니라.

[路19 - 10] 蓋人子來、爲尋救失亡之人也.

(19:11 - 19:37절) 생략

[눅 19:38] 가로되 찬송讚頌하리로다 주主의 이름으로 오시는 왕王이여 하늘에는 평화平和요 가장 높은 곳에는 영광榮光이로다.

[路19 - 38] 曰託主名而來之王´ 當稱頌也´ 在天和平´ 在上榮光.

(19:39 - 22:41절) 생략

[눅 22:42] 가라사대 아버지여 만일 아버지의 뜻이어든 이 잔盞을 내게서 옮기시옵소서 그러나 내 원願대로 마옵시고 아버지의 원願대로 되기를 원願하나이다.

[路22 - 42] 曰、父歟、爾若肯、則使此杯離我、雖然、非欲我意得成、惟欲爾意得成也、

(22:43 - 24:53절) 생략

04 요한복음 約翰福音 John

[요 1:1] 태초太初에 말씀이 계시니라 이 말씀이 하나님과 함께 계셨으니 이 말씀은 곧 하나님이시니라.

[요 1:2] 그가 태초太初에 하나님과 함께 계셨고

[요 1:3] 만물萬物이 그로 말미암아 지은 바 되었으니 지은 것이 하나도 그가 없이는 된 것이 없느니라.

[요 1:4] 그 안에 생명生命이 있었으니 이 생명生命은 사람들의 빛이라.

[約1-1] 太初有道、道與上帝同在、道卽上帝、

[約1-2] 是道、太初與上帝同在、

[約1-3] 萬物以道而造、凡受造者、無一非以之而造、

[約1-4] 生命在道中、生命者人之光也.

(1:5 - 1:10절) 생략

[요 1:11] 자기自己땅에 오매 자기自己 백성百姓이 영접迎接지 아니하였으나

[요 1:12] 영접迎接하는 자者 곧 그 이름을 믿는 자者들에게는 하나님의 자녀子女가 되는 권세權勢를 주셨으니

[요 1:13] 이는 혈통血統으로나 육정肉情으로나 사람의 뜻으로 나지 아니하고 오직 하나님께로서 난 자者들이니라.

[요 1:14] 말씀이 육신肉身이 되어 우리 가운데 거居하시매 우리가 그 영광榮光을 보니 아 버지의 독생자獨生子의 영광榮光이요 은혜恩惠와 진리眞理가 충만充滿하더라.

[約1-11] 彼臨屬己者、而屬己之民不受之、

[約1-12] 凡受之者、卽信其名者、賜之以權、爲上帝之子、

[約1-13] 若是者、非由血氣、非由情慾、非由人意而生、乃由上帝而生、

[約1-14] 夫道成肉軀、居於我儕間、我儕見其榮、誠如父獨生子之榮、充滿恩寵眞理.

(1:15 - 1:16절) 생략

[요 1:17] 율법律法은 모세로 말미암아 주신 것이요 은혜恩惠와 진리眞理는 예수 그리스 도로

말미암아 온 것이라.

[約1 - 17] 蓋律法授自摩西、恩寵及眞理則由耶穌基督而至.

(1:18 - 1:28절) 생략

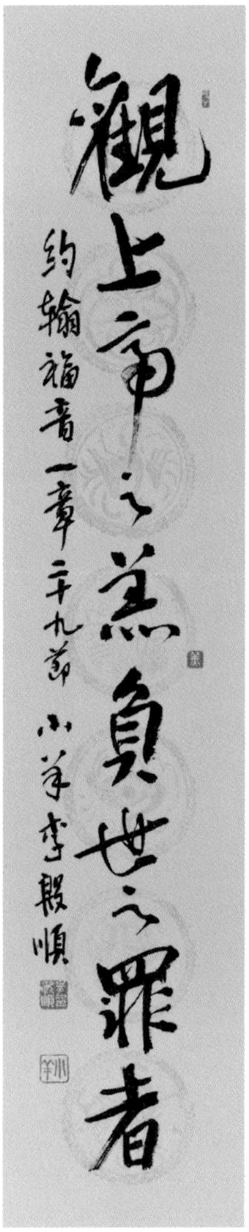

보라 어린양을 20×105cm

[요 1:29] 이튿날 요한이 예수께서 자기自己에게 나아오심을 보고 가로되 보라 세상世上 죄罪를 지고 가는 하나님의 어린 양羊이로다.

[約1 - 29] 明日約翰見耶穌就己、乃曰、觀上帝之羔、負世之罪者.

(1:30 - 3:4절) 생략

[요 3:5] 예수께서 대답對答하시되 진실眞實로 진실眞實로 네게 이르노니 사람이 물과 성령聖靈으로 나지 아니하면 하나님 나라에 들어갈 수 없느니라.

[約3-5] 耶穌曰、我誠告爾、人非由水及聖靈而生、不能進上帝之國.

(3:6 - 3:15절) 생략

[요 3:16] 하나님이 세상世上을 이처럼 사랑하사 독생자獨生子를 주셨으니 이는 저를 믿는 자者마다 멸망滅亡치 않고 영생永生을 얻게 하려 하심이니라.

[요 3:17] 하나님이 그 아들을 세상世上에 보내신 것은 세상世上을 심판審判하려 하심이 아니요 저로 말미암아 세상世上이 구원救援을 받게 하려 하심이라.

[요 3:18] 저를 믿는 자者는 심판審判을 받지 아니하는 것이요 믿지 아니하는 자者는 하나님의 독생자獨生子의 이름을 믿지 아니하므로 벌써 심판審判을 받은 것이니라.

[요 3:19] 그 정죄定罪는 이것이니 곧 빛이 세상世上에 왔으되 사람들이 자기自己 행위行爲가 악惡하므로 빛보다 어두움을 더 사랑한 것이니라.

[요 3:20] 악惡을 행行하는 자者마다 빛을 미워하여 빛으로 오지 아니하나니 이는 그 행위行爲가 드러날까 함이요.

[요 3:21] 진리眞理를 좇는 자者는 빛으로 오나니 이는 그 행위行爲가 하나님 안에서 행行한 것임을 나타내려 함이라 하시니라.

[約3-16] 蓋上帝愛世、至以獨生子賜之、使凡信之者、免沈淪而得永生、

[約3-17] 且上帝遣子臨世、非爲罪世、乃爲使世因之得救、

[約3-18] 信之者不定罪、不信之者已定罪、以其不信上帝獨生子之名、

[約3-19] 夫光臨世、而人因所行者惡、愛暗而不愛光、定罪之故、卽在此也、

[約3-20] 蓋凡作不善者、惡光而不就光、恐其所行被責、

[約3-21] 惟循眞理而行者就光、以彰其所行、乃遵上帝而行也.

(3:22 - 4:13절) 생략

永生水 43×34cm

[요 4:14] 내가 주는 물을 먹는 자者는 영원永遠히 목마르지 아니하리니 나의 주는 물은 그 속에서 영생永生하도록 솟아나는 샘물이 되리라.

[約4 - 14] 飮我所予之水者、永不渴、我所予之水、必在其中成源、湧至永生.

(4:15 - 4:23절) 생략

[요 4:24] 하나님은 영靈이시니 예배禮拜하는 자者가 신령神靈과 진정眞情으로 예배禮拜할지니라.

[約4 - 24] 上帝乃靈、故拜之者、必當以靈以誠而拜之.

(4:25 - 5:23절) 생략

[요 5:24] 내가 진실眞實로 진실眞實로 너희에게 이르노니 내 말을 듣고 또 나 보내신 이를 믿

는 자者는 영생永生을 얻었고 심판審判에 이르지 아니하나니 사망死亡에서 생명生命으로 옮겼느니라.

[約5-24] 我誠告爾、聽我言而信遣我者得永生、不至定罪、乃已出死入生也.

(5:25 - 6:34절) 생략

[요 6:35] 예수께서 가라사대 내가 곧 생명生命의 떡이니 내게 오는 자者는 결決코 주리지 아니할 터이요 나를 믿는 자者는 영원永遠히 목마르지 아니하리라.

[요 6:36] 그러나 내가 너희더러 이르기를 너희는 나를 보고도 믿지 아니하는도다 하였느니라.

[요 6:37] 아버지께서 내게 주시는 자者는 다 내게로 올 것이요 내게 오는 자者는 내가 결決코 내어 쫓지 아니하리라.

[요 6:38] 내가 하늘로서 내려온 것은 내 뜻을 행行하려 함이 아니요.

[요 6:39] 나를 보내신 이의 뜻을 행行하려 함이니라 나를 보내신 이의 뜻은 내게 주신 자者 중中에 내가 하나도 잃어버리지 아니하고 마지막 날에 다시 살리는 이것이니라.

[요 6:40] 내 아버지의 뜻은 아들을 보고 믿는 자者마다 영생永生을 얻는 이것이니 마지막 날에 이를 다시 살리리라 하시니라.

[約6-35] 耶穌曰、我卽生命之糧、就我者必不饑、信我者永不渴、

[約6-36] 我曾告爾、爾已見我、而猶不信、

[約6-37] 凡父所賜我之人、必就我、就我者、我不逐之於外、

[約6-38] 蓋我由天降、非爲行己意、乃爲行遣我者之意、

[約6-39] 父所賜我之人、我不失之、而末日復活之、此卽遣我之父之意、

[約6-40] 凡見子而信之者得永生、而於末日我復活之、此乃遣我者之意.

(6:41 - 6:50절) 생략

[요 6:51] 나는 하늘로서 내려온 산 떡이니 사람이 이 떡을 먹으면 영생永生하리라 나의 줄 떡은 곧 세상世上의 생명生命을 위爲한 내 살이로라.

[約6-51] 我乃生命之糧、由天降者、人食此糧則永生、我所賜之糧、卽我之肉、我爲賜世人得生而舍之.

(6:52절) 생략

[요 6:53] 예수께서 이르시되 내가 진실眞實로 진실眞實로 너희에게 이르노니 인자人子의 살을 먹지 아니하고 인자人子의 피를 마시지 아니하면 너희 속에 생명生命이 없느니라.

[요 6:54] 내 살을 먹고 내 피를 마시는 자者는 영생永生을 가졌고 마지막 날에 내가 그를 다시 살리리니

[요 6:55] 내 살은 참된 양식糧食이요 내 피는 참된 음료飮料로다.

[요 6:56] 내 살을 먹고 내 피를 마시는 자者는 내 안에 거居하고 나도 그 안에 거居하나니

[요 6:57] 살아계신 아버지께서 나를 보내시매 내가 아버지로 인因하여 사는것 같이 나를 먹는 그 사람도 나로 인因하여 살리라.

[요 6:58] 이것은 하늘로서 내려온 떡이니 조상祖上들이 먹고도 죽은 그것과 같지 아니하여 이 떡을 먹는 자者는 영원永遠히 살리라.

[約6 - 53] 耶穌謂之曰、我誠告爾、我乃人子、爾曹若不食我肉、不飮我血、則爾乃無生、

[約6 - 54] 食我肉、飮我血者、有永生、而在末日、我必復活之、

[約6 - 55] 蓋我肉乃眞食、我血乃眞飮也、

[約6 - 56] 食我肉、飮我血者、則彼在我內、我在彼內、

[約6 - 57] 永生之父遣我、我因父而生、凡食我者、因我而生亦若此、

[約6 - 58] 此乃由天降之糧、食此糧者必永生、非若爾祖食瑪拿、後亦死.

(6:59 - 8:31절) 생략

[요 8:32] 진리眞理를 알지니 진리眞理가 너희를 자유自由케 하리라.

[約8 - 32] 爾亦必識眞理、而眞理將釋爾.

(8:33 - 10:8절) 생략

[요 10:9] 내가 문門이니 누구든지 나로 말미암아 들어가면 구원救援을 얻고 또는 들어가며 나오며 꼴을 얻으리라.

[約 10 - 9] 我卽門也、 凡由我入者、 必得救、 且出入得芻.

(10:10 - 10:13절) 생략

[요 10:14] 나는 선善한 목자牧者라 내가 내 양羊을 알고 양羊도 나를 아는 것이

[요 10:15] 아버지께서 나를 아시고 내가 아버지를 아는 것 같으니 나는 양羊을 위爲하여 목숨을 버리노라.

[約10 - 14] 我乃善牧、我識我羊、羊亦識我、

[約10 - 15] 如父識我而我識父、且我爲羊舍命.

(10:16 - 11:24절) 생략

[요 11:25] 예수께서 가라사대 나는 부활復活이요 생명生命이니 나를 믿는 자者는 죽어도 살겠고
[요 11:26] 무릇 살아서 나를 믿는 자者는 영원永遠히 죽지 아니하리니 이것을 네가 믿느냐
[요 11:27] 가로되 주主여 그러하외다 주主는 그리스도시요 세상世上에 오시는 하나님의 아들 이신 줄 내가 믿나이다.

[約11 - 25] 耶穌曰、復活者我、生命者亦我、信我者、雖死必生、
[約11 - 26] 凡生而信我者、永不死、爾信此否、
[約11 - 27] 對曰、主歟、然、我信爾乃基督上帝之子、當臨世者也.

(11:28 - 12:23절) 생략

[요 12:24] 내가 진실眞實로 진실眞實로 너희에게 이르노니 한 알의 밀이 땅에 떨어져 죽지 아니하면 한 알 그대로 있고 죽으면 많은 열매를 맺느니라.
[요 12:25] 자기自己 생명生命을 사랑하는 자者는 잃어버릴 것이요 이 세상世上에서 자기自己 생명生命을 미워하는 자者는 영생永生하도록 보존保存하리라.
[요 12:26] 사람이 나를 섬기려면 나를 따르라 나 있는 곳에 나를 섬기는 자者도 거기 있 으리니 사람이 나를 섬기면 내 아버지께서 저를 귀貴히 여기시리라.

[約12 - 24] 我誠告爾、麥一粒、若不遺地而死、則仍一粒、死則結實繁矣、
[約12 - 25] 愛其生命者、反喪之、不愛生命者、必保之至永生、
[約12 - 26] 欲事我者、當從我、我所在、事我者亦在、人若事我、我父必貴之.

(12:27 - 12:43절) 생략

[요 12:44] 예수께서 외쳐 가라사대 나를 믿는 자者는 나를 믿는 것이 아니요 나를 보내신 이를 믿는 것이며
[요 12:45] 나를 보는 자者는 나를 보내신 이를 보는 것이니라.
[요 12:46] 나는 빛으로 세상世上에 왔나니 무릇 나를 믿는 자者로 어두움에 거居하지 않게 하려 함이로라.
[요 12:47] 사람이 내 말을 듣고 지키지 아니할지라도 내가 저를 심판審判하지 아니하노라 내가 온 것은 세상世上을 심판審判하려 함이 아니요 세상世上을 구원救援하려함이로라.

[約12 - 44] 耶穌呼曰、信我者、非信我、乃信遣我者、
[約12 - 45] 見我、卽見遣我者、
[約12 - 46] 我臨世爲光、使信我者、弗居於暗、
[約12 - 47] 聞我言而不信者、我不罪之、因我至、非爲罪世、乃爲救世.

(12:48 - 13:33절) 생략

[요 13:34] 새 계명誡命을 너희에게 주노니 서로 사랑하라 내가 너희를 사랑한것 같이 너희도 서로 사랑하라.

[요 13:35] 너희가 서로 사랑하면 이로써 모든 사람이 너희가 내 제자弟子인 줄 알리라.

[約13 - 34] 我以新誡示爾、卽爾相愛是也、爾當相愛、如我愛爾然、

[約13 - 35] 爾若相愛、則衆由此可識爾爲我之門徒.

(13:36 - 13:38절) 생략

[요 14:1] 너희는 마음에 근심하지 말라 하나님을 믿으니 또 나를 믿으라.

[요 14:2] 내 아버지 집에 거居할 곳이 많도다 그렇지 않으면 너희에게 일렀으리라 내가 너희를 위爲하여 처소處所를 예비豫備하러 가노니

[요 14:3] 가서 너희를 위爲하여 처소處所를 예비豫備하면 내가 다시 와서 너희를 내게로 영접迎接하여 나 있는 곳에 너희도 있게 하리라.

[約14 - 1] 爾曹心勿憂、當信上帝、亦當信我、

[約14 - 2] 我父家多第宅、否則我必告爾、我往爲爾備居處、

[約14 - 3] 我旣往爲爾備居處、必復來接爾歸我、我所在、使爾亦在.

(14:4 - 14:5절) 생략

[요 14:6] 예수께서 가라사대 내가 곧 길이요 진리眞理요 생명生命이니 나로 말미암지 않고는 아버지께로 올 자者가 없느니라.

[요 14:7] 너희가 나를 알았더면 내 아버지도 알았으리로다 이제부터는 너희가 그를 알았고 또 보았느니라.

[約14 - 6] 耶穌曰、我卽途也、眞理也、生命也、非由我、無人能就父、

[約14 - 7] 爾若識我、必識我父、今而後爾識之、且已見之.

(14:8 - 14:10절) 생략

[요 14:11] 내가 아버지 안에 있고 아버지께서 내 안에 계심을 믿으라 그렇지 못하겠거든 행行하는 그 일을 인因하여 나를 믿으라.

[요 14:12] 내가 진실眞實로 진실眞實로 너희에게 이르노니 나를 믿는 자者는 나의 하는 일을 저도 할 것이요 또한 이보다 큰 것도 하리니 이는 내가 아버지께로 감이니라.

[요 14:13] 너희가 내 이름으로 무엇을 구求하든지 내가 시행施行하리니 이는 아버지로 하여금 아들을 인因하여 영광榮光을 얻으시게 하려 함이라.

[요 14:14] 내 이름으로 무엇이든지 내게 구求하면 내가 시행施行하리라.

[約14 - 11] 爾當信我在父內、父在我內、若不信我言、則當因事信我、

[約14 - 12] 我誠告爾、我所行之事、信我者、亦將行之、且大於此者、亦將行之、因我歸於父、

[約14 - 13] 爾曹託我名、無論何求、我必成之、使父因子得榮、

[約14 - 14] 若爾曹託我名有所求、我必成之.

(14:15 - 14:26절) 생략

[요 14:27] 평안平安을 너희에게 끼치노니 곧 나의 평안平安을 너희에게 주노라 내가 너희에게 주는 것은 세상世上이 주는 것 같지 아니 하니라 너희는 마음에 근심도 말고 두려워하지도 말라.

[요 14:28] 내가 갔다가 너희에게로 온다 하는 말을 너희가 들었나니 나를 사랑하였더면 나의 아버지께로 감을 기뻐하였으리라 아버지는 나보다 크심이니라.

[約14 - 27] 我遺爾以安、乃以我之安賜爾、我所賜爾者、非若世之所賜、爾心勿憂勿懼、

[約14 - 28] 爾曹已聞我告爾云、我將往、而復來就爾、爾若愛我、則我言歸父、爾必爲此喜、因父大於我也.

(14:29 - 14:31절) 생략

[요 15:1] 내가 참 포도葡萄나무요 내 아버지는 그 농부農夫라.

[요 15:2] 무릇 내게 있어 과실果實을 맺지 아니하는 가지는 아버지께서 이를 제除해 버리시고 무릇 과실果實을 맺는 가지는 더 과실果實을 맺게 하려하여 이를 깨끗케 하시느니라.

[約15 - 1] 我爲眞葡萄樹、我父爲園師、

[約15 - 2] 凡在我之枝而不結果者、父去之、凡結果者、修潔之、使之結果尤繁.

(15:3 - 15:4절) 생략

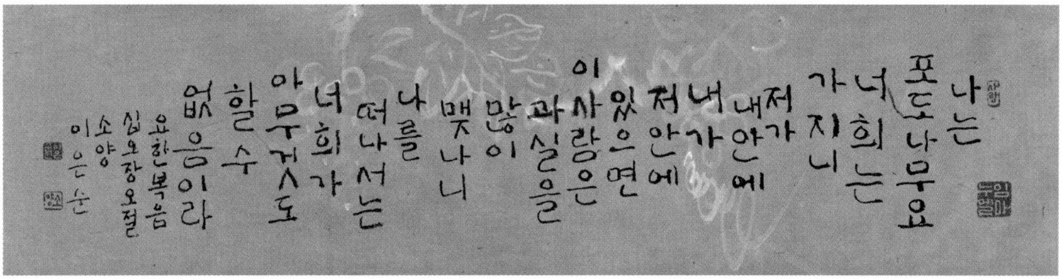

참 葡萄나무 60×14cm

[요 15:5] 나는 포도葡萄나무요 너희는 가지니 저가 내 안에, 내가 저 안에 있으면 이 사람은 과실果實을 많이 맺나니 나를 떠나서는 너희가 아무것도 할 수 없음이라.

[約15 - 5] 我爲葡萄樹、爾爲枝、凡在我乃而我在彼內者、則結果繁矣、蓋爾曹離我、則無能爲也、

(15:6절) 생략

[요 15:7] 너희가 내 안에 거居하고 내 말이 너희 안에 거居하면 무엇이든지 원願하는 대로 구求하라 그리하면 이루리라.

[요 15:8] 너희가 과실果實을 많이 맺으면 내 아버지께서 영광榮光을 받으실 것이요 너희가 내 제자弟子가 되리라.

[요 15:9] 아버지께서 나를 사랑하신 것같이 나도 너희를 사랑하였으니 나의 사랑안에 거居하라.

[요 15:10] 내가 아버지의 계명誡命을 지켜 그의 사랑 안에 거居하는 것 같이 너희도 내 계명誡命을 지키면 내 사랑 안에 거居하리라.

[요 15:11] 내가 이것을 너희에게 이름은 내 기쁨이 너희 안에 있어 너희 기쁨을 충만充滿 하게 하려 함이니라.

[요 15:12] 내 계명誡命은 곧 내가 너희를 사랑한 것 같이 너희도 서로 사랑하라 하는 이것이니라.

[約15 - 7] 爾若在我內、我言亦在爾內、則凡所欲者可求、必爲爾成之、

[約15 - 8] 若爾結果繁盛、則我父因此得榮、而爾曹誠我門徒矣、

[約15 - 9] 如父愛我、我亦愛爾、爾當居於我之愛、

[約15 - 10] 爾若守我誡、則居於我之愛、如我守父之誡、而居於父之愛、

[約15 - 11] 我以此告爾、致我之喜恆存於爾內、且使爾之喜充足、

[約15 - 12] 爾當相愛、如我愛爾、此乃我之誡.

(15:13 - 16:32절) 생략

[요 16:33] 이것을 너희에게 이름은 너희로 내 안에서 평안平安을 누리게 하려 함이라 세상世上에서는 너희가 환난患難을 당當하나 담대膽大하라 내가 세상世上을 이기었노라.

[約16 - 33] 我以此告爾、爲使爾因我而安、在世爾必遇患難、然爾毋懼、我已勝世矣.

(17:1 - 17:23절) 생략

[요 17:24] 아버지여 내게 주신 자者도 나 있는 곳에 나와 함께 있어 아버지께서 창세創世 전前부터 나를 사랑하시므로 내게 주신 나의 영광榮光을 저희로 보게 하시기를 원願하옵나이다.

[約17 - 24] 父歟、爾所賜我之人、願彼與我偕處、使彼見爾所賜我之榮、因創世之先、爾已愛我矣.

(17:25 - 20:20절) 생략

[요 20:21] 예수께서 또 가라사대 너희에게 평강平康이 있을지어다 아버지께서 나를 보내신 것 같이 나도 너희를 보내노라.

[요 20:22] 이 말씀을 하시고 저희를 향向하사 숨을 내쉬며 가라사대 성령聖靈을 받으라.

[요 20:23] 너희가 뉘 죄罪든지 사赦하면 사赦하여질 것이요 뉘 죄罪든지 그대로 두면 그대로 있으리라.

[約20 - 21] 耶穌復曰、願爾曹平安、如父遣我、我亦遣爾、

[約20 - 22] 言竟、向衆噓氣曰、爾受聖靈、

[約20 - 23] 凡爾曹赦其罪者、其罪則赦、爾曹不赦其罪者、其罪則留.

(20:24 - 21:25절) 생략

05 사도행전 使徒行傳 Acts

(1:1 - 1:7절) 생략

[행 1:8] 오직 성령聖靈이 너희에게 임臨하시면 너희가 권능權能을 받고 예루살렘과 온 유대와 사마리아와 땅 끝까지 이르러 내 증인證人이 되리라.

[徒1 - 8] 惟聖靈臨爾後、爾將受能力、爲我作證於耶路撒冷、猶太全地、撒瑪利亞、以至地極.

(1:9 - 2:16절) 생략

[행 2:17] 하나님이 가라사대 말세末世에 내가 내 영靈으로 모든 육체肉體에게 부어 주리니 너희의 자녀子女들은 예언豫言할 것이요 너희의 젊은이들은 환상幻像을 보고 너희의 늙은이들은 꿈을 꾸리라.

[행 2:18] 그 때에 내가 내 영靈으로 내 남男종과 여女종들에게 부어 주리니 저희가 예언豫言할 것이요.

[행 2:19] 또 내가 위로 하늘에서는 기사奇事와 아래로 땅에서는 징조徵兆를 베풀리니 곧 피와 불과 연기煙氣로다.

[행 2:20] 주主의 크고 영화榮華로운 날이 이르기 전前에 해가 변變하여 어두워지고 달이 변變하여 피가 되리라.

[행 2:21] 누구든지 주主의 이름을 부르는 자者는 구원救援을 얻으리라.

[徒2 - 17] 上帝曰、末日、我將以我靈賦畀萬民、俾爾子女言未來事、爾幼者觀異象、老者見夢兆、

[徒2 - 18] 當時我將以我靈賦畀我僕婢、俾言未來之事、

[徒2 - 19] 我將上示奇事於天、下示異兆於地、若血、若火、若煙、

[徒2 - 20] 日變晦冥、月變血色、皆在主顯赫大日未至之先、

[徒2 - 21] 凡禱主名者、必得救也.

(2:22 - 16:30절) 생략

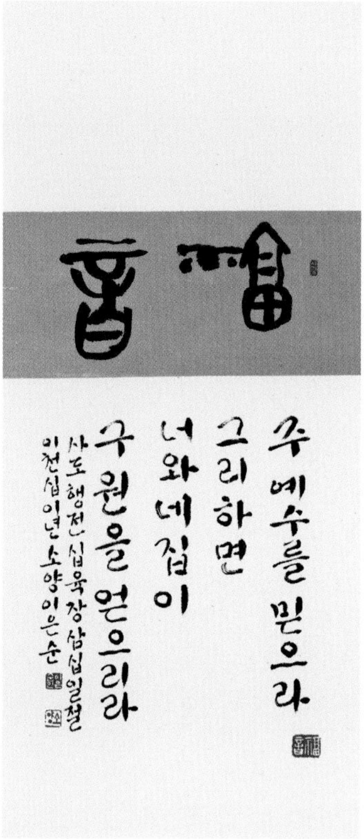

福音 22×47cm

[행 16:31] 가로되 주主 예수를 믿으라 그리하면 너와 네 집이 구원救援을 얻으리라.

[徒16 - 31] 當信主耶穌基督、則爾與爾家必得救矣.

(16:32 - 17:23절) 생략

[행 17:24] 우주宇宙와 그 가운데 있는 만유萬有를 지으신 신神께서는 천지天地의 주재主宰시니 손으로 지은 전殿에 계시지 아니하시고

[행 17:25] 또 무엇이 부족不足한 것처럼 사람의 손으로 섬김을 받으시는 것이 아니니 이는 만민萬民에게 생명生命과 호흡呼吸과 만물萬物을 친親히 주시는 자者이심이라.

[행 17:26] 인류人類의 모든 족속族屬을 한 혈통血統으로 만드사 온 땅에 거居하게 하시고 저희의 연대年代를 정定하시며 거주居住의 경계境界를 한限하셨으니

[행 17:27] 이는 사람으로 하나님을 혹或 더듬어 찾아 발견發見케 하려 하심이로되 그는 우리 각各 사람에게서 멀리 떠나 계시지 아니하도다.

[행 17:28] 우리가 그를 힘입어 살며 기동起動하며 있느니라 너희 시인詩人 중中에도 어떤 사람들의 말과 같이 우리가 그의 소생所生이라 하니

[행 17:29] 이와 같이 신神의 소생所生이 되었은즉 신神을 금金이나 은銀이나 돌에다 사람의 기술技術과 고안考案으로 새긴 것들과 같이 여길 것이 아니니라.

[徒17 - 24] 夫造宇宙及其中萬物之上帝、乃天地之主宰、不居手造之殿、

[徒17 - 25] 不爲人手所事、亦不需一物、乃以生命呼吸萬物賜衆、

[徒17 - 26] 且造人類萬族、本於一脈、使居於遍地、又定其時日、及所居之疆界、

[徒17 - 27] 欲其尋主、庶揣摩得之、然主實離我各人不遠、

[徒17 - 28] 蓋我儕賴之而生而動而存、如爾中詩人所云、我衆爲其所生、

[徒17 - 29] 旣爲上帝所生、則不當思上帝之體、似金似銀似石、爲人工機巧所製.

(17:30 - 20:23절) 생략

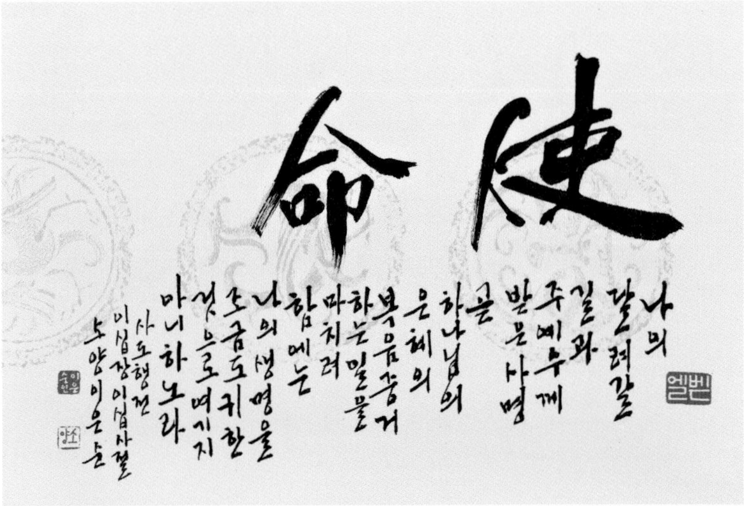

使命 50×32cm

[행 20:24] 나의 달려갈 길과 주主 예수께 받은 사명使命 곧 하나님의 은혜恩惠의 복음福音 증거證據하는 일을 마치려 함에는 나의 생명生命을 조금도 귀貴한 것으로 여기지 아니하노라.

[徒20 - 24] 然我不以此爲意、亦不以我生命爲貴、惟思歡然前趨、以盡我程途、
及我於主耶穌所受之職、以證上帝恩寵之福音.

(20:25 - 28:31절) 생략

06 로마서 達羅瑪人書 Romans

(1:1 - 1:15절) 생략

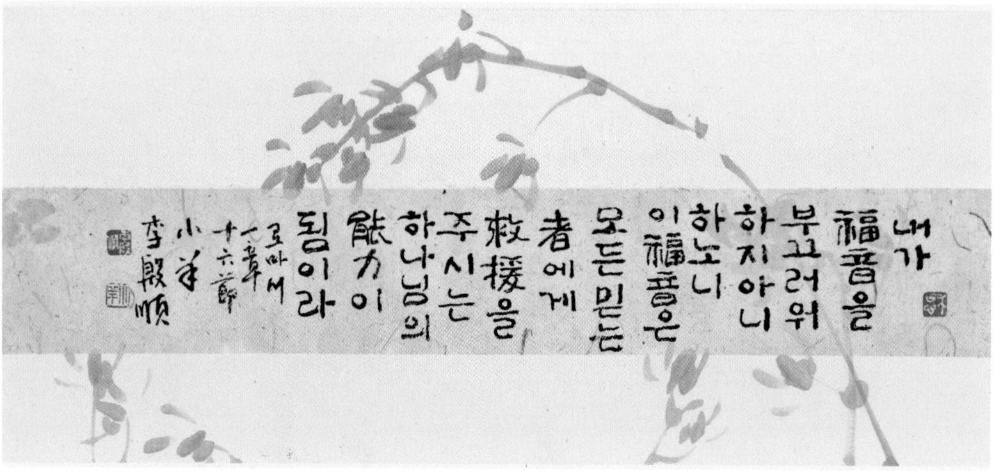

福音 50×25㎝

[롬 1:16] 내가 복음福音을 부끄러워하지 아니하노니 이 복음福音은 모든 믿는 자者에게 구원救援을 주시는 하나님의 능력能力이 됨이라 첫째는 유대인人에게요 또한 헬라인人에게로다.

[羅1 - 16] 我不以基督福音爲恥、因此福音、乃上帝之大能以救諸信者、先猶太人、後希拉人.

[롬 1:17] 복음福音에는 하나님의 의義가 나타나서 믿음으로 믿음에 이르게 하나니 기록記錄된 바 오직 의인義人은 믿음으로 말미암아 살리라 함과 같으니라.

[羅1 - 17] 蓋上帝之義、顯於此福音、使人由信愈信、如經載云、義人因信得生.

(1:18 - 4:24절) 생략

[롬 4:25] 예수는 우리 범죄犯罪함을 위爲하여 내어 줌이 되고 또한 우리를 의義롭다 하심을 위爲하여 살아나셨느니라.

[羅4 - 25] 耶穌爲我儕之罪而被解、爲使我儕得稱義而復活.

[롬 5:1] 그러므로 우리가 믿음으로 의義롭다 하심을 얻었은즉 우리 주主 예수 그리스도로 말미암아 하나님으로 더불어 화평和平을 누리자.

[羅5 - 1] 是以我儕既由信稱義、則賴我主耶穌基督、得與上帝復和.

(5:2절) 생략

[롬 5:3] 다만 이뿐 아니라 우리가 환난患難 중中에도 즐거워하나니 이는 환난患難은 인내忍耐를,

[롬 5:4] 인내忍耐는 연단鍊鍛을, 연단鍊鍛은 소망所望을 이루는 줄 앎이로다.

[롬 5:5] 소망所望이 부끄럽게 아니함은 우리에게 주신 성령聖靈으로 말미암아 하나님의 사랑이 우리 마음에 부은 바 됨이니

[롬 5:6] 우리가 아직 연약軟弱할 때에 기약期約대로 그리스도께서 경건敬虔치 않은 자者를 위爲하여 죽으셨도다.

[羅5 - 3] 不第此也、亦以患難爲樂、因知患難生忍耐、

[羅5 - 4] 忍耐生練達、練達生希望、

[羅5 - 5] 希望不致羞愧、蓋上帝之愛、以所賜我之聖靈、灌注我心、

[羅5 - 6] 我儕無力時、基督於所定之期、爲罪人死.

(5:7 - 5:20절) 생략

[롬 5:21] 이는 죄罪가 사망死亡 안에서 왕王 노릇 한 것 같이 은혜恩惠도 또한 의義로 말미암아 왕王 노릇 하여 우리 주主 예수 그리스도로 말미암아 영생永生에 이르게 하려 함이니라.

[羅5 - 21] 罪操權以致死亡、恩寵因義操權以致永生、皆賴我主耶穌基督而然也.

(6:1 - 6:5절) 생략

[롬 6:6] 우리가 알거니와 우리 옛 사람이 예수와 함께 십자가十字架에 못 박힌 것은 죄罪의 몸이 멸滅하여 다시는 우리가 죄罪에게 종노릇 하지 아니하려 함이니

[롬 6:7] 이는 죽은 자者가 죄罪에서 벗어나 의義롭다 하심을 얻었음이니라.

[羅6 - 6] 蓋知我儕舊日之我、與之同釘十字架、以滅罪身、使我儕不復爲罪所役、

[羅6 - 7] 蓋死者已釋於罪也.

[롬 6:8] 만일 우리가 그리스도와 함께 죽었으면 또한 그와 함께 살줄을 믿노니

[롬 6:9] 이는 그리스도께서 죽은 자者 가운데서 사셨으매 다시 죽지 아니하시고 사망死亡이 다시 그를 주장主掌하지 못할 줄을 앎이로라.

[롬 6:10] 그의 죽으심은 죄罪에 대對하여 단번單番에 죽으심이요 그의 살으심은 하나님께 대對하여 살으심이니

[롬 6:11] 이와 같이 너희도 너희 자신自身을 죄罪에 대對하여는 죽은 자者요 그리스도 예수안에서 하나님을 대對하여는 산 자者로 여길지어다.

[羅6 - 8] 若我誠與基督同死、則信必與其同生、

[羅6 - 9] 且知基督旣由死復活、則不復死、死不復轄之、

[羅6 - 10] 其死也、爲罪而死、惟此一次、其生也、爲上帝而生、

[羅6 - 11] 如是爾曹賴我主耶穌基督、當視己爲罪而死、爲上帝而生.

(6:12 - 6:22절) 생략

[롬 6:23] 죄罪의 삯은 사망死亡이요 하나님의 은사恩賜는 그리스도 예수 우리 주主 안에 있는 영생永生이니라.

[羅6 - 23] 蓋罪之償値、死也、上帝恩賜乃永生、因我主耶穌基督焉.

(7:1 - 8:4절) 생략

[롬 8:5] 육신肉身을 좇는 자者는 육신肉身의 일을, 영靈을 좇는 자者는 영靈의 일을 생각하나니

[롬 8:6] 육신肉身의 생각은 사망死亡이요 영靈의 생각은 생명生命과 평안平安이니라.

[롬 8:7] 육식肉身의 생각은 하나님과 원수怨讐가 되나니 이는 하나님의 법法에 굴복屈服치 아니할 뿐 아니라 할 수도 없음이라.

[롬 8:8] 육신肉身에 있는 자者들은 하나님을 기쁘시게 할 수 없느니라.

[롬 8:9] 만일 너희 속에 하나님의 영靈이 거居하시면 너희가 육신肉身에 있지 아니하고 영靈에 있나니 누구든지 그리스도의 영靈이 없으면 그리스도의 사람이 아니라.

[롬 8:10] 또 그리스도께서 너희 안에 계시면 몸은 죄罪로 인因하여 죽은 것이나 영靈은 의義를 인因하여 산 것이니라.

[羅8 - 5] 蓋從肉體者體肉體之事、從聖靈者體聖靈之事、

[羅8 - 6] 體肉體、死也、體聖靈、生且安、

[羅8 - 7] 體肉體、乃與上帝爲仇、因不服上帝之法、且不能服也、

[羅8 - 8] 故凡從肉體者、不能見悅於上帝、

[羅8 - 9] 若上帝之靈、居於爾心、則爾不屬肉體而屬聖靈矣、凡無基督靈者、不屬基督也、

[羅8-10] 若基督在爾心、則身因罪而死、靈因義而生.

[롬 8:11] 예수를 죽은 자者 가운데서 살리신 이의 영靈이 너희 안에 거居하시면 그리스도 예수를 죽은 자者 가운데서 살리신 이가 너희 안에 거居하시는 그의 영靈으로 말미암아 너희 죽을 몸도 살리시리라.

[羅8-11] 使耶穌由死復活者之靈、若居於爾心、則使基督由死復活者、必以居爾心之聖靈、使爾將死之身復活.

(8:12 - 8:30절) 생략

[롬 8:31] 그런즉 이 일에 대對하여 우리가 무슨 말 하리요 만일 하나님이 우리를 위爲하시면 누가 우리를 대적對敵하리요.

[롬 8:32] 자기自己 아들을 아끼지 아니하시고 우리 모든 사람을 위爲하여 내어 주신이가 어찌 그 아들과 함께 모든 것을 우리에게 은사恩賜로 주지 아니하시겠느뇨.

[롬 8:33] 누가 능能히 하나님의 택擇하신 자者들을 송사訟事하리요 의義롭다 하신 이는 하나님이시니

[롬 8:34] 누가 정죄定罪하리요 죽으실 뿐 아니라 다시 살아나신 이는 그리스도 예수시니 그는 하나님 우편右便에 계신 자者요 우리를 위爲하여 간구懇求하시는 자者시니라.

[롬 8:35] 누가 우리를 그리스도의 사랑에서 끊으리요 환난患難이나 곤고困苦나 핍박逼迫이나 기근饑饉이나 적신赤身이나 위험危險이나 칼이랴.

[롬 8:36] 기록記錄된 바 우리가 종일終日 주主를 위爲하여 죽임을 당當케 되며 도살屠殺할 양羊같이 여김을 받았나이다 함과 같으니라.

[롬 8:37] 그러나 이 모든 일에 우리를 사랑하시는 이로 말미암아 우리가 넉넉히 이기느니라.

[롬 8:38] 내가 확신確信하노니 사망死亡이나 생명生命이나 천사天使들이나 권세자權勢者들이나 현재現在 일이나 장래將來 일이나 능력能力이나

[롬 8:39] 높음이나 깊음이나 다른 아무 피조물被造物이라도 우리를 우리 주主 그리스도 예수 안에 있는 하나님의 사랑에서 끊을 수 없으리라.

[羅8-31] 然則何言、上帝祐我、誰能敵我、

[羅8-32] 上帝不惜己子、爲我衆舍之、豈不以萬物偕其子並賜我乎、

[羅8-33] 誰能訟上帝所選者乎、上帝稱之爲義、

[羅8-34] 誰能罪之乎、基督已死、且已復活、今在上帝之右、恆爲我儕祈禱、

[羅8-35] 誰能間我儕於基督之愛、或患難、或困苦、或窘逐、或饑餓、或裸裎、或艱危、或鋒刃乎、
[羅8-36] 如經所載云、我儕緣主、終日見殺、視如將宰之羊、
[羅8-37] 然於此諸事、我儕賴愛我者、大獲全勝、
[羅8-38] 蓋我深知、或死、或生、或天使、或執政者、或有能者、或今時之事、或將來之事、
[羅8-39] 或高、或卑、或他受造之物、皆不能間我於上帝之愛、卽在我主耶穌基督內者也.

(9:1 - 10:8절) 생략

[롬 10:9] 네가 만일 네 입으로 예수를 주主로 시인是認하며 또 하나님께서 그를 죽은 자者 가운데서 살리신 것을 네 마음에 믿으면 구원救援을 얻으리니
[롬 10:10] 사람이 마음으로 믿어 의義에 이르고 입으로 시인是認하여 구원救援에 이르느니라.
[羅10-9] 爾若口認耶穌爲主、心信上帝使其由死復活、則必得救、
[羅10-10] 蓋人以心信則可稱義、以口認則可得救.

(10:11 - 11:32절) 생략

[롬 11:33] 깊도다 하나님의 지혜智慧와 지식知識의 부요富饒함이여, 그의 판단判斷은 측량測量치 못할 것이며 그의 길은 찾지 못할 것이로다.
[롬 11:34] 누가 주主의 마음을 알았느뇨 누가 그의 모사謀士가 되었느뇨.
[롬 11:35] 누가 주主께 먼저 드려서 갚으심을 받겠느뇨.
[롬 11:36] 이는 만물萬物이 주主에게서 나오고 주主로 말미암고 주主에게로 돌아감이라 영광榮光이 그에게 세세世世에 있으리로다. 아멘
[羅11-33] 深哉富哉上帝之智慧知識、其法不可測、其道不可尋、
[羅11-34] 孰知主之心、孰與主共議、
[羅11-35] 孰先施主而主償之乎、
[羅11-36] 蓋萬物皆本之、賴之、向之、願榮光歸之、至於世世、阿們.

[롬 12:1] 그러므로 형제兄弟들아 내가 하나님의 모든 자비慈悲하심으로 너희를 권勸하노니 너희 몸을 하나님이 기뻐하시는 거룩한 산 제사祭祀로 드리라 이는 너희의 드릴 영적靈的 예배禮拜니라.
[롬 12:2] 너희는 이 세대世代를 본本받지 말고 오직 마음을 새롭게 함으로 변화變化를 받아 하나님의 선善하시고 기뻐하시고 온전穩全하신 뜻이 무엇인지 분별分別하도록 하라.

[羅12-1] 兄弟乎、我因上帝之憐憫、勸爾獻身爲活祭、卽聖潔之祭、上帝所悅者、
是乃爾當然之役也、

[羅12-2] 勿效乎此世、爾心維新而自化、使爾明辨上帝之旨、其旨至善可悅且純全者也.

[롬 12:3] 내게 주신 은혜恩惠로 말미암아 너희 중中 각各 사람에게 말하노니 마땅히 생각할 그 이상以上의 생각을 품지 말고 오직 하나님께서 각各 사람에게 나눠 주신 믿음의 분량分量대로 지혜智慧롭게 생각하라.

[롬 12:4] 우리가 한 몸에 많은 지체肢體를 가졌으나 모든 지체肢體가 같은 직분職分을 가진 것이 아니니

[롬 12:5] 이와 같이 우리 많은 사람이 그리스도 안에서 한 몸이 되어 서로 지체肢體가 되 었느니라.

[롬 12:6] 우리에게 주신 은혜恩惠대로 받은 은사恩賜가 각각各各 다르니 혹或 예언豫言이면 믿음의 분수分數대로,

[롬 12:7] 혹或 섬기는 일이면 섬기는 일로, 혹或 가르치는 자者면 가르치는 일로,

[롬 12:8] 혹或 권위勸慰하는 자者면 권위勸慰하는 일로, 구제救濟하는 자者는 성실誠實함으로, 다스리는 자者는 부지런함으로, 긍휼矜恤을 베푸는 자者는 즐거움으로 할것이니라.

[羅12-3] 我藉所蒙之恩、告爾各人、勿高思過於所當、乃以不越分爲思、
循上帝所賜各人信德之量、

[羅12-4] 我儕一身多肢體、而肢體非同一用、

[羅12-5] 我衆於基督內爲一身、互相爲肢體、亦如是、

[羅12-6] 我儕循所賦我之恩、各受賜不同、或預言、則當循信之量而預言、

[羅12-7] 或役事、當役事、或教誨者、當教誨、

[羅12-8] 或勸戒者、當勸戒、其施舍也以誠實、其治理也以殷勤、其矜恤也以歡心.

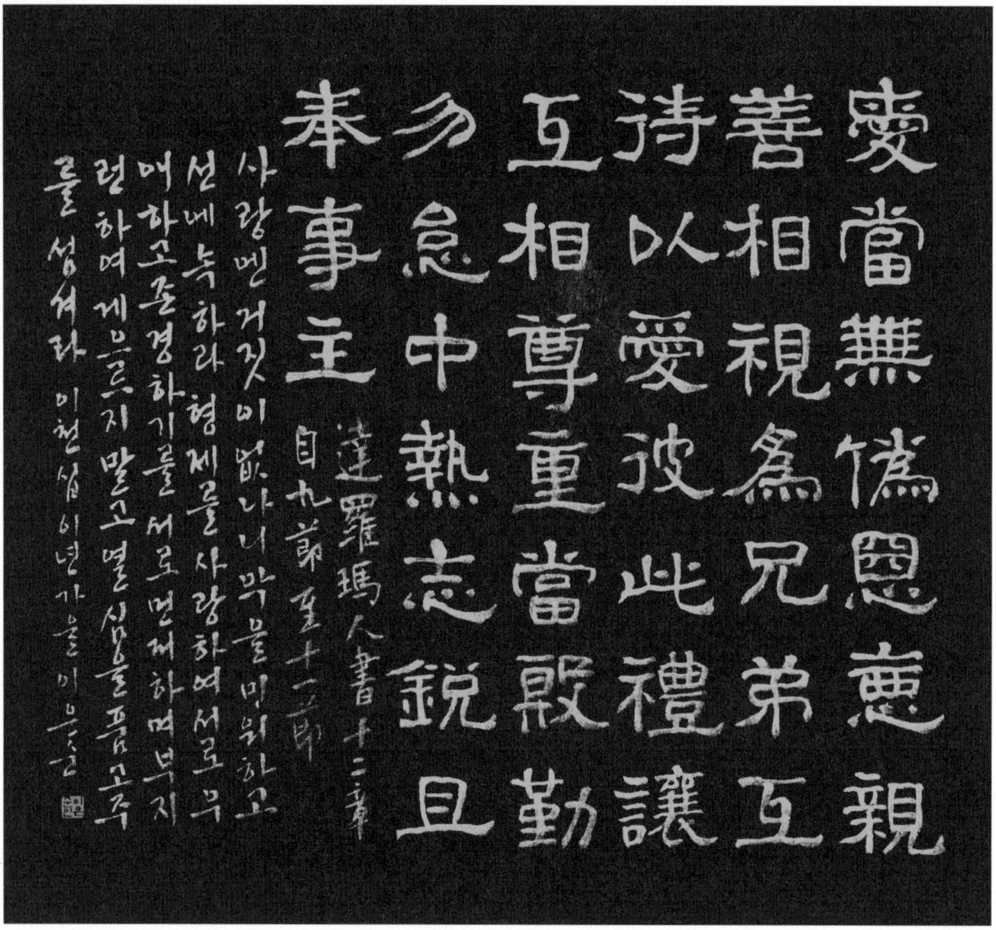

사랑 47×43cm

[롬 12:9] 사랑엔 거짓이 없나니 악惡을 미워하고 선善에 속屬하라.

[롬 12:10] 형제兄弟를 사랑하여 서로 우애友愛하고 존경尊敬하기를 서로 먼저 하며

[롬 12:11] 부지런하여 게으르지 말고 열심熱心을 품고 주主를 섬기라.

[羅12 - 9] 愛當無僞、惡惡親善、

[羅12 - 10] 相視爲兄弟、互待以愛、彼此禮讓、互相尊重、

[羅12 - 11] 當殷勤勿怠、中熱志銳、且奉事主.

(12:12 - 12:13절) 생략

[롬 12:14] 너희를 핍박逼迫하는 자者를 축복祝福하라 축복祝福하고 저주詛呪하지 말라.

[롬 12:15]　즐거워하는 자者들로 함께 즐거워하고 우는 자者들로 함께 울라.

[롬 12:16]　서로 마음을 같이 하며 높은 데 마음을 두지 말고 도리어 낮은 데 처處하며 스스로 지혜智慧 있는 체 말라.

[롬 12:17]　아무에게도 악惡으로 악惡을 갚지 말고 모든 사람 앞에서 선善한 일을 도모圖謀하라.

[롬 12:18]　할 수 있거든 너희로서는 모든 사람으로 더불어 평화平和하라.

[羅12 - 14]　窘逐爾者、祝之、當祝勿詛、

[羅12 - 15]　與樂者同樂、與哭者同哭、

[羅12 - 16]　彼此同意、心志勿高、向卑微者自謙、勿自視爲智、

[羅12 - 17]　勿以惡報惡、專心行善於衆人前、

[羅12 - 18]　若可與衆和、則盡力與之和.

(12:19 - 13:7절) 생략

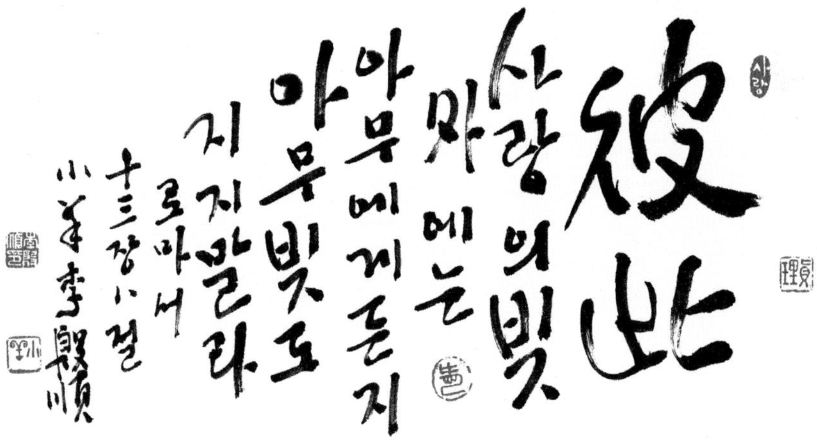

사랑의 빚 43×22cm

[롬 13:8]　피차彼此 사랑의 빚 외外에는 아무에게든지 아무 빚도 지지 말라 남을 사랑하는 자者는 율법律法을 다 이루었느니라.

[羅13 - 8]　勿負人債、惟以愛爲所負於人之債、蓋愛人者盡律法.

(13:9 - 14:6절) 생략

[롬 14:7] 우리 중中에 누구든지 자기自己를 위爲하여 사는 자者가 없고 자기自己를 위爲하여 죽는 자者도 없도다.

[롬 14:8] 우리가 살아도 주主를 위爲하여 살고 죽어도 주主를 위爲하여 죽나니 그러므로 사나 죽으나 우리가 주主의 것이로라.

[羅14 - 7] 我儕無人爲己而生、亦無人爲己而死、

[羅14 - 8] 蓋我生爲主而生、我死爲主而死、故或生或死、皆屬主.

(14:9 - 14:16절) 생략

[롬 14:17] 하나님의 나라는 먹는 것과 마시는 것이 아니요 오직 성령聖靈 안에서 의義와 평강平康과 희락喜樂이라.

[롬 14:18] 이로써 그리스도를 섬기는 자者는 하나님께 기뻐하심을 받으며 사람에게도 칭찬稱讚을 받느니라.

[羅14:17] 蓋上帝國不在飮食、乃在義與和與聖靈所賜之樂也、

[羅14:18] 以此而事基督者、爲上帝所悅、爲世人所善.

(14:19 - 15:12절) 생략

[롬 15:13] 소망所望의 하나님이 모든 기쁨과 평강平康을 믿음 안에서 너희에게 충만充滿케 하사 성령聖靈의 능력能力으로 소망所望이 넘치게 하시기를 원願하노라.

[羅15 - 13] 願賜人有望之上帝、使爾以信而得喜樂、平安充心、賴聖靈之大能、希望益甚.

(15:14 - 16:27절) 생략

07 고린도전서 達哥林多人前書 1 Corinthians

(1:1 - 1:2절) 생략

[고전 1:3] 하나님 우리 아버지와 주主 예수 그리스도로 좇아 은혜恩惠와 평강平康이 있기를 원願하노라.

[고전 1:4] 그리스도 예수 안에서 너희에게 주신 하나님의 은혜恩惠를 인因하여 내가 너희를 위爲하여 항상恒常 하나님께 감사感謝하노니

[고전 1:5] 이는 너희가 그의 안에서 모든 일 곧 모든 구변口辯과 모든 지식知識에 풍족豊足하므로

[고전 1:6] 그리스도의 증거證據가 너희 중中에 견고堅固케 되어

[고전 1:7] 너희가 모든 은사恩賜에 부족不足함이 없이 우리 주主 예수 그리스도의 나타나심을 기다림이라.

[哥前1 - 3] 願爾曹由上帝我父、及我主耶穌基督、得恩寵平康、

[哥前1 - 4] 我常爲爾謝我之上帝、緣爾由基督耶穌而蒙上帝之恩寵、

[哥前1 - 5] 蓋爾因彼諸事富有、
大有口才智慧、

[哥前1 - 6] 如是證基督道之證、堅立於爾中、

[哥前1 - 7] 使爾於諸恩賜一無缺欠、
佇望我主耶穌基督顯現.

(1:8 - 1:17절) 생략

[고전 1:18] 십자가十字架의 도道가 멸망滅亡하는 자者들에게는 미련한 것이요 구원救援을 얻은 우리에게는 하나님의 능력能力이라.

[哥前1 - 18] 因十字架之道、在彼淪亡者視爲愚、
惟在我儕得救者、
則視爲上帝之大能.

(1:19 - 1:25절) 생략

十字架의 道 40×46cm

[고전 1:26] 형제兄弟들아 너희를 부르심을 보라 육체肉體를 따라 지혜智慧 있는 자者가 많지 아니하며 능能한 자者가 많지 아니하며 문벌門閥 좋은 자者가 많지 아니 하도다.

[고전 1:27] 그러나 하나님께서 세상世上의 미련한 것들을 택擇하사 지혜智慧 있는 자者들 을 부끄럽게 하려 하시고 세상世上의 약弱한 것들을 택擇하사 강强한 것들을 부끄럽게 하려 하시며

[고전 1:28] 하나님께서 세상世上의 천賤한 것들과 멸시蔑視받는 것들과 없는 것들을 택擇 하사 있는 것들을 폐廢하려 하시나니

[고전 1:29] 이는 아무 육체肉體라도 하나님 앞에서 자랑하지 못하게 하려 하심이라.

[哥前1 - 26] 兄弟乎、觀爾蒙召者、以世俗而論、智者不多、能者不多、貴者不多、

[哥前1 - 27] 乃上帝選世之愚者、以愧智者、選世之弱者、以愧强者、

[哥前1 - 28] 上帝又選世之卑賤者、被藐視者、人所視爲無有者、以廢世之有者、

[哥前1 - 29] 致無人得誇於上帝前.

(1:30 - 3:17절) 생략

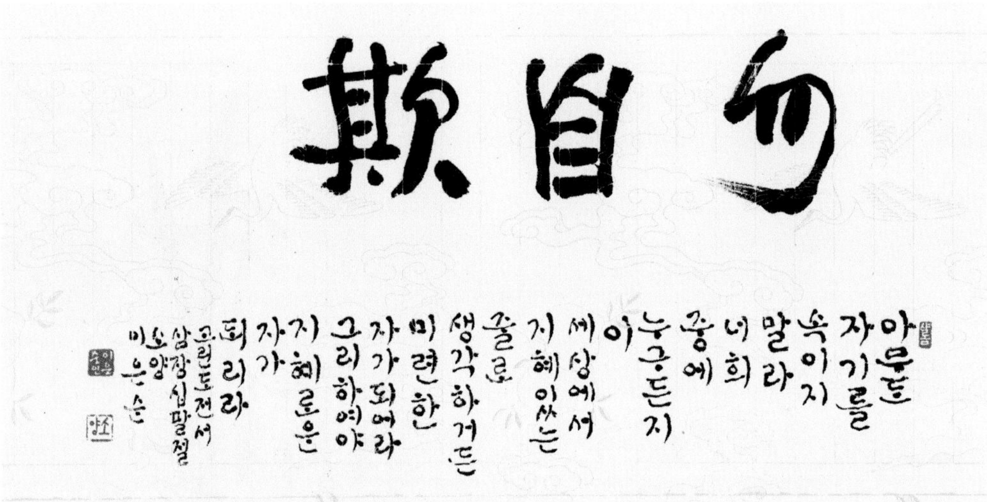

勿自己 60×30cm

[고전 3:18] 아무도 자기自己을 속이지 말라 너희 중中에 누구든지 이 세상世上에서 지혜智慧 있는 줄로 생각하거든 미련한 자者가 되어라 그리하여야 지혜智慧로운 자者가 되리라.

[哥前3 - 18] 勿自欺、倘有人自視爲智於此世、則寧爲愚、以可爲智.

(3:19 - 10:12절) 생략

[고전 10:13] 사람이 감당堪當할 시험試驗밖에는 너희에게 당當한 것이 없나니 오직 하나님은 미쁘사 너희가 감당堪當치 못할 시험試驗 당當함을 허락許諾지 아니하시고 시험試驗 당當할 즈음에 또한 피避할 길을 내사 너희로 능能히 감당堪當하게 하시느니라.

[哥前10 - 13] 爾所遇之試、亦爲人之常事、上帝可信、不忍爾受試過爾力所能當、使爾受試之時、亦爲爾開出路、致爾能當之.

(10:14 - 1:23절) 생략

[고전 10:24] 누구든지 자기自己의 유익有益을 구求치 말고 남의 유익有益을 구求하라.

[고전 10:25] 무릇 시장市場에서 파는 것은 양심良心을 위爲하여 묻지 말고 먹으라.

[고전 10:26] 이는 땅과 거기 충만充滿한 것이 주主의 것임이니라.

[哥前10 - 24] 勿求己益、各當求人之益、

[哥前10 - 25] 凡售於市者、食之勿問、免心有所疑、

[哥前10 - 26] 地與地所載之物皆屬主.

(10:27 - 11:22절) 생략

[고전 11:23] 내가 너희에게 전傳한 것은 주主께 받은 것이니 곧 주主 예수께서 잡히시던 밤에 떡을 가지사

[고전 11:24] 축사祝謝하시고 떼어 가라사대 이것은 너희를 위爲하는 내 몸이니 이것을 행行하여 나를 기념記念하라 하시고

[고전 11:25] 식후食後에 또한 이와 같이 잔盞을 가지시고 가라사대 이 잔盞은 내 피로 세운 새 언약言約이니 이것을 행行하여 마실 때마다 나를 기념記念하라 하셨으니

[고전 11:26] 너희가 이 떡을 먹으며 이 잔盞을 마실 때마다 주主의 죽으심을 오실 때까지 전傳하는 것이니라.

[哥前11 - 23] 我曾受於主所授爾者、當主耶穌被賣之夜、取餅、

[哥前11 - 24] 祝而擘之曰、爾取食之、此乃我之體、爲爾擘者、爾當行此以記憶我、

[哥前11 - 25] 餐後、取杯亦然、曰、此杯乃新約、以我血而立者、爾每飮之時、當行此以記憶我、

[哥前11 - 26] 蓋爾每食此餅、飮此杯、乃表主之死、直至主臨之日.

(11:27 - 12:3절) 생략

[고전 12:4] 은사恩賜는 여러 가지나 성령聖靈은 같고

[고전 12:5] 직임職任은 여러 가지나 주主는 같으며

[고전 12:6] 또 역사役事는 여러 가지나 모든 것을 모든 사람 가운데서 역사役事하시는 하나님은 같으니

[고전 12:7] 각各 사람에게 성령聖靈의 나타남을 주심은 유익有益하게 하려 하심이라.

[고전 12:8] 어떤 이에게는 성령聖靈으로 말미암아 지혜智慧의 말씀을, 어떤 이에게는 같은 성령聖靈을 따라 지식知識의 말씀을,

[고전 12:9] 다른 이에게는 같은 성령聖靈으로 믿음을, 어떤 이에게는 한 성령聖靈으로 병病 고치는 은사恩賜를,

[고전 12:10] 어떤 이에게는 능력能力 행行함을, 어떤 이에게는 예언預言함을, 어떤 이에게는 영靈들 분별分別함을, 다른 이에게는 각종各種 방언方言 말함을, 어떤 이에게는 방언方言들 통역通譯함을 주시나니

[고전 12:11] 이 모든 일은 같은 한 성령聖靈이 행行하사 그 뜻대로 각各 사람에게 나눠 주시느니라.

[哥前12 - 4] 恩賜有殊、而靈惟一、

[哥前12 - 5] 役事有殊、而主惟一、

[哥前12 - 6] 所行之異能有殊、而上帝惟一、行諸事於衆中、

[哥前12 - 7] 聖靈所顯之能、賜於各人、俾衆有益、

[哥前12 - 8] 有人由此靈得言有智慧之言、有人由此靈得言有智識之言、

[哥前12 - 9] 有人由此靈得信德、有人由此靈得醫病之能、

[哥前12 - 10] 有人得行異能、有人得言未來之事、有人得辨靈之眞僞、有人得言方言、有人得解方言、

[哥前12 - 11] 此諸事皆爲此一靈所行、隨己意頒與各人.

(12:12 - 12:31절) 생략

[고전 13:1] 내가 사람의 방언方言과 천사天使의 말을 할지라도 사랑이 없으면 소리나는 구리와 울리는 꽹과리가 되고

[고전 13:2] 내가 예언預言하는 능能이 있어 모든 비밀秘密과 모든 지식知識을 알고 또 산山을 옮길 만한 모든 믿음이 있을지라도 사랑이 없으면 내가 아무것도 아니요.

[고전 13:3] 내가 내게 있는 모든 것으로 구제救濟하고 또 내 몸을 불사르게 내어 줄지라 도 사랑이 없으면 내게 아무 유익有益이 없느니라.

[哥前13 - 1] 我雖能言世人及天使之言、若無愛、則如鳴鉦響鈸、

[哥前13 - 2] 雖有先知之明、能探諸奧妙、得諸知識、信德具備、能以移山、若無愛、則無益、

[哥前13 - 3] 雖傾所有以濟貧、又舍身被焚、若無愛則於我無益.

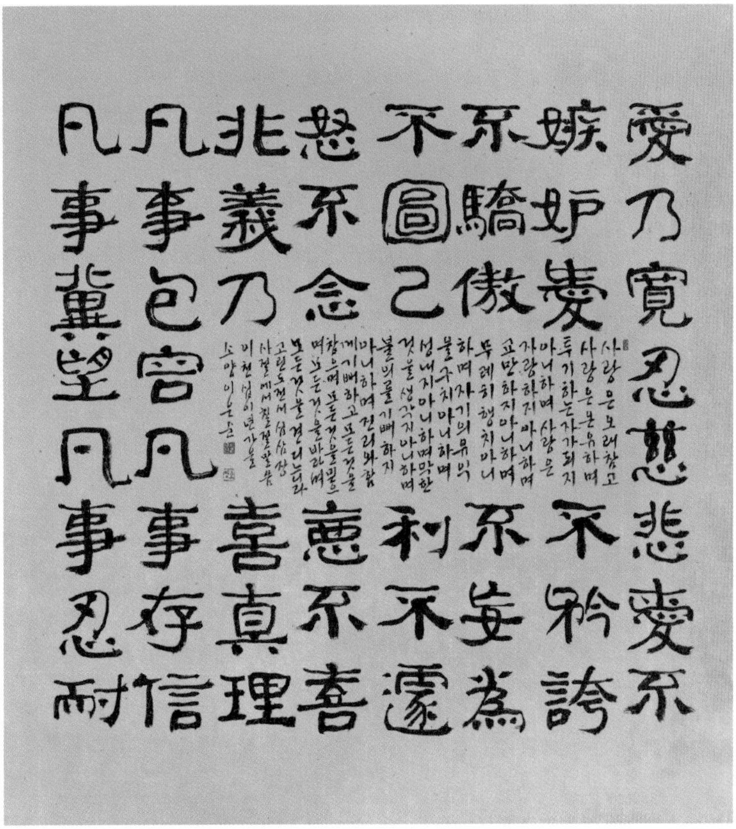

사랑 65×65cm

[고전 13:4] 사랑은 오래 참고 사랑은 온유溫柔하며 투기妬忌하는 자者가되지 아니하며 사랑은 자랑하지 아니하며 교만驕慢하지 아니하며

[고전 13:5] 무례無禮히 행行치 아니하며 자기自己의 유익有益을 구求치 아니하며 성내지 아니하며 악惡한 것을 생각지 아니하며

[고전 13:6] 불의不義를 기뻐하지 아니하며 진리眞理와 함께 기뻐하고

[고전 13:7] 모든 것을 참으며 모든 것을 믿으며 모든 것을 바라며 모든 것을 견디느니라.

[哥前13-4] 愛乃寬忍慈悲、愛不嫉妒、愛不矜誇、不驕傲、

[哥前13-5] 不妄爲、不圖己利不遽怒、不念惡、

[哥前13-6] 不喜非義、乃喜眞理、

[哥前13-7] 凡事包容、凡事存信、凡事冀望、凡事忍耐.

(13:8 - 13:12절) 생략

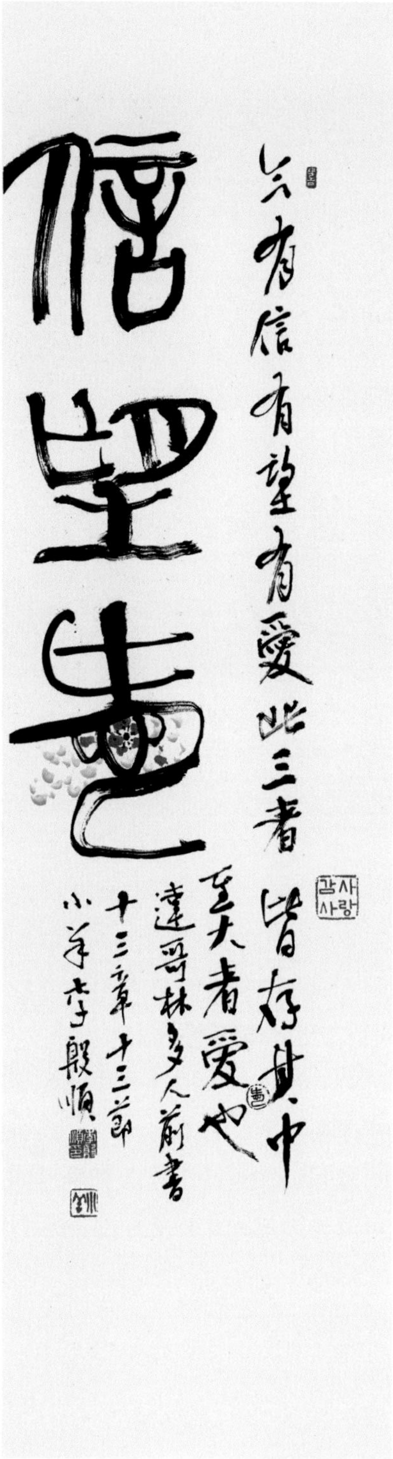

信望愛 30×90cm

[고전 13:13] 그런즉 믿음, 소망所望, 사랑, 이 세 가지는 항상恒常 있을 것인데 그 중中의 제일第一은 사랑이라.

[哥前13 - 13] 今有信、有望、有愛、此三者皆存、其中至大者、愛也.

(14:1 - 15:8절) 생략

[고전 15:9] 나는 사도使徒 중中에 지극至極히 작은 자者라 내가 하나님의 교회敎會를 핍박逼迫하였으므로 사도使徒라 칭稱함을 받기에 감당堪當치 못할 자者로라.

[고전 15:10] 그러나 나의 나 된 것은 하나님의 은혜恩惠로 된 것이니 내게 주신 그의 은혜恩惠가 헛되지 아니하여 내가 모든 사도使徒보다 더 많이 수고受苦하였으나 내가 아니요 오직 나와 함께 하신 하나님의 은혜恩惠로라.

[哥前15 - 9] 我乃使徒中至微者、不堪稱爲使徒、因我曾窘逐上帝之教會、

[哥前15 - 10] 然我今日得爲何如人、乃由上帝之恩也、其恩非徒然賜我、我勤勞過諸使徒、此非我所能、上帝之恩助我也.

(15:11 - 15:56절) 생략

[고전 15:57] 우리 주主 예수 그리스도로 말미암아 우리에게 이김을 주시는 하나님께 감사感謝하노니

[고전 15:58] 그러므로 내 사랑하는 형제兄弟들아 견고堅固하며 흔들리지 말며 항상恒常 주主의 일에 더욱 힘쓰는 자者들이 되라 이는 너희 수고受苦가 주主 안에서 헛되지 않은 줄을 앎이니라.

[哥前15 - 57] 感謝上帝、賜我賴我主耶穌基督而得勝、

[哥前15 - 58] 是以我所愛之兄弟、當堅固不搖、常務主事、蓋事主而勞、非徒然也.

(16:1 - 16:24절) 생략

08 고린도후서 達哥林多人後書 2 Corinthians

신약

(1:1 - 2:13절) 생략

[고후 2:14] 항상恒常 우리를 그리스도 안에서 이기게 하시고 우리로 말미암아 각처各處에서 그리스도를 아는 냄새를 나타내시는 하나님께 감사感謝하노라.

[고후 2:15] 우리는 구원救援 얻는 자者들에게나 망亡하는 자者들에게나 하나님 앞에서 그리스도의 향기香氣니

[고후 2:16] 이 사람에게는 사망死亡으로 좇아 사망死亡에 이르는 냄새요 저 사람에게는 생명生命으로 좇아 생명生命에 이르는 냄새라 누가 이것을 감당堪當하리요.

[哥後2 - 14] 謝上帝、常使我賴基督而獲勝、且藉我隨在播揚識主之馨香、

[哥後2 - 15] 蓋我儕於上帝前、爲基督之馨香、於得救者、亦於沈淪者、

[哥後2 - 16] 於此爲死之臭以致死、於彼爲生之臭以致生、誰堪任此乎.

(2:16 - 4:16절) 생략

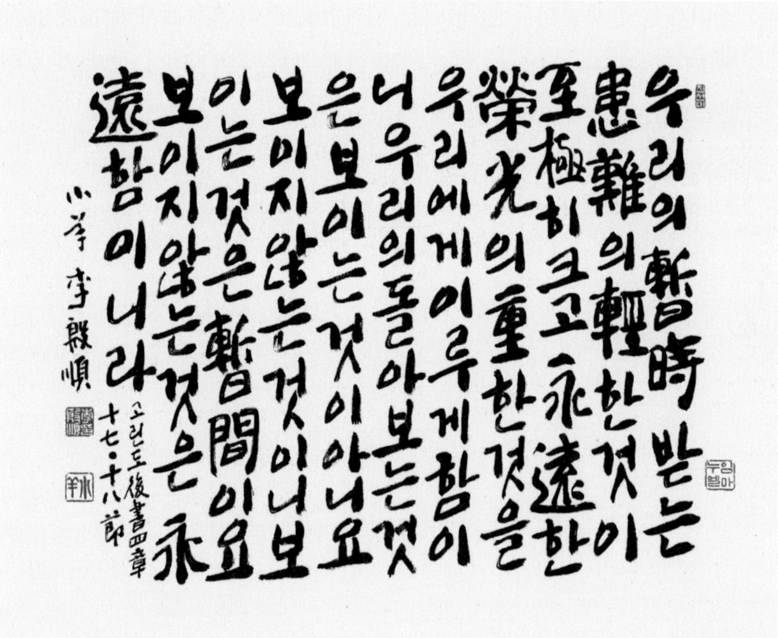

寶貨 80×65cm

[고후 4:17] 우리의 잠시暫時 받는 환난患難의 경輕한 것이 지극至極히 크고 영원永遠한 영광榮光의 중重한 것을 우리에게 이루게 함이니

[고후 4:18] 우리의 돌아보는 것은 보이는 것이 아니요 보이지 않는 것이니 보이는 것은 잠간暫間이요 보이지 않는 것은 영원永遠함이니라.

[哥後4 - 17] 今我所受暫而且微之苦、爲我備至大無比之永榮、

[哥後4 - 18] 我所務者、非可見之事、乃不可見之事、蓋可見者暫、不可見者永也.

(5:1 - 5:16절) 생략

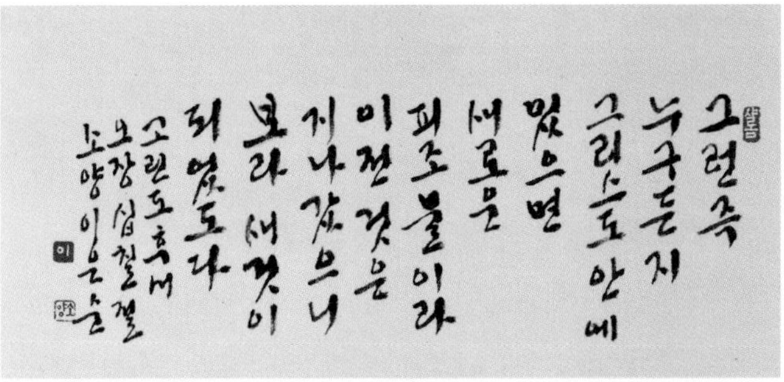

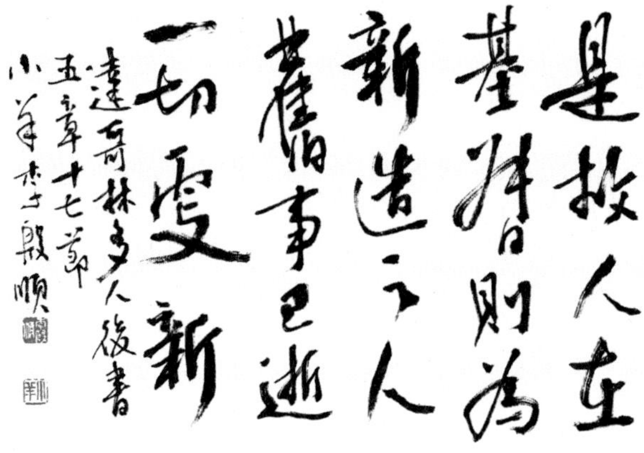

所望 34×42cm

[고후 5:17] 그런즉 누구든지 그리스도 안에 있으면 새로운 피조물被造物이라 이전以前 것은 지나갔으니 보라 새 것이 되었도다.

[哥後5 - 17] 是故人在基督、則爲新造之人、舊事已逝、一切更新.

(5:18 - 6:13절) 생략

[고후 6:14] 너희는 믿지 않는 자者와 멍에를 같이 하지 말라 의義와 불법不法이 어찌 함께 하며 빛과 어두움이 어찌 사귀며

[고후 6:15] 그리스도와 벨리알이 어찌 조화調和되며 믿는 자者와 믿지 않는 자者가 어찌 상관相關하며

[고후 6:16] 하나님의 성전聖殿과 우상偶像이 어찌 일치一致가 되리요 우리는 살아 계신 하나님의 성전聖殿이라 이와 같이 하나님께서 가라사대 내가 저희 가운데 거居하며 두루 행行하여 나는 저희 하나님이 되고 저희는 나의 백성百姓이 되리라.

[哥後6 - 14] 勿與不信者耦、蓋義與不義、何侶之有、光與暗、何交之有、

[哥後6 - 15] 基督與彼列亞勒、何契之有、信者與不信者、何與之有、

[哥後6 - 16] 上帝之殿與偶像、何同之有、爾乃永生上帝之殿、如上帝曰、我將居於彼中、行於彼間、我將爲彼之上帝、彼爲我之民.

(6:17 - 12:9절) 생략

[고후 12:10] 그러므로 내가 그리스도를 위爲하여 약弱한 것들과 능욕凌辱과 궁핍窮乏과 핍박逼迫과 곤란困難을 기뻐하노니 이는 내가 약弱할 그 때에 곧 강强함이니라.

[哥後12 - 10] 是以我爲基督、以在弱、凌辱、患難、窘逐、困苦爲樂、蓋我弱時反强矣.

(12:11 - 13:10절) 생략

[고후 13:11] 마지막으로 말하노니 형제兄弟들아 기뻐하라 온전穩全케 되며 위로慰勞를 받으며 마음을 같이하며 평안平安할지어다 또 사랑과 평강平康의 하나님이 너희와 함께 계시리라 거룩하게 입맞춤으로 서로 문안問安하라.

[哥後13 - 11] 兄弟乎、我更進一言、爾當喜樂、當爲全備之人、且受慰、且同心、且和睦、則賜仁愛平康之上帝、必偕爾曹、當以淸潔棲吻、互相問安.

(13:12절) 생략

[고후 13:13] 주主 예수 그리스도의 은혜恩惠와 하나님의 사랑과 성령聖靈의 교통交通하심이 너희 무리와 함께 있을지어다.

[哥後13 - 13] 願主耶穌基督之恩、上帝之愛、聖靈之感、常偕爾衆、阿們.

09 갈라디아서 達迦拉太人書 Galatians

(1:1 - 1:2절) 생략

[갈 1:3] 우리 하나님 아버지와 주主 예수 그리스도로 좇아 은혜恩惠와 평강平康이 있기를 원願하노라.

[갈 1:4] 그리스도께서 하나님 곧 우리 아버지의 뜻을 따라 이 악惡한 세대世代에서 우리를 건지시려고 우리 죄罪를 위爲하여 자기自己 몸을 드리셨으니

[갈 1:5] 영광榮光이 저에게 세세世世토록 있을지어다. 아멘

[迦1 - 3] 願爾曹由上帝卽父、與我主耶穌基督、得恩寵平康、

[迦1 - 4] 耶穌遵上帝我父之旨、爲我衆之罪、舍己拯我儕、脫此惡世、

[迦1 - 5] 願榮光歸之、至於世世、阿們.

(1:6 - 2:15절) 생략

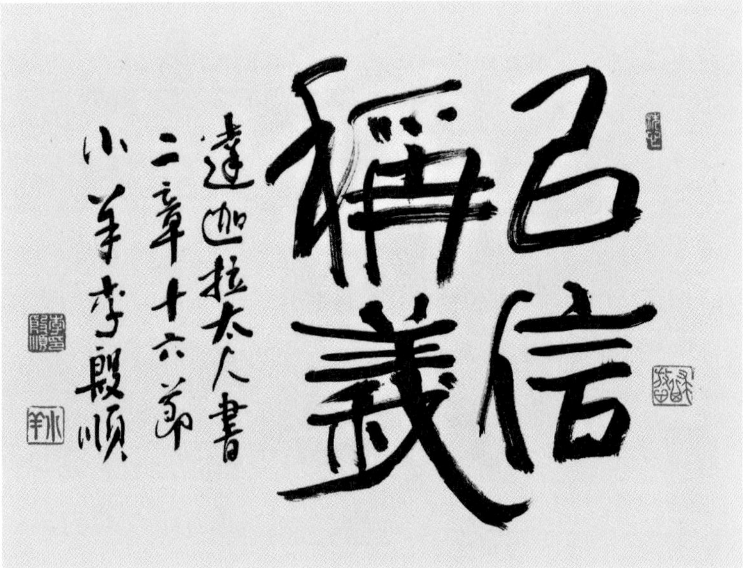

以信稱義 65×45cm

[갈 2:16] 사람이 의義롭게 되는 것은 율법律法의 행위行爲에서 난 것이 아니요 오직 예수 그리스도를 믿음으로 말미암는 줄 아는고故로 우리도 그리스도 예수를 믿나니 이는 우

리가 율법律法의 행위行爲에서 아니고 그리스도를 믿음으로서 의義롭다 함을 얻으려 함이라 율법律法의 행위行爲로써는 의義롭다 함을 얻을 육체肉體가 없느니라.

[迦2 - 16] 旣知人得稱義非由行律法、乃由信耶穌基督、故我儕亦信耶穌基督、欲由信基督稱義、不由行律法、蓋無人由行律法得稱義也.

(2:17 - 2:19절) 생략

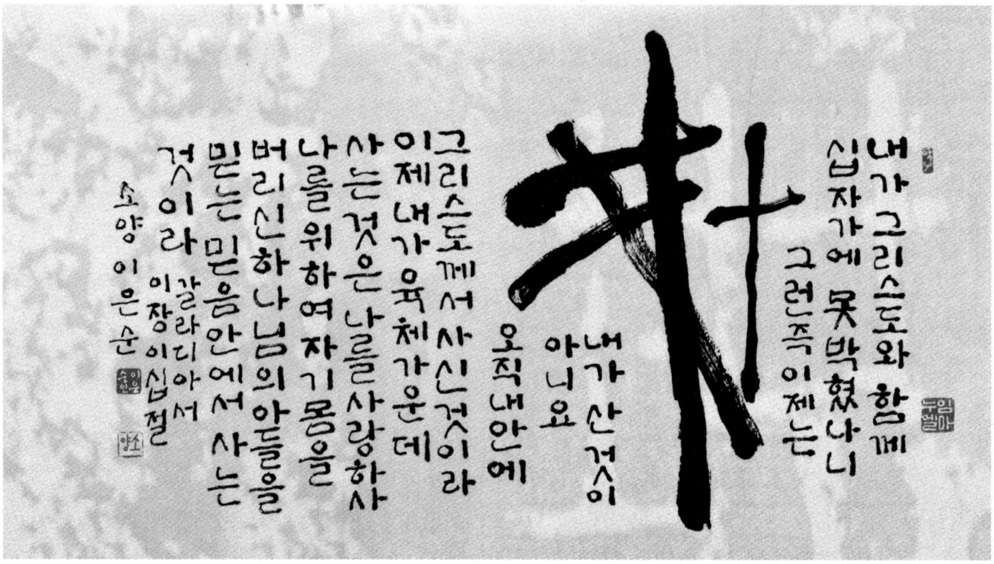

믿음 60×33cm

[갈 2:20] 내가 그리스도와 함께 십자가十字架에 못 박혔나니 그런즉 이제는 내가 산 것이 아니요 오직 내 안에 그리스도께서 사신 것이라 이제 내가 육체肉體 가운데 사는것은 나를 사랑하사 나를 위爲하여 자기自己 몸을 버리신 하나님의 아들을 믿는 믿음 안에서 사는 것이라.

[迦2 - 20] 我與基督同釘於十字架、而我仍生、非我生、乃基督在我內而生、且今我在身而生、乃以信上帝子而生、彼曾愛我、爲我舍己者也.

(2:21 - 5:21절) 생략

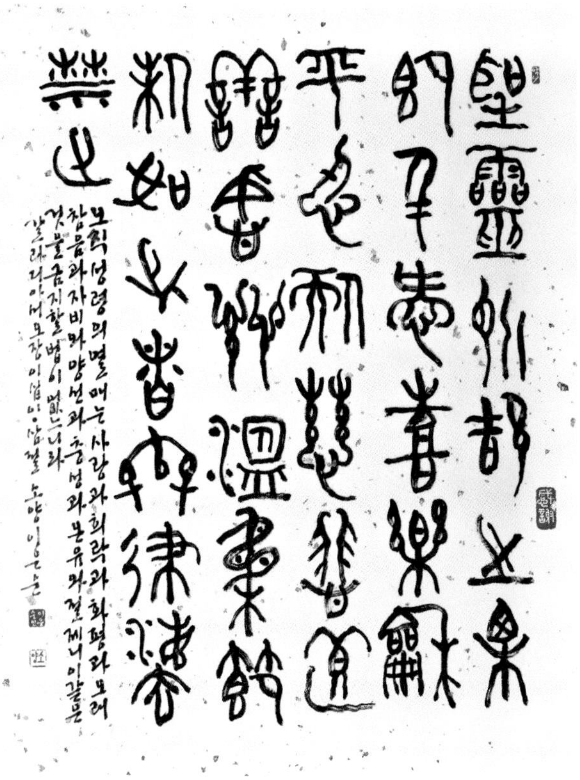

聖靈의 열매 55×65cm

[갈 5:22] 오직 성령聖靈의 열매는 사랑과 희락喜樂과 화평和平과 오래 참음과 자비慈悲와 양선良善과 충성忠誠과

[갈 5:23] 온유溫柔와 절제節制니 이 같은 것을 금지禁止할 법法이 없느니라.

[迦5 - 22] 聖靈所結之果、卽仁愛、喜樂、和平、忍耐、慈悲、良善、忠信、

[迦5 - 23] 溫柔、節制、如此者、無律法禁止.

(5:24 - 6:13절) 생략

[갈 6:14] 그러나 내게는 우리 주主 예수 그리스도의 십자가十字架 외外에 결決코 자랑할 것이 없으니 그리스도로 말미암아 세상世上이 나를 대對하여 십자가十字架에 못 박히고 내가 또한 세상世上을 대對하여 그러하니라.

[迦6 - 14] 但我所誇者無他、惟誇我主耶穌基督之十字架、我賴之、世向我已釘十字架、我向世亦然

(6:15 - 6:18절) 생략

10 에베소서 達以弗所人書 Ephesians

(1:1 - 1:6절) 생략

[엡 1:7] 우리가 그리스도 안에서 그의 은혜恩惠의 풍성豊盛함을 따라 그의 피로 말미암아 구속救贖 곧 죄罪 사赦함을 받았으니

[엡 1:8] 이는 그가 모든 지혜智慧와 총명聰明으로 우리에게 넘치게 하사

[엡 1:9] 그 뜻의 비밀秘密을 우리에게 알리셨으니 곧 그 기쁘심을 따라 그리스도 안에서 때가 찬 경륜經綸을 위爲하여 예정豫定하신 것이니

[엡 1:10] 하늘에 있는 것이나 땅에 있는 것이 다 그리스도 안에서 통일統一되게 하려 하심이라.

[弗1 - 7] 我儕賴彼以其流血蒙救贖、得罪赦、循上帝豐厚之恩寵、

[弗1 - 8] 卽以諸智慧明哲廣施於我者、

[弗1 - 9] 且示我以其旨之奧妙、循其所定之美意、

[弗1 - 10] 欲在期滿時、使萬物或在天或在地者、悉歸於一首、卽基督.

(1:11 - 3:6절) 생략

[엡 3:7] 이 복음福音을 위爲하여 그의 능력能力이 역사役事하시는 대로 내게 주신 하나님의 은혜恩惠의 선물膳物을 따라 내가 일군이 되었노라.

[엡 3:8] 모든 성도聖徒 중中에 지극至極히 작은 자者보다 더 작은 나에게 이 은혜恩惠를 주신 것은 측량測量할 수 없는 그리스도의 풍성豊盛을 이방인異邦人에게 전傳하게 하시고

[엡 3:9] 영원永遠부터 만물萬物을 창조創造하신 하나님 속에 감취었던 비밀秘密의 경륜經綸이 어떠한 것을 드러내게 하려 하심이라.

[弗3 - 7] 上帝賜我恩寵、循其大力而感我、使我得爲此福音之役、

[弗3 - 8] 我在衆聖徒中、雖爲至微者、猶蒙上帝賜恩、使我於異邦人中、傳基督不可測之富有、

[弗3 - 9] 且光照衆人、皆知此奧妙何如、卽歷世以來、藏於藉耶穌基督、
創造萬物之上帝心內之奧妙.

(3:10 - 3:21절) 생략

[엡 4:1] 그러므로 주主 안에서 갇힌 내가 너희를 권勸하노니 너희가 부르심을 입은 부름에

합당合當하게 행行하여

[엡 4:2] 모든 겸손謙遜과 온유溫柔로 하고 오래 참음으로 사랑 가운데서 서로 용납容納하고

[엡 4:3] 평안平安의 매는 줄로 성령聖靈의 하나 되게 하신 것을 힘써 지키라.

[엡 4:4] 몸이 하나이요 성령聖靈이 하나이니 이와 같이 너희가 부르심의 한 소망所望 안에서 부르심을 입었느니라.

[엡 4:5] 주主도 하나이요 믿음도 하나이요 세례洗禮도 하나이요

[엡 4:6] 하나님도 하나이시니 곧 만유萬有의 아버지시라
만유萬有 위에 계시고 만유萬有를
통일統一하시고 만유萬有 가운데 계시도다.

[弗4 - 1] 我爲主被囚者勸爾、旣蒙召、
行事則當與蒙召之恩相稱、

[弗4 - 2] 凡事謙讓、溫柔、忍耐、以愛相恕、

[弗4 - 3] 以和平相維繫、務守聖靈所賜之一心、

[弗4 - 4] 體一、靈一、誠如爾蒙召所望者惟一、

[弗4 - 5] 主一、信一、洗禮一、

[弗4 - 6] 上帝一、爲萬有之父、宰萬有、貫萬有、
亦在爾衆內.

(4:7 - 4:21절) 생략

[엡 4:22] 너희는 유혹誘惑의 욕심慾心을 따라 썩어져 가는 구습舊習을 좇는 옛 사람을 벗어 버리고

[엡 4:23] 오직 심령心靈으로 새롭게 되어

[엡 4:24] 하나님을 따라 의義와 진리眞理의 거룩함으로 지으심을 받은 새 사람을 입으라.

[弗4 - 22] 當去爾前行、脫爾舊人、卽被惑人之嗜慾見壞者、

[弗4 - 23] 當以爾心志更換一新、

[弗4 - 24] 衣以新人、卽按上帝像以義及眞理之聖德而造者.

(4:25 - 4:30절) 생략

새 사람 33×130cm

容恕 35×60cm

[엡 4:31] 너희는 모든 악독惡毒과 노怒함과 분忿냄과 떠드는 것과 훼방譭謗하는 것을 모든 악의惡意와 함께 버리고

[엡 4:32] 서로 인자仁慈하게 하며 불쌍히 여기며 서로 용서容恕하기를 하나님이 그리스도 안에서 너희를 용서容恕하심과 같이 하라.

[弗4-31] 凡怨恨、嗔怒、氣忿、諠譟、毁謗、及一切毒惡、皆當去於爾中、

[弗4-32] 當彼此慈愛憐憫、更當相恕、如上帝爲基督恕爾也.

[엡 5:1] 그러므로 사랑을 입은 자녀子女같이 너희는 하나님을 본本받는 자者가 되고

[엡 5:2] 그리스도께서 너희를 사랑하신 것 같이 너희도 사랑 가운데서 행行하라 그는 우리를 위爲하여 자신自身을 버리사 향기香氣로운 제물祭物과 생축牲畜으로 하나님께 드

리셨느니라.

[弗5 - 1] 爾爲上帝所愛之者、當效上帝、

[弗5 - 2] 當以愛而行、如基督愛我儕、爲我儕舍身、獻己於上帝、爲馨香之祭.

(5:3 - 5:14절) 생략

[엡 5:15] 그런즉 너희가 어떻게 행할行할 것을 자세仔細히 주의注意하여 지혜智慧 없는 자者같이 말고 오직 지혜智慧 있는 자者같이 하여

[엡 5:16] 세월歲月을 아끼라 때가 악惡하니라.

[弗5 - 15] 愼爾所行、勿效無智者、宜效智者、

[弗5 - 16] 今時有患難、當惜光陰.

(5:17절) 생략

[엡 5:18] 술 취醉하지 말라 이는 방탕放蕩한 것이니 오직 성령聖靈의 충만充滿을 받으라.

[엡 5:19] 시詩와 찬미讚美와 신령神靈한 노래들로 서로 화답和答하며 너희의 마음으로 주主께 노래하며 찬송讚頌하며

[엡 5:20] 범사凡事에 우리 주主 예수 그리스도의 이름으로 항상恒常 아버지 하나님께 감사感謝하며

[엡 5:21] 그리스도를 경외敬畏함으로 피차彼此 복종服從하라.

[弗5 - 18] 勿醉酒、酒使人放肆無節、惟當感以聖靈、

[弗5 - 19] 當以歌章、頌詞、靈賦、彼此對語、口唱心和、而讚美主、

[弗5 - 20] 凡事託我主耶穌基督名、恒謝上帝卽父、

[弗5 - 21] 當畏上帝、彼此相服.

[엡 5:22] 아내들이여 자기自己 남편男便에게 복종服從하기를 주主께 하듯 하라.

[弗5 - 22] 婦歟、爾當服夫如服主.

(5:23 - 5:24절) 생략

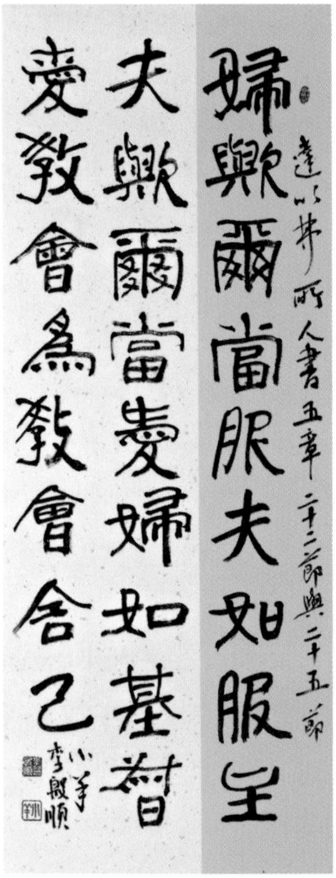

夫婦의 道 42×105cm

[엡 5:25] 남편男便들아 아내 사랑하기를 그리스도께서 교회教會를 사랑하시고 위爲하여 자신自身을 주심 같이 하라.

[弗5 - 25] 夫歟、爾當愛婦、如基督愛教會、爲教會舍己.

(5:26 - 6:11절) 생략

[엡 6:12] 우리의 씨름은 혈血과 육肉에 대對한 것이 아니요 정사政事와 권세權勢와 이 어두움의 세상世上 주관자主管者들과 하늘에 있는 악惡의 영靈들에게 대對함이라.

[엡 6:13] 그러므로 하나님의 전신갑주全身甲胄를 취取하라 이는 악惡한 날에 너희가 능能히 대적對敵하고 모든 일을 행行한 후後에 서기 위爲함이라.

[엡 6:14] 그런즉 서서 진리眞理로 너희 허리띠를 띠고 의義의 흉배胸背를 붙이고

[엡 6:15] 평안平安의 복음福音의 예비豫備한 것으로 신을 신고

[엡 6:16] 모든 것 위에 믿음의 방패防牌를 가지고 이로써 능能히 악惡한 자者의 모든 화전火箭을 소멸消滅하고

[엡 6:17] 구원救援의 투구와 성령聖靈의 검劍 곧 하나님의 말씀을 가지라.

[弗6 - 12] 蓋我所與戰者、非血氣之人、乃主宰、權勢、轄此暗世之諸君、及空中之惡魔、

[弗6 - 13] 故取上帝之全身器械、使爾遇難日能禦敵、成就諸事後、仍能卓立、

[弗6 - 14] 是以當卓立、腰束以誠、胸護以義、

[弗6 - 15] 以和平之福音爲備行之履、納於足、

[弗6 - 16] 此外以信爲盾、可滅惡者之火箭、

[弗6 - 17] 以拯救爲胄、且執聖靈之劍、卽上帝之道.

(6:18 - 6:24절) 생략

11 빌립보서達腓立比人書 Philippians

(1:1 - 1:30절) 생략

[빌 2:1] 그러므로 그리스도 안에 무슨 권면勸勉이나 사랑에 무슨 위로慰勞나 성령聖靈의 무슨 교제交際나 긍휼矜恤이나 자비慈悲가 있거든

[빌 2:2] 마음을 같이하여 같은 사랑을 가지고 뜻을 합合하며 한 마음을 품어

[빌 2:3] 아무 일에든지 다툼이나 허영虛榮으로 하지 말고 오직 겸손謙遜한 마음으로 각각各各 자기自己보다 남을 낫게 여기고

[빌 2:4] 각각各各 자기自己 일을 돌아볼 뿐더러 또한 각각各各 다른 사람들의 일을 돌아보아 나의 기쁨을 충만充滿케 하라.

[빌 2:5] 너희 안에 이 마음을 품으라 곧 그리스도 예수의 마음이니

[빌 2:6] 그는 근본根本 하나님의 본체本體시나 하나님과 동등同等됨을 취取할 것으로 여기지 아니하시고

[빌 2:7] 오히려 자기自己를 비어 종의 형체形體를 가져 사람들과 같이 되었고

[빌 2:8] 사람의 모양貌樣으로 나타나셨으매 자기自己를 낮추시고 죽기까지 복종服從하셨으니 곧 십자가十字架에 죽으심이라.

[빌 2:9] 이러므로 하나님이 그를 지극至極히 높여 모든 이름 위에 뛰어난 이름을 주사

[빌 2:10] 하늘에 있는 자者들과 땅에 있는 자者들과 땅 아래 있는 자者들로 모든 무릎을 예수의 이름에 꿇게 하시고

[빌 2:11] 모든 입으로 예수 그리스도를 주主라 시인是認하여 하나님 아버지께 영광榮光을 돌리게 하셨느니라.

[腓2 - 1] 若爲基督有勸勉、若因愛有慰藉、若共感於靈、若有仁慈矜憫、

[腓2 - 2] 則爾當意見相同、同一愛、同一心、同一念、以充滿我之樂、

[腓2 - 3] 凡事勿分爭、勿求虛榮、各當謙遜、視他人勝於己、

[腓2 - 4] 勿各顧己事、亦當顧人之事、

[腓2 - 5] 宜以基督耶穌之心爲心、

[腓2 - 6] 彼具上帝之體、卽配上帝不以爲僭、

[腓2 - 7] 然猶虛己、誕降人身、以僕自處、形體似人、性情似人、

[腓2 - 8] 自卑而順服至死、甚而死於十字架、

[腓2 - 9]　為此、上帝升之無上、賜之以名、超乎諸名之上、

[腓2 - 10]　使在天在地在地下者、聞耶穌名、無膝不屈、

[腓2 - 11]　無口不稱耶穌基督爲主、歸榮於上帝卽父.

(2:12 - 4:3절) 생략

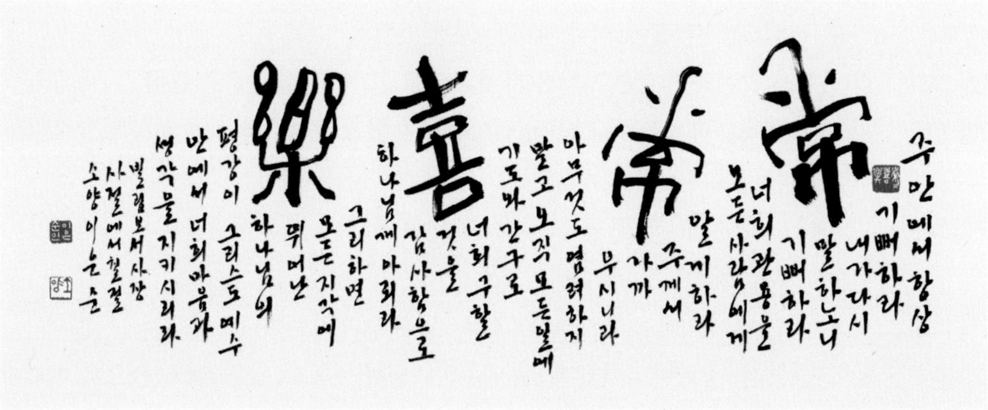

常常喜樂 90×33cm

[빌 4:4]　주主 안에서 항상恒常 기뻐하라 내가 다시 말하노니 기뻐하라.

[빌 4:5]　너희 관용寬容을 모든 사람에게 알게 하라 주主께서 가까우시니라.

[빌 4:6]　아무 것도 염려念慮하지 말고 오직 모든 일에 기도祈禱와 간구懇求로, 너희 구求 할 것을 감사感謝함으로 하나님께 아뢰라.

[빌 4:7]　그리하면 모든 지각知覺에 뛰어난 하나님의 평강平康이 그리스도 예수 안에서 너희 마음과 생각을 지키시리라.

[腓4 - 4]　爾當常因主而喜樂、我復言爾曹當喜樂、

[腓4 - 5]　爾當使衆知爾之溫良、主已近矣、

[腓4 - 6]　勿憂慮、凡事祈禱、籲懇、感謝、以爾之所求者告上帝、

[腓4 - 7]　則上帝之平康、超於人意者、必因基督耶穌保守爾心爾念.

(4:8 - 4:11절) 생략

[빌 4:12] 내가 비천卑賤에 처處할 줄도 알고 풍부豊富에 처處할 줄도 알아 모든 일에 배 부르며 배고픔과 풍부豊富와 궁핍窮乏에도 일체一切의 비결秘訣을 배웠노라.

[빌 4:13] 내게 능력能力 주시는 자者 안에서 내가 모든 것을 할 수 있느니라.

[腓4 - 12] 我知何以處貧賤、何以處富厚、隨事隨在、或飽或饑、或豐或歉、我皆諳練矣、

[腓4 - 13] 我賴使我有力者、凡事能爲.

(4:14 - 4:18절) 생략

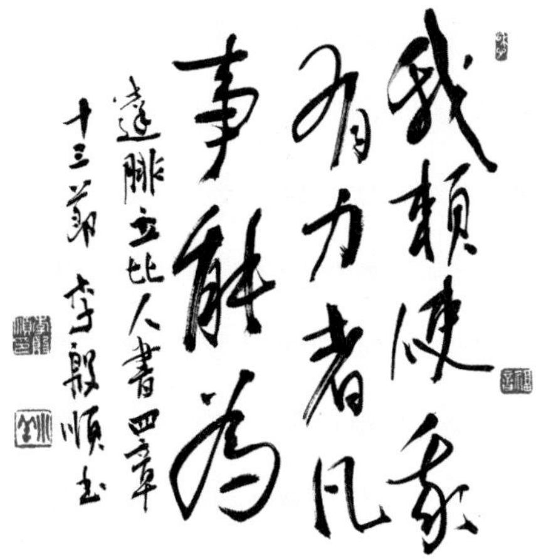

安貧樂道 35×35cm

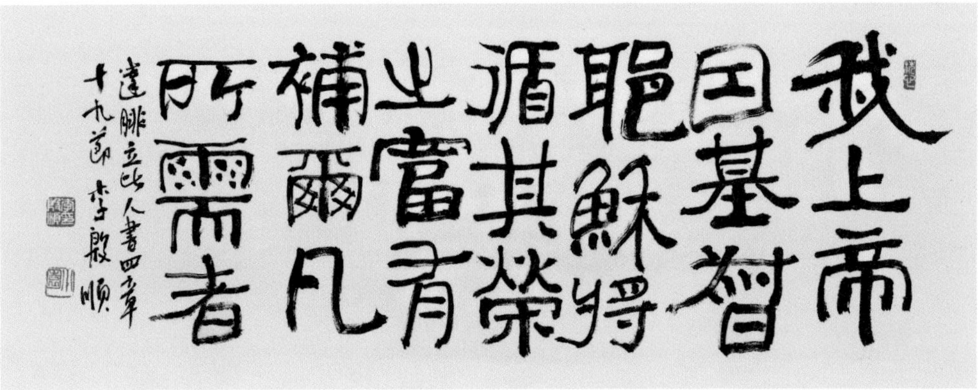

豊饒 105×34cm

[빌 4:19] 나의 하나님이 그리스도 예수 안에서 영광榮光 가운데 그 풍성豊盛한 대로 너희 모든 쓸 것을 채우시리라.

[腓4 - 19] 我上帝因基督耶穌、將循其榮之富有、補爾凡所需者.

[빌 4:20] 하나님 곧 우리 아버지께 세세世世 무궁無窮토록 영광榮光을 돌릴지어다. 아멘

[腓4 - 20] 願榮光歸於上帝我父、至於世世、阿們.

(4:21 - 4:23절) 생략

12 골로새서 達哥羅西人書 Colossians

(1:1 - 1:2절) 생략

[골 1:3] 우리가 너희를 위爲하여 기도祈禱할 때마다 하나님 곧 우리 주主 예수 그리스도의 아버지께 감사感謝하노라.

[골 1:4] 이는 그리스도 예수 안에 너희의 믿음과 모든 성도聖徒에 대對한 사랑을 들음이요.

[골 1:5] 너희를 위爲하여 하늘에 쌓아 둔 소망所望을 인因함이니 곧 너희가 전前에 복음福音 진리眞理의 말씀을 들은 것이라.

[골 1:6] 이 복음福音이 이미 너희에게 이르매 너희가 듣고 참으로 하나님의 은혜恩惠를 깨달은 날부터 너희 중中에서와 같이 또한 온 천하天下에서도 열매를 맺어 자라는 도다.

[西1 - 3] 我儕每爲爾祈禱時、感謝上帝我主耶穌基督之父、

[西1 - 4] 因聞爾信基督耶穌、並愛諸聖徒、

[西1 - 5] 緣爾有所望者爲爾存於天、乃爾昔聞於福音眞道者、

[西1 - 6] 此福音傳至爾、亦傳至天下、且結果、如在爾中自爾聞福音、眞知上帝恩寵之日而結果然.

(1:7 - 1:14절) 생략

[골 1:15] 그는 보이지 아니하시는 하나님의 형상形像이요 모든 창조물創造物보다 먼저 나신 자者니

[골 1:16] 만물萬物이 그에게 창조創造되되 하늘과 땅에서 보이는 것들과 보이지 않는 것들과 혹或은 보좌寶座들이나 주관主管들이나 정사政事들이나 권세權勢들이나 만물萬物이 다 그로 말미암고 그를 위爲하여 창조創造되었고

[골 1:17] 또한 그가 만물萬物보다 먼저 계시고 만물萬物이 그 안에 함께 섰느니라.

[西1 - 15] 彼乃不可見之上帝之像、生於萬物之先、

[西1 - 16] 蓋萬物藉之而造、無論在天在地、有形無形、有位者、主治者、執政者、秉權者、皆藉彼而造、亦爲彼而造、

[西1 - 17] 彼先於萬物、萬物藉彼而立.

[골 1:18] 그는 몸인 교회敎會의 머리라 그가 근본根本이요 죽은 자者들 가운데서 먼저 나신

자者니 이는 친親히 만물萬物의 으뜸이 되려 하심이요.

[골 1:19] 아버지께서는 모든 충만充滿으로 예수 안에 거居하게 하시고

[골 1:20] 그의 십자가十字架의 피로 화평和平을 이루사 만물萬物 곧 땅에 있는 것들이나 하늘에 있는 것들을 그로 말미암아 자기自己와 화목和睦케 되기를 기뻐하심이라.

[골 1:21] 전前에 악惡한 행실行實로 멀리 떠나 마음으로 원수怨讐가 되었던 너희를

[골 1:22] 이제는 그의 육체肉體의 죽음으로 말미암아 화목和睦케 하사 너희를 거룩하고 흠欠없고 책망責望할 것이 없는 자者로 그 앞에 세우고자 하셨으니

[골 1:23] 만일 너희가 믿음에 거居하고 터 위에 굳게 서서 너희 들은 바 복음福音의 소망 所望에서 흔들리지 아니하면 그리하리라 이 복음福音은 천하天下 만민萬民에게 전파傳播된 바요 나 바울은 이 복음福音의 일군이 되었노라.

[西1 - 18] 教會爲身、彼乃其首、又爲元始、乃首先由死復活者、如此則於凡事爲首矣、

[西1 - 19] 蓋父喜以諸德之豐滿、恆存於彼內、

[西1 - 20] 彼流血在十字架、成就和平、父遂使萬物、無論在天者、在地者、由彼與己復和、

[西1 - 21] 爾素遠離、因爾行惡、心中與之爲敵、

[西1 - 22] 今上帝以耶穌肉身受死、使爾與己復和、俾爾成聖、無有瑕疵、無可指摘、而立於其前、

[西1 - 23] 惟爾止於信、堅立於基、不移於福音之望、此福音、乃爾所聞、已傳於天下萬人、我保羅爲此福音之役焉.

(1:24 - 2:5절) 생략

[골 2:6] 그러므로 너희가 그리스도 예수를 주主로 받았으니 그 안에서 행行하되

[골 2:7] 그 안에 뿌리를 박으며 세움을 입어 교훈教訓을 받은 대로 믿음에 굳게 서서 감사感謝함을 넘치게 하라.

[西2 - 6] 故爾旣承受主耶穌基督、則當從之而行、

[西2 - 7] 根深在彼、建造在彼、堅固於信、如爾所學、且信更增益而感謝焉.

(2:6 - 3:1절) 생략

[골 3:2] 위엣 것을 생각하고 땅엣 것을 생각지 말라.

[골 3:3] 이는 너희가 죽었고 너희 생명生命이 그리스도와 함께 하나님 안에 감취었음이니라.

[골 3:4] 우리 생명生命이신 그리스도께서 나타나실 그 때에 너희도 그와 함께 영광榮光 중中에 나타나리라.

[西3 - 2] 當念在上之事、勿念在地之事、

[西3 - 3]　蓋爾曹已死、爾之生命、與基督同藏於上帝、

[西3 - 4]　基督乃我生命、彼顯現時、爾曹亦必與之同顯於榮光中.

(3:5 - 3:14절) 생략

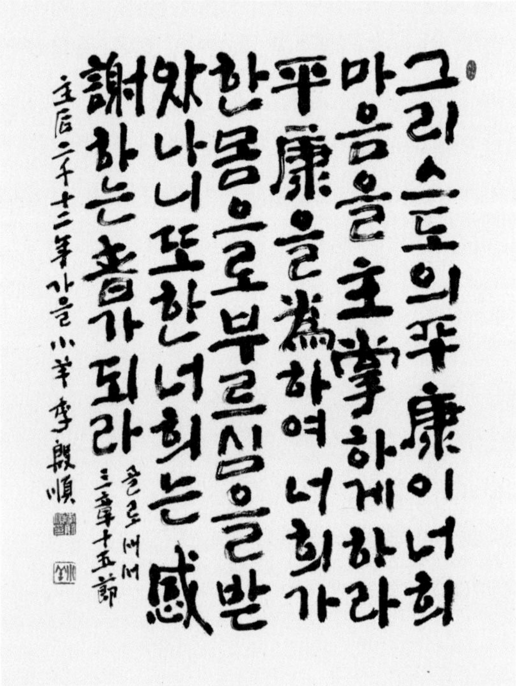

平康 47×65cm

[골 3:15]　그리스도의 평강平康이 너희 마음을 주장主掌하게 하라 평강平康을 위爲하여 너희가 한 몸으로 부르심을 받았나니 또한 너희는 감사感謝하는 자者가 되라.

[西3 - 15]　願上帝所賜之和平、主於爾心、爾曹蒙召、成爲一體、亦爲此也、亦感主恩.

(3:16 - 3:17절) 생략

[골 3:18]　아내들아 남편男便에게 복종服從하라 이는 주主 안에서 마땅하니라.

[골 3:19]　남편男便들아 아내를 사랑하며 괴롭게 하지 말라.

[골 3:20]　자녀子女들아 모든 일에 부모父母에게 순종順從하라 이는 주主 안에서 기쁘게 하는 것이니라.

[골 3:21]　아비들아 너희 자녀子女를 격노激怒케 말지니 낙심落心할까 함이라.

[골 3:22] 종들아 모든 일에 육신肉身의 상전上典들에게 순종順從하되 사람을 기쁘게 하는 자者와 같이 눈가림만 하지 말고 오직 주主를 두려워하여 성실誠實한 마음으로 하라.

[골 3:23] 무슨 일을 하든지 마음을 다하여 주主께 하듯 하고 사람에게 하듯 하지 말라.

[골 3:24] 이는 유업遺業의 상賞을 주主께 받을 줄 앎이니 너희는 주主 그리스도를 섬기느니라.

[西3 - 18] 婦爾當服夫、此乃信主者所宜、

[西3 - 19] 夫爾當愛婦、勿待之以若、

[西3 - 20] 子爾當凡事順從父母、此乃主所悅、

[西3 - 21] 父、爾勿激子之怒、恐其失志、

[西3 - 22] 爾爲奴者、當凡事順從轄爾身之主人、勿效彼取悅於人者、但在目前服役、

[西3 - 23] 乃以誠心、且畏上帝、凡爾所爲者、皆當由誠心而爲之、以爲事主、非事人也、

[西3 - 24] 蓋知由主必得嗣業之賞、因爾所事者、乃主基督也.

(3:25 - 4:1절) 생략

[골 4:2] 기도祈禱를 항상恒常 힘쓰고 기도祈禱에 감사感謝함으로 깨어있으라.

[골 4:3] 또한 우리를 위爲하여 기도祈禱하되 하나님이 전도傳道할 문門을 우리에게 열어 주사 그리스도의 비밀秘密을 말하게 하시기를 구求하라 내가 이것을 인因하여 매임을 당當하였노라.

[西4 - 2] 當恆祈禱、祈禱之時、
務警醒而感謝、

[西4 - 3] 亦爲我儕祈禱、
求上帝爲我儕開傳道之門、
使我能宣基督奧妙、
我亦爲此陷於縲絏.

(4:4절) 생략

愛惜光陰 23×22cm

[골 4:5] 외인外人을 향向하여서는 지혜智慧로 행行하여 세월歲月을 아끼라.

[西4 - 5] 爾當以智慧待彼教會外之人、
愛惜光陰.

(4:6 - 4:18절) 생략

13 데살로니가전서 達帖撒羅尼迦人前書 1 Thessalonians

(1:1 - 2:3절) 생략

[살전 2:4] 오직 하나님의 옳게 여기심을 입어 복음福音 전傳할 부탁付託을 받았으니 우리가 이와 같이 말함은 사람을 기쁘게 하려 함이 아니요 오직 우리 마음을 감찰鑑察하시는 하나님을 기쁘시게 하려 함이라.

[撒前2 - 4] 上帝既允我儕受福音之任、則我儕如是而言、不求悅於人、乃求悅於鑒察我心之上帝.

(2:5 - 5:7절) 생략

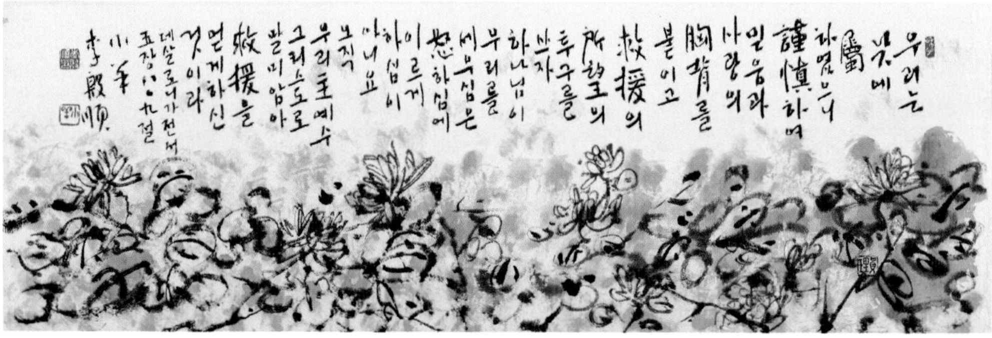

謹愼 73×23cm

[살전 5:8] 우리는 낮에 속屬하였으니 근신謹愼하여 믿음과 사랑의 흉배胸背를 붙이고 구원救援의 소망所望의 투구를 쓰자.

[살전 5:9] 하나님이 우리를 세우심은 노怒하심에 이르게 하심이 아니요 오직 우리 주主 예수 그리스도로 말미암아 구원救援을 얻게 하신 것이라.

[撒前5 - 8] 惟我儕爲白晝之人、當謹守、以信與愛爲甲衣之、以得救之望爲盔戴之、

[撒前5 - 9] 蓋上帝非預定我儕遭怒、乃預定我儕賴主耶穌基督而得救.

(5:10 - 5:15절) 생략

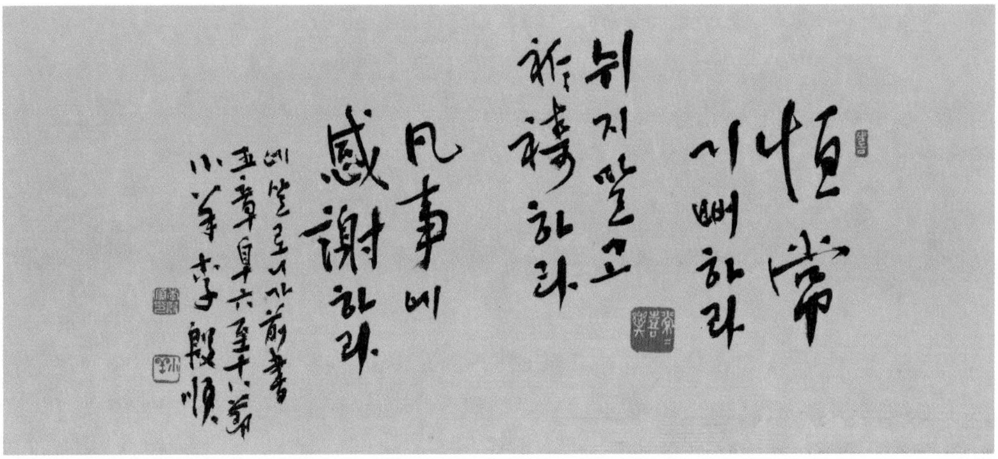

凡事感謝 50×25cm

[살전 5:16] 항상恒常 기뻐하라.

[살전 5:17] 쉬지 말고 기도祈禱하라.

[살전 5:18] 범사凡事에 감사感謝하라 이는 그리스도 예수 안에서 너희를 향向하신 하나님의 뜻이니라.

[撒前5 - 16] 當常喜樂、

[撒前5 - 17] 祈禱不已、

[撒前5 - 18] 凡事感謝、此上帝因基督耶穌欲爾如此者.

[살전 5:19] 성령聖靈을 소멸消滅치 말며

[살전 5:20] 예언豫言을 멸시蔑視치 말고

[살전 5:21] 범사凡事에 헤아려 좋은 것을 취取하고

[살전 5:22] 악惡은 모든 모양貌樣이라도 버리라.

[살전 5:23] 평강平康의 하나님이 친親히 너희로 온전穩全히 거룩하게 하시고 또 너희 온 영靈과 혼魂과 몸이 우리 주 예수 그리스도 강림降臨하실 때에 흠欠없게 보전保全되기를 원願하노라.

[撒前5 - 19] 勿撲滅聖靈之感、

[撒前5 - 20] 先知講道、勿藐視之、

[撒前5 - 21] 凡事省察、惟據於善、

[撒前5 - 22] 凡類於惡者、悉戒之、

[撒前5 - 23] 願賜平康之上帝、使爾聖潔無疵、保守爾靈與魂與體、待我主耶穌基督降臨之日、皆得純全、無可指摘.

(5:24 - 5:28절) 생략

14 데살로니가후서 達帖撒羅尼迦人後書 2 Thessalonians

(1:1 - 2:12절) 생략

[살후 2:13] 주主의 사랑하시는 형제兄弟들아 우리가 항상恒常 너희를 위爲하여 마땅히 하나님께 감사感謝할 것은 하나님이 처음부터 너희를 택擇하사 성령聖靈의 거룩하게 하심과 진리眞理를 믿음으로 구원救援을 얻게 하심이니

[살후 2:14] 이를 위爲하여 우리 복음福音으로 너희를 부르사 우리 주主 예수 그리스도의 영광榮光을 얻게 하려 하심이니라.

[撒後2 - 13] 主所愛之兄弟、我儕當爲爾恆謝上帝、因上帝自始選爾、得聖靈以成聖、及信眞道而得救、

[撒後2 - 14] 爲此上帝亦以我所傳之福音召爾、欲爾得我主耶穌基督之榮.

(2:15절) 생략

[살후 2:16] 우리 주主 예수 그리스도와 우리를 사랑하시고 영원永遠한 위로慰勞와 좋은 소망所望을 은혜恩惠로 주신 하나님 우리 아버지께서

[살후 2:17] 너희 마음을 위로慰勞하시고 모든 선善한 일과 말에 굳게 하시기를 원願하노라.

[撒後2 - 16] 願我主耶穌基督及上帝我父、卽愛我儕施恩永賜我以爲藉、及賜我以美望者、

[撒後2 - 17] 安慰爾心、堅爾一切善言善行.

(3:1 - 3:2절) 생략

[살후 3:3] 주主는 미쁘사 너희를 굳게 하시고 악惡한 자者에게서 지키시리라.

[살후 3:4] 너희에게 대對하여는 우리의 명命한 것을 너희가 행行하고 또 행行할 줄을 우리가 주主 안에서 확신確信하노니

[살후 3:5] 주主께서 너희 마음을 인도引導하여 하나님의 사랑과 그리스도의 인내忍耐에 들어가게 하시기를 원願하노라.

[撒後3 - 3] 惟主誠信、必堅定爾曹、保守爾曹、得免於惡、

[撒後3 - 4] 我儕賴主信爾、今必遵行我所命爾者、後亦必遵行、

[撒後3 - 5] 願主導爾心能愛上帝、信基督而有忍耐.

(3:6 - 3:9절) 생략

[살후 3:10] 우리가 너희와 함께 있을때에도 너희에게명命하기를 누구든지 일하기 싫어 하거든 먹지도 말게 하라.

[撒後3 - 10] 我在爾中之時、
曾命爾云、
人不願操作、則不得食.

(3:11 - 3:15절) 생략

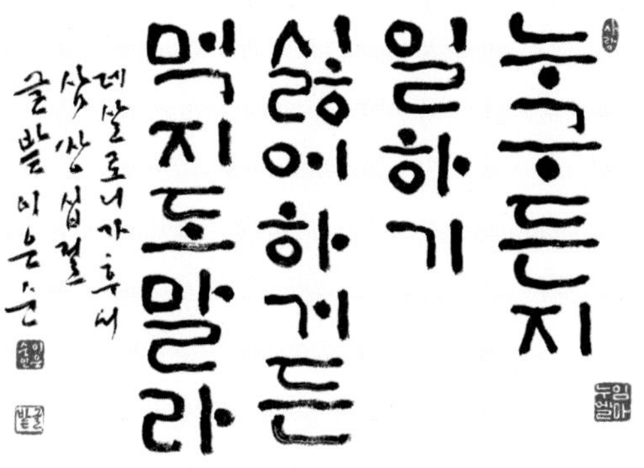

일하기 싫으면 먹지도 마라 40×30cm

[살후 3:16] 평강平康의 주主께서 친親히 때마다 일마다 너희에게 평강平康을 주시기를원願하노라 주主는 너희 모든 사람과 함께 하실지어다.

[撒後3 - 16] 願賜平康之主、
隨時隨事、
賜爾平康、
願主偕爾衆.

(3:17 - 3:18절) 생략

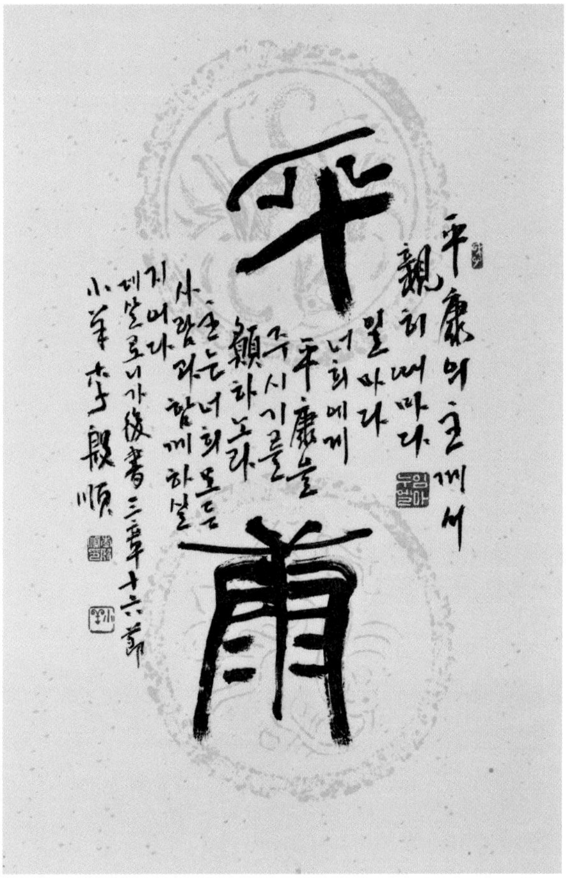

임마누엘 23×52cm

15 디모데전서 達提摩太前書 1 Timothy

(1:1 - 1:11절) 생략

[딤전 1:12] 나를 능能하게 하신 그리스도 예수 우리 주主께 내가 감사感謝함은 나를 충성忠誠되이 여겨 내게 직분職分을 맡기심이니

[딤전 1:13] 내가 전前에는 훼방자譭謗者요 핍박자逼迫者요 폭행자暴行者이었으나 도리어 긍휼矜恤을 입은 것은 내가 믿지 아니할 때에 알지 못하고 행行하였음이라.

[딤전 1:14] 우리 주主의 은혜恩惠가 그리스도 예수 안에 있는 믿음과 사랑과 함께 넘치도록 풍성豊盛하였도다.

[딤전 1:15] 미쁘다 모든 사람이 받을 만한 이 말이여 그리스도 예수께서 죄인罪人을 구원救援하시려고 세상世上에 임臨하셨다 하였도다 죄인罪人 중中에 내가 괴수魁首니라.

[딤전 1:16] 그러나 내가 긍휼矜恤을 입은 까닭은 예수 그리스도께서 내게 먼저 일체一切 오래 참으심을 보이사 후後에 주主를 믿어 영생永生 얻는 자者들에게 본本이 되게 하려 하심이니라.

[提前1 - 12] 我謝我主耶穌基督、助我以力、以我爲忠、任我以傳福音之職、

[提前1 - 13] 我昔爲毁謗者、窘逐者、侮慢者、但此因在不信之時、無知而作、故猶蒙矜恤、

[提前1 - 14] 我主之恩寵愈增、俾我從基督耶穌、信之愛之、

[提前1 - 15] 基督耶穌臨世、以救罪人、此言可信、人當悅納者、罪人中我本元惡、

[提前1 - 16] 然我蒙矜恤、乃因耶穌基督欲先於我身顯其一切恆忍、使後之信主得永生者、以我爲模範.

(1:17 - 2:3절) 생략

[딤전 2:4] 하나님은 모든 사람이 구원救援을 받으며 진리眞理를 아는 데 이르기를 원願하시느니라.

[딤전 2:5] 하나님은 한 분이시요 또 하나님과 사람 사이에 중보中保도 한 분이시니 곧 사람이신 그리스도 예수라.

[提前2 - 4] 上帝欲萬人得救、使之皆得知眞道、

[提前2 - 5] 蓋上帝惟一、在上帝與世人之間、中保亦惟一、卽降世爲人之基督耶穌.

(2:6 - 4:7절) 생략

蓋身之練習其益少惟虔敬則
凡事皆益有今生來生之應許
達提摩太前書四章八節 小羊 李殷順

敬虔 30×113cm

[딤전 4:8] 육체肉體의 연습練習은 약간若干의 유익有益이 있으나 경건敬虔은 범사凡事에 유익有益하니 금생今生과 내생來生에 약속約束이 있느니라.

[提前 4-8] 蓋身之練習、其益少、惟虔敬、則凡事皆益、有今生來生之應許.

(4:9 - 6:9절) 생략

[딤전 6:10] 돈을 사랑함이 일만一萬 악惡의 뿌리가 되나니 이것을 사모思慕하는 자者들이 미혹迷惑을 받아 믿음에서 떠나 많은 근심으로써 자기自己를 찔렀도다.

[提前6 - 10] 貪利爲萬惡之根、有人慕之、則迷失於道、以多苦自刺.

[딤전 6:11] 오직 너 하나님의 사람아 이것들을 피避하고 의義와 경건敬虔과 믿음과 사랑과 인내忍耐와 온유溫柔를 좇으며

[딤전 6:12] 믿음의 선善한 싸움을 싸우라 영생永生을 취取하라 이를 위爲하여 네가 부르심을 입었고 많은 증인證人 앞에서 선善한 증거證據를 증거證據하였도다.

[提前6 - 11] 惟爾事上帝之人、當避此諸事、追求善義、虔敬、篤信、仁愛、忍耐、謙遜、

[提前6 - 12] 當爲所信之道作善戰、持定永生、爾爲此而蒙召、且在衆證者前、自訴善志、欲信此道.

(6:13 - 6:16절) 생략

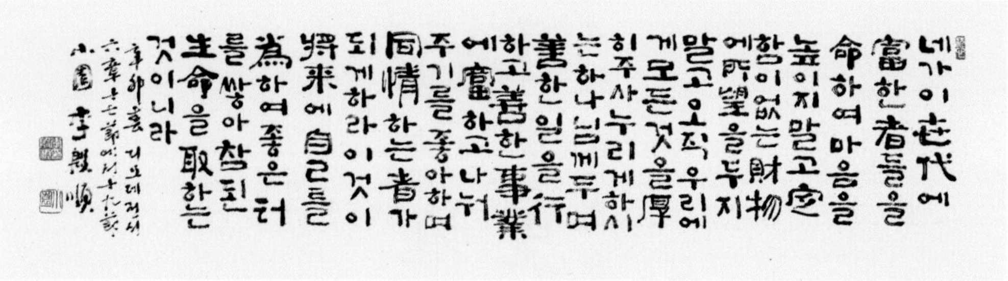

所望 128×32cm

[딤전 6:17] 네가 이 세대世代에 부富한 자者들을 명命하여 마음을 높이지 말고 정定함이 없는 재물財物에 소망所望을 두지 말고 오직 우리에게 모든 것을 후厚히 주사 누리게 하시는 하나님께 두며

[딤전 6:18] 선善한 일을 행行하고 선善한 사업事業에 부富하고 나눠주기를 좋아하며 동정同情하는 자者가 되게 하라.

[딤전 6:19] 이것이 장래將來에 자기自己를 위爲하여 좋은 터를 쌓아 참된 생명生命을 취取하는 것이니라.

[提前6 - 17] 當諭此世之富者、心勿驕傲、勿恃無定之財、惟恃永生之上帝、厚賜我衆百物以享之、

[提前6 - 18] 故命富者爲善、積累美事、喜於施舍、樂於濟衆、

[提前6 - 19] 如是爲己積善作基、以備厥後可得永生.

(6:20 - 6:21절) 생략

16 디모데후서 達提摩太後書 2 Timothy

(1:1 - 1:6절) 생략

[딤후 1:7] 하나님이 우리에게 주신 것은 두려워하는 마음이 아니요 오직 능력能力과 사랑과 근신謹愼하는 마음이니

[딤후 1:8] 그러므로 네가 우리 주主의 증거證據와 또는 주主를 위爲하여 갇힌 자者 된 나를 부끄러워 말고 오직 하나님의 능력能力을 좇아 복음福音과 함께 고난苦難을 받으라.

[딤후 1:9] 하나님이 우리를 구원救援하사 거룩하신 부르심으로 부르심은 우리의 행위行爲대로 하심이 아니요 오직 자기自己 뜻과 영원永遠한 때 전前부터 그리스도 예수안에서 우리에게 주신 은혜恩惠대로 하심이라.

[提後1 - 7] 蓋上帝所賜我儕、非畏懼之心、乃剛勇仁愛自守之心、

[提後1 - 8] 故爾勿以證上帝之道爲恥、亦勿以我因主被囚爲恥、當賴上帝之能、爲福音與我共受苦、

[提後1 - 9] 上帝救我儕召我儕爲聖、非按我之行、乃按其旨其恩、此恩卽在萬古之先、因基督耶穌賜我儕者.

(1:10절) 생략

[딤후 1:11] 내가 이 복음福音을 위爲하여 반포자頒布者와 사도使徒와 교사敎師로 세우심을 입었노라.

[딤후 1:12] 이를 인因하여 내가 또 이 고난苦難을 받되 부끄러워하지 아니함은 나의 의뢰依賴한 자者를 내가 알고 또한 나의 의탁依托한 것을 그 날까지 저가 능能히 지키실 줄을 확신確信함이라.

[提後1 - 11] 我爲此福音、立爲宣傳者、爲使徒、爲異邦人之師、

[提後1 - 12] 爲此、我受如此之苦不以爲恥、蓋知我所信者爲何、且深信其能保守我所付託、至於彼日.

(1:13 - 2:9절) 생략

[딤후 2:10] 그러므로 내가 택擇하신 자者를 위爲하여 모든 것을 참음은 저희로도 그리스도 예수 안에 있는 구원救援을 영원永遠한 영광榮光과 함께 얻게 하려 함이 로라.

[딤후 2:11] 미쁘다 이 말이여, 우리가 주主와 함께 죽었으면 또한 함께 살 것이요.

[딤후 2:12] 참으면 또한 함께 왕王 노릇 할 것이요 우리가 주主를 부인否認하면 주主도 우리를 부인否認하실 것이라.

[딤후 2:13] 우리는 미쁨이 없을지라도 주主는 일향一向 미쁘시니 자기自己를 부인否認하실 수 없으시리라.

[提後2 - 10] 故我爲蒙選者忍受諸難、使彼亦因基督耶穌得救、並得永存之榮、

[提後2 - 11] 有一言可信者、我儕若與、基督同死、亦必與基督同生、

[提後2 - 12] 若同受難、亦必同王、我若不認彼、彼必不認我、

[提後2 - 13] 我不信、彼仍可信、不能逆乎己.

(2:14 - 2:19절) 생략

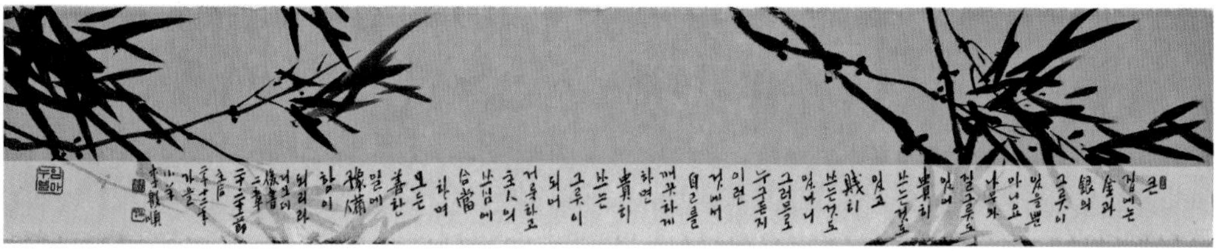

省吾身 133×26cm

[딤후 2:20] 큰 집에는 금金과 은銀의 그릇이 있을 뿐 아니요 나무와 질그릇도 있어 귀貴히 쓰는 것도 있고 천賤히 쓰는 것도 있나니

[딤후 2:21] 그러므로 누구든지 이런 것에서 자기自己를 깨끗하게 하면 귀貴히 쓰는 그릇이 되어 거룩하고 주인主人의 쓰심에 합당合當하며 모든 선善한 일에 예비豫備함이 되리라.

[提後2 - 20] 大室之中、不第有金器銀器、亦有木器瓦器、有爲貴用、有爲賤用者、

[提後2 - 21] 人若潔己而去此、則爲貴用之器、聖潔合乎主用、以備作種種善事.

(2:22 - 3:15절) 생략

[딤후 3:16] 모든 성경聖經은 하나님의 감동感動으로 된 것으로 교훈敎訓과 책망責望과 바르게 함과 의義로 교육敎育하기에 유익有益하니

[딤후 3:17] 이는 하나님의 사람으로 온전穩全케 하며 모든 선善한 일을 행行하기에 온전穩全케 하려 함이니라.

[提後3 - 16] 聖經皆由上帝黙示所作、有益於教誨督責、使人歸正、教人學義、

[提後3 - 17] 使事上帝之人、得以純全練達、能行諸善事.

(4:1절) 생략

[딤후 4:2] 너는 말씀을 전파傳播하라 때를 얻든지 못 얻든지 항상恒常 힘쓰라 범사凡事에 오래 참음과 가르침으로 경책警責하며 경계警戒하며 권勸하라.

[딤후 4:3] 때가 이르리니 사람이 바른 교훈敎訓을 받지 아니하며 귀가 가려워서 자기自己의 사욕私慾을 좇을 스승을 많이 두고

[딤후 4:4] 또 그 귀를 진리眞理에서 돌이켜 허탄虛誕한 이야기를 좇으리라.

[딤후 4:5] 그러나 너는 모든 일에 근신謹愼하여 고난苦難을 받으며 전도인傳道人의 일을 하며 네 직무職務를 다하라.

[提後4-2] 當宣道、無論時之順否、皆專務之、凡事寬容而訓誨、以督責、警戒、勸勉、

[提後4-3] 蓋後必有人厭聞正道之教、喜聽悅耳之言、徇私慾而多增其師、

[提後4-4] 又掩耳不聽眞理、專向虛誕之詞、

[提後4-5] 惟爾當事事警醒、耐苦作宣道之工、盡爾之職.

(4:6절) 생략

[딤후 4:7] 내가 선善한 싸움을 싸우고 나의 달려갈 길을 마치고 믿음을 지켰으니

[딤후 4:8] 이제 후後로는 나를 위爲하여 의義의 면류관冕旒冠이 예비豫備되었으므로 주主 곧 의義로우신 재판장裁判長이 그 날에 내게 주실 것이니 내게만 아니라 주主의 나타나심을 사모思慕하는 모든 자者에게니라.

[提後4-7] 我已作善戰、已盡我程、
而守信主之道、

[提後4-8] 今而後有稱義之冕、爲我而藏、
至彼日、按公義審判之主、必以賜我、
不第賜我、亦賜凡慕主顯現之人.

(4:9 - 4:22절) 생략

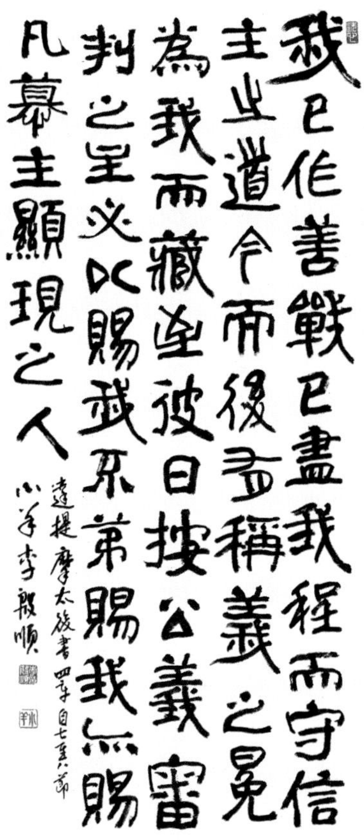

生命의 冕旒冠 65×135cm

17 디도서 達提多書 Titus

(1:1 - 2:10절) 생략

[딛 2:11] 모든 사람에게 구원救援을 주시는 하나님의 은혜恩惠가 나타나

[딛 2:12] 우리를 양육養育하시되 경건敬虔치 않은 것과 이 세상世上 정욕情慾을 다 버리고 근신謹愼함과 의義로움과 경건敬虔함으로 이 세상世上에 살고

[딛 2:13] 복福스러운 소망所望과 우리의 크신 하나님 구주救主 예수 그리스도의 영광榮光이 나타나심을 기다리게 하셨으니

[딛 2:14] 그가 우리를 대신代身하여 자신自身을 주심은 모든 불법不法에서 우리를 구속救贖하시고 우리를 깨끗하게 하사 선善한 일에 열심熱心하는 친親 백성百姓이 되게 하려 하심이니라.

[多2 - 11] 蓋上帝普救之恩、已顯著於衆、

[多2 - 12] 教我儕除諸不虔及世之情慾、得以自守公義虔敬、在此世度日、

[多2 - 13] 以待所望之福、與至大之上帝、我救主耶穌基督之榮顯、

[多2 - 14] 彼爲我儕舍己、以贖我儕出於諸惡、亦潔我儕爲其選民、熱心爲善.

(2:15 - 3:5절) 생략

[딛 3:6] 성령聖靈을 우리 구주救主 예수 그리스도로 말미암아 우리에게 풍성豐盛히 부어주사

[딛 3:7] 우리로 저의 은혜恩惠를 힘입어 의義롭다 하심을 얻어 영생永生의 소망所望을 따라 후사後嗣가 되게 하려 하심이라.

[多3 - 6] 聖靈乃上帝因我救主耶穌基督、厚賜我儕、

[多3 - 7] 使我賴其恩寵而得稱義、希望爲嗣子得永生.

(3:8 - 3:15절) 생략

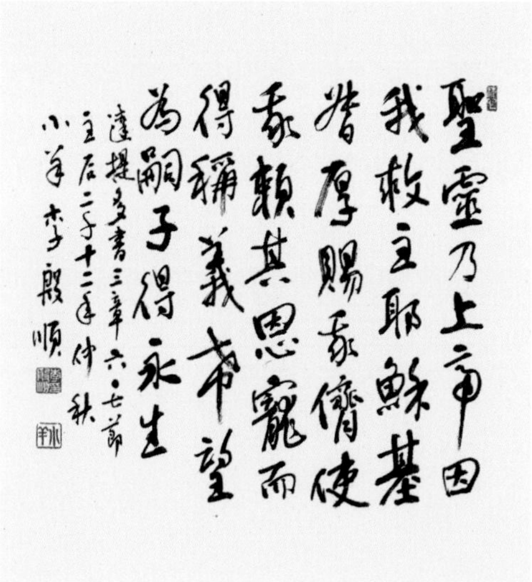

所望 65×60cm

18 빌레몬서 達腓利們書 Philemon

(1:1 - 1:3절) 생략

[몬 1:4] 내가 항상恒常 내 하나님께 감사感謝하고 기도祈禱할 때에 너를 말함은

[몬 1:5] 주主 예수와 및 모든 성도聖徒에 대對한 네 사랑과 믿음이 있음을 들음이니

[몬 1:6] 이로써 네 믿음의 교제交際가 우리 가운데 있는 선善을 알게 하고 그리스도께 미치도록 역사役事하느니라.

[몬 1:7] 형제兄弟여 성도聖徒들의 마음이 너로 말미암아 평안平安함을 얻었으니 내가 너의 사랑으로 많은 기쁨과 위로慰勞를 얻었노라.

[們1 - 4] 我每祈禱時、常思念爾、感謝我之上帝、

[們1 - 5] 因聞爾向主耶穌及諸聖徒、有愛有信、

[們1 - 6] 願爾之信、與衆徒共有者、得有功效、使人知爾曹諸善、乃爲耶穌基督而行、

[們1 - 7] 兄乎、我因爾之愛、大有喜樂、並覺慰藉、蓋聖徒之心由爾而得安舒.

(1:8 - 1:19절) 생략

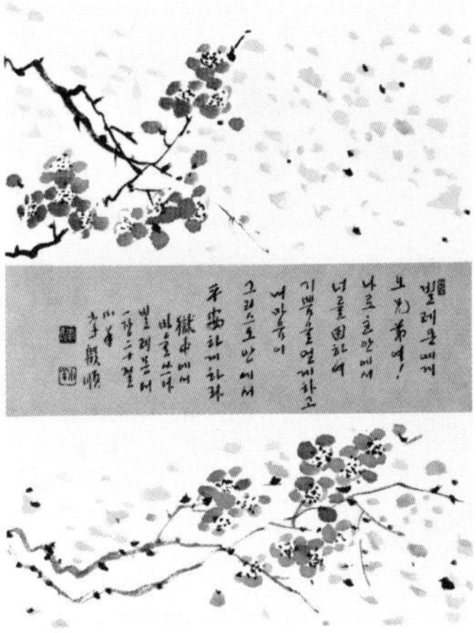

빌레몬에게 27×35cm

[몬 1:20] 오 형제兄弟여 나로 주主 안에서 너를 인因하여 기쁨을 얻게 하고 내 마음이 그리스도 안에서 평안平安하게 하라.

[們1 - 20] 兄弟乎、求爾因主使我喜樂、因主安慰我心.

(1:21 - 1:24절) 생략

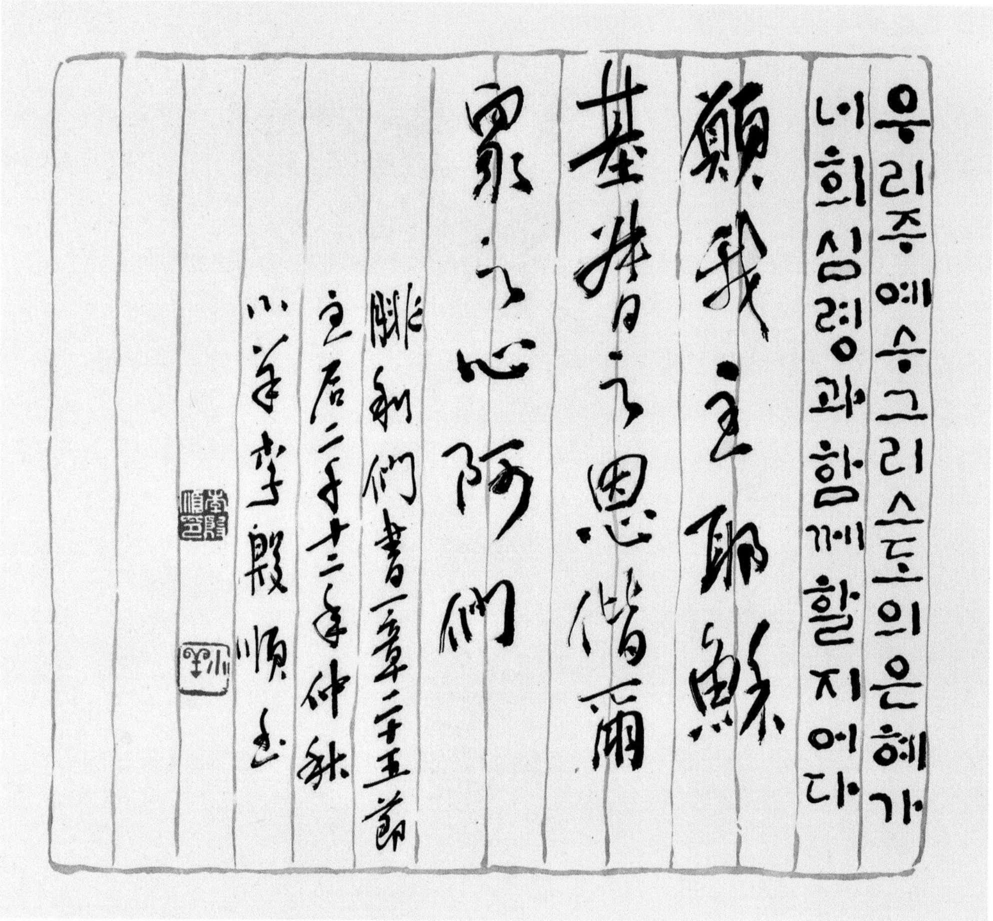

恩惠 30×29cm

[몬 1:25] 우리 주主 예수 그리스도의 은혜恩惠가 너희 심령心靈과 함께 할지어다.

[們1 - 25] 願我主耶穌基督之恩、偕爾衆之心、阿們.

19 히브리서 達希伯來人書 Hebrews

(1:1 - 1:2절) 생략

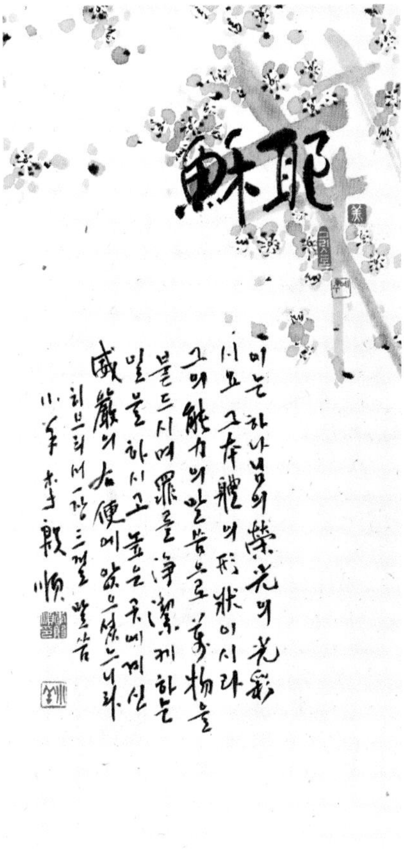

예수 31×65cm

[히 1:3] 이는 하나님의 영광榮光의 광채光彩시요 그 본체本體의 형상形狀이시라 그의 능력能力의 말씀으로 만물萬物을 붙드시며 죄罪를 정결淨潔케 하는 일을 하시고 높은 곳에 계신 위엄威嚴의 우편右便에 앉으셨느니라.

[來1 - 3] 子乃上帝榮所發之光輝、爲上帝本體之眞像、以其大能之命、主持萬物、
旣舍己以贖我罪、遂在上坐於至大者之右.

(1:4 - 1:9절) 생략

[히 1:10] 또 주主여 태초太初에 주主께서 땅의 기초基礎를 두셨으며 하늘도 주主의 손으로 지으신 바라.

[히 1:11] 그것들은 멸망滅亡할 것이나 오직 주主는 영존永存할 것이요 그것들은 다옷과 같이 낡아지리니

[히 1:12] 의복衣服처럼 갈아입을 것이요 그것들이 옷과 같이 변變할 것이나 주主는 여전如前하여 연대年代가 다함이 없으리라.

[來1 - 10] 又曰、主歟、爾太初奠地之基、天亦爲爾手所造、

[來1 - 11] 天地必滅、惟爾恆存、天地必漸舊如衣然、

[來1 - 12] 爾將捲之如衣、皆必更易、惟爾不變、爾壽無疆.

(1:13 - 4:11절) 생략

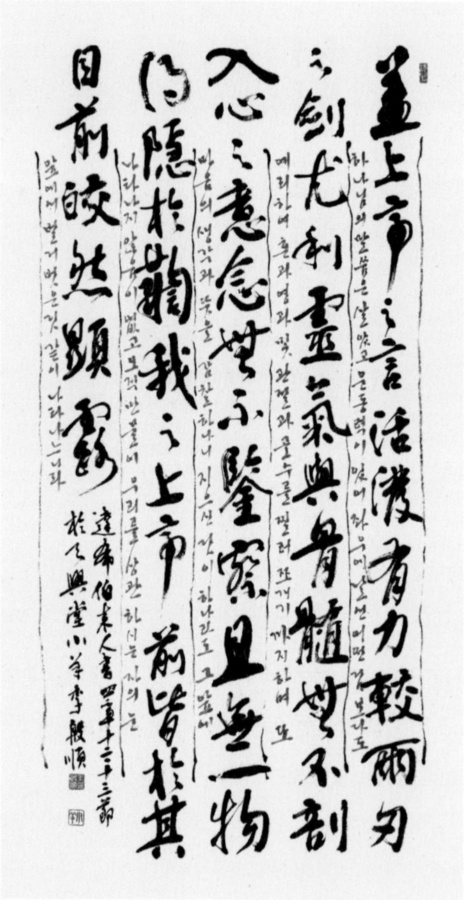

生命의 말씀 67×132cm

[히 4:12] 하나님의 말씀은 살았고 운동력運動力이 있어 좌우左右에 날선 어떤 검劍보다도 예리銳利하여 혼魂과 영靈과 및 관절關節과 골수骨髓를 찔러 쪼개기까지 하며 또 마음의 생각과 뜻을 감찰鑑察하나니

[히 4:13] 지으신 것이 하나라도 그 앞에 나타나지 않음이 없고 오직 만물萬物이 우리를 상관相關하시는 자者의 눈앞에 벌거벗은 것 같이 드러나느니라.

[來4 - 12] 蓋上帝之言、活潑有力、較兩刃之劍尤利、靈氣與骨髓、無不剖入、心之意念、無不鑒察、

[來4 - 13] 且無一物得隱於鞫我之上帝前、皆於其目前皎然顯露.

(4:14 - 6:13절) 생략

[히 6:14] 가라사대 내가 반드시 너를 복福주고 복福주며 너를 번성蕃盛케 하고 번성蕃盛케 하리라.

[來6:14] 我必賜福於爾、使爾子孫衆多.

(6:15 - 8:9절) 생략

[히 8:10] 또 주主께서 가라사대 그 날 후後에 내가 이스라엘 집으로 세울 언약言約이 이것이니 내 법法을 저희 생각에 두고 저희 마음에 이것을 기록記錄하리라 나는 저희에게 하나님이 되고 저희는 내게 백성百姓이 되리라.

[來8:10] 主又曰、此日之後、我與以色列家所立之約、卽將以我之律法、置於其衷、銘於其心、我將爲彼之上帝、彼將爲我之民、

(18:11 - 10:39절) 생략

[히 11:1] 믿음은 바라는 것들의 실상實狀이요 보지 못하는 것들의 증거證據니

[히 11:2] 선진先進들이 이로써 증거證據를 얻었느니라.

[來11 - 1] 夫信使人以所望者爲實、爲未見者之據、

[來11 - 2] 古人因信而得美稱.

(11:3절) 생략

[히 11:4] 믿음으로 아벨은 가인보다 더 나은 제사祭祀를 하나님께 드림으로 의義로운 자者라 하시는 증거證據를 얻었으니 하나님이 그 예물禮物에 대對하여 증거證據하심이라 저가 죽었으나 그 믿음으로써 오히려 말하느니라.

[히 11:5] 믿음으로 에녹은 죽음을 보지 않고 옮기웠으니 하나님이 저를 옮기심으로 다시 보
이지 아니 하니라 저는 옮기우기 전前에 하나님을 기쁘시게 하는 자者라 하는 증거
證據를 받았느니라.

[히 11:6] 믿음이 없이는 기쁘시게 못하나니 하나님께 나아가는 자者는 반드시 그가 계신 것
과 또한 그가 자기自己를 찾는 자者들에게 상賞 주시는 이심을 믿어야 할지니라.

[히11:7] 믿음으로 노아는 아직 보지 못하는 일에 경고警告하심을 받아 경외敬畏함으로 방주
方舟를 예비豫備하여 그 집을 구원救援하였으니 이로 말미암아 세상世上을 정죄定罪하
고 믿음을 좇는 의義의 후사後嗣가 되었느니라.

[來11 - 4] 亞伯有信、獻祭於上帝、較該隱爲美、故蒙上帝嘉其所獻而證其爲義、
是以雖死仍似有言、

[來11 - 5] 以諾有信、得不死而接於天、上帝既接之、人不復見之、未接之先、已得見悅於上、
帝之證、

[來11 - 6] 無信不能見悅於上帝、蓋就上帝者、必當信有上帝、且信上帝必賞求之之人、

[來11 - 7] 挪亞有信、蒙上帝默示未見之事、遂敬畏主、而造方舟以救其家、以此罪世、
且得由信之美.

(11:8 - 12:1절) 생략

[히 12:2] 믿음의 주主요 또 온전穩全케 하시는 이인 예수를 바라보자 저는 그 앞에 있는 즐거
움을 위爲하여 십자가十字架를 참으사 부끄러움을 개의介意치 아니하시더니 하나님
보좌寶座 우편右便에 앉으셨느니라.

[來12 - 2] 仰望耶穌、卽始立我信而終成之者、彼思所將得之樂、不以凌辱爲意、受十字架之苦、
今坐於上帝寶座之右.

(12:3 - 13:20절) 생략

[히 13:21] 모든 선善한 일에 너희를 온전穩全케 하사 자기自己 뜻을 행行하게 하시고 그 앞에 즐
거운 것을 예수 그리스도로 말미암아 우리 속에 이루시기를 원願하노라 영광榮光이
그에게 세세무궁世世無窮토록 있을지어다. 아멘

[來13 - 21] 願其藉耶穌基督在爾中行其所悅、賜爾於各善事得全備、使爾得行其旨、願榮光歸之、
至於世世、阿們.

(13:22 - 13:25절) 생략

20 야고보서 雅各書 James

(1:1절) 생략

[약 1:2] 내 형제兄弟들아 너희가 여러 가지 시험試驗을 만나거든 온전穩全히 기쁘게 여기라.

[약 1:3] 이는 너희 믿음의 시련試鍊이 인내忍耐를 만들어 내는 줄 너희가 앎이라.

[약 1:4] 인내忍耐를 온전穩全히 이루라 이는 너희로 온전穩全하고 구비具備하여 조금도 부족不足함이 없게 하려 함이라.

[약 1:5] 너희 중中에 누구든지 지혜智慧가 부족不足하거든 모든 사람에게 후厚히 주시고 꾸짖지 아니하시는 하나님께 구求하라 그리하면 주시리라.

[약 1:6] 오직 믿음으로 구求하고 조금도 의심疑心하지 말라 의심疑心하는 자者는 마치 바람에 밀려 요동搖動하는 바다 물결 같으니

[약 1:7] 이런 사람은 무엇이든지 주主께 얻기를 생각하지 말라.

[雅1 - 2] 兄弟乎、爾遇諸患難之試、當以爲樂、

[雅1 - 3] 因知試爾信之患難、能生忍耐、

[雅1 - 4] 惟當使忍耐成功、致爾全備無缺、

[雅1 - 5] 若爾中有人智慧不足、當求上帝、上帝乃厚賜人而不責人者、必賜所求、

[雅1 - 6] 惟求之時、當信無疑、蓋疑者譬諸海浪、風吹奔盪、

[雅1 - 7] 如此之人、勿思有所得於主.

(1:8 - 1:14절) 생략

[약 1:15] 욕심慾心이 잉태孕胎한즉 죄罪를 낳고 죄罪가 장성長成한즉 사망死亡을 낳느니라.

[雅1 - 15] 慾孕生惡、惡成生死.

(1:16 - 1:18절) 생략

[약 1:19] 내 사랑하는 형제兄弟들아 너희가 알거니와 사람마다 듣기는 속速히 하고 말하기는 더디 하며 성내기도 더디 하라.

[雅1 - 19] 所愛之兄弟、因此、爾各人當速於聽、緩於言、遲於怒.

(1:20 - 1:27절) 생략

[약 2:1] 내 형제兄弟들아 영광榮光의 주主 곧 우리 주主 예수 그리스도를 믿는 믿음을 너희가 받았으니 사람을 외모外貌로 취取하지 말라.

[雅2 - 1] 兄弟乎、爾旣信榮耀之主、我主耶穌基督、則勿以貌取人.

(2:2 - 2:25절) 생략

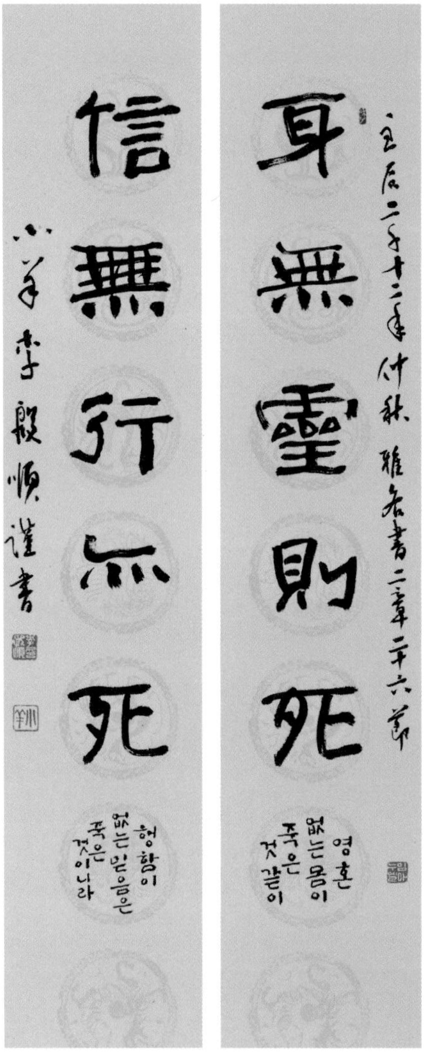

行道 47×102cm

[약 2:26] 영혼靈魂 없는 몸이 죽은 것 같이 행行함이 없는 믿음은 죽은 것이니라.

[雅2 - 26] 身無靈則死、信無行亦死也.

(3:1 - 3:16절) 생략

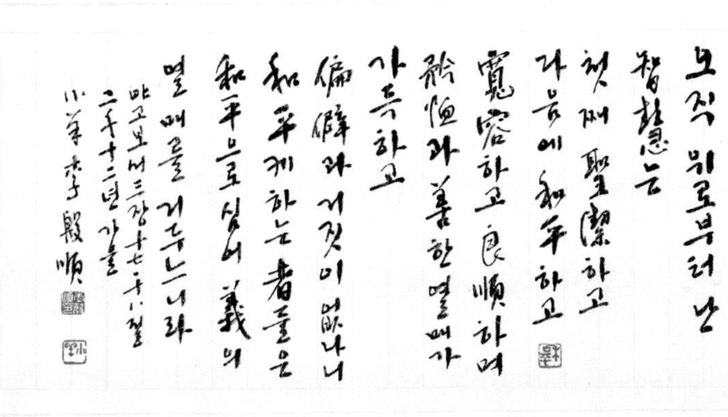

義의 열매 54×23cm

[약 3:17] 오직 위로부터 난 지혜智慧는 첫째 성결聖潔하고 다음에 화평和平하고 관용寬容하고 양순良順하며 긍휼矜恤과 선善한 열매가 가득하고 편벽偏僻과 거짓이 없나니

[약 3:18] 화평和平케 하는 자者들은 화평和平으로 심어 의義의 열매를 거두느니라.

[雅3:17] 惟由上之智慧、先廉潔、後和平、溫良、柔順、充滿矜恤、多結善果、不偏視、不僞善、

[雅3 - 18] 善義之果、必被行和平之人以和平而種.

(4:1 - 4:12절) 생략

[약 4:11] 형제兄弟들아 피차彼此에 비방誹謗하지 말라 형제兄弟를 비방誹謗하는 자者나 형제兄弟를 판단判斷하는 자者는 곧 율법律法을 비방誹謗하고 율법律法을 판단判斷하는 것이라 네가 만일 율법律法을 판단判斷하면 율법律法의 준행자遵行者가 아니요 재판자裁判者로다.

[雅4 - 11] 兄弟乎、勿相毁謗、謗兄弟議兄弟者、卽謗律法議律法也、爾若議律法、則非遵律法者、乃爲議之者.

(4:12 - 5:12절) 생략

[약 5:13] 너희 중中에 고난苦難 당當하는 자者가 있느냐 저는 기도祈禱할 것이요 즐거워하는 자者가 있느냐 저는 찬송讚頌할지니라.

[약 5:14] 너희 중中에 병病든 자者가 있느냐 저는 교회敎會의 장로長老들을 청請할 것이요 그들은 주主의 이름으로 기름을 바르며 위爲하여 기도祈禱할지니라.

[雅5 - 13] 爾中有人受苦者、則當祈禱、有樂者、則當謳歌、

[雅5 - 14] 爾中有患病者、則當請教會長老、託主名以膏膏之、爲之祈禱.

(5:15 - 5:20절) 생략

21 베드로전서 彼得前書 1 Peter

(1:1 - 1:2절) 생략

[벧전 1:3] 찬송讚頌하리로다 우리 주主 예수 그리스도의 아버지 하나님이 그 많으신 긍휼矜恤대로 예수 그리스도의 죽은 자者 가운데서 부활復活하심으로 말미암아 우리를 거듭나게 하사 산 소망所望이 있게 하시며

[벧전 1:4] 썩지 않고 더럽지 않고 쇠衰하지 아니하는 기업基業을 잇게 하시나니 곧 너희를 위爲하여 하늘에 간직看直하신 것이라.

[彼前1 - 3] 當頌美上帝我主耶穌基督之父、緣彼按其鴻慈、使我儕因耶穌基督由死復活得重生、有永生之望、

[彼前1 - 4] 得不壞不玷不衰之業、卽爲我儕藏於天者.

(1:5 - 1:23절) 생략

[벧전 1:24] 그러므로 모든 육체肉體는 풀과 같고 그 모든 영광榮光이 풀의 꽃과 같으니 풀은 마르고 꽃은 떨어지되

[벧전 1:25] 오직 주主의 말씀은 세세世世토록 있도다 하였으니 너희에게 전傳한 복음福音이 곧 이 말씀이니라.

[彼前1 - 24] 凡有血氣者如草、人之諸榮如草之花、草枯花謝、

[彼前1 - 25] 惟上帝之道永存、傳爾之福音、卽此道也.

(2:1 - 2:8절) 생략

[벧전 2:9] 오직 너희는 택擇하신 족속族屬이요 왕王 같은 제사장祭司長들이요 거룩한 나라요 그의 소유所有된 백성百姓이니 이는 너희를 어두운데서 불러내어 그의 기이奇異한 빛에 들어가게 하신 자者의 아름다운 덕德을 선전宣傳하게 하려 하심이라.

[彼前2 - 9] 惟爾曹乃蒙選之族、有王位之祭司、成聖之國、屬主之民、主召爾出幽暗、入其妙光、欲爾宣揚其德.

(2:10 - 3:9절) 생략

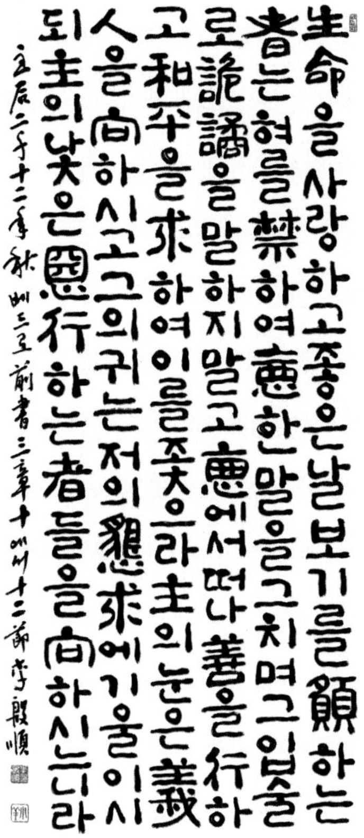

守口 58×128cm

[벧전 3:10] 그러므로 생명生命을 사랑하고 좋은 날 보기를 원願하는 자者는 혀를 금禁하여 악惡한 말을 그치며 그 입술로 궤휼詭譎을 말하지 말고

[벧전 3:11] 악惡에서 떠나 선善을 행行하고 화평和平을 구求하여 이를 좇으라.

[벧전 3:12] 주主의 눈은 의인義人을 향向하시고 그의 귀는 저의 간구懇求에 기울이시되 주主의 낯은 악행惡行하는 자者들을 향向하시느니라.

[彼前3 - 10] 凡欲得生而平康度日者、則當捫舌勿言惡、守口無詭詐、

[彼前3 - 11] 去惡行善、求和平而從之、

[彼前3 - 12] 蓋主目眷顧義人、傾耳聽其祈禱、惟行惡之人、主則以怒容向之.

(3:13 - 4:7절) 생략

[벧전 4:8] 무엇보다도 열심熱心으로 서로 사랑할지니 사랑은 허다許多한 죄罪를 덮느니라.

[벧전 4:9] 서로 대접待接하기를 원망怨望없이 하고

[벧전 4:10] 각각各各 은사恩賜를 받은 대로 하나님의 각양各樣 은혜恩惠를 맡은 선善한 청직廳直이 같이 서로 봉사奉事하라.

[벧전 4:11] 만일 누가 말하려면 하나님의 말씀을 하는것 같이 하고 누가 봉사奉事하려면 하나님의 공급供給하시는 힘으로 하는것 같이 하라 이는 범사凡事에 예수 그리스도로 말미암아 하나님이 영광榮光을 받으시게 하려 함이니 그에게 영광榮光과 권능權能이세세世世에 무궁無窮토록 있느니라. 아멘

[彼前4 - 8] 最要者、惟彼此切愛、蓋愛能掩多罪也、

[彼前4 - 9] 當互相疑接、不可吝嗇、

[彼前4 - 10] 各宜按所受之恩賜、交相供事、如忠信之家宰、司理上帝恩賜者、

[彼前4 - 11] 有人講道、當講如上帝所黙示之語、若供事、當如已賴上帝所賜之力、如是、凡事可因耶穌基督歸榮於上帝、願榮光權力歸之、至於世世、阿們.

[벧전 4:12] 사랑하는 자者들아 너희를 시련試鍊하려고 오는 불 시험試驗을 이상異常한 일 당當하는것 같이 이상異常히 여기지 말고

[벧전 4:13] 오직 너희가 그리스도의 고난苦難에 참여參與하는 것으로 즐거워하라 이는 그의 영광榮光을 나타내실 때에 너희로 즐거워하고 기뻐하게 하려 함이라.

[벧전 4:14] 너희가 그리스도의 이름으로 욕辱을 받으면 복福 있는 자者로다 영광榮光의 영靈 곧 하나님의 영靈이 너희 위에 계심이라.

[彼前4 - 12] 可愛者乎、爾今遇火鍊試爾、勿異之以爲遭非常之事、

[彼前4 - 13] 反當喜樂、因與基督共受苦也、使爾於其榮光顯現之時、亦可歡欣踴躍、

[彼前4 - 14] 爾爲基督之名被詬、則爲有福、因上帝榮光之靈、賦畀爾曹、基督爲彼所謗讟、爲爾所讚榮.

(4:15 - 5:1절) 생략

[벧전 5:2] 너희 중中에 있는 하나님의 양羊무리를 치되 부득이不得已함으로 하지 말고 오직 하나님의 뜻을 좇아 자원自願함으로 하며 더러운 이利를 위爲하여 하지 말고 오직 즐거운 뜻으로 하며

[벧전 5:3] 맡기운 자者들에게 주장主掌하는 자세藉勢를 하지 말고 오직 양羊 무리의 본本이 되라.

[벧전 5:4] 그리하면 목자장牧者長이 나타나실 때에 시들지 아니하는 영광榮光의 면류관冕旒冠

을 얻으리라.

[벧전 5:5] 젊은 자者들아 이와 같이 장로長老들에게 순복順服하고 다 서로 겸손謙遜으로 허리를 동이라 하나님이 교만驕慢한 자者를 대적對敵하시되 겸손謙遜한 자者들에게는 은혜恩惠를 주시느니라.

[벧전 5:6] 그러므로 하나님의 능能하신 손아래서 겸손謙遜하라 때가 되면 너희를 높이시리라.

[벧전 5:7] 너희 염려念慮를 다 주主께 맡겨 버리라 이는 저가 너희를 권고眷顧하심이니라.

[벧전 5:8] 근신謹愼하라 깨어라 너희 대적對敵 마귀魔鬼가 우는 사자獅子같이 두루 다니며 삼킬 자者를 찾나니

[벧전 5:9] 너희는 믿음을 굳게 하여 저를 대적對敵하라 이는 세상世上에 있는 너희 형제兄弟들도 동일同一한 고난苦難을 당當하는 줄을 앎이니라.

[벧전 5:10] 모든 은혜恩惠의 하나님 곧 그리스도 안에서 너희를 부르사 자기自己의 영원永遠한 영광榮光에 들어가게 하신 이가 잠간暫間 고난苦難을 받은 너희를 친親히 온전穩全케 하시며 굳게 하시며 강强하게 하시며 터를 견고堅固케 하시리라.

[벧전 5 - 11] 권력權力이 세세무궁世世無窮토록 그에게 있을지어다. 아멘.

[彼前5 - 2] 牧上帝羣羊在爾處者而監督之、非由勉强、乃由樂意、非爲獲不義之利、乃由甘心、

[彼前5 - 3] 毋自以爲主、轄制上帝之民、惟當作羣羊之模範、

[彼前5 - 4] 則牧長顯現之時、爾可得不壞之榮冕、

[彼前5 - 5] 爾爲少者、當服老者、皆以謙卑爲衣衣之、互相順服、驕慢者、上帝拒之、謙卑者、上帝賜之以恩、

[彼前5 - 6] 故當自卑、服上帝大能之手、及時、上帝必高擧爾、

[彼前5 - 7] 爾當以一切所慮之事託於上帝、上帝必眷顧爾、

[彼前5 - 8] 當謹守警醒、爾敵卽魔、如吼獅遍行、覓可吞噬之人、

[彼前5 - 9] 當以堅信拒之、因知爾兄弟在世、亦受此苦難、

[彼前5 - 10] 施恩之上帝、曾因耶穌基督召我儕享其永榮、願彼在爾暫受苦之後、成全爾、堅固爾、使爾力强、且得立穩有基、

[彼前5 - 11] 願榮光權力歸之、至於世世、阿們.

(5:12 - 5:13절) 생략

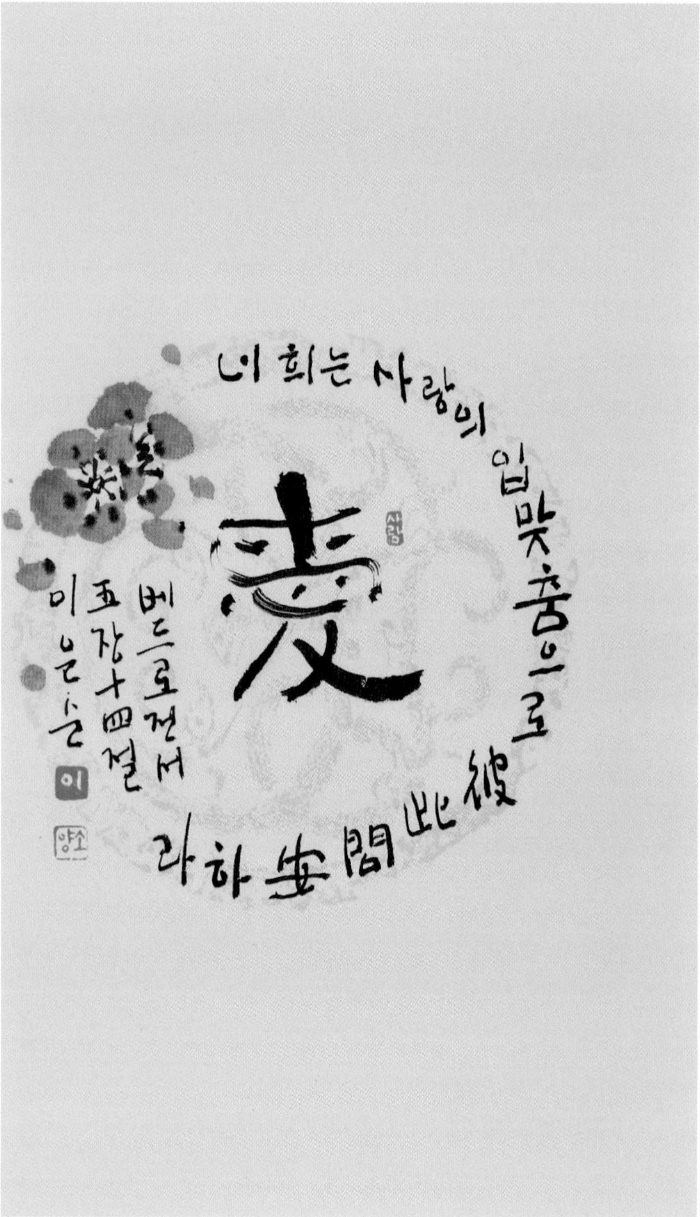

사랑의 입맞춤 20×30cm

[벧전 5:14] 너희는 사랑의 입맞춤으로 피차彼此 문안問安하라. 그리스도 안에 있는 너희 모든 이에게 평강平康이 있을지어다.

[彼前5 - 14] 爾當以愛彼此接吻問安、願爾曹信基督耶穌者、皆得平康、阿們.

22 베드로후서 彼得後書 2 Peter

(1:1절) 생략

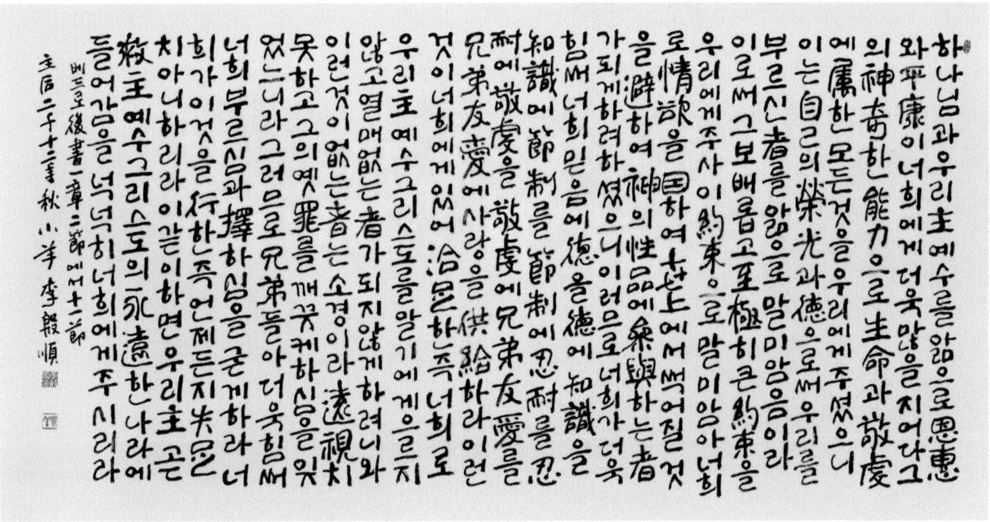

永遠한 福 130×66cm

[벧후 1:2] 하나님과 우리 주主 예수를 앎으로 은혜恩惠와 평강平康이 너희에게 더욱 많을 지어다.

[벧후 1:3] 그의 신기神奇한 능력能力으로 생명生命과 경건敬虔에 속屬한 모든 것을 우리에게 주셨으니 이는 자기自己의 영광榮光과 덕德으로써 우리를 부르신 자者를 앎으로 말미암음이라.

[벧후 1:4] 이로써 그 보배롭고 지극至極히 큰 약속約束을 우리에게 주사 이 약속約束으로 말미암아 너희로 정욕情慾을 인因하여 세상世上에서 썩어질 것을 피避하여 신神의 성품性品에 참여參與하는 자者가 되게 하려 하셨으니

[벧후 1:5] 이러므로 너희가 더욱 힘써 너희 믿음에 덕德을, 덕德에 지식知識을

[벧후 1:6] 지식知識에 절제節制를, 절제節制에 인내忍耐를, 인내忍耐에 경건敬虔을,

[벧후 1:7] 경건敬虔에 형제兄弟 우애友愛를, 형제兄弟 우애友愛에 사랑을 공급供給하라.

[벧후 1:8] 이런 것이 너희에게 있어 흡족洽足한즉 너희로 우리 주主 예수 그리스도를 알기에 게으르지 않고 열매 없는 자者가 되지 않게 하려니와

[벧후 1:9] 이런 것이 없는 자者는 소경이라 원시遠視치 못하고 그의 옛 죄罪를 깨끗케 하심을 잊었느니라.

[벧후 1:10] 그러므로 형제兄弟들아 더욱 힘써 너희 부르심과 택擇하심을 굳게 하라 너희가 이것을 행行한즉 언제든지 실족失足지 아니하리라.

[벧후 1:11] 이같이 하면 우리 주主 곧 구주救主 예수 그리스도의 영원永遠한 나라에 들어감을 넉넉히 너희에게 주시리라.

[彼後1-2] 願恩寵平康、因識上帝及我主耶穌基督、多加於爾曹、

[彼後1-3] 上帝以其榮與德召我、使我識之、因而施其上帝能、賜我屬永生屬虔敬之諸恩、

[彼後1-4] 又以己之榮與德、許我以至大至寶之恩、使我儕賴此得脫斯世由慾而生之敗壞、得與上帝同性、

[彼後1-5] 故當殷勤、有信當有德、有德當有知識、

[彼後1-6] 有知識當有操守、有操守當有忍耐、有忍耐當有虔敬、

[彼後1-7] 有虔敬當有愛兄弟之心、有愛兄弟之心、當有愛衆之心、

[彼後1-8] 爾有此、且充溢、則識我主耶穌基督而不怠荒、無不結果、

[彼後1-9] 人若無此、則如目矇、視不及遠、忘其舊日之罪已潔、

[彼後1-10] 故兄弟更當殷勤、使爾蒙召蒙選之恩、堅定不移、爾若行此、則永不蹎蹶、

[彼後1-11] 如是、門將爲爾大啓、以入我主救主耶穌基督永存之國.

(1:12 - 3:7절) 생략

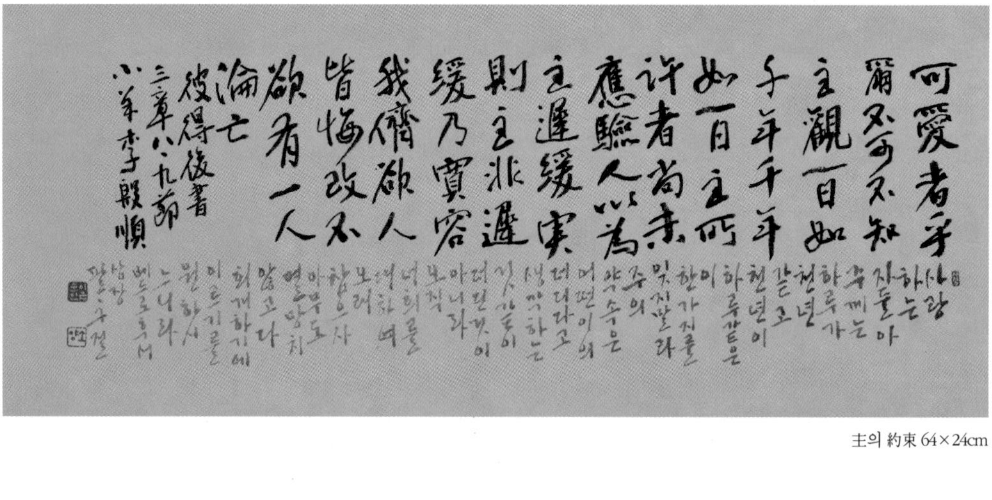

主의 約束 64×24cm

[벧후 3:8]　사랑하는 자者들아 주主께는 하루가 천년千年 같고 천년千年이 하루 같은 이 한 가지를 잊지 말라.

[벧후 3:9]　주主의 약속約束은 어떤 이의 더디다고 생각하는 것 같이 더딘 것이 아니라 오직 너희를 대對하여 오래 참으사 아무도 멸망滅亡치 않고 다 회개悔改하기에 이르기를 원願하시느니라.

[彼後3-8]　可愛者乎、爾不可不知、主觀一日如千年、千年如一日、

[彼後3-9]　主所許者尙未應驗、人以爲主遲緩、實則主非遲緩、乃寬容我儕、欲人皆悔改、不欲有一人淪亡.

(3:10 - 3:18절) 생략

23 요한일서 約翰第壹書 1 John

(1:1 - 1:4절) 생략

[요일 1:5] 우리가 저에게서 듣고 너희에게 전傳하는 소식消息이 이것이니 곧 하나님은 빛 이시라 그에게는 어두움이 조금도 없으시니라

[요일 1:6] 만일 우리가 하나님과 사귐이 있다 하고 어두운 가운데 행行하면 거짓말을 하고 진리眞理를 행行치 아니함이거니와

[요일 1:7] 저가 빛 가운데 계신 것 같이 우리도 빛 가운데 행行하면 우리가 서로 사귐이 있고 그 아들 예수의 피가 우리를 모든 죄罪에서 깨끗하게 하실 것이요.

[요일 1:8] 만일 우리가 죄罪 없다 하면 스스로 속이고 또 진리眞理가 우리 속에 있지 아니 할 것이요

[요일 1:9] 만일 우리가 우리 죄罪를 자백自白하면 저는 미쁘시고 의義로우사 우리 죄罪를 사赦하시며 모든 불의不義에서 우리를 깨끗케 하실 것이요.

[요일 1:10] 만일 우리가 범죄犯罪하지 아니하였다 하면 하나님을 거짓말하는 자者로 만드는 것이니 또한 그의 말씀이 우리 속에 있지 아니하니라.

[約壹1 - 5] 上帝乃光、無少晦暗、此乃我儕所聞於彼、而傳於爾之示諭、

[約壹1 - 6] 我儕若言己與上帝心交、而仍行於暗中、則言誑而不遵眞理、

[約壹1 - 7] 若行於光明、如上帝處光明然、則彼此心交、而上帝之子耶穌基督之血、滌除我之諸罪、

[約壹1 - 8] 我儕若言己無罪、則自欺而眞理不在我衷、

[約壹1 - 9] 若認己罪、上帝乃誠信公義、必赦免我罪、洗滌我一切不義、

[約壹1 - 10] 若言未嘗犯罪、則以上帝之言爲誑、其道不在我心.

[요일 2:1] 나의 자녀子女들아 내가 이것을 너희에게 씀은 너희로 죄罪를 범犯치 않게 하려 함이라 만일 누가 죄罪를 범犯하면 아버지 앞에서 우리에게 대언자代言者가 있으니 곧 의義로우신 예수 그리스도시라.

[요일 2:2] 저는 우리 죄罪를 위爲한 화목和睦 제물祭物이니 우리만 위爲할 뿐 아니요 온 세상世上의 죄罪를 위爲하심이라.

[요일 2:3] 우리가 그의 계명誡命을 지키면 이로써 우리가 저를 아는 줄로 알 것이요.

[요일 2:4]　저를 아노라 하고 그의 계명誡命을 지키지 아니하는 자者는 거짓말하는 자者요 진리眞理가 그 속에 있지 아니하되

[요일 2:5]　누구든지 그의 말씀을 지키는 자者는 하나님의 사랑이 참으로 그 속에서 온전穩全케 되었나니 이로써 우리가 저 안에 있는 줄을 아노라.

[요일 2:6]　저 안에 거居한다 하는 자者는 그의 행行하시는 대로 자기自己도 행行할지니라.

[約壹2-1]　小子乎、我書此達爾、使爾不陷罪、若有人陷罪、則在父前有我中保、卽義人耶穌基督、

[約壹2-2]　彼爲我儕之罪爲贖罪祭、不但爲我儕之罪、亦爲擧世之罪焉、

[約壹2-3]　我若守主之誡、則可自知我識主、

[約壹2-4]　人言已識主而不守其誡、則爲言詐者、眞理不在其衷、

[約壹2-5]　凡守其道者、愛上帝之愛、實成全於其心、由是可知我在主內、

[約壹2-6]　人若言已恆居主內、則當效主之所行而行.

(2:7 - 2:14절) 생략

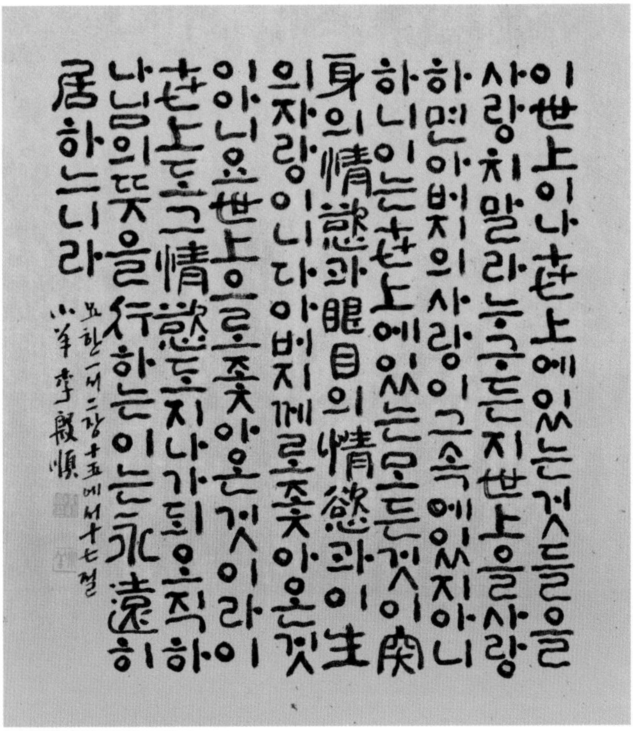

永生 55×63cm

[요일 2:15] 이 세상世上이나 세상世上에 있는 것들을 사랑치 말라 누구든지 세상世上을 사랑하면 아버지의 사랑이 그 속 에 있지 아니하니

[요일 2:16] 이는 세상世上에 있는 모든 것이 육신肉身의 정욕情慾과 안목眼目의 정욕情慾과 이 생生의 자랑이니 다 아버지께로 좇아 온 것이 아니요 세상世上으로 좇아온 것이라.

[요일 2:17] 이 세상世上도, 그 정욕情慾도 지나가되 오직 하나님의 뜻을 행行하는 이는 영원永遠히 거居하느니라.

[約壹2 - 15] 勿愛斯世及斯世之物、人若愛斯世、則愛父之愛、不在其內、

[約壹2 - 16] 蓋凡在世、如肉體之慾、眼目之慾、及一生之驕奢、皆非由父、乃由世也、

[約壹2 - 17] 世與世之慾皆將逝、惟遵行上帝之旨者永存.

(2:18 - 3:6절) 생략

[요일 3:7] 자녀子女들아 아무도 너희를 미혹迷惑하지 못하게 하라 의義를 행行하는 자者는 그의 의義로우심과 같이 의義롭고

[요일 3:8] 죄罪를 짓는 자者는 마귀魔鬼에게 속屬하나니 마귀魔鬼는 처음부터 범죄犯罪함이니라 하나님의 아들이 나타나신 것은 마귀魔鬼의 일을 멸滅하려 하심이니라.

[요일 3:9] 하나님께로서 난 자者마다 죄罪를 짓지 아니하나니 이는 하나님의 씨가 그의 속에 거居함이요 저도 범죄犯罪치 못하는 것은 하나님께로서 났음이라.

[요일 3:10] 이러므로 하나님의 자녀子女들과 마귀魔鬼의 자녀子女들이 나타나나니 무릇 의義를 행行치 아니하는 자者나 또는 그 형제兄弟를 사랑치 아니하는 자者는 하나님께속屬하지 아니하니라.

[約壹3 - 7] 小子乎、勿爲人所惑、行義者卽爲義、如主之爲義然、

[約壹3 - 8] 作罪者乃由魔、蓋魔自始犯罪、上帝之子顯現、爲欲毁魔之作爲、

[約壹3 - 9] 凡由上帝而生者、不作罪、蓋上帝之種存於其內、彼由上帝而生、故不能犯罪、

[約壹3 - 10] 上帝之子與魔之子、由此可辨、凡行不義、不愛兄弟者、非由上帝.

(3:11 - 3:17절) 생략

[요일 3:18] 자녀子女들아 우리가 말과 혀로만 사랑하지 말고 오직 행行함과 진실眞實함으로 하자.

[約壹3 - 18] 小子乎、我儕相愛、勿以言以舌、乃以行以實.

[요일 3:19] 이로써 우리가 진리眞理에 속屬한 줄을 알고 또 우리 마음을 주主 앞에서 굳세게 하리로다.

[約壹3 - 19]　由此我儕可知我從眞理、且於主前可安我心.　(3:20 - 4:6절) 생략

[요일 4:7]　사랑하는 자者들아 우리가 서로 사랑하자 사랑은 하나님께 속屬한 것이니 사랑하는 자者마다 하나님께로 나서 하나님을 알고

[요일 4:8]　사랑하지 아니하는 자者는 하나님을 알지 못하나니 이는 하나님은 사랑이심이라.

[約壹4 - 7]　可愛者乎、我儕當彼此相愛、蓋愛由上帝出、凡愛人者、皆由上帝而生、且識上帝、

[約壹4 - 8]　不愛人者、則不識上帝、蓋上帝卽愛也.

(4:9절) 생략

사랑 60×20cm

[요일 4:10]　사랑은 여기 있으니 우리가 하나님을 사랑한 것이 아니요 오직 하나님이 우리를 사랑하사 우리 죄罪를 위爲하여 화목제和睦祭로 그 아들을 보내셨음이니라.

[約壹4 - 10]　非我儕愛上帝、乃上帝愛我儕、遣其子爲我儕作贖罪之祭、愛卽在此也.

[요일 4:11]　사랑하는 자者들아 하나님이 이같이 우리를 사랑하셨은 즉 우리도 서로 사랑하는 것이 마땅하도다.

[約壹4 - 11]　可愛者乎、上帝旣如此愛我、則我儕亦當相愛.

(4:12 - 4:19절) 생략

[요일 4:20]　누구든지 하나님을 사랑하노라 하고 그 형제兄弟를 미워하면 이는 거짓말하는 자者니 보는 바 그 형제兄弟를 사랑치 아니하는 자者가 보지 못하는바 하나님을 사랑할 수가 없느니라.

[約壹4 - 20]　人若言我愛上帝而惡兄弟、乃爲言誑者、不愛所見之兄弟、焉能愛未見之上帝乎.

(4:21 - 5:21절) 생략

24 요한이서 約翰第貳書 2 John

(1:1 - 1:5절) 생략

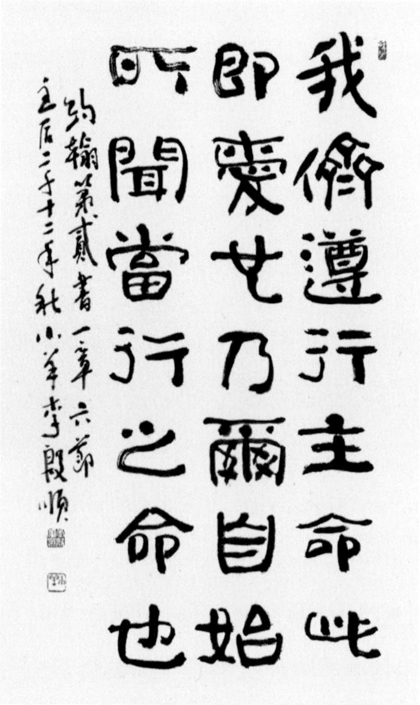

行道 35×60cm

[요이 1:6] 또 사랑은 이것이니 우리가 그 계명誡命을 좇아 행行하는 것이요 계명誡命은 이것이니 너희가 처음부터 들은 바와 같이 그 가운데서 행行하라 하심이라.

[約貳1-6] 我儕遵行主命、此卽愛也、乃爾自始所聞當行之命也、 (1:7절) 생략

[요이 1:8] 너희는 너희를 삼가 우리의 일한 것을 잃지 말고 오직 온전穩全한 상賞을 얻으라.

[요이 1:9] 지내쳐 그리스도의 교훈教訓 안에 거居하지 아니하는 자者마다 하나님을 모시지 못하되 교훈教訓 안에 거居하는 이 사람이 아버지와 아들을 모시느니라.

[約貳1-8] 爾當自愼、不使我失勤勞所得者、乃可蒙充滿之賞、

[約貳1-9] 凡犯罪、不恆居於基督道者、不屬上帝、恆居於基督道者、必屬父及子、

25 요한삼서 約翰第參書 3 John

(1:1절) 생략

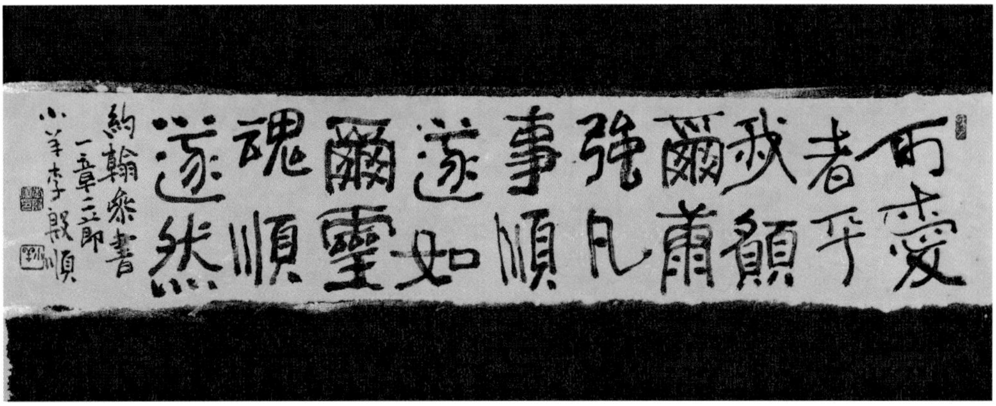

아멘 62×23cm

[요삼 1:2] 사랑하는 자者여 네 영혼靈魂이 잘됨 같이 네가 범사凡事에 잘되고 강건强健하기를 내가 간구懇求하노라.

[約參1 - 2] 可愛者乎、我願爾康强、凡事順遂、如爾靈魂順遂然、 (1:13 - 1:10절) 생략

[요삼 1:11] 사랑하는 자者여 악惡한 것을 본本받지 말고 선善한 것을 본本받으라 선善을 행行하는 자者는 하나님께 속屬하고 악惡을 행行하는 자者는 하나님을 뵈옵지 못하였느니라.

[約參1 - 11] 可愛者乎、勿效惡、宜效善、行善者屬上帝、作惡者未見上帝也、

求善 36×33cm

26 유다서 猶大書 Jude

(1:1 - 1:19절) 생략

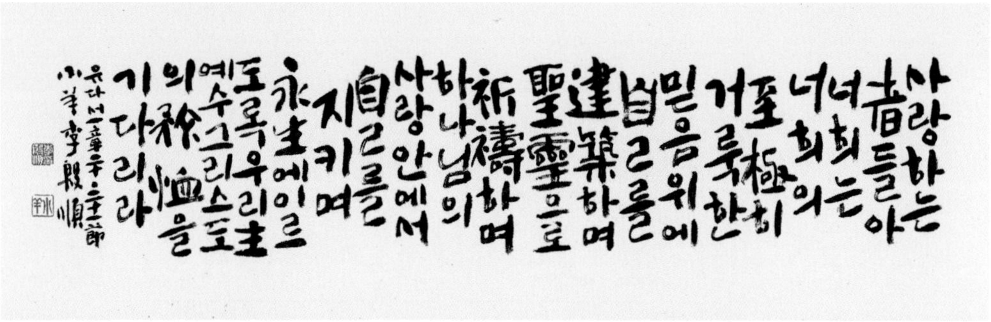

守己 133×32cm

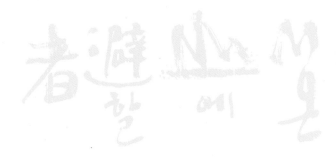

[유 1:20] 사랑하는 자者들아 너희는 너희의 지극至極히 거룩한 믿음 위에 자기自己를 건축建築하며 성령聖靈으로 기도祈禱하며

[유 1:21] 하나님의 사랑 안에서 자기自己를 지키며 영생永生에 이르도록 우리 주 예수 그리스도의 긍휼矜恤을 기다리라.

[猶1 - 20] 可愛者乎、爾當以所信至聖之道自建、感於聖靈而祈禱、

[猶1 - 21] 當以愛上帝之愛而自守、希望我主耶穌基督矜憐、使爾得永生、

(1:22 - 1:23절) 생략

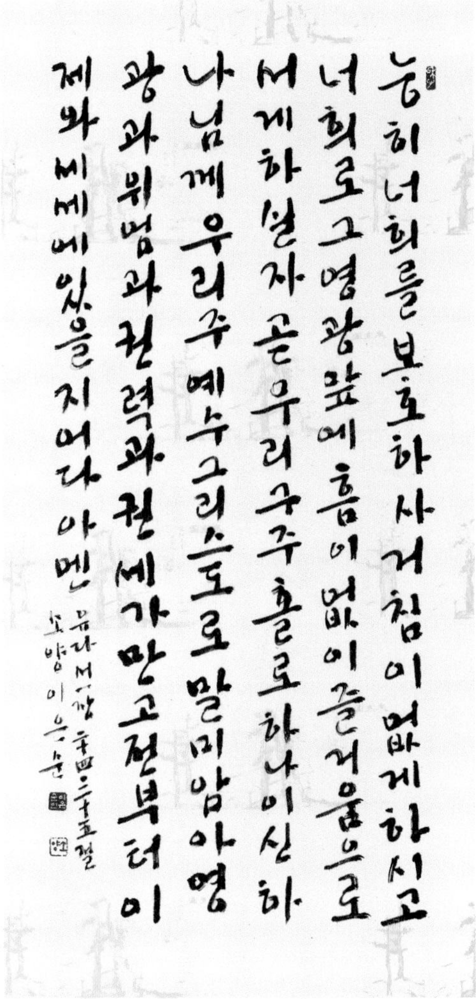

할렐루야 32×66cm

[유 1:24] 능能히 너희를 보호保護하사 거침이 없게 하시고 너희로 그 영광榮光 앞에 흠欠이 없이 즐거움으로 서게 하실 자者

[유 1:25] 곧 우리 구주救主 홀로 하나이신 하나님께 우리 주主 예수 그리스도로 말미암아 영광榮光과 위엄威嚴과 권력權力과 권세權勢가 만고전萬古前부터 이제와 세세世世에 있을지어다. 아멘

[猶1-24] 有能保爾不蹎蹶、使爾無瑕疵、歡然而立其榮位前者、

[猶1-25] 卽獨一有智慧之上帝、我之救主、願榮光、威嚴、大能、大權歸之、
自今至於世世阿們、

27 요한계시록 默示錄 Revelation

(1:1 - 2:9절) 생략

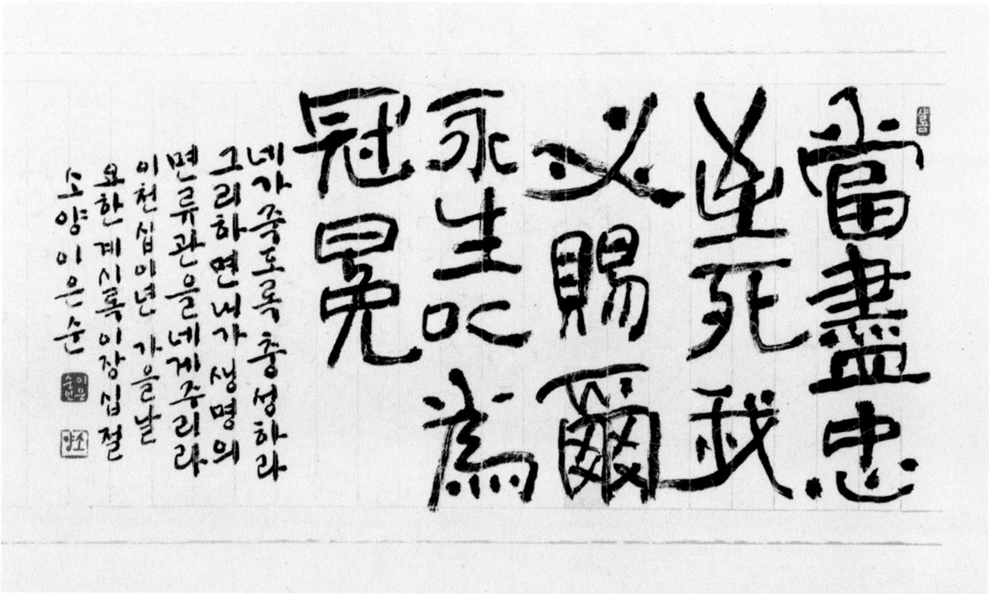

生命의 冕旒冠 58×31cm

[계 2:10] 네가 장차將次 받을 고난苦難을 두려워 말라 볼지어다 마귀魔鬼가 장차將次 너희 가운데서 몇 사람을 옥獄에 던져 시험試驗을 받게 하리니 너희가 십일十日동안 환난患難을 받으리라 네가 죽도록 충성忠誠하라 그리하면 내가 생명生命의 면류관冕旒冠을 네게 주리라.

[默2 - 10] 爾必受苦、惟勿懼、魔將以爾數人投於獄、致爾被試、爾將受難十日、當盡忠至死、我必賜爾永生以爲冠冕.

(2:11 - 2:24절) 생략

[계 2:25] 다만 너희에게 있는 것을 내가 올 때까지 굳게 잡으라.

[계 2:26] 이기는 자者와 끝까지 내 일을 지키는 그에게 만국萬國을 다스리는 권세權勢를 주리니

[계 2:27] 그가 철장鐵杖을 가지고 저희를 다스려 질그릇 깨뜨리는 것과 같이 하리라 나도 내

아버지께 받은 것이 그러하니라.

[계 2:28] 내가 또 그에게 새벽 별을 주리라.

[계 2:29] 귀 있는 자者는 성령聖靈이 교회敎會들에게 하시는 말씀을 들을지어다.

[默2 - 25] 惟爾曹所有者、當固守之、待及我來、

[默2 - 26] 凡能得勝而至終遵守我所爲者、我將賜之有權可制列邦、

[默2 - 27] 轄之以鐵杖、列邦將見毁如陶器、如我受權由於我父也、

[默2 - 28] 我又將賜之以晨星、

[默2 - 29] 靈語諸教會之言、凡有耳者當聽焉.

(3:1 - 5:11절) 생략

[계 5:12] 큰 음성音聲으로 가로되 죽임을 당當하신 어린 양羊이 능력能力과 부富와 지혜智慧와 힘과 존귀尊貴와 영광榮光과 찬송讚頌을 받으시기에 합당合當하도다.

[默5 - 12] 大呼曰、以威權、富厚、智慧、能力、尊貴、榮光、頌讚、歸於見殺之羔宜也.

(5:13 - 7:9절) 생략

[계 7:10] 큰 소리로 외쳐 가로되 구원救援하심이 보좌寶座에 앉으신 우리 하나님과 어린 양羊에게 있도다 하니

[계 7:11] 모든 천사天使가 보좌寶座와 장로長老들과 네 생물生物의 주위周圍에 섰다가 보좌寶座 앞에 엎드려 얼굴을 대고 하나님께 경배敬拜하여

[계 7:12] 가로되 아멘 찬송讚頌과 영광榮光과 지혜智慧와 감사感謝와 존귀尊貴와 능력能力과 힘이 우리 하나님께 세세世世토록 있을지로다. 아멘.

[默7 - 10] 大聲呼曰、拯救歸於坐寶座者我上帝及羔、

[默7 - 11] 衆天使立於寶座與諸長老暨四活物之四圍、俯伏寶座前、崇拜上帝、曰、

[默7 - 12] 阿們、頌讚、榮光、智慧、祝謝、尊貴、威權、能力歸於我上帝、至於世世、阿們.

(7:13 - 15:2절) 생략

[계 15:3] 하나님의 종 모세의 노래, 어린 양羊의 노래를 불러 가로되 주主 하나님 곧 전능全能하신 이시여 하시는 일이 크고 기이奇異하시도다 만국萬國의 왕王이시여 주主의 길이 의義롭고 참되시도다.

[계 15:4] 주主여 누가 주主의 이름을 두려워하지 아니하며 영화榮華롭게 하지 아니 하오리이까 오직 주主만 거룩하시니이다 주主의 의義로우신 일이 나타났으매 만국萬國이 와

서 주主께 경배敬拜하리이다.

[黙15-3] 謳上帝之僕摩西之歌及羔之歌、云、主全能之上帝歟、爾之所爲、大哉奇哉、
諸聖之王歟、爾之道至公至眞、

[黙15-4] 誰敢不敬畏主、不歸榮於主之名、惟主爲聖、萬民皆至崇拜於主前、
蓋主之義鞫已顯著矣.

(15:5 - 19:4절) 생략

[계 19:5] 보좌寶座에서 음성音聲이 나서 가로되 하나님의 종들 곧 그를 경외敬畏하는 너희들아 무론대소無論大小하고 다 우리 하나님께 찬송讚頌하라.

[黙19-5] 有聲自寶座出、曰、我上帝之僕、凡敬畏上帝者、無論大小、皆當讚美上帝.

(19:5 - 21:2절) 생략

[계 21:3] 내가 들으니 보좌寶座에서 큰 음성音聲이 나서 가로되 보라 하나님의 장막帳幕 이 사람들과 함께 있으매 하나님이 저희와 함께 거居하시리니 저희는 하나님의 백성百姓이 되고 하나님은 친親히 저희와 함께 계셔서

[계 21:4] 모든 눈물을 그 눈에서 씻기시매 다시 사망死亡이 없고 애통哀痛하는 것이나 곡哭하는 것이나 아픈 것이 다시 있지 아니하리니 처음 것들이 다 지나갔음 이러라.

[黙21-3] 我聞大聲自天出曰、上帝之幕在人間、上帝將與人偕居、人將爲上帝之民、
上帝在人間、爲其上帝、

[黙21-4] 彼目流淚、上帝盡拭之、不復有死亡、亦不復有悲哀號泣疾痛、蓋前事已逝矣.

[계 21:5] 보좌寶座에 앉으신 이가 가라사대 보라 내가 만물萬物을 새롭게 하노라 하시고 또 가라사대 이 말은 신실信實하고 참되니 기록記錄하라 하시고

[계 21:6] 또 내게 말씀하시되 이루었도다 나는 알파와 오메가요 처음과 나중이라 내가 생명수生命水 샘물로 목마른 자者에게 값없이 주리니

[계 21:7] 이기는 자者는 이것들을 유업遺業으로 얻으리라 나는 저의 하나님이 되고 그는 내 아들이 되리라.

[黙21-5] 坐寶座者曰、我以萬物更新、又語我曰、此言眞實可信、爾當筆之於書、

[黙21-6] 又語我曰、畢矣、我乃亞勒法、我乃阿梅迦、我乃始、我乃終、我將以生命泉之水、不費貲而賜於渴者、

[黙21-7] 得勝者將嗣萬物、我必爲其上帝、彼必爲我之子.

(21:8 - 22:16절) 생략

[계 22:17] 성령聖靈과 신부新婦가 말씀하시기를 오라 하시는도다 듣는 자者도 오라 할 것이요 목마른 자者도 올 것이요 또 원願하는 자者는 값없이 생명수生命水를 받으라 하시더라.

[黙22 - 17] 聖靈與新婦皆曰、來、聞之者亦當曰來、凡渴者當來、凡欲之者、可以不費貲而取生命之水.

(22:18 - 22:21절) 생략

天眞爛漫한 審美的 愚拙의 초록빛 微笑境의 書藝世界

神妙莫測한 乾坤의 無限世界 가득히 만물의 生意가 活潑潑한 계절이다. 이 아름다운 시절에 小園 李殷順 박사가 그 첫 번째 서예 개인전을 펼친다. "소원 이은순, 임마누엘 서예전" 이란 主題 아래 "붓으로 펼치는 牧者의 音聲" 이라 副題하고 있다. 먼저 축하의 마음을 전한다.

나는 지금 小園의 마음이 한량없이 설레이며 들떠있을 것임을 마음속으로 헤아려 본다. 오늘에 이르도록 갖은 노력을 기우리며 연마해 온 자신의 서예세계 전모를 한국의 서단에 처음 펼쳐 보이는 단독의 전시회인데다, 소원의 생각과 삶을 지배하고 있는 바이블(Bible)의 말씀을 작품의 글감으로 가려 썼다는 무게감으로 인해 그 마음 설레임의 深度를 충분히 헤아려 볼 수 있겠다. 그 작품 하나하나는 그의 마음속에 겹겹이 싸여진 심미의식의 예술적 體現이요, 그 바이블의 구구절절은 그의 인생관과 세계관을 적나라하게 드러내 보이는 것이기에 그 마음의 설레임을 소원은 어찌 필설로 다 설명할 수 있겠는가.

소원이 나에게 짤막한 격려의 글을 청하고자 나의 연구실 문을 두드리며 들어설 때 그의 미소 가득한 눈매와 말의 色調에는 그 설레임의 빛깔이 이미 上氣되어 있었고, 그 모습 또한 몹시 아름다워 보였다. 설레임이란 원래 마음이 불안하고 들뜨며 두근거린다는 의미이겠으나, 지금 소원에게서 이는 마음의 설레임은 대망의 전시회를 앞두고 그 內心으로부터 우러나오는 自我省察의 心態이자 自我注視, 自我檢束의 심태임이 분명하다. 또한 밖으로는 서예 享受者와 감상자들에 대한 自我謙遜의 심태요, 위로는 소원의 하나님을 향한 自我服從의 歸依心態임이 분명하다. 지금의 소원의 설레임은 곧 지금 당장에 實存하는 소원의 참 모습이라 하겠다. 소원의 모습이 예뻐 보인 이유이기도 하다.

나는 소원을 처음 대하기 시작한 西紀 二千年 이래 오늘에 이르도록 꼬바기 13년을 줄곧 지켜보아 왔다. 소원은 자나 깨나 그 마음 속 깊이 "임마누엘" 을 懇求하는 기독교 신앙인이다. 新約의 입장에 서면 자신을 小羊이라, 舊約의 입장에 서면 小園이라 別號한다. 소원에게 하나님은 오로지 한 분일뿐이기에, 바이블의 新舊를 왕래 소통하면서 신앙정신을 굳건히 간직하고자함이다. 이같이 절절한 신앙생활 속에서도 소원은 成均館大學校 儒學大學院(석사)과 일반대학원(박사)에서 儒學과

蘇東坡의 서화미학을 전공·연구하였다. 동양의 학문과 예술을 겸비하는 포스트모던 서예가로 우뚝 서고자 함이다.

소원의 일상생활은 天眞爛漫한 심미적 愚拙의 초록빛 웃음으로 營爲된다. 拍掌하며 大笑하든, 소리 없이 잔잔하게 微笑를 짓든, 그의 하루해는 웃음으로 시작해서 웃음으로 마무리된다. 내가 소원을 일컬어 "天眞爛漫"이라 함은 아무런 꾸밈도 없이 진실된 그의 마음 그대로가 언행으로 나타난다 함이요, "審美的 愚拙"이라 함은 슬기롭게 총명한 그의 마음 그대로가 마치 어리숭한 듯 淳朴으로 아름다운 幼稚의 審美樣으로 드러난다 함이요, "초록빛 웃음"이라 함은 봄날의 파릇한 초록빛 새싹처럼 그 웃음 또한 生氣潑剌하다 함이다. 소원을 만나면 나 또한 힘이 솟고 즐거워지는 이유이겠다.

소원의 일상적인 삶과 그 언행의 의지를 지배하는 힘은 그의 하나님의 聖靈으로부터 나오며, 그 성령의 權能과 빛깔은 그의 서예세계에도 오롯이 投射된다. 그의 성령과 그 빛깔은 소원의 書歷만큼 잘 숙련된 工巧한 技倆에 크게 저해됨이 없이 천연스럽게 體現된다. 소원의 서예세계에는 미처 덜 다듬어진 듯, 미처 덜 짜여진 듯, 미처 덜 다져진 듯, 미처 덜 성숙된 듯, 그리하여 엉성한 듯 粗疏스런 糊塗境과 未熟한 듯 拙朴스런 幼稚境이 한 데 어우러지면서, 미처 다 녹아 흐르지 못한 초 삼월 殘雪 밑 파릇한 초록빛 생명 같은 그만의 聖靈 의지와 빛깔로 충만 된다. 소원의 서예세계를 無心으로 읽을 때 마다 때로는 童畵의 세계로, 때로는 童謠의 세계로, 때로는 童詩의 세계로 돌고 돌며 다가서오는 錯視 놀이 현상은 미처 덜 익은 듯 新鮮하고, 拙朴한 듯 幼稚스런 심미적 意境의 파노라마(panorama)가 펼쳐지기 때문이다.

"아! 小園의 그 天眞爛漫한 審美的 愚拙의 초록빛 微笑境의 書藝世界여!"

앞으로 더 참된 신앙, 더 깊은 학문, 더 숙련된 필법을 통해 더 높은 서예 경계의 창출을 기대해본다.

송하경(성균관대 명예교수)

중봉(中鋒)의 입체 미학 – 임마누엘 서화전에 덧대어 –

이른바 신앙(信仰)의 거룩함(聖)과 예술의 아름다움(美)은 궁극적으로 인간의 기운(氣韻)이 생동감(生動感)을 추구하는 것이다. 이러한 생명력에 대한 갈망은 우리의 삶을 넉넉하게 살게 하는 살아 있음에 고마움을 사도록 한다. 천지 만물의 속성은 운동과 변화이다. 그 속에는 끊임없는 변역(變易)과 불변(不變)하는 지렛대와 생멸(生滅)하는 간이(簡易)의 원리가 들어 있다. 인간의 문화적인 삶은 이러한 삼역(三易)의 조화 속에 살고 있는 것이다.

이른바 문자는 저 높은 하늘에서 나는 새가 지상으로 내려와 앉은 발자국을 보고 만들었다고 한다. 그 새의 족적(足跡)은 하늘에서 내려앉을 지면(地面)을 조감(鳥瞰)하여 위에서 아래로 내리꽂히듯이 남긴 것이다. 그 진흙 바닥에 찍힌 조수(鳥獸)의 족적이 봉니(封泥)가 되고, 고인돌에 골이 패이게 새긴 북두칠성 각화(刻畵)가 비문(碑文)이 되고, 청동기 주조에 거푸집을 진흙에다 문자를 새겨 넣은 그것들은 모두가 천연적인 무늬를 세워 쓰기로 흉내 내어 새긴 흔적의 시초이었던 것이다.

서(書)라는 문자의 원형은 손가락으로 막대를 쥐고 있는 상형(象形)으로, 무언가를 피사체(被寫體)에다 그어대는 형상이다. 어느 아낙이 이웃집에서 먹을거리를 빌려 갔을 때, 그 수효(數爻)를 하나씩 눈에 띄도록 부엌 한 모퉁이에다 자국을 남긴 서각(書刻) 표시하여 마음에 새겨두는 것이 서계(書契)문자의 실용(實用)이었다. 어떤 심리 상황이나 현상을 그려내는 씨앗이라는 글씨는 그 실용성과 예술성 두 가지가 겹쳐 있기 때문에 우리에게 생동감을 느끼게 하는 것이다.

서법예술은 세 가지 요소를 구비하고 있다. 시각(視覺)예술은 빛의 명암(明暗)을 대칭구조로 표현하는 것이요, 조형(造形)예술은 시간과 공간의 대칭 변화이요, 입체(立體)예술은 기하학적 구도에서의 허허실실(虛虛實實)의 수직과 수평의 대칭 조합(調合)이다. 따라서 대칭미와 조화미와 균형미를 으뜸으로 평가한다. 그러한 미의식을 음미(吟味)할 수 있어야만 우리는 제대로 호흡할 수가 있기 때문이다. 특히 한문(漢文)자는 기호(記號) 가운데 가장 구체적인 무늬이며, 한글은 발음부호를 형상화한 것이다. 그러한 문자의 무늬를 그어내는 입체적 구도(構圖)는 분간포백(分間布白)의 결구법(結構法)으로 분수(分數)에 맞게 자국이 걸고 넘어져 남아야 된다. 이른바 안광(眼光)이 지배(紙背)를 철(徹)해야 하는데, 그것은 바로 중봉법이라야 효과가 가능한 것이다. 인체(人體)는 수직과 평방이 서로 엇대어 어느 하나의 살아 있는 기운(氣韻)생동(生動)하는 형태를 이루어주는 것이다.

이른바 필묵(筆墨)문화는 언어를 문자로 기록하는 예술 활동이다. 인류가 최초로 문자로 그려낸 것은 이른바 선악

(仙藥)의 '말씀' 을 그려 놓은 것이다. 그러한 입언(立言)은 선구자, 선각자, 성현(聖賢)의 신통(神通)한 계시록(啓示錄)이다. 유가(儒家)의 사서오경이나 불가(佛家)의 팔만대장경이나 그리스도교의 구약 신약 성서(聖書, 홀리 북) 등의 복음(福音)은 인류의 삶에 정신 줄의 가닥을 잡아주는 소중한 언약(言約)이다. 이러한 말씀을 기록하는 문화는 후대로 오면서 사경(寫經)의 기록문화로 정착되어 오늘에 이르렀다. 특히 기독교 성서의 말씀을 한자(漢字)로, 필묵으로 기록하는 사경은 동아시아 지역에서는 근세에 이르러 대두한 것이다.

모든 예술 활동은 인간 모두의 정감(情感)을 담아서 표현하는 작업이다. 필묵문화는 인류가 언어 문자를 사용하면서부터 자연의 만물의 형상을 닮고 사람의 모습을 닮은 선조(線條)로 변화를 생동(生動)하는 획(劃)으로 그려내는 인류만의 문화이다. 인간의 정감은 홀로서는 살 수 없어 함께 더불어 살기 위해서는 인정(人情)을 나누며 살아가는 것이다. 인간의 삶은 생명감(生命感)에서 얻어지는 생동력과 생활감(生活感)에서 얻어지는 활발력(活潑力)으로 살아있다는 존재감을 느끼며 살아간다. 따라서 인간은 상호관계를 이루며 교감(交感)하는 가운데 기쁨과 즐거움의 정감을 알차고 알맞게 교류하며 입체적으로 살아가는 것이다. 인간만사 가운데 우리 민족은 봉제사(奉祭祀) 접빈객(接賓客)하는 일을 제일 큰 일로 여겨왔다. 상하로는 조상숭배를 통하여 생명을 낳아주신 부모님에 대한 감사를 봉헌(奉獻)하고, 좌우 사방으로는 이웃들을 만년 손님으로 접대하며 더불어 살아가는 고마움을 함께 나누는 것이다.

문자 역시 인간이 창조한 것이며, 서예 역시 인간적 예술 활동이므로 인간이 삶을 살아가는 도리인 인도(人道)의 실천행동은 집중(執中)하여 중화(中和)를 이룩하면 천지자연이 제자리를 잡고 만물 만사가 제대로 길러질 것이라고 〈중용(中庸)〉에서 말씀하신 것이다.

현대 과학시대에도 변화는 멈추지 않는다. 다만 집중된 관심이 속도감에 편중되어 있을 뿐, 그 변화의 원리는 정중동(靜中動), 동중정(動中靜)의 입체적 구조로 중화(中和)되어 있다. 필묵의 실용성이냐 예술성이냐 등의 문제는 제쳐두더라도 과연 제대로 활동하고 있는 것인가에 주목을 해야 한다.

인생은 단 한번 태어나 한번 가면 다시 오지 않는다. 서법의 선획(劃)도 역시 인생처럼 일획(一劃)이요, 일회(一回)로 이루어지고 만다. 마음 쓰는 것은 이랬다저랬다 두 마음을 두는 것이 아니라 일필휘지(一筆揮之)하여 단번에 결정되는 것과 같은 것이다.

한자문화권의 특색 가운데 하나는 먹고 사는데 젓가락을 사용하는 세로문화 중심이라는 점이다. 그것은 음식물을 입체적으로 집어 올리지 않으면 흘러버려 잡히지 않는다. 오늘날 글로벌 화된 지구사회에서 서구의 가로 문화가 전래되어 바뀌고도 있지만 아직도 서법에서는 세로쓰기를 고집하고 있다. 세로로 표현한다는 것은 문자를 세워서 입체화의 효과를 나타내기 위함이다. 횡액액자의 글씨를 오른쪽에서 시작하는 것 또한 작품이 누워 있어도 우리의 시각(視覺)에는 수직으로 세워지는 효과를 활용하는 것이다.

인간의 신체는 직립보행(直立步行)하며 살아가기 위한 전후(前後)내외(內外)의 수직체(垂直體)이다. 수직은 상하 공간의 종속체가 아니라 어느 하나도 없으면 아니 되는 등속(等屬)체이다. 보름달의 원둘레 같은 완전한 입체는 혼원구(渾圓球)인 지구(地球)의 모습처럼 행성(行星)의 구형(球型)의 공 모양이다. 이와 같이 찬연한 자연미는 나무를 보거나 반달의 모습과 같은 자연물에서 교감(交感)되어 얻어지는 정감(情感)어린 아름다움이다. 그러한 아름다움은 품어 안고 싶다.

아무리 훌륭한 서품(書品)이라 할지라도 알아보는 감상안(鑑賞眼)이 없으면 쓸모가 없다. 시각적인 것은 빛의 변화에 민감하다. 우리의 안목에 눈에 띄는 것이 인상적(印象的)인 것이다. 서품 감상의 금강안(金剛眼)은 아속(雅俗)을 구별하는 것에서 시작한다. 먹빛이란 밝게 쓰지 않으면 필선이 뽀얗게 보이지 않는다. 필봉을 순발력 있게 움직여야 세련미가 나온다. 속기(俗氣)가 묻어 있는 선획은 그저 붓이 가는대로 제멋대로 운필해 버린 것이다. 따라서 자벌레의 보행법처럼 역입평출(逆入平出)하라 일획을 삼과절(三過折)하라는 격언 역시 먹빛을 받아내기 위한 것으로 획이 도드라져 보이게 하는 운필법이다. 흑백(黑白) 두 가지의 색깔을 다양화하는 방법은 필획을 입체화하여 적어도 일곱 가지의 빛깔로 보이게 만드는 일이다. 다기(茶器)의 찻잔은 뚜껑까지 덮으면 동서남북상하의 입체 용기(容器)로 되어 있다. U자형으로 움푹 패인 곳에 찻물을 따르면 삼투압(滲透壓)의 현상이 보인다. 물과 컵이 둘이면서도 하나가 되어 있는 형국(形局)이다. 그러한 선획의 살아 있는 붓의 흔적, 묵흔(墨痕)인 것이다.

자네 어딜 가나? /

오늘 소원(小園)이 전람회를 연다 하네. /

그럼 나도 함께 가서 모처럼 안복(眼福)이나 누려 볼까? /

마음의 평안을 얻는 것이 복음의 말씀인 것이다. 작가는 자신을 알아주기를 기대하기 마련이다. 그 자신의 능력이 멋을 내기에 충분하다는 인정을 받을 때 그 무엇보다도 자신감과 살아 있다는 생명감으로 쾌활(快活)한 삶이되기 때문이다. 그것은 남을 아끼는 애인(愛人)하는 마음도 아니요, 자신만을 아끼는 애기(愛己)하는 마음이 아니라 너도 아껴주고 나도 아끼며 함께 아낄 줄 아는 자애(自愛)의 마음을 서로가 나누기 때문이다. 웃으며 살면 우리의 호흡이 두 배로 늘어난다고 한다. 서로 기쁨과 즐거움의 호흡을 나누면 그 정감은 두 배로 늘어난다. 예술작품을 통해 주관(主觀)의 객관화(客觀化)가 이루어진 것이다.

이번 임마누엘 서화전을 여는 소원(小園)은 그 서력(書歷)이 40여 성상(星霜)에 이른다. 그는 방년(芳年)에 백파(白坡) 황인호(黃仁好)선생의 문하에 들어가 이른바 정통서예에 입문하여 사범(師範)의 역할까지도 해낼 정도로 학서(學書)에 성실함을 다하였다. 이른바 전서체를 비롯한 육체를 익히기에 여념이 없었고, 고대 서가(書家)의 서체를 섭렵함에 정력을 다 바쳐서, 모두가 내놓으라고 하는 대한민국 국전에 입선, 특선과 전국휘호대회에서 대상을 획득하여, 이른바 초대작가의 최고 반열에 오른 서단의 중진(重鎭) 재원(才媛)이다. 이는 모두가 구당(丘堂) 여원구(呂元九)선생의 문하생으로 양소헌(養素軒)에서 절차탁마(切磋琢磨)하여 전통서법의 서맥(書脈)을 더욱 공고히 한 덕분(德分)이라고 하겠다. 전통적인 집필법이나 정통적인 운필법이란 다름이 아니라 중봉(中鋒)의 입체미를 표현하는 지름길인 것이다.

소원(小園)의 이번 주님과 함께 하는 붓글씨의 전람회는 종교와 예술의 만남을 시도하여 내보이는 잔치이다. 습기(習氣)에 이끌리는 서노(書奴)가 아니라 붓의 주인이 되어 내 뜻대로 휘호한 종교적 간증(干證)의 작품들이다. 신앙세계의 영적(靈的) 체험과 예술세계의 미적(美的) 체험이 함께 호흡하는 자리인 것이다. 이것이야말로 철학적으로 말하면 이른바 형신(形神) 합일(合一)이라고 할 것이다. 주님을 향한 간절한 기도를 통하여 신채(神彩)를 받들어서 심획(心劃)을 그려내는 서체(書體)를 입체적으로 구사(驅使)하는 일가(一家)를 이루었다고 말할 수 있는 것이 아닌가 한다. 입체미는 공간에 떠 있다. 그 배후(背後)와 등거리(等距離)로 떨어져 있으면서도 대칭미(對稱美)를 이루어 마치 보름달이 밤하늘의 허공에 두둥실 떠 있는 서품(書品)이 신채를 자아내고 있는 듯하다. 그래서 서법예술은 필법에 기대지 않는다. 물론 처음 시작은 필법에 미약하였지만 종내(終乃)는 자기 자신으로서 독자적인 서법의 파동인 서파(書派)를 이룩해내는 것이다.

인문학이란 사람이 그 어느 대상과 만나서 관계를 이루는데, 제대로 원만하게 교제하는 가치를 의미한다. 서법예술 역시 음양(陰陽)이 대대(待對)로 만나 상대방을 울리고 나도 따라 울컥하는 공감(共感)의 파장을 선조(線條)에 담아 표현하는 조형작품이다. 인간은 신심(身心)의 입체구조로 이루어져 기골(氣骨)과 영육(靈肉)이 있다. 심수(心手) 합일(合一)이란 심기(心氣)와 기법(技法)이 함께 호흡이 맞아 떨어지는 것을 가리키는 말이다. 우리가 가장 편한 상태에 놓인 것은 자신이 숨을 쉬고 있는지를 의식하지 못하는 지경이다. 이를 우리는 가장 자연스러운 것이라고 평가를 내린다. 서법예술 역시 신심의 평안을 느끼는 가치예술이다. 필의(筆意)가 있어 붓을 들어 휘호(揮毫)하는 작품 활동이 이루어질 때 제대로 된 서품, 즉 신품(神品), 묘품(妙品) 등이 나오게 되는 것이다. 그 자신과 대상의 호흡이 일치한다는 것은 다름이 아니라 바로 생명력이 살아 있다는 뜻이다. 따라서 자연미(自然美)나 인정미(人情味)의 최고 경지를 가늠하는 기준은 생명미에 두고 있는 것이다. 필획이 살아 있는 선 가닥이 되기 위해서는 인간이 심신을 중화하듯이 시종(始終)여일(如一) 성실하게 마음을 집중하여 필봉을 중봉(中鋒)으로 휘호하여야 한다. 모든 힘을 모아 만호(萬毫)가 제력(齊力)하고 오지(五指)가 제력하여 새겨지는 필획은 입체적인 구조를 나타내어 생명미를 느끼게 하는 것이다.

인간의 삶의 아름다움은 종횡으로 정감을 나눔이다. 인간사(人間事) 가운데 아름다움을 자아내는 작업이란 예술활동을 통해 인생환경을 멋지게 꾸며서 공유(共有)하는 나누어 갖는 일이다. 세상 속에서 나는 홀로가 아니다. 만물 만사와 관계를 이루며 함께 어울려 사는 것이다. 인사(人事)는 그 무엇을 섬긴다는 것이다. 섬긴다는 것은 일삼는다는 뜻으로 언제나 어디서고 마음에 두고 놓지 않는다는 것이다.

종교와 예술은 감동을 주고 감화하는 차원에까지 도달해야 한다. 감화란 것은 따라서 움직이고 느끼는 것이다. 결국 따지고 보면 느낌이란 자신의 본래에서 우러나오는 것이요 남이 작용해서 내 앞에 서 있는 것이 아니다. 덕성이 드러나게 하는 덕행이 어질다고 하는 것이요, 그러한 삶이 인간다운 삶인 것이다. 인생은 인정이 넘치는 인간환경 속에서 정감을 나누며 인간답게 사는 일이다. 그와 같이 인간답게 살아가는 것은 바로 우리의 생명을 살리고 하루하루가 즐거워지기를 기도하며 살아가는 삶이다. 그것은 하늘이 준 삶이요 하나님이 준 생명이다. 인간은 생로병사의 고통이 있다. 하지만 그것을 극복해 낼 수 있는 것이 있으니, 그것은 오직 기쁨과 즐거움을 공감하는 공생이다.

오늘날 서화의 실용성이 점점 사라짐에 따라 우리들은 예술적 환경이 사라져 삭막하여 지고 만다. 우리는 철마다 도배를 다시 했다. 생활공간에 환경 미화를 해마다 바꾸며 자연에 순응한 것이다. 신앙과 예술은 체험과학이다. 오늘날 사람들은 모든 것을 사람을 대신해서 기기(機器)가 대행(代行)해주는 것에 가치를 둔다. 그러나 끝내는 인간 자신이 몸소 체험함으로써 우리는 감동하며 활기(活氣)를 느끼는 것이다. 사경이란 그 말씀이 인간 세상에 전파되고 실현되기 위하여 기도하는 마음에서 필의를 느껴 필사(筆寫)하는 작업이다. 그러한 서품(書品)을 곁에다 두는 것은 아름다운 환경의 조성이다. 시간적인 생명의 영속적 연장과 공간적인 생활의 파동의 영원함을 누리는 것이 인간의 삶의 궁극적인 바램인 것이다. 무어니 해도 생명의 기쁨과 생활의 즐거움으로 우리는 인생의 고해(苦海)를 벗어날 수 있는 것이다.

서경요(徐坰遙, 동일본국제대학 유학문화연구소장)

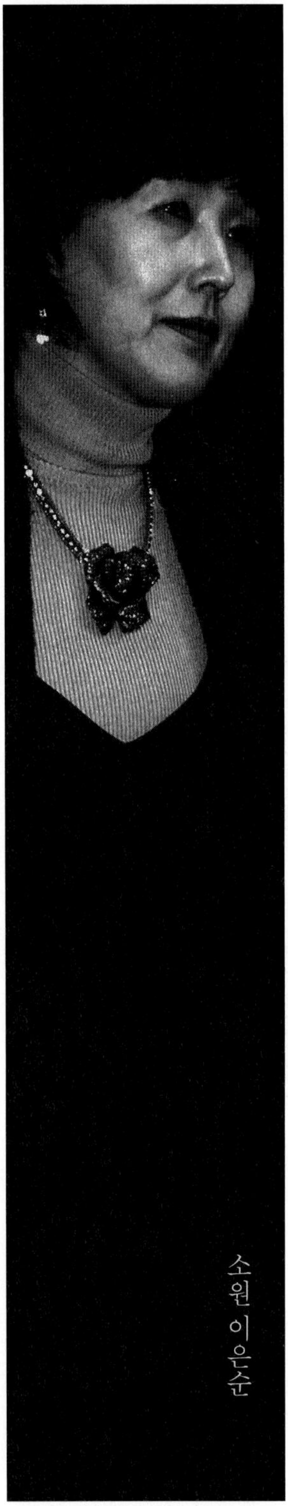

李 殷 順 이은순

小園 · 小羊 · 글밭 · 天興堂

서울 광진구 자양2동 650 - 6호 2F

Tel.02 - 456 - 3964 H · P.010 - 4494 - 9898

E: jisan3964@hanmail.net

선린교회 권사
성균관대학교 대학원 철학박사(동양미학)
백파 황인호선생 사사(서예)
구당 여원구선생 사사(서예)
치운 강종원선생 사사(문인화)
전국휘호대회 대상 수상
대한민국미술대전 특선 및 입선 7회
동양서예대전 최우수상 수상
전국휘호대회(국제서법연맹)초대작가
대한민국미술대전 초대작가
대한민국미술협회 서예분과위원
한국전각협회 이사
국제서법연합회 회원
성균관대학교 유학대학원 강사역임
경기도 예절교육수련원 강사 및 실기평가위원
하남서예대전 심사위원장
전국율곡서예대전 심사위원
화룡미술대전 심사위원
전국휘호대회(국제서법연합) 심사위원

저서
蘇軾(소동파)의 美學思想研究(박사논문)
孟子의 政治 共同體 意識 研究(석사논문)
다시보는 서식예절(교육교재)
舊 · 新約 聖經 聖句 選集

공저
유교인문학의 예학문화(서경요 외9인)

작품소장처
남강서원:경상남도 양산시 주남동

개인전
2014년 임마누엘서화전(예술의전당 한가람미술관)

소원

新約 舊約 聖經

國·漢文 聖句 選集

印刷日 | 2014년 3월 10일
發行日 | 2014년 3월 18일

著 者 | 이은순
住 所 | 서울 광진구 자양2동 650 - 6호 2F
電 話 | 02 - 456 - 3964 / 010 - 4494 - 9898
E - mail | jisan3964@hanmail.net

印 刷 | 이화문화출판사
주 소 | 서울 종로구 사직로10길 17(내자동 인왕빌딩)
電 話 | 02 - 738 - 9880(대표전화)
등록번호 | 제300-2012-230호
ISBN | 979 - 11 - 5547-146-3

정가定價 50,000원